ALLBRIGHT
LAW OFFICES
锦天城

上海市锦天城律师事务所
华东政法大学经济法律研究院 | 合作编写

FINANCE LAW REVIEW

金融法律评论

吴 弘 主编

2021
下半年卷
总第13卷

法律出版社 LAW PRESS·CHINA
北京

图书在版编目(CIP)数据

金融法律评论.2021.下半年卷:总第13卷/吴弘主编.--北京:法律出版社,2022
ISBN 978-7-5197-6694-8

Ⅰ.①金… Ⅱ.①吴… Ⅲ.①金融法-中国-文集 Ⅳ.①D922.280.4-53

中国版本图书馆CIP数据核字(2022)第069388号

金融法律评论·2021下半年卷(总第13卷)
JINRONG FALÜ PINGLUN · 2021 XIA BANNIAN JUAN (ZONG DI-13 JUAN)

吴 弘 主编

责任编辑 赵明霞 田 浩
装帧设计 马 帅

出版发行 法律出版社
编辑统筹 法商出版分社
责任校对 杨锦华
责任印制 胡晓雅
经 销 新华书店

开本 787毫米×1092毫米 1/16
印张 23.75 字数 394千
版本 2022年6月第1版
印次 2022年6月第1次印刷
印刷 唐山玺诚印务有限公司

地址:北京市丰台区莲花池西里7号(100073)
网址:www.lawpress.com.cn
投稿邮箱:info@lawpress.com.cn
举报盗版邮箱:jbwq@lawpress.com.cn

销售电话:010-83938349
客服电话:010-83938350
咨询电话:010-63939796

书号:ISBN 978-7-5197-6694-8
定价:98.00元

锦天城律师事务所简介

锦天城律师事务所成立于1999年，是一家提供一站式法律服务的大型综合性律师事务所，在核心业务领域（如资本市场、金融与信托、公司并购与重组、破产与清算、基础设施建设与房地产、国际贸易、跨境投资、反垄断反倾销、诉讼与仲裁、知识产权以及海事海商等）具备专业优势或行业领先优势。现有注册律师3000余名。

发轫于中国上海的锦天城，已在中国内地21个城市（北京、杭州、深圳、苏州、南京、成都、重庆、太原、青岛、厦门、天津、济南、合肥、郑州、福州、南昌、西安、广州、长春、武汉、乌鲁木齐）及中国香港、英国伦敦、美国西雅图开设分所，并与香港史蒂文生黄律师事务所联营，与国际律师事务所鸿鹄（Bird & Bird LLP）建立战略合作关系。

华东政法大学经济法律研究院简介

华东政法大学经济法律研究院是由华东政法大学独立设立，集理论研究、科研成果转化与人才培养、社会服务于一体的科研机构。研究院以经济法律研究为特色，旨在突破单一专业瓶颈，实现法学与经济学、管理学的融合，密切联系政、产、学、研，强调理论研究的应用性、实践性与前瞻性，是一流的学术研究与交流平台、高层次的经济法律人才培养基地以及经济立法、政府决策、企业咨询的专业性法律智库。经多年建设，研究院先后被认定为上海市法学会重点研究基地、上海市普通高校人文社会科学重点研究基地。

研究院自成立以来，先后组织、策划、出版了“经济法文库”“经济法文集”“商事法文库”以及《经济法前沿问题》《中国商法评论》《公司法律评论》《金融法律评论》等系列性学术著作或年度刊物，创办了“经济法律高峰论坛”“公司法律论坛”“国资法律论坛”“能源法治论坛”等系列性品牌论坛，在学界和实务界具有广泛的影响力。

本出版物为上海市高水平地方高校（学科）建设出版物
华东政法大学新时代法学高水平成果出版资助项目

目　录 CONTENTS

银行法修订探讨

期货立法研究

金融科技法研究

银行法修订探讨

系统重要性银行特别监管制度的立法完善

强 力*

系统重要性金融机构可能导致的“大而不能倒”风险危害由来已久，一直以来都为各国金融监管部门重点关注。随着我国金融体系规模的持续增长、关联度显著提升、复杂性快速增加，一些金融机构已跻身全球系统重要性金融机构行列。近年来，我国持续推动统筹监管系统重要性金融机构的立法完善和执法实践，以落实中央金融改革部署，防范化解系统性金融风险，加强对“大而不能倒”的风险防范和危机应对能力。2020 年 10 月，中国人民银行发布了《商业银行法（修改建议稿）》和《中国人民银行法（修订草案征求意见稿）》。两部修订（改）稿都将加强对系统重要性金融机构的特别监管作为重大修改内容。其中《中国人民银行法（修订草案征求意见稿）》第 5 条“主要职责”中明确，中国人民银行负责金融控股公司等金融集团和系统重要性金融机构的基本规则制定、监测分析与并表监管，牵头交叉性金融业务的基本规则制定和监测评估。《商业银行法（修改建议稿）》第 10 条“监管原则”明确，系统重要性商业银行依法接受中国人民银行的并表监管，执行附加监管要求；系统重要性商业银行由中国人民银行会同相关部门依法认定；第 84 条“资料报送”明确，系统重要性商业银行应当按照规定，向中国人民银行报送附加监管相关的财务会计报告以及其他资料、数据、信息；第 104 条就系统重要性银行的恢复和处置作出规定，明确系统重要性商业银行的恢复和处置，由中国人民银行会同有关部门制定具体办法并组织实施。上述新增

---

* 强力，西北政法大学经济法学院教授、博士生导师。

条款是我国金融管理机关对系统重要性金融机构加强特别监管，以防范和化解系统性金融风险的立法回应。我们认为，增设对系统重要性银行特别监管的条款很有必要，亦至关重要。对这些条款应进一步细化，并以此为基础，制定相应的行政法规、部门规章和自律规章，以完善立法配套，加强对系统重要性金融机构监管措施的实操性和实效性，以期通过法律手段切实防范“大而不能倒”风险，促进我国金融市场的持续健康发展。

一、系统重要性金融机构特别监管的底层逻辑

（一）系统重要性金融机构的内涵界定

2008 年次贷危机后，在探索金融业的监管与危机防范过程中，国际社会初步建立了全球宏观审慎监管体系，提出了“系统重要性金融机构”这一概念，强化对系统重要性金融机构的法律规制成为与影子银行监管、金融消费者保护并列的全球金融法律变革中最重要的三项议题之一。[1] 从风险成因的角度来看，系统重要性金融机构是指因规模大、结构和业务复杂程度高、与其他金融机构关联性强，在金融体系中提供难以替代的关键性服务内容，一旦因发生重大风险事件而导致无法持续经营，将对金融体系和实体经济产生重大不利影响，可能引发系统性风险的金融机构。其对实体经济的溢出影响会通过对其他商品和服务的供求的影响体现出来，且是在一段较长时间内逐渐体现。[2] 从金融监管的角度来看，是指由相关监管部门依据法律法规所规定的规则标准而认定的特殊金融机构。理论意义上任何金融机构都潜在地具备某种程度的系统重要性，但只有当它达到法律法规认定的标准时，才具备系统重要性金融机构的身份。[3]

基于以上两个视角的分析，系统重要性金融机构，是指其倒闭可能给金融体系造成系统性风险，进而可能引发金融危机、损害实体经济的金融机构。一般认为，评估系统重要性的标准主要是其对整个金融系统和实体经济的潜在影响，包括三个方面：一是规模，指特定金融机构所提供的金融服务总量；二是关联度，指该机构与金融体系其他要素的关联程度；三是可替代性，指在该机构倒闭后，其他金融机构在多大程度上可以提供相同或至少是相似的服务。从历次金融危机的教训来看，规模仅仅是衡量系统重要性金融机构标准的一个方面，更为关键的是金融机构的关联度和可替代性。

（二）系统重要性金融机构“大而不能倒”的由来与危害

在 2008 年的金融危机中，以雷曼兄弟为代表的一系列大型金融机构破产和收购，给美

---

〔1〕 参见常健、王清粤：《论系统重要性金融机构的法律特征与风险规制》，载《南京大学学报》（哲学 · 人文科学 · 社会科学）2020 年第 1 期。

〔2〕 参见陈军：《系统重要性金融机构评估标准的构建》，载《西部金融》2012 年第 1 期。

〔3〕 参见袁达松、卢伊丽：《系统重要性金融机构监管法律问题研究》，载《政治与法律》2013 年第 2 期。

国乃至全球经济都造成了巨大冲击，并反映出此类机构“大而不能倒”的问题。“大而不能倒”这一概念最早可追溯至苏格兰“自由银行业时期”。在“中央银行”出现之后，英格兰银行、美联储应对银行业危机的数次经历使其意识到，银行业危机具有传染性和系统性风险的危害，不能在危机时刻继续放任市场，否则会危及整个宏观经济体系的安全性。随着国际经济全球化的不断深入，在金融行业发展中出现了一批规模庞大、业务复杂，其倒闭有可能对整个金融体系造成重大影响从而危及金融稳定的大型金融机构，即系统重要性金融机构。基于其规模、复杂性和关联性等要素，如果其陷入困境将对更广泛的金融体系和经济活动造成重大破坏。因此也就出现了系统重要性金融“大而不能倒”的结论。在 2009 年 9 月 G20 匹兹堡峰会上，“系统重要性”“大而不倒”等概念被提出，相关国际金融组织开始致力于开展更全面的金融监管，尤其加强对全球系统性金融组织的监管，以提高其风险自救能力。

“不能倒”主要有以下几点原因：其一，系统重要性金融机构规模庞大、牵扯面广，一旦倒闭，将给经济和金融系统造成巨大风险；其二，系统重要性金融机构在金融行业具有重要作用，不仅在于其与众多金融机构之间的紧密关联，而且由于其服务对象的广泛性，在整个金融行业中具有重要的信用示范效应；其三，金融风险具有自我强化的功能，如果放任其倒闭而政府不进行救助，投资者纷纷抛售金融资产，最终的结果是形成恶性循环，危及整个金融行业的根本。

“大而不能倒”作为一种危机监管理念，自身存在很多问题，无论是对于民众还是对监管层而言，主观上都不想救助这样一个贪婪自私的庞然大物，当出现危机人们无法接受政府花费巨资进行救助，但不救助又无法消除金融风险，只能由政府入市救助，救助行为本身又引发巨大的争议。这也是“大而不能倒”这一危机监管理念的现实危害。其一，损害了中小金融机构的公平竞争权；“大而不能倒”的监管理念确实赋予大银行竞争性的优势，在得到救助承诺之后能采取更具有竞争性的措施同中小银行竞争，这对原本就处于不利地位的中小银行更加不利，有损市场公平竞争的原则；其二，当金融机构坚信因其太大而不会倒时，其道德风险便会得到充分的释放，优胜劣汰的市场法则被彻底摧毁。[1]

（三）“监管宽容”到“附加监管”，破除“大而不能倒”

鉴于系统重要性金融机构的倒闭具有强烈的负外部性与外溢性，政府往往不愿意任其倒闭，而是采取所谓的“监管宽容”政策，即通过中央银行再贷款或者直接的财政资助帮助金融机构渡过危机。这种“监管宽容”往往会导致两大问题：一是引发市场主体的道德风险和逆向选择。由于巨额损失一般都最终由政府埋单，故系统重要性金融机构容易出现道德风险，将政府救助所投入的财政成本转化为股东和高级经理人的巨大私人收益，在此基础上甚

---

〔1〕参见黎四奇：《后危机时代“太大而不能倒”金融机构监管法律问题研究》，载《中国法学》2012 年第 5 期。

至出现逆向选择行为，即热衷于从事高风险的经营业务，成为金融市场中的风险爱好者。二是引发市场失灵。在监管极端宽容的市场环境下，市场参与者也产生了对系统重要性金融机构不会倒闭的预期。因而，即使这些金融机构能够对市场进行适时、真实的信息披露，金融市场也不会很快地运用“用手投票”和“用脚投票”机制对金融机构的高风险行为给予约束，而是将这些系统重要性机构视为“永不沉没的金融航母”。由此，市场中的优胜劣汰机制和自我纠正机制将在一定程度上失效。上述问题的出现，很大原因在于“大而不能倒”这一危机处理理念被不断强化，“大而不能倒”这一理念的逻辑在于维护金融体系稳定，保护金融消费者利益，但是这不应当成为系统性金融机构的“免死金牌”。对系统性金融机构进行事前附加监管规制是处理好维护金融体系稳定与防范系统性金融机构道德风险之间关系的根本保证。

随着我国经济发展实力和金融发展业态的稳步提升，我国银行业综合实力在国际社会中的地位也在稳步上升。2011 年以来，中国银行、中国工商银行、中国农业银行和中国建设银行相继入选全球系统重要性银行名单，并且在金融稳定理事会更新的 2021 年版全球系统重要性银行名单中保持了原有档位，当前我国银行业正处于结构过渡阶段，仍然以明显的寡头垄断和分业经营为主要特征，大型股份制银行面临资产负债风险与传统经营模式的掣肘，在一定意义上加剧了大型股份制银行的风险积累程度。从我国对系统重要性金融机构的监管来看，中国人民银行、中国银保监会、中国证监会于 2018 年 11 月 27 日联合发布了《关于完善系统重要性金融机构监管的指导意见》（以下简称《指导意见》），明确了系统重要性金融机构的定义、范围，规定了系统重要性金融机构的评估流程和方法，并提出了制定特别监管要求和建立特别处置机制等两条完善建议。2020 年 12 月 3 日，中国人民银行、中国银保监会联合发布《系统重要性银行评估办法》（以下简称《评估办法》），明确了我国系统重要性银行的评估方法、评估范围、评估流程和工作分工。2021 年 4 月 2 日，中国人民银行、中国银保监会出台《系统重要性银行附加监管规定（试行）》（以下简称《附加监管规定》），对系统重要性银行提出了明确的监管要求，包括资本与杠杆、恢复与处置计划、信息报送等方面的附加监管要求。《附加监管规定》与之前出台的相关规章制度相互衔接，构成我国系统重要性银行监管的立法框架。

在面临国际金融混业经营模式的发展趋势时，与国内银行业经营管理条件的不成熟、不适应以及监管模式的不完全、不系统之间出现的矛盾，更加需要我们把握好国内金融改革与发展的方向，关注银行业的稳健经营。这迫切需要我国建立健全国内系统重要性金融机构监管制度，补齐监管短板，防范系统性金融风险，同时积极参与国际规则的制定，[1] 同步提升国内监管水平与国际影响力。

---

〔1〕 参见宋效军：《全球系统重要性银行与国内系统重要性银行监管之异同》，载《银行家》2019 年第 1 期。

二、系统重要性金融机构特别监管的国际立法与监管实践

（一）国际金融组织率先制定加强系统重要性银行监管规则

银行业是各国经济发展的命脉所在，大型商业银行的稳健经营关系到整个金融行业的稳定。系统重要性银行具有规模大、业务复杂性高、与其他金融机构关联性强的重要特征。2011 年 11 月，金融稳定理事会（Financial Stability Board，FSB）发布了全球系统重要性金融机构（G－SIFI）监管框架以及首批共 29 家全球系统重要性银行名单。在此框架下，巴塞尔委员会（BCBS）制定了具体的全球系统重要性银行（G－SIBs）评估标准及监管细则，并要求各个国家参考这一要求，制定本国的系统重要性银行（D－SIBs）评估标准及监管细则。

2011 年 11 月，巴塞尔委员会发布了《全球系统重要性银行：评估方法和附加损失吸收要求》对全球系统重要性银行的评估方法、附加资本要求和过渡期安排等做出设计，并规定各国监管当局可以根据实际情况适当调整监管制度，对那些尚未达到全球系统重要性标准但已对国内金融体系造成系统重要性影响的银行机构，也应参照适用全球系统重要性银行的评估标准和监管要求。

《全球系统重要性银行：评估方法和附加损失吸收要求》确立了全球系统重要性银行的评估方法和相应的监管要求，以及对全球系统重要性银行的审慎监管框架，主要包括两个层面的内容。一个层面是全球系统重要性银行的评估方法。这套方法以指标计量为基础，所选取的评估指标共涉及跨经济体活跃性、规模、关联性、所提供金融基础设施的可替代性和复杂性 5 种类型。另一个层面是对全球系统重要性银行的追加监管要求，加强其额外的抵御损失的能力。《全球系统重要性银行：评估方法和附加损失吸收要求》提出 1%～2.5% 的附加资本金要求，且附加资本必须完全由普通股权益构成。系统重要性银行被分成 4 类，最高级别要求拥有超过《巴塞尔协议Ⅲ》下限（7%）2.5% 的普通股一级资本缓冲。其他级别依次分别为超过 7% 下限 2%、1.5% 和 1%。如果无法达到资本金要求，监管者有权暂停其股息派发，并施加限制措施。除对系统重要性银行提出更高的监管标准外，《全球系统重要性银行：评估方法和附加损失吸收要求》也对满足追加要求的资本工具进行了限定，只允许银行使用普通股一级资本来满足额外损失吸收要求。

2011 年 11 月，金融稳定理事会（FSB）发布《针对系统重要性金融机构的政策措施》，提出针对全球系统重要性金融机构的监管计划，同时发布全球系统重要性金融机构名单。2013 年 7 月发布《系统重要性金融机构恢复处置计划：恢复触发条件和压力情景指引》。2014 年 10 月发布了一系列针对全球系统重要性银行提高吸收损失能力的原则及条款清单，拟将要求各国监管机构对全球系统重要性银行保留相当规模的缓冲资本，防止救助大型银行

并避免纳税人为破产银行埋单。

2018 年 7 月，巴塞尔银行监管委员会发布了全球系统重要性银行评估方法的修订版本。其主要修改内容有：(1) 修订“跨境业务”的定义，在“跨境债权”和“跨境负债”指标口径中，纳入衍生工具的债权和负债，与巴塞尔统计口径的改变保持一致；(2) 增加“交易量”指标，在“可替代性/金融基础设施”项下增加“交易量”指标，对已有指标进行补充以衡量银行在二级市场的交易行为；(3) 将保险子公司纳入部分指标的口径，主要包括：调整后的表内外资产余额、金融机构间资产、金融机构间负债、发行证券和其他融资工具、场外衍生产品名义本金、第三层次资产。

（二）美国系统重要性金融监管的立法与监管体制

2008 年全球金融危机中，美国雷曼兄弟、花旗集团等大型金融机构纷纷陷入破产困境，重创了全国金融体系。在金融危机的惨痛教训下，美国积极推动金融监管改革，致力于应对系统性金融风险并增加金融体系透明度。

金融危机后，美国对金融监管体系进行了较大的改革。2010 年 5 月颁布《多德 - 弗兰克法案》，赋予美联储宏观审慎管理实权，一是对所有系统重要性金融机构审慎监管标准的制定权；二是对所有系统重要性金融机构的直接和主要监管权，明确了对系统重要性银行应当实施更高强度和更严格的监管。[1] 与此同时，《多德 - 弗兰克法案》完善了金融控股公司法，在很多方面大大加强了美联储的微观审慎监管权。2012 年，美联储推出禁止银行自营交易、投资对冲基金和私募资金等极为严格的《沃尔克法则》（VolckerRule）。2018 年 5 月，美国国会通过了《经济增长、监管救济和消费者保护法案》，要求进一步调整对资产超过 1000 亿美元的大型银行的监管。

美国宏观审慎政策框架下对系统重要性金融机构的监管体制主要表现在以下三个方面：第一，设立美国金融稳定监督委员会（FSOC），但其权力有限；第二，美联储在宏观审慎政策框架和系统性金融风险管理中居于核心地位，其拥有针对所有系统重要性金融机构的直接监管权和宏观审慎管理大部分工具的控制权；第三，建立安全有效的清算机制，要求系统重要性金融机构定期提交“生前遗嘱”，破除系统重要性金融机构“大而不能倒”现象。

（三）欧盟系统重要性金融监管的立法与监管体制

欧盟在国际金融危机以后也强化了对系统重要性银行的监管。2009 年 9 月 22 日，欧洲会议通过了《欧盟金融监管体系改革法案》，标志着新的一体化金融监管体系成立。2010 年 9 月欧盟通过《泛欧金融监管改革法案》，[2] 全面改革监管体系，成立欧洲系统性风险委员会（ESRB），构建起宏观审慎管理和微观审慎监管相结合的金融监管框架。2011 年欧盟委

〔1〕 参见何鹏宇、王信：《美英宏观审慎政策框架比较及对中国的启示》，载《第一财经日报》2020 年 8 月 24 日版。

〔2〕 参见杨菡：《危机后欧洲金融监管体系的发展及启示》，载《西部金融》2018 年第 4 期。

员会发布了《欧盟跨国银行危机管理框架》，强调对跨国系统重要性金融机构的监管。2012年着手构建欧洲银行业联盟，将欧洲中央银行（ECB）的职能从单一的货币政策扩展至金融稳定和金融监管。2013年7月欧盟正式实施《资本要求指引IV》，欧盟各个成员国可以根据《资本要求指引IV》结合本国实际对系统重要性机构施加相关资本要求。2014年12月欧洲银行业监管局发布了《系统重要性机构评估标准指引》，细化了系统重要性金融机构的评估标准。

2010年起欧盟启动了新一轮的金融监管体制改革，重点反映在以下几个方面。

（1）建立系统性风险监管机构，加强欧盟层面的宏观审慎监管。[1]欧洲系统风险委员会行使整个欧盟成员国的宏观审慎监管职责。

（2）建立泛欧监管机构，提高监管一致性。2011年年初设立欧盟银行监管局（EBA）、证券和市场监管局（ESMA）、保险和职业养老监管局（EIOPA）三家泛欧机构。上述三个泛欧机构与欧洲系统性风险委员会建立了信息沟通和共享机制，以强化欧盟监管机构之间的协调与合作。

（3）建立单一监管机制（SSM），赋予欧央行金融监管职能。欧洲议会通过欧盟银行业单一监管机制，授予欧央行于2014年11月起，直接监管加入SSM机制的成员国具有系统重要性的信贷机构、金融控股公司、混合型金融控股公司，以及信贷机构在非SSM机制成员国设立的分支机构。

（4）建立欧洲银行业联盟，强化欧盟地区风险识别和处置的协调性与统一性。欧洲银行业联盟具体包括三个方面：一是建立银行业单一监管机制，赋予欧央行银行监管职能；二是建立单一处置机制（SRM），统一欧盟各国的银行处置规则；三是修订存款保险计划（DGS），保障存款人权益和银行体系稳定。

三、我国系统重要性金融机构的立法现状与监管实践

（一）我国系统重要性金融机构监管的立法现状

相较于欧美等主要发达国家，我国系统重要性银行监管框架创设较晚。2011年4月中国银监会印发《关于中国银行业实施新监管标准的指导意见》，从空间维度引入宏观审慎监管的理念，[2]初步制定了系统重要性金融机构的市场准入、审慎监管、持续监管和监管合作等规则内容。2012年6月，中国银监会颁布《商业银行资本管理办法（试行）》，明确了对国内系统重要性银行的监管要求，提出应计提附加资本及附加比例，但在该办法中并未明确国

---

〔1〕 参见范亚舟：《宏观审慎监管下我国金融监管机构改革及需进一步解决的问题》，载《武汉金融》2018年第7期。

〔2〕 参见朱南军、谢丽燕、邓博文：《系统重要性金融机构：国际监管实践与中国金融改革》，载《贵州财经大学学报》2019年第4期。

内系统重要性银行的评估标准。2014年1月，中国银监会发布《商业银行全球系统重要性评估指标披露指引》，该指引要求表内外资产余额为1.6万亿元人民币以上或者上一年度被认定为国际系统重要性商业银行对全球系统重要性评估指标进行披露。2016年，中国人民银行正式推出宏观审慎评估体系（MPA），并且引入逆周期调控因子以加大对系统性风险的防范力度，对系统重要性金融机构进行监管，将银行分为全国性系统重要性机构、区域性系统重要性机构和普通银行三类。[1]

2018年11月，中国人民银行《2018年金融稳定报告》首次以专题形式对我国建立系统重要性金融机构监管体制的紧迫性、现状及问题进行了分析和汇报。同时，中国人民银行、中国银保监会、中国证监会联合印发《指导意见》，该指导意见融合了宏观审慎监管原则与微观审慎监管原则的理念，明确了系统重要性金融机构的定义、范围，规定系统重要性机构的评估流程和总体方法，以及金融监管部门之间分工合作的规则。把系统重要性证券公司、系统重要性保险公司以及从事金融业务的非金融机构纳入体系之中，构建了我国银行业、保险业、证券业系统重要性金融机构评估识别、附加监管和恢复处置的总体框架。

2018~2019年，中国人民银行通过季度货币政策执行报告、金融稳定报告等，对系统重要性金融机构特别是系统重要性银行的评估方法、附加监管、TLAC要求等监管政策进行了研究和建议。

2020年12月，作为《指导意见》的实施细则之一，《系统重要性银行评估办法》正式发布，该办法是根据巴塞尔委员会发布的框架指引并结合我国银行业发展实际建立的。《系统重要性银行评估办法》是我国系统重要性银行认定的基本规则，也是对系统重要性银行提出附加监管要求、实施宏观审慎管理、建立特别处置机制的前提，[2]为实施系统重要性银行附加监管提供指导和依据，标志着我国系统重要性银行评估监管框架的进一步完善。

2021年9月30日，中国人民银行发布《附加监管规定》，自2021年12月1日起施行。该监管规定共五章二十二条，包括总则、附加监管要求、恢复与处置计划、审慎监管和附则，主要包括明确附加监管指标要求、明确恢复与处置计划要求和明确审慎监管要求三方面内容，涉及信息报送与披露、风险数据加总和风险报告、公司治理要求等。该监管规定标志着我国系统重要性金融机构监管框架向前迈出关键一步，系统重要性银行监管框架基本确立。

2021年10月15日，中国人民银行、中国银保监会基于2020年数据联合发布了我国系

---

〔1〕 参见孙欣华等：《基于宏观审慎管理框架的存款非理性定价预警机制研究》，载《金融发展研究》2016年第10期。

〔2〕 参见刘链：《系统重要性银行监管升级》，载《证券市场周刊》2019年第47期。

统重要性银行名单，评估认定 19 家国内系统重要性银行，包括 6 家国有大行、9 家股份行和 4 家城商行。

2021 年 10 月 27 日，中国人民银行会同中国银保监会、财政部联合发布了《全球系统重要性银行总损失吸收能力管理办法》，共七章四十一条，自 12 月 1 日起施行，主要内容包括：建立总损失吸收能力监管体系，设定三层次监管体系；明确总损失吸收能力定义；确定监管范围和监管主体。其规定的总损失吸收能力要求符合市场预期，符合银行实际承担能力和风险抵御需要，有利于控制我国系统重要性银行的非理性扩张和系统性风险积累，推动我国全球系统重要性银行于 2025 年达到外部总损失吸收能力要求的标准。

以上文件着力支持我国大型金融机构持续稳健经营，在防范化解系统性金融风险的同时更好地为实体经济服务，显示出我国系统性金融监管体系的进一步增强，促进了我国与国际系统重要性金融机构监管体制接轨，为系统重要性银行机构、保险业机构、证券业机构及其他类别金融机构的识别及附加监管提供了政策导向和经验借鉴，增强了我国金融系统的稳定性。

（二）我国系统重要性金融机构特别监管的框架体系

系统重要性金融机构规模大，复杂程度高，与其他金融机构关联性强，其稳定运行与防范风险的能力对我国整个金融体系的平稳高效运行有着重要的影响。目前，我国系统重要性金融机构监管框架已经形成，主要包括评估认定、附加监管和有效处置三个环节，核心是提高 SIFIs 监管的强度和有效性。

1. 评估认定

2018 年 11 月，中国人民银行、中国银保监会、中国证监会制定发布《指导意见》，对系统重要性金融机构的定义、参评范围、评估方法、流程等给出了初步指引，特别是对参评范围衡量标准、评估指标设计和算法给出了建议，初步建立了对系统重要性金融机构的评估体系。其主要流程为：（1）确定参评机构范围；（2）确定定量和定性指标、方法并搜集数据；（3）计算得分，形成初始名单；（4）结合定性和定量分析调整初始名单；（5）提交国务院金融委并确定最终名单。

2. 附加监管

基于系统重要性金融机构的特殊性，为约束其经营行为，监管机构在普通金融机构监管标准的基础上对该类特殊金融机构提出更为严苛的监管要求。《指导意见》在公司治理、附加监管要求、信息系统以及风险管理 4 个方面增设了特别监管要求。2021 年 10 月 15 日，中国人民银行和中国银保监会根据《评估办法》，基于 2020 年的数据，评估认定了我国首批 19 家国内系统重要性银行名单。两部门还联合发布了《附加监管规定》。这标志着我国系统重要性金融机构监管从政策制定正式步入政策实施阶段。

《附加监管规定》所提出的监管要求既包括定量指标，也包括制定恢复与处置计划、信息报送和公司治理等方面的审慎监管要求，针对系统重要性银行提供了一个较为全面的监管框架。其核心内容主要包括以下几个方面：（1）明确系统重要性银行监管的工作机制，由人民银行负责系统重要性银行基本规则制定、监测分析、并表监管等牵头开展可处置性评估；（2）明确系统重要性银行的附加监管要求，针对系统重要性银行建立了包括附加资本、附加杠杆率、流动性、大额风险暴露等在内的附加监管指标体系；（3）明确恢复与处置计划要求，将恢复计划与处置计划（又称生前遗嘱）作为系统重要性银行附加监管的一项重要工具；（4）明确审慎监管要求，明确系统重要性银行的信息报送、风险数据加总和公司治理要求，建立监管合作与信息共享机制。加强对系统重要性银行的监测分析、并表监管和压力测试，评估信贷集中度、复杂性、业务扩张速度等关键指标，强化事前预警。

3. 处置

为了让系统重要性金融机构能够在发生重大风险时第一时间展开自救，《指导意见》要求系统重要性金融机构建立特别处置机制，推动恢复和处置计划的制定，开展可处置性评估，从危机管理小组的成立、恢复计划与处置计划的制定、信息报送要求的提出等方面作出了相应的制度安排，确保系统重要性金融机构发生重大风险时，能够得到安全、快速、有效处置，保障其关键业务和服务不中断，同时防范“大而不能倒”风险。

由于我国对系统重要性金融机构的监管工作启动相对较晚，相关制度在构建过程中不免缺失，仍存在诸多问题：关于系统重要性金融机构特别监管的制度体系尚需完善，《指导意见》的出台虽为系统重要性金融机构监管提供了制度依据，但其作为政策性文件的非法律性使得依其构建的监管机制缺乏法律权威；各监管主体间的责任边界尚需进一步厘清，需就各监管主体之间的职责分工和责任承担机制作出明确规定；应进一步充实系统重要性金融机构特别监管的具体规范，有效防范“大而不能倒”风险。

四、完善我国系统性重要金融机构特别监管法律制度的路径与对策

《指导意见》要求，有关部门要抓紧启动实施细则的制定工作，逐步出台银行业、证券业、保险业系统重要性金融机构的评估方法和附加监管要求，系统重要性金融机构的监管涉及金融体系跨境、跨业的多种机构、产品、市场和基础设施的监管，是一个高度复杂的过程，仅依靠单一行业或单一国家的金融监管部门所获取的信息和实施的监管行为，远不能满足对系统重要性金融机构的监管需求，需要国内和国际监管机构密切合作。[1]

---

〔1〕参见刘福毅、邓大海：《系统重要性金融机构的国际监管趋势浅析》，载《金融发展研究》2012年第3期。

（一）建立和完善系统重要性金融机构特别监管的制度体系

系统重要性金融机构具有特殊性、动态性、外部性与竞争不公平性等法律特征。为了维护整个社会经济秩序的稳定，对系统重要性金融机构风险的法律规制必然要结合其内部特征与外在影响及其特殊风险折射出的法律特性采取有针对性的措施。根据系统重要性金融机构的规制原则与规则进行细化设计，完善现行法律法规及政策体系，并制定有针对性的特殊规制标准，设定具体的权利义务规范以期提高系统重要性金融机构的市场可信度，促进金融行业的稳定发展。

1. 完善现行法律法规及政策体系，加强立法配套

目前我国系统重要性金融机构监管制度体系主要由《指导意见》《系统重要性银行评估办法》《系统重要性银行附加监管规定（试行）》三部政策性文件构成。《指导意见》明确了我国银行业、保险业、证券业系统重要性金融机构评估识别、附加监管和恢复处置的总体政策框架，《系统重要性银行评估办法》明确了我国系统重要性银行认定的基本规则，《系统重要性银行附加监管规定（试行）》为实施系统重要性银行附加监管提供指导和依据。上述政策文件虽分别从不同层面对系统重要性金融机构监管进行了规定，但缺少上位法的支撑，权威性不够；同时，三份文件的部分内容上有改进之处。

（1）对《中国人民银行法（修订草案征求意见稿）》和《商业银行法（修改建议稿）》的完善建议。《中国人民银行法（修订草案征求意见稿）》及《商业银行法（修改建议稿）》明确了中国人民银行对系统重要性金融机构进行评估识别、分析监管的主体职责，赋予央行对系统性重要性金融机构直接监管的权力。但监管原则、资料报送、恢复处置等条款需进一步制定具体规章以推进落实。相关条款的具体表述建议与《指导意见》《评估办法》《附加监管规定》等文件保持一致，如《商业银行法（修改建议稿）》第104条（系统重要性银行的恢复和处置）规定：系统重要性商业银行的恢复和处置，由中国人民银行会同有关部门制定具体办法并组织实施。《系统重要性银行附加监管规定（试行）》第3条规定：中国人民银行会同银保监会提出附加监管要求，牵头中国银保监会等单位组建危机管理小组，组织审查系统重要性银行恢复计划和处置计划建议，开展可处置性评估。二者关于央行在系统重要性商业银行恢复计划和处置计划的角色地位之规定不尽相同，建议在后续修法中予以明确。

（2）升级《指导意见》为行政法规。作为现行系统重要性金融机构基础监管政策，《指导意见》的原则性和政策性较强，效力层级略低，采取指导意见的形式使得法律刚性和权威性不足，建议提升为行政法规，将指导意见改为条例，提升法律位阶。明确系统重要性金融机构的监管原则、基础框架等内容，为后续配套法规及实施细则的制定提供立法依据。就内容而言，《指导意见》就各监管机构间的权力划分和责任边界的规定尚需进一步明确。虽然《指导意见》中有关于各监管部门间工作机制及具体工作流程的职责分工，《评估办法》和

《附加监管规定》及《中国人民银行法（修订草案征求意见稿）》、《商业银行法（修改建议稿）》中也都有关于主体职责、工作分工，但就信息共享、监管合作等方面的表述较为含糊，且《指导意见》中多处表述为“人民银行会同银保监会、证监会……”，“会同”之强制效力不足，相较于“牵头”一词而言，依“会同”而开展工作易导致监管措施落实不足、监管责任难以划分等情况。[1]建议明确系统重要性金融机构监管工作中的牵头部门和参与部门，并依此进行权责划分。

（3）完善《附加监管规定》。《附加监管规定》提出的监管要求既包括定量指标，也包括制订恢复与处置计划、信息报送和公司治理等方面的审慎监管要求，其第三章就恢复与处置计划进行了详细规定，但其思路属于事后处置，对系统重要性金融机构之自身风险的事前防范规制不足。中国人民银行、银保监会等监管部门所采取的压力测试等风险防范措施的外部监管属性较强，也未就系统重要性金融机构自身风险防范进行详细规定。从我国一贯的监管思路和实践经验而言，中国人民银行、中国银保监会等监管部门的外部监管确有其强大效能，但作为“大而不能倒”的风险源头，系统重要性金融机构自身的主动风险防范同样不可缺失。从风险源头进行防范治理，不仅能节约监管成本，更有利于监管效能的实际发挥。建议进一步细化和明确系统重要性金融机构自身风险防范控制体系，加强其内部治理。

2. 建立动态风险审核规则机制

系统重要性金融机构的法律特征之一就是具有动态性。随着社会经济和科学技术的发展，系统重要性金融机构的监管可能会出现新的问题，系统重要性金融机构特殊风险发生的系数、新的风险种类、性质和具体表现、风险的影响范围以及发生的可能性都会不断变化，因此，系统重要性金融机构的风险规制是一个沿着一定路线不断地进行宏微观审慎监管并进行调整、修改和完善的持续性过程。无论是作为系统重要性金融机构的经营者还是风险监管者，都需要通过不断的博弈，经过相互试探性的了解和试错的过程，对原有的选择进行阶段性的调整，对标风险特性与规则设计，最终实现动态的平衡。

《指导意见》采用了动态风险审核规则，从风险监测和风险管理角度，要求对系统重要性金融机构进行并表风险管理，对整体治理、资本、风险和财务等进行全面和持续管控，不断优化风险偏好，建立全面风险管理架构。但《指导意见》作为系统重要性金融机构动态监管的法律依据，其效力层级不足以为动态监管提供全面的法律支撑，建议通过相关法律制度的完善及国务院配套规则的补充，为系统重要性金融机构动态监管规则建立法律上的保障。在整个系统重要性金融机构风险法律规制决策的过程中，重点应当放在找出不足、预测趋势、揭示潜在的隐藏的风险等方面，并及时检查目前防范风险的法律规制措施的完备性。对于系统重要性金融机构风险的法律规制措施也要不断更新变化，坚持动态化法律规制制度，

---

〔1〕 参见常健、王清粤：《论系统重要性金融机构的法律特征与风险规制》，载《南京大学学报》（哲学·人文科学·社会科学）2020 年第 1 期。

及时调整方式方法，定期评估、及时更新，以增强应变的精准性。当经营环境发生变化时，金融监管部门要对系统重要性金融机构风险进行及时的、系统的、自下而上的全方位审核，从而监控经济法律环境的变化对金融消费者的影响，防止系统性风险的爆发。各监管部门还应做好动态风险监管指标的后评价工作，密切关注系统重要性金融机构及金融消费者在动态审核规则实施后的政策效应，监管部门应与系统重要性金融机构进行积极的沟通交流，畅通的信息沟通机制是动态风险审核机制得以良好运作的基础。此外，应加大动态风险审核规则的执行力度，对于风险明显偏离金融稳定目标的系统重要性金融机构，监管部门可以启动相应的惩罚规制措施。

3. 加重责任制度，规范法律责任体系〔1〕

系统重要性金融机构的特殊性和竞争不公平性表明其具有特殊市场地位和一般金融机构不可比拟的竞争优势，此种优势很容易形成垄断的局面，从而导致垄断风险的产生，也会在社会层面引发强烈的道德风险。政府为系统重要性金融机构提供“隐形担保”所导致的竞争的不公平程度并不是不可调节的：首先，从预防的角度来看，需要对系统重要性金融机构提出更高的责任准备金和资本充足率要求，获得政府救助的代价必须是事前付出了更多的资本、承担了更多的责任。其次，政府在正式实施救助之前，从法治化和降低道德风险的角度出发，必须要考虑该金融机构倒闭的可能性并考量其对金融体系和实体经济造成负面冲击的力度；在实施救助时应当先由系统重要性金融机构的利益相关者承担损失，不足部分再由政府动用资金实施救助。最后，为削弱系统重要性金融机构不公平的特殊地位所带来的道德风险和垄断风险，应当从责任承担角度加重系统重要性金融机构应承担的社会责任和法律责任，在其应承担的与一般金融机构一致的责任之外，对系统重要性金融机构附加一定的额外责任，防止其竞争优势的无限扩大及市场支配地位的滥用，从而促进国际金融市场范围内的公平竞争，加重责任制度便是为此而设的。

加重责任制度是对系统重要性金融机构风险产生之后的责任追究机制，可以有效控制风险的进一步蔓延和恶化。加重责任制度是有限责任原则的一种例外规则，〔2〕通常是指系统重要性金融机构在子公司出现缺乏偿付能力、经营或财务状况明显恶化的情况下，拥有对其进行资本协助的法定义务。加重责任制度的主要内容包括资金保持承诺（capital maintenance commitments）、银行关闭政策（close bank police）、交叉担保条款（cross guarantee provisions）、力量源泉原则（source of strength principle）、资本回复方案（capital restoration plan）5个方面。〔3〕

---

〔1〕 参见常健、王清粤：《论系统重要性金融机构的法律特征与风险规制》，载《南京大学学报》（哲学·人文科学·社会科学）2020年第1期。

〔2〕 参见陈文成：《金融控股公司对附属金融机构责任加重制度研究》，载《上海金融》2009年第8期。

〔3〕 参见吴丹波：《构建我国金融控股公司加重责任制度的法律思考》，载《企业经济》2006年第7期。

加重责任的制度价值是多重的，但针对系统重要性金融机构而言，其价值主要体现在三个方面：第一，加重责任制度通过控制系统重要性金融机构管理者的冒险行为，在一定程度上制约特殊风险的产生。加重责任会使系统重要性金融机构在权衡其子公司的经营状况的基础上作出合理的投资决策。第二，加重责任制度通过给予系统重要性金融机构子公司在经营状况不佳时从系统重要性金融机构获得资金的法定权利，可以有效防止系统重要性金融机构子公司的倒闭并缓解系统重要性金融机构的系统性风险。[1]加重责任意味着系统重要性金融机构需要对其机构内部的经营和人事关系实行实时的监督并承担相应的责任，可以有效降低不当金融行为发生的概率。第三，加重责任制度可以构筑特殊风险预防机制。加重责任制度本质上是在权利和义务相一致原则基础上对系统重要性金融机构在有限责任之外施加的额外责任。系统重要性金融机构为了减少这种额外责任的程度，势必会降低法律风险，这就起到了预防特殊风险的积极作用。

（二）完善系统重要性金融机构特别监管的组织体系

我国当前的金融监管体系和机构改革是基于金融体系、宏观经济要求和国情做出的选择，但监管体系和机构改革是动态的，需充分反映金融结构的变迁和金融体系的风险结构，增强其权威性、专业性以及有效的协调性。

1. 国务院金融稳定发展委员会、中国人民银行和中国银保监会、中国证监会的分工协作

《指导意见》基本建立了我国系统重要性金融机构监管框架，就系统重要性金融机构的识别、监管和处置机制进行了原则性规定。《指导意见》确立的监管规则和职责分工具有较强的原则性和抽象性，需要后续立法进一步明确国务院金融稳定发展委员会、中国人民银行和银保监会、证监会的具体职责和沟通协作机制。

在系统重要性金融机构监管工作体制中，国务院金融稳定发展委员会居于核心地位，负责系统重要性金融机构监管整体工作如系统重要性金融机构的最后认定等工作，但《指导意见》中仅就国务院金融稳定发展委员会的职责范围、具体工作领导等方面进行了规定，却未就国务院金融稳定发展委员会在系统重要性金融机构监管体制中的地位及领导权限进行明确。作为国务院统筹协调金融稳定和改革发展重大问题的议事协调机构，国务院金融稳定发展委员会就系统重要性金融机构监管工作的宏观政策制定、制度体系建构、各方协调分工、重大问题研判等工作负有主体领导责任，应以法律文件的形式明确其领导地位和职责权限。

银行业在金融业、在国民经济发展中有着重要地位，纵观各国系统重要性金融机构监管体制，不难发现强化中央银行的金融监管职责为各国通行做法，《指导意见》中也有诸多体现中国人民银行在系统重要性金融机构监管工作中的牵头部门性质的条文表述，但其强制效力不足，未明确中国人民银行负有的牵头职责，建议在后续立法中予以明确，并依据牵头职

---

〔1〕 参见姜立文：《美国金融控股公司加重责任制度研究与启示》，载《环球法律评论》2006年第6期。

责构建各监管部门间常态化沟通协作机制，促进信息共享和监管合作。

中国银保监会、中国证监会在系统重要性金融机构监管体制中居于重要地位，负责具体工作开展如初步评估、资料报送、监管判断、附加监管等，负责各自主管行业系统重要性金融机构监管，建议以部门规章的形式对中国银保监会、中国证监会所负责的系统重要性金融机构的监管工作进行梳理，以立法形式进行明确。除中国银保监会、中国证监会外，《指导意见》就其他国务院金融稳定发展委员会成员单位的所负职责进行了初步规定，并明确了国务院金融稳定发展委员会成员单位之间要切实加强关于系统重要性金融机构的信息共享和监管合作。

2. 完善央地金融监管的协调机制

对系统重要性金融机构的特别监管需要地方金融监管的密切配合。作为金融体系的“毛细血管”，地方金融机构经营机制灵活，服务区域经济发展的地缘优势明显，其与大型金融机构的差异化发展，有效完善了金融服务链条，是提升金融服务实体经济能力的重要力量。完善央地金融监管的协调机制，有利于完善系统重要性金融机构的监管体系，对防范区域金融风险也有着积极意义。从完善系统重要性金融机构的监管架构角度而言，随着系统性重要金融机构与地方金融机构的关联度逐步升高，系统重要性金融机构通过投资控股、表外业务等方式不断增强其在地方金融领域的影响力，并成为重要利润增长点。故系统重要性金融机构的监管体系应当覆盖地方金融领域；从防范区域金融风险的角度来看，地方金融机构在发展规模、行业影响、风险权重等方面与系统性重要金融机构相比虽略逊一筹，但由于地方金融机构风险防控机制不足和危机应对能力薄弱，易受系统重要性金融机构传导风险感染，给区域金融安全造成了较大的风险隐患。

目前，小额贷款公司、融资性担保公司、区域性股权市场、典当行、融资租赁公司、商业保理公司、地方资产管理公司等地方性金融机构的设立、日常监管和风险处置由省级政府负责，实际执行中往往由各地的金融办（局）负责。从 e 租宝、泛亚事件、暴力讨薪等事件看，地方金融监管是当前我国金融监管的一大薄弱区域，地方金融办集“监管”和“发展”于一身、监管权责不对称、监管能力不足等是其重要原因。此外，监管体系混乱、监管主体不清晰也是一个重要原因。在机构设置上，地方金融监管部门在中央层面未有上级归口管理部门，部分金融办进行了改革，成为政府直属机构或政府工作部门，但仍有一些金融办的部门性质为挂靠机构或者直属事业单位，尤其在市、县两级；在监管职责上，金融办与地方发改委（局）、商务厅、农业厅、农村信用合作社联社、供销合作社系统平行监管各类地方金融机构。从这个角度看，除加强地方金融监管立法、剥离地方金融发展与金融监管职责、建立地方与中央监管机构的协调沟通机制、强化对地方监管主体的问责、加强地方金融监管能力外，从中央层面统筹推动各地方政府尽快设立金融监管局、组建中央监管部门和地方金融监管局常态化的工作机制、加强中央监管部门和地方监管部门的沟通协调势在必行。

（三）强化系统重要性金融机构监管的协调理念与原则

1. 强化宏观审慎监管和货币政策的协调〔1〕

在双支柱宏观框架下，货币政策关注传统的价格稳定以及就业和经济增长，宏观审慎关注金融稳定，两者既存在互补，也存在冲突。货币政策的“价格稳定”目标和宏观审慎监管政策的“金融稳定”目标具有统一性，物价稳定和金融稳定都是金融机构和金融市场正常运行、经济良性运转的必要前提，两者缺一不可。同时，两者又具有对立性，一个是旨在刺激经济增长的货币政策，会促进广义信贷增速加快，杠杆率提升，加剧系统性金融风险；另一个是旨在维护金融稳定的宏观审慎措施，如逆周期资本或者贷款价值比的提高，在降低广义信贷增速的同时，又将扩大产出缺口和通胀缺口。当资产价格存在泡沫，价格又面临巨大的下行风险时，限制信贷和流动性扩张的宏观审慎监管政策会进一步加剧价格下行风险。要实现货币政策和宏观审慎的协调，第一，应严格区分两类政策的目标，划清边界，并明确各自的核心政策工具。第二，在不同的情况下有选择地侧重，根据不同的金融不稳定的根源采用不同的政策变量。例如，当系统性金融风险主要是由技术冲击等外生变量造成时，应当主要侧重于遵循泰勒规则的货币政策；当风险内生时，应当侧重于宏观审慎监管政策工具。第三，研究分析不同政策类型及具体工具变量的时滞和作用期限，在时间维度上做好不同政策之间的搭配。具体而言，当宏观经济不景气时，由于政策时滞，扩张性货币政策需要一段时间才能发挥作用。此时，宏观审慎监管就应当着手降低金融市场的顺周期性以减少系统性金融风险。这样，扩张性的货币政策和收缩性的宏观审慎监管叠加可以缓解宏观经济波动，增强经济发展的稳定性；相反，当宏观经济处于极度繁荣时期时，紧缩性的货币政策会导致经济在一段时间后衰退，宏观审慎监管应当提前布局防范系统性金融风险的发生。

2. 宏观审慎与微观审慎的协调问题

宏观审慎监管的目标在于防范金融体系的系统性风险，微观审慎监管的目标在于防范单个机构的风险和保护存款人或投资者的利益，这两者目标既存在统一性也存在矛盾性。微观层面上的稳定安全是不能类推到宏观层面的，针对单个金融机构的微观审慎监管的措施并不一定能够实现金融体系的稳定，相反还会给整个金融体系带来前所未有的压力，因此，需加强宏观审慎和微观审慎协调。

协同宏观审慎监管和微观审慎监管，首先，要加强金融监管部门之间的信息交流与共享，建立全国统一的金融信息化平台，定期通报货币政策与金融监管政策的执行情况及发展趋向，使不同的监管机构都能及时掌握最新的无偏的金融市场信息和金融机构信息，不致在实现共同的金融宏观审慎目标时做出相互矛盾的决策或规定。其次，要充分运用宏观审慎和

---

〔1〕 参见范亚舟：《宏观审慎监管下我国金融监管机构改革及需进一步解决的问题》，载《武汉金融》2018年第7期。

微观审慎相统一的政策工具，如逆周期的资本调节、逆周期贷款损失动态拨备、信用评级、缓解公允价值会计准则的顺周期性、逆周期的信贷政策，要开发不同监管类型下具有特色的政策工具，避免政策工具完全一致，以便能够弱化某类监管政策的不良影响。再次，要充分发挥金融稳定发展委员会的作用，落实其监管协调职责，实现及时就金融运行过程中的重要事项进行磋商。最后，需加强与国际监管机构的合作，通过加强对全球系统性重要金融机构的监管合作，对跨国界金融风险处置的共同行动等行为，建立起一个有着共同监管目标、监管理念、协同行动的高效运行机制。

（四）充实系统重要性金融机构特别监管的制度内容

《指导意见》在公司治理、附加监管要求、信息系统以及风险管理4个方面增设了特别监管要求。在此基础上应更进一步充实特别监管内容，完善监管规则。

（1）提升资本管理能力，创新监管方法和工具。美国和欧盟普遍对系统重要性银行设置了更高的监管标准，并建立了针对系统重要性银行的监管体系。其中，资本监管是核心，系统重要性银行要适用更高的监管要求。除资本监管以外，还从流动性、压力测试、结构化限制等方面对系统重要性银行提出了全方位的监管要求。从我国的情况来看，在对系统重要性银行进行监管的过程中，需要综合考虑我国金融业发展和监管实践，创新监管办法和工具，对参评机构的评估指标进行合理测度，不断调整和完善监管要素和方法。

（2）根据新形势不断修正系统重要性银行的评估标准。商业银行是金融创新较为活跃的一个领域，产品和业务模式不断变化，资产负债结构不断调整。就我国而言，金融与科技的融合不断加深，商业银行普遍将科技手段应用到产品和业务模式创新之中，并对业务流程加以改造。相应地，银行的风险特征也发生了重大变化。在这种情况下，系统重要性银行的评估标准也要适应经济和金融发展形势的变化，密切关注商业银行风险的新特征，不断优化相关评估标准，在此基础上制定有针对性的监管要求。

（3）适当加强对系统重要性银行的前端管理，做好风险预防。银行监管指标通常具有一定的滞后性，一旦出现问题进行自救也会产生较大的社会成本。因此，在对系统重要性银行的监管上，应当加强前端市场管理，做好风险的预防。要针对系统重要性银行的资产类型及风险敏感程度，对与银行重要资产相关的价格比如利率、汇率、大宗商品价格等价格变动进行追踪监控，及时做好对冲并引导银行采取调整资产类型、行业布局等措施以规避风险。通过加强前端管理，及早发现问题并加以解决，为系统重要性银行获取充分的缓冲及自救时间。〔1〕

（五）强调系统重要性银行机构特别监管的“龙头作用”

毋庸置疑，银行业是中国金融业的主体，系统重要性银行是银行业的主体。在中国国民

---

〔1〕 参见柳立：《不断完善系统重要性银行监管制度建设》，载《金融时报》2021年5月10日版。

经济和社会发展中，需要系统重要性银行真正发挥经济和金融稳定器的作用。事实上，加强对系统重要性银行的监管有利于弥补监管短板，妥善解决“大而不能倒”的风险，并发挥其“龙头作用”。

中国系统重要性银行规模体量大，在金融市场上具有风向标作用，识别并强化系统重要性银行监管，有助于完善货币政策传导机制、促进市场公平有序竞争、有助于提高中国银行体系的稳健程度、切实防范化解系统性金融风险。因此，对系统重要性银行监管，应特别重视一级资本和其他一级资本工具创新方，以便充分发挥系统重要性银行的“龙头作用”。一方面，便利中小银行发行创新型资本工具。中小银行将成为优先股和永续债的发行主体，需要对永续债和优先股的发行条款作出更为清晰的监管规定，便利于其成功发行。另一方面，便利于大行发行创新型资本补充工具补充资本金。对系统重要性银行监管明确转股条款的资本工具的要求，对损失吸收顺序也有对应的规定，预计可转股的二级资本债、附加转股条款的资本债券（CoCoBonds）、TLACS 债务融资工具都将陆续推出，便利大行满足 TLACS 的监管要求。

（六）改善系统重要性金融机构特别监管的金融生态环境

通常，对于系统重要性金融机构而言，由于其资产规模大，一旦出现破产风险，政府当局往往面临两难或多难。一方面，这类机构如果按照普通司法程序破产，会对金融体系产生重大冲击；另一方面，如果政府对其救助，又会增加纳税人负担，且容易引发道德风险。面对这种状况，各方一致认识到，在强化系统重要性金融机构监管的同时，应建立一套有效的风险处置机制，确保这类机构在出现风险时能够平稳、有序退出市场，防止个别机构倒闭引发系统性冲击。

目前，系统重要性金融机构监管框架已经形成，主要包括评估认定、附加监管和有效处置三个环节，核心是提高系统重要性金融机构监管的强度和有效性。当前，完善我国系统重要性金融机构监管框架、推进相应监管，应紧紧围绕上述三大重点领域展开。评估认定方面，目前各方对于系统重要性金融机构的评估标准已有基本共识，且体现了很强的趋同性，规模性、关联性和复杂性等都是基本的指标，这为我国的实践提供了可供参照的标准。我们应借鉴国际经验，研究、选取和确定反映我国银行、保险等机构影响金融体系稳定的系统重要性指标，提出符合我国金融机构经营状况的监管判断标准，评估方法体系应体现准确性、透明度和可操作性要求。附加监管方面，资本监管是核心，应深入研究《巴塞尔协议》、系统重要性银行监管标准和各国的监管实践，在厘清我国金融监管现状和金融机构实际情况的基础上，不断完善我国系统重要性金融机构监管框架，应善于总结原有监管不足，改进监管手段，提高监管能力，真正解决监管强度和有效性与金融机构系统重要性不相匹配的问题。在此过程中，尤其需要处理好国际标准与国内要求适应与对接的关系，监管标准既要体现统一化、标准化和规范化，也应有一定的灵活性和适应性。有效处置机制方面，应借鉴相关国际准则和主要经济体的成功经验，从两个思路建立完善我国系统重要性金融机构特别处置机制。一是未雨绸缪，提前做好处置预案。考虑到金融机构倒闭的突发性、传染性和外溢效应，加强处置的事前准备有助于避免处置过程的混乱和无序，因此应事前建立特别处置机制。二是减少处置对公共资金的依赖，强调“自救”，金融机构经营失败的成本应首先由股东承担，以有效防范“大而不能倒”的道德风险。围绕如此三大重点推进我国系统重要性金融机构监管，有利于塑造一个良好的系统重要性金融机构特别监管的金融生态环境。

五、结语

2008 年次贷危机以来，强化金融监管已成为国际社会共识，对系统重要性金融机构继续进行监管是其中一项重要内容，而完善系统重要性金融机构特别监管制度是重中之重。在全球金融监管改革的大背景下，我国也加快了对系统重要性金融机构监管制度的建设，在借鉴国际监管经验的同时与我国金融行业发展实际相结合，监管框架基本确立。对系统重要性金融机构特别监管制度进行立法完善，强化全流程、全领域监管模式，必将对防范与化解系统性金融风险，实现我国经济高质量发展，建设中国特色社会主义法治国家产生重大意义。

互联网金融平台纳入人民银行法规制的法律思考

唐　波　朱颖颖 *

由于传统金融机构与互联网企业利用互联网技术实现资金融通、支付、投资和信息中介等金融服务，互联网金融平台这一新型金融业务平台应运而生。[1]依靠现代科技迅速发展起来的互联网金融平台是法律制度不完备条件下的产物。自2020年10月23日，中国人民银行发布《关于〈中华人民共和国中国人民银行法〉（修订草案征求意见稿）公开征求意见的通知》（以下简称《征求意见稿》）以来，[2]防范系统性金融风险与金融消费者权益保护两大修改重点引起学界广泛关注。该征求意见稿第43条赋予中国人民银行拟订金融科技监管基本规则的权力，试图平衡创新与监管之间的关系，[3]然而，第43条的概括性规定欠缺针对性，中国人民银行仅依据该条行使拟订金融科技监管规则的权力，似乎将面临互联网金融平台监管不具有针对性或不全面的难题。此外，互联网金融平台监管似乎既无法纳入《征求意见稿》第39条金融基础设施监管的范畴，也无法全面纳入《征求意见稿》第三十四条宏观审慎监管的范畴。互联网金融平台大肆发展之际，对其规制

* 唐波，华东政法大学教授、博士生导师；朱颖颖，华东政法大学博士研究生、英国格拉斯哥大学法学院博士研究生。

〔1〕 See Valerio Lemma, "FinTech Regulation: Exploring New Challenges of the Capital Markets Union" 245.

〔2〕 参见《关于〈中华人民共和国中国人民银行法〉（修订草案征求意见稿）公开征求意见的通知》，载中华人民共和国中央人民政府网，http://www.gov.cn/zhengce/zhengceku/2020-10/24/content_5553847.htm。

〔3〕 参见安辉：《金融监管、金融创新与金融危机的动态演化机制研究》，中国人民大学出版社2016年版，第41页。

的深刻反思尤有必要，从多角度比较和探寻“破局”之道实属必要。

一、问题的提出：互联网金融平台的监管套利

正如金融稳定委员会（FSB）所指出的，随着金融科技的迅猛发展，新的互联网金融平台可能性正被推动，包括支付服务平台、智能投顾平台、互联网借贷平台和其他金融创新交易平台。[1]阿尔曼多斯（Almandoz）估计，在美国开一家银行平均需要2000万美元和19个月。[2]巨大的资金和时间成本，成为互联网金融平台挑战传统银行业监管的强烈动机。这些互联网金融平台凭借其灵活的IT系统和吸引顶级软件工程师的能力，比许多现有银行更有能力通过新技术改善客户体验，通过公开市场业务取代传统银行业务。这些互联网金融平台为规避银行业关于资本充足率、杠杆比率、流动杠杆比率以及净稳定资金来源比率等限制性要求，以传统银行业为基础，通过巧妙运用高息揽存、刚性兑付、资金池、资金错配、多通道叠加和嵌套这六大工具，开拓出多样化的新型融资渠道，实现银行、资产管理和保险等金融行业的跨行业交易，这在提高资金利用率的同时，容易引发系统性金融风险。[3]

引入监管沙盒可能在一定程度上能够解决实践中持续存在的互联网金融平台监管法律滞后问题，例如，2021年10月12日，杭州就4个金融科技创新项目开展监管沙盒测试的出盒专家论证，其中包括杭州银行主持的“基于可信身份认证的智能银行服务”以及网商银行主持的“亿亩田——基于卫星遥感和人工智能技术的智能化农村金融服务”。然而，这种试点性质的监管模式似乎不太可能产生宏观审慎监管的效果，只能实现对某种特定的互联网金融平台的监管。互联网金融平台监管套利问题的全面解决需要通过全面的监管框架来解决。[4]

从监管的角度来看，对互联网金融平台的监管，除了存在规避银行业配套规则的监管套利问题外，还存在大数据合规监管问题。特别是，互联网金融平台可能利用其运营过程中获取的数据，使其能够实施排除或限制竞争的商业行动，例如，使用自适应算法或者学习算法对不同客户群体实施差异化定价。[5]中国人民银行在其权限范围内制定的外部规则，很难前瞻性地规制这一大数据和人工智能的结合产物，这也揭示了互联网金融平台需要特定的监管干预。

---

〔1〕 See “Global Monitoring Report on Non－Bank Financial Intermediation 2019”（FSB，19 January 2020）<https：//www. fsb. org/wp－content/uploads/P190120. pdf> accessed 20 October 2021.

〔2〕 See Juan Almandoz，*Arriving at the Starting Line：The Impact of Community and Financial Logics on New Banking Ventures*，（2012）55 Academy of Management journal 1381.

〔3〕 参见朱颖颖：《影子银行监管的逻辑与路径：国内监管与跨境监管并重》，载《浙江学刊》2021年第6期。

〔4〕 See Philipp Maume，*Reducing Legal Uncertainty and Regulatory Arbitrage for Robo－Advice*，（2019）16 European Company and Financial Law Review 622.

〔5〕 See Jan Kupčík，“European Tacit Collusion Theory and Its Application to Price Algorithms”（2020）411.

防控互联网金融平台引发的系统性金融风险，意味着需要了解传统金融监管规则是否适用于互联网金融平台监管。在审视现行监管体系的过程中，不仅要考虑互联网金融平台存在的资本充足率较低，而且要考虑金融技术在交易中的整体应用等因素。据此，互联网金融平台的监管很可能不仅需要考虑构建一个重要的担保责任体系，而且需要平衡算法和软件的负面影响，减轻网络风险对资本的负担。对金融科技的监测表明，这些风险损害了金融稳定（关于现金流量的平衡）和资本充足率。[1]上述所有情况似乎都要求对互联网金融平台进行特别监管，该监管要求监管者不仅需要考虑传统银行业中不存在的互联网银行风险，而且应考虑非银行金融中介中的风险。[2]

二、《中国人民银行法（修订草案征求意见稿）》下互联网金融平台监管困局

互联网金融平台的监管要求多角度协同监管，而我国现行机构监管模式下，银行保险业和证券业受到并行且分离的监管。征求意见稿似乎已意识到现行机构监管模式的弊端，在第39 条明确赋予中国人民银行实施功能监管的权力。然而，该条是针对金融基础设施监管的特别规定。这意味着若互联网金融平台无法纳入金融基础设施监管的范畴，在征求意见稿体系下，中国人民银行似乎仍然缺乏直接会同其他相关监管部门对其实施功能监管的依据。

（一）缺乏纳入金融基础设施监管的理论基础

要探讨互联网金融平台能否在现行征求意见稿体系下被纳入金融基础设施监管范畴，首先需要界定该征求意见稿所指“金融基础设施”概念的内涵与外延。关于其概念，虽然征求意见稿未作出明确规定，但 2013 年中国人民银行办公厅发布《关于实施〈金融市场基础设施原则〉[3]有关事项的通知》（以下简称《通知》），要求中国人民银行依据《中国人民银行法》等法律制度，将《金融市场基础设施原则》（以下简称《原则》）与其职责进行整合。无论是 2012 年支付结算体系委员会（CPSS）和国际证监会组织（IOSCO）首次发布《原则》时，还是 2013 年中国人民银行办公厅发布《通知》时，互联网金融平台正处于发展初期，尚未受到前述《原则》及《通知》发布机构的重视。因此，《原则》及《通知》均未明确提及互联网金融平台是否属于金融基础设施。

在此立法背景下，要想明确互联网金融平台是否属于金融基础设施监管范畴，需要对

---

〔1〕 See Greg Buchak and others, *Fintech, Regulatory Arbitrage, and the Rise of Shadow Banks*, (2018) 3 Journal of Financial Economics 453.

〔2〕 See Elizabeth Pollman and Jordan M Barry, *Regulatory Entrepreneurship*, (2017) 90 Southern California Law Review 383.

〔3〕 2012 年，在汲取金融危机的教训，吸收当时重要支付系统、证券结算系统和中央对手等国际标准执行经验的基础上，支付结算体系委员会（CPSS）和国际证监会组织（IOSCO）联合发布了《金融市场基础设施原则》，以期推动各国加强对金融市场基础设施的监管，共同防止系统性金融风险。

《原则》及《通知》关于金融市场基础设施的分类进行逐一剖析。根据《通知》第 1 条第 1 款的规定，从分类列举的角度来说，金融基础设施分为“重要支付系统、中央证券存款、证券结算系统、中央对手和交易数据库”五大类；〔1〕从功能归类的角度来说，金融基础设施的作用在于清算、结算或记录各类金融交易，并且该系统具有多边性。因此，要想明确互联网金融平台是否属于金融基础设施监管范畴，有必要厘清互联网金融平台是否属于前述任何一类或者几类，以及是否满足金融基础设施的功能特征。

智能投顾平台和互联网借贷平台等投融资类互联网金融平台，都不属于重要支付系统、中央证券存款、证券结算系统和中央对手。关于交易数据库，《原则》第二十四项原则明确，交易数据库需要履行向管理部门和公众提供数据的义务。这意味着，要被纳入交易数据库的范畴，需要互联网金融平台有收集并保存交易数据的行为。几乎所有互联网金融平台均存在信息集中保存的特点，智能投顾平台和互联网借贷平台也不例外。从功能特征来说，这两类互联网金融平台虽然具有记录金融交易的功能，但不具有多边性。〔2〕智能投顾平台的金融交易发生在个体金融消费者与提供投资顾问的平台之间，只是对传统投资顾问的网络化，仍保持双边性的交易特点。互联网借贷平台的金融交易发生在个体贷款人与放贷平台之间，只是对传统双边借贷关系的网络化，也仍然保持双边性的交易特点。因此，智能投顾平台和互联网借贷平台等投融资类互联网金融平台难以纳入金融基础设施监管范畴。

目前国内存在的支付服务平台这一互联网金融平台，似乎属于前述支付系统这一金融基础设施大类，具有清算、结算作用，且具有多边性。然而，《原则》第八项明确，金融市场基础设施必须具有“结算最终性”，而我国现行支付服务提供平台均属于第三方支付平台，无论是支付宝、微信支付还是京东金融都离不开银行支付系统的最终清算功能，可见这些第三方支付平台本身不具备“结算最终性”。

由此，我国目前的互联网金融平台似乎不属于金融基础设施范畴，无法纳入征求意见稿第 39 条规定的金融基础设施监管范畴，这也就意味着无法由中国人民银行通过功能监管实现全面监管。宏观审慎监管着眼于对金融体系的全局性监管，在具体监管实现路径上，宏观审慎监管强调各分业监管机构与中国人民银行这一统筹监管者之间的协调合作，一定程度上也可以达到功能监管的效果。〔3〕征求意见稿第 5 条关于赋予中国人民银行制定审慎监管基本制度的权力的规定，是否可以弥补前述缺憾，实现对互联网金融平台的全面监管？

（二）缺乏全面纳入宏观审慎监管的制度基础

虽然我国目前有表 1 中所示互联网金融平台监管的具体规定，但由于其监管套利问题的

---

〔1〕《原则》第 3 条的原文表述为“重要支付系统、中央证券存管、证券结算系统，以及承担中央对手和交易数据库职责的机构属于金融市场基础设施运行单位”。

〔2〕 参见岳彩申主编：《金融市场基础设施监管的实践和挑战：互联网时代金融风险防范的新框架》，法律出版社 2020 年版，第 86 页。

〔3〕 参见包勇恩：《论宏观审慎层面金融监管体制改革方向》，载《云南大学学报》（法学版）2013 年第 1 期。

存在，仅对其进行微观审慎监管将难以实现全面规制的目标。[1]（如表 1 所示）

表 1　我国部分互联网金融平台的监管规定

发布时间	名称	主要立法目的
2016 年 8 月	《网络信贷信息中介机构业务活动管理暂行办法》	限制个人和企业的网络借款总金额
2020 年 7 月	《商业银行互联网贷款管理暂行办法》	严控跨地域经营，并限定商业银行与合作机构的出资比例
2020 年 10 月	《金融科技创新应用测试规范》《金融科技创新安全通用规范》《金融科技创新风险监控规范》	多角度监管金融科技创新
2020 年 11 月	《网络小额贷款业务管理暂行办法（征求意见稿）》	规范网络小贷的准入条件、融资额度、贷款金额和资金用途
2020 年 12 月	《互联网保险业务监管办法》	防范互联网保险业务经营风险

在 2008 年金融危机之前，银行业审慎监管的一个主要弱点是，银行监管过度集中在银行资产负债表上，而忽视了金融机构为了逃避更严格的监管要求而在整个金融体系中分散风险。[2]监管机构没有考虑到银行风险的表外扩散，可能造成系统性风险这一金融体系中的结构性风险。宏观审慎监管和监管力度不足，导致整个金融体系的杠杆作用大量增强，银行过度依赖短期融资。危机后，宏观审慎得到重视，旨在识别和控制各个金融机构和整个金融体系的风险。这意味着审慎监管不再仅限于完善对个别银行和金融公司的微观审慎监管和监督措施，而是将个别公司的监管与更广泛的金融体系和宏观经济的发展联系起来，甚至包括对监管金融基础设施（如清算和结算系统）的监管。[3]

我国当前的互联网金融平台监管，基本上是微观审慎监管，即主要关注个别互联网金融平台的稳定运行，而忽略了互联网金融平台这类跨资产类别的风险与交易对手信贷及流动性风险的相关性。如表 1 所列，为了对蚂蚁集团这类融资平台进行监管，中国银保监会和中国人民银行联合发布《网络小额贷款业务管理暂行办法（征求意见稿）》，出于对合规的担忧导致蚂蚁集团首次公开发行（IPO）突然暂停，可见其一旦正式实施一定程度上可以起到防范系统性金融风险的作用。然而作为一种事后被动监管模式，这种“回应型”监管路径一方面在填补监管空白的同时可能由于监管力度过大而抑制金融科技的发展；另一方面也是更重

〔1〕 参见岳彩申：《互联网金融平台纳入金融市场基础设施监管的法律思考》，载《政法论丛》2021 年第 1 期。

〔2〕 See Guillaume Plantin, *Shadow Banking and Bank Capital Regulation*, (2015) 1 The Review of Financial Studies146.

〔3〕 参见刘丹冰、许青伟：《我国金融市场流动性监管法律制度的创新与演进——从“守住不发生系统性风险底线”说起》，载《西北大学学报》（哲学社会科学版）2021 年第 4 期。

要的在于其前期监管的缺失。[1]

由此，宏观审慎监管作为我国目前的金融监管体制改革重点，有望实现全面监管互联网金融平台的监管目标。我国当前的互联网金融平台涉及信贷、理财、保险等多种行业，虽然原银监会和原保监会合并为中国银保监会，有助于实现银行业和保险业的统一监管，一定程度上可以有效监管涉及银行和保险业的通道业务的互联网金融平台，但是中国银保监会与中国证监会仍旧实行严格的机构监管。这一监管模式增加了互联网金融平台监管套利的空间，导致我国对其监管的处境尴尬：监管规则制定者有全面监管的意愿，但是各监管机构制定监管规则或者实施监管行为时，对互联网金融平台缺乏系统性和全局性的监管权限和经验。

征求意见稿第43条作出关于金融科技管理的规定，中国人民银行牵头编制并推动落实金融科技发展规划，拟订金融科技监管基本规则，指导协调金融科技应用。这一规定看似囊括了对互联网金融平台的监管，然而对比第43条与第39条，不难发现征求意见稿虽授权中国人民银行拟定金融科技监管基本规则，但就金融科技监管事宜，中国人民银行并不享有会同其他相关金融监管部门行使功能监管的权力。这意味着，即使中国人民银行在制定金融科技监管规则时，具有全面监管互联网金融平台的意愿，但若缺乏明晰的监管主体及其监管权力相关的具体法律制度，监管实践仍将难以实现各部门的全面协同监管，亦即互联网金融平台难以通过宏观审慎监管实现全面监管。

三、英国监管实践：外部监管与内部治理相结合

当前国际金融监管主要有三种结构性模式：功能监管模式，双峰监管模式和分业监管模式。当然，每个监管模式都有其自身的优缺点。将每种监管与所管辖的金融环境剥离，客观评估这些监管模式几乎没有借鉴的意义。因此，纳入中国市场背景和金融监管历史背景方能找到解决中国目前互联网金融平台监管面临的问题的适当办法。虽然我国的金融监管制度与美国大体相似，两者都有按照行业区分的监管部门设置。短期内，在不从根本上改变金融监管模式的情况下，中国可能会借鉴美国的做法，改善对互联网金融平台的监管。根据《多德－弗兰克法案》，金融稳定监督委员会（FSOC）的成立是为了改善机构间合作，实现全面监管。尤其是美联储（FRB）有权监管所有可能对金融稳定构成威胁的公司，这有效地将FRB的综合监管范围扩大到所有大型、相互关联的金融集团，互联网金融平台的监管套利将无法实现。美国的做法似乎值得中国考虑。然而，更多的监管者并不一定意味着更强的监督：监管权之争和协调失败可能导致监管收效甚微。美国的改革可能会使其监管结构更加复

[1] 参见袁康：《金融科技风险的介入型治理：一个本土化的视角》，载《法学论坛》2021年第4期。

杂和不连贯。[1]从中长期来看，中国需要考虑双峰监管模式和功能监管模式。[2]它们比分业监管更能适应现代金融市场的现实，消除银行、证券和保险之间的传统界限。与功能监管模式相比，双峰监管模式在 2008 年全球金融危机之后，越来越受到重视。[3]由此，借鉴双峰监管模式的典型法域——英国——的互联网平台金融监管尤有必要。

（一）双峰监管下的互联网金融平台全面监管

为协调配合货币政策、宏观和微观审慎监管，依据《2012 年金融服务法案》和《2016 年英格兰银行与金融服务法案》，英国的金融业监管机构分为审慎监管局（PRA）和金融行为监管局（FCA）。前者是英格兰银行的组成部分，主要职责包括监管银行、建筑协会、信用社、保险公司和投资公司等共计 1500 家金融机构。[4]后者具有独立地位，负责英国近 6 万家金融服务公司和整个金融市场的行为，最重要的是，FCA 还负责监管 PRA 职责范畴外约 4.9 万家金融公司的审慎监管。[5]英国的金融立法就英国监管机构的监管职责和监管权限做出明确界分，使不同机构分别在宏观和微观层面协调配合，从而实现对包括互联网金融平台在内的金融业的全面监管。2013 年，金融服务管理局和英格兰银行降低了新银行在授权时的资本要求，并引入了“授权，但有限制”的新选择，允许银行业新进入者筹集资金。该项变化为英国的数字银行发展提供了制度支持，数字银行进入零售银行市场。[6]例如，Starling 和 Monzo 这类广为英国年轻人使用的数字银行，虽然与传统实体银行一样向个人提供流动和储蓄账户、个人贷款、借记卡和信用卡以及其他零售银行服务，但是其完全在线，没有与传统银行相关的实体分行。该类数字银行在英国现有监管之外或法律灰色地带开展业务的机会很少。[7]2020 年 11 月，当 Lanistar 为其多态借记卡发起广告宣传时，FCA 迅速对这一擅自提供金融服务的互联网金融平台采取监管措施，发出警告。Lanistar 在此后的运营过程中，将监管合规作为公司发展的首要目标。

这与我国各类互联网金融平台监管套利的现状形成鲜明对比。英国全面审慎监管和行为监管的结合，使其可以平衡对互联网平台等金融科技的支持和对金融稳定的关注。2020 年，

---

〔1〕 See EF Greene and EL Broomfield, “Promoting Risk Mitigation, Not Migration: A Comparative Analysis of Shadow Banking Reforms by the FSB, USA and EU” 6.

〔2〕 参见朱颖颖：《影子银行监管的逻辑与路径：国内监管与跨境监管并重》，载《浙江学刊》2021 年第 6 期。

〔3〕 See Hui Huang, *Institutional Structure of Financial Regulation in China: Lessons from the Global Financial Crisis*, (2010) 10 The journal of corporate law studies 219.

〔4〕 See “Prudential Regulation” (Bank of England) <https://www.bankofengland.co.uk/prudential-regulation> accessed 24 October 2021.

〔5〕 See “About the FCA” (FCA, 24 September 2020) <https://www.fca.org.uk/about/the-fca> accessed 24 October 2021.

〔6〕 See ‘AMA with Tom Blomfield: Monzo's CEO explains how he built a modern-day bank’ (Stripe) <https://stripe.com/en-gb/atlas/guides/ama-tom-blomfield> accessed 25 October 2021.

〔7〕 See Dermot Hodson, *The Politics of FinTech: Technology, Regulation, and Disruption in UK and German Retail Banking*, Public Administration (London), (2021).

英国在原有沙盒监管的基础上推出新型技术沙盒，以 FCA 的监管沙盒为模型，促进监管机构与科技公司之间的合作，以平衡创新与金融监管两者之间的关系。[1] 如前所述，互联网金融平台具有容易引发系统性金融风险的特征，英国通过宏观审慎监管弥补沙盒监管对系统性风险防范的不足，即包括互联网金融平台在内的金融市场主体对宏观经济的影响受 PRA 的监测，并且由金融政策委员会（FPC）统筹协调 FCA 与 PRA 的监管活动。[2] 中国人民银行法征求意见稿将"制定和执行宏观审慎政策"作为中国人民银行的法定职能确定下来，并通过第五章"监督管理职责"和第六章"监督管理措施"进一步明确人民银行宏观审慎监管的主体地位，细化人民银行宏观审慎监管的职权范围。然而，我国机构监管的模式决定了人民银行在实施宏观审慎监管的过程中，需要与中国银保监会、中国证监会等监管机构协调对不同类金融市场的监管，这意味着要使中国人民银行的宏观审慎监管职能切实发挥，需要立法明确其监管边界。征求意见稿虽然在第 39 条关于金融基础设施监管的修订中明确了中国人民银行对各类金融基础设施及其运营机构进行设立和运营监管的权力，同时赋予中国人民银行会同其他监管机构开展功能监管的权力，但如前所述，互联网金融平台监管似乎无法纳入金融基础设施监管，而征求意见稿第 34 条关于宏观审慎监管职能的条款，仅明确了中国人民银行在开展宏观审慎监管过程中可以运用的宏观审慎政策工具，并未就其开展监管活动过程中与其他监管机构之间的职能边界作出规定。这似乎会产生该条款可操作性弱的后果。[3] 英国宏观审慎监管过程中，通过对提供金融服务的企业的高级管理人员加强监管这一外部监管推动企业内部治理的具体监管措施对我国具有一定的借鉴意义。

（二）金融机构内部治理：实施个人责任要求

英国的"高级经理和认证制度"（SMCR）要求经 PRA 和 FCA 授权提供金融服务的公司，必须确保履行 PRA 指定的高级管理职能的个人获得批准的程序，除非 PRA 和 FCA 确信该人符合英国《2000 年金融服务和市场法》的要求。[4] 2016 年 SMCR 初制定时，其适用范围包括银行、建筑协会、信用社和 PRA 指定投资公司执行"高级管理职能"的所有个人。该制度于 2018 年扩大至涵盖保险公司，从 2019 年 12 月起，再次扩大到 FCA 监管的所有金

---

〔1〕 See "Meet the Five UK Lawtechs Chosen to Join First Lawtech Sandbox Pilot" (Tech Nation, 8 December 2020) <https://technation.io/news/the-uk-lawtechs-joining-first-lawtech-sandbox-pilot/> accessed 20 October 2021.

〔2〕 参见青彤、岳彩申：《域外宏观审慎监管协调模式及其对中国的启示》，载《社会科学家》2019 年第 11 期；邓舒仁：《互联网金融监管的国际比较及其启示》，载《新金融》2015 年第 6 期。

〔3〕 参见朱小川：《我国金融市场基础设施管理：现状、难点和立法路径》，载《西南金融》2020 年第 4 期。

〔4〕 See "Senior Managers Regime: Approvals" (Bank of England, 26 January 2021) <https://www.bankofengland.co.uk/prudential-regulation/authorisations/senior-managers-regime-approvals> accessed 25 October 2021.

融机构，适用于资产经理和投资公司的指定活动。[1] SMCR 要求提供金融服务的公司的高级管理人员必须披露 PRA 或 FCA 所要求的任何合理信息。[2] 这意味着 SMCR 制度下，提供金融服务的公司的高级管理人员必须与 PRA 和 FCA 合作，在防范系统性金融风险的同时保护消费者权益。此外，SMCR 制度要求提供金融服务的公司对其高级管理人员的行为负责。[3]

互联网金融平台带来了许多技术、道德和法律挑战，这些挑战可能会破坏传统金融监管在数据、网络安全、系统风险和道德方面的目标。由于互联网金融平台具有信息不对称加剧的特点，以外部治理为重点的传统金融监管难以充分解决人工智能带来的风险。因此，即使监管者拥有卓越的资源和专业知识，通过传统手段监督人工智能在金融中的使用也是极具挑战性的。[4] 从这个角度来说，中国人民银行在未来执行征求意见稿第 43 条关于拟定金融科技管理的规定时，可以考虑一定程度上借鉴英国的 SMCR 制度，实现在互联网金融领域将宏观审慎监管落到实处的监管目标。

四、我国监管突破：互联网金融平台的全面监管

（一）提高第 34 条宏观审慎监管可操作性

英国中央银行统筹金融监管的经验表明，有效的监管协调以各监管机构之间明确的权责界限和常态化的沟通与合作为基础。如前所述，征求意见稿虽然明确了中国人民银行宏观审慎监管的法律地位，一定程度上加强了其宏观审慎监管的法律基础，但是除了第 39 条关于金融基础设施监管这一条中规定了中国人民银行就该事项可以实施功能监管外，对其他事项的监管，中国人民银行仅有权会同其他相关监管部门开展。鉴于互联网金融平台具有跨行业的特征，若要通过宏观审慎监管实现对其可能引发的系统性金融风险的监管，中国人民银行需要具有交叉业务监管能力，并且这无法仅仅依靠中国人民银行自上而下的单一顶层监管，而是需要中国人民银行与其他相关监管机构开展信息沟通与监管合作。[5] 虽然中国人民银行与其下设金融稳定发展委员会，以及中国银保监会的人员组成在一定程度上实行交叉任职，有利于前述信息沟通与监管合作，但受机构监管历史的影响，保险业似乎尚未纳入该交叉任

---

〔1〕 See Barnabas Reynolds, Thomas Donegan, Simon Dodd and John Adams, "The UK's Expanded Senior Managers and Certification Regime: Key Issues and Action Plan for Brokers, Advisors and Asset Managers" (Shearman & Sterling, 26 January 2021) < https://www.shearman.com/ > accessed 25 October 2021.

〔2〕 See KPMG, Individual Accountability: Global Regulatory Developments in Financial Services (Report, July 2018) p. 4 –5.

〔3〕 See Patricia Volhard et al., Debevoise & Plimpton, "The UK's Senior Managers and Certification Regime" (Report, 18 February 2019).

〔4〕 See Ross P Buckley and others, *Regulating Artificial Intelligence in Finance: Putting the Human in the Loop*, (2021) 43 Sydney Law Journal 43.

〔5〕 参见熊婉婷：《宏观审慎与微观审慎协调的国际经验及启示》，载《国际经济评论》2021 年第 5 期。

职的框架下，而我国互联网金融平台业务并不局限于小额借贷等类银行业务，还涉及保险业。更重要的是，在我国现行监管模式下，虽然赋予中国人民银行全面监管金融市场稳定的权力，但当前制度尚未赋予相应的监管工具实现该监管目标。因此若征求意见稿第34条保持不变，在中国人民银行法实施以后，建议将前述交叉任职协调模式进一步拓展，同时以法律制度的形式将中国人民银行的监管职责具体化。

此外，现行征求意见稿在赋予中国人民银行宏观审慎监管权力的同时，并未明晰其如何会同其他监管机构实现宏观审慎监管，这容易导致该项权力无法具体实施。互联网金融平台的监管，关键在于以切实可行的制度为监管赋能，明晰中国人民银行和其他各监管机构的法律地位以及相互之间的权力分配，实施各类具体监管措施的制度依据。为提高征求意见稿第34条关于宏观审慎监管的可操作性，可以设立由各监管机构派员组成的跨部门委员会。随着金融监管的不断加强，我国传统金融业的稳健性普遍提高，但互联网金融平台这一新型金融业务领域的风险却不断增加。宏观审慎监管的重点似乎需要从“大而不能倒型威胁”转向“小广散型威胁”，即互联网金融平台倒闭可能带来的系统性风险。[1]

（二）依据第43条制定管理人员问责制度

由于互联网金融平台是一个技术含量较高且创新迅速的领域，立法者在制定法律制度的过程中难以确定哪些类型的平台会带来公共风险，同时也难以预见到所有类型的互联网金融平台。[2]对互联网金融平台管理人员实施问责制度，在一定程度上可以解决金融人工智能引起的前述监管难点。[3]虽然征求意见稿未就互联网金融平台监管作出特别规定，但该领域的监管似乎可以通过具体执行第43条关于中国人民银行拟定金融科技监管基本规则的规定实现。为了解决互联网金融平台监管的前述弱点，我们建议加强对这些平台公司的内部治理，强制实施个人责任要求，使管理人员参与进算法等金融科技监管中来。这种做法是对互联网金融平台产生的传统金融风险以外的更广泛的数据隐私和算法共谋等风险的全面监管的回应。[4]从金融监管者的角度来看，为实现全面监管的目的，可以通过重新关注高级管理人员（或关键职能负责人）对互联网金融平台企业的管理人员责任和问责这一内部治理来加强。

具体而言，征求意见稿第43条赋予中国人民银行制定包括互联网金融平台监管在内的金融科技监管基本规则的权力，中国人民银行在未来制定互联网金融平台监管的特别规定

---

〔1〕 参见张斌、熊婉婷：《经济结构转型与“双支柱”调控框架》，载《金融研究》2019年第12期。

〔2〕 See Matthew U. Scherer, *Regulating Artificial Intelligence Systems: Risks, Challenges, Competencies, and Strategies*, (2016) 2 Harvard Journal of Law & Technology 353.

〔3〕 See Ross P Buckley and others, *Regulating Artificial Intelligence in Finance: Putting the Human in the Loop*, (2021) 43 Sydney Law Journal 43.

〔4〕 See Brian W Tang, *The Chiron Imperative—A Framework of Six Human - in - the - Loop Paradigms to Create Wise and Just AI - Human Centaurs' in Susanne Chishti*, Sophia Adams Bhatti, Akber Datoo, Drago Indjic (eds), The LEGALTECH Book: The Legal Technology Handbook for Investors, Entrepreneurs and Fintech Visionaries (Wiley, 2020) 38.

时，可以把评估互联网金融平台对金融稳定的影响的实质性任务部分转移给企业相关技术高级管理人员，因为这些平台企业的相关管理人员比立法者和法院掌握全面的信息、具有相关的能力评估具体互联网金融平台的安全性。这种管理人员问责制度将迫使互联网金融平台企业将其可能引发的金融稳定破坏的相关成本内化，有力地激励互联网金融平台企业相关高级管理人员防控平台运营过程中可能引发的金融风险，这将迫使平台从设计到运营都建立系统的内部监管制度。

即便如此，本文在此所提出的具体措施方面的建议仅为初步设想。互联网金融平台监管的不同具体措施之间的优劣，因不同学者在市场的进一步发展中所识别的风险和利益之间的平衡而有不同：认为互联网金融平台可能极大程度威胁金融稳定的学者，可能赞成中国人民银行等监管主体对互联网金融平台发展进行更严格的监管；认为与互联网金融平台相关的公共风险是可控的学者，可能只支持中国人民银行等监管主体对互联网金融平台运营的有限监管。无论如何，我们正在进入一个时代，我们将依靠科技来执行越来越多的金融任务。法律制度必须规定当这些科技可能损害金融稳定时，由哪些监管主体采取何种监管措施，以及明确直接监管是否是减少这种损害的唯一方式。

《商业银行法》修订与客户权益保护制度构建：修改稿客户权益保护专章的突破与局限

何　颖　王雨菲 *

2020年10月，中国人民银行公布《商业银行法（修改建议稿）》，向社会公开征询建议，这是《商业银行法》于1995年颁布实施，2003年、2015年两次修订之后，时隔5年再次全面修订，其中第六章新设专章“客户权益保护”被认为是此次修法的一大亮点。

一、银行客户权益保护的立法进展

《商业银行法》自1995年颁布以来，历次修订皆以“保护商业银行、存款人和其他客户的合法权益”为该法宗旨。然而，综观法条，涉及保护存款人合法权益的规则仅有寥寥几条，内容涉及银行为存款人保密、利率公告、兑付本金利息这些原则性的规定。至于“其他客户”的保护当为如何则未曾提及，这也成为《商业银行法》的一大缺陷。

近年来，我国金融产业迅猛发展，不仅参与主体数量急剧增加、规模持续壮大，各类金融机构业务范围也持续扩展，各类创新性、交叉性的金融业务不断涌现，金融混业经营、综合经营已是大势所趋。并且，面向社会公众的各类零售金

---

* 何颖，华东政法大学经济法学院副教授；王雨菲，华东政法大学经济法法学硕士研究生。

融业务发展尤其迅速。与此同时，客户与金融机构的各类金融纠纷及投诉也日益增多。在银行业领域，商业银行在创新业务与产品，为金融消费者及各类客户提供更多服务与便利的同时，也还存在影响甚至损害消费者、客户权益的问题。不仅在投资类金融商品销售时存在误导宣传、风险揭示不充分、金融商品提供超出客户风险承受能力、捆绑销售等问题，即使在传统的存贷款业务领域亦存在过度放贷、掠夺性放贷、泄露客户个人信息等诸多问题。根据中国银保监会消费者权益保护局发布的《关于 2021 年第二季度银行业消费投诉情况的通报》，2021 年第二季度银行业消费投诉同比增长 25.5%，消费者权益保护压力上升。[1] 在现有银行客户保护相关法制缺失的状况下，没有明确的法律依据也给司法实践造成了很大的阻碍，银行与客户尤其是非存款人客户之间的不少纠纷，缺乏金融法的具体依据，以致需要借助民法规则作为裁判依据，而传统民法遵循"买者自负"的原则，忽视了交易双方地位的不对等，致使对银行客户的司法保护难以实现。

民为邦本，在金融领域，重视金融消费者等客户权益保护对于公众对金融机构信任的维护、社会经济效率的提升都有重要作用。2008 年全球金融危机的惨痛教训告诉我们，加强银行客户群体权益保护、完善金融消费者权益保护制度供给是维护市场公平促进金融发展的应有之义。后危机时代，全球各发达经济体都在为改善金融消费者保护制度做出努力。英国早在 2000 年《金融服务与市场法》中就弱化了金融行业的差异，率先在金融立法领域中使用了"消费者"的概念，其将存款人、保险合同相对人、投资人等参与金融活动的个人概括到消费者的范畴之下，并将"确保对消费者适当水平的保护"确定为法定监管目标之一。2008 年危机后美国出台《多德—弗兰克华尔街改革与消费者保护法》，设立"消费者金融保护署"，并加强对非投资领域金融消费者的立法保护。2011 年 11 月，我国台湾地区颁布了全球范围内第一部直接以"金融消费者保护法"命名的规范文件，2020 年 3 月，韩国《金融消费者保护法》正式施行，被认为是迄今为止最为完善的金融消费者保护规范。[2] 金融消费者保护正被置于越来重要的地位。

我国商业银行具有极强的涉众性，并且在金融市场上占据优势地位。当前，金融市场上各类混业经营、综合经营活动已十分普遍，各国都已经认识到鼓励金融创新不能以牺牲社会公众利益为代价，金融消费者保护立法应当先行，但是在具体立法模式的选择上有所差异。以英国、欧盟、日本、韩国等国家，以及我国台湾地区为代表，采取的是金融消费者保护统合立法模式，[3] 我国从目前的情况来看，采取的仍是各金融行业立法分别增加保护规范的模式。不过无论选择哪种模式，皆应在金融消费者统合的概念之下，遵循统一的立法原则和规

〔1〕 银保监消保发〔2021〕14 号。

〔2〕 参见董新义：《一部金融消费者保护强化法案：评韩国〈金融消费者保护法〉》，载《河北法学》2020 年第 8 期。

〔3〕 参见杨东：《金融消费者保护统合法论》，法律出版社 2013 年版，第 24 ~34 页。

范框架，对金融消费者进行横向的全面化保护。我国 2018 年出台的《关于规范金融机构资产管理业务的指导意见》（资管新规）可以被视为是大资管时代顺应横向全面保护原则的一个具有重大意义的立法突破。

在对金融消费者全面保护的趋势下，《商业银行法（修改建议稿）》专章设置消费者保护既是对 2019 年《证券法》修法中增加专章“投资者保护”的呼应，亦是对《中国人民银行法（修改建议稿）》中第 5 条第 1 款第 17 项[1]之规定的落实。《商业银行法（修改建议稿）》的“客户权益保护”专章一改旧法仅有对存款人原则性保护的做法，在中国人民银行“健全消费者保护基本制度”的统括性要求之上，细化金融消费者权益保护的具体职责，是值得肯定的巨大进步。《商业银行法》与其他金融立法修订联动，统筹推进了金融消费者权益保护领域的法律制度建设和规划制定。

二、银行客户权益保护专章的得失

（一）趋向金融消费者保护

《商业银行法（修改建议稿）》顺应了金融消费者统合保护的趋势，为金融消费者保护制度的引入留出了一定制度空间。首先，在“客户权益保护”专章的第一条中，从第一款“商业银行应当按照法律、行政法规以及中国人民银行、国务院银行业监督管理机构的规定，保障客户的合法权益”的表述可以看出，对于所谓“客户保护义务”的分业监管仅在监管规范层面，而在法律和行政法规层面实际上留出了一个口子，存在突破分业限制适用非银行业法律行政法规保护金融消费者的可能性，在一定程度弥合了金融法领域不同立法之间的参差，在金融消费者保护这个问题上为金融立法“循序渐进、分进合击”[2]的立法协同留出制度空间。其次，“客户保护”的提法相较于此前的《商业银行法》中只是对客户之一的“存款人”设立原则性保护而言，保护范围明显扩大，保护程度亦有明显提高，这是符合社会经济发展实际需求，值得肯定的积极变化。尽管商业银行实行分业经营，但分业只是体现为对商业银行从事业务和投资方向的禁止性规定，商业银行本身就合法存在表内业务、表外业务和以银行卡为代表的中间业务，随着我国金融领域分业经营管制的逐步放开，商业银行的业务范围早已不局限于基础存贷款业务，而是向理财产品、证券投资基金等投资性金融商品领域迅速拓展。为满足现实需求，此次《商业银行法（修改建议稿）》的第 3 条也进行了扩张，以列举的方式明确商业银行可以从事的业务增加了“办理托管业务”“办理衍生品交易业

---

[1] 《中国人民银行法（修改建议稿）》第 5 条规定，（主要职责）中国人民银行履行下列职责：……制定金融消费者保护基本制度，牵头建立金融消费者保护协调机制；……中国人民银行可以依照本法第四章的有关规定从事金融业务活动。

[2] 参见余文建：《统筹推进金融消费者权益保护建设》，载《中国金融》2019 年第 22 期。

务”“办理贵金属业务”“办理离岸银行业务”4 项，进一步丰富了商业银行表外资管业务。从商业银行多样化、交叉混业的业务实践来看，银行客户除了存款人外，还包括银行卡、银行理财产品、投资产品代销服务、各类投资产品的托管服务等其他银行业务类型对应的客户群体，并且这个群体的规模庞大。那么，银行与这些存款人之外的“其他客户”建立经济关系的过程中，他们的权利“是不是需要保护”，又“如何保护”？这都是现行立法无法解答的问题。应当说，此次《商业银行法（修改建议稿）》中“客户”的统括性提法填补了之前法条中对“存款人”以外“其他客户”的保护无法可依的立法漏洞，具有很大的进步意义。然而，“客户权益保护”作为专章名称的提法是否准确合理，还有待进一步商榷。

（二）“客户权益保护”的提法尚存缺陷

银行业对于“客户保护”的提法早在中国银监会 2006 年颁布的《商业银行金融创新指引》中就有，只不过那时使用的还是“客户利益保护”的表述而非“客户权益保护”。然而“客户”这个词并非一个法律术语，《新华汉语词典》对“客户”的解释是“贸易活动购买物品的一方”，因此银行客户指的是与银行订立有关金融商品和服务贸易合同的相对方，其范围包括与银行存在经济关系的自然人与机构法人。

对比“客户”与“金融消费者”可以看出，“客户”的外延要远大于“金融消费者”，结合金融消费者的内涵与立法目的之考量，“客户”的范围既包含需要保护的弱势金融消费者，同时也包含大量非金融消费者客户。当前，“金融消费者”已经从一个学术概念发展成为一个法律规范意义上的概念。从现行规章条文上看，《中国人民银行金融消费者权益保护实施办法》首次对银行业领域的金融消费者进行了界定：金融消费者指的是“购买、使用银行、支付机构提供的金融产品或者服务的自然人”。从学理上看，金融消费者的产生是在金融交易活动高度涉众化的背景之下，试图在信息不对称且交易力量差距悬殊、交易地位在实质上极不平等的普通社会公众与金融业经营者之间，尽可能消除或避免金融业经营者对处在弱势地位的个人实施不当侵害，以实现金融商品交易的实质公平。[1]因此，对金融消费者的保护，“弱势地位”是保护核心，“倾斜保护”是保护原则。从保护范围上看，在金融交易中处于弱势地位的社会公众是金融消费者群体的重要组成部分。但需进一步指出的是，尽管在理论上金融消费者的主体为自然人，立法实践中也沿用“自然人”的界定，但是这并不妨碍在立法技术中排除一些在金融活动中不需要获得特殊保护的自然人，或者称专家型个人客户（expert private customer）。从消费者保护法的初衷来看，对消费者给予特殊保护仅仅是手段，其目的“一是确保合同当事人的‘地位对等性’，从而恢复消费者的自我决定能力，使消费者一方当事人能够基于合理判断而缔结合同；二是确保市场自由竞争机制的正常运行”。另外，在专业知识、专业能力、投资经验和风险承受能力上都处于较高水平，已经足以和金

〔1〕 参见何颖：《金融消费者概念的法律定性及规范价值》，载《财经法学》2016 年第 1 期。

融机构平等对话的机构客户，不应被纳入金融消费者范畴予以倾斜保护，但非金融中小企业基于在资本实力和金融专业能力方面的弱势，在特定条件下或可视为金融消费者。

此次《商业银行法（修改建议稿）》“客户权益保护”的专章设置，一方面，从内容上看它的保护立场似乎是对整个客户群体不加区分地予以倾斜保护；另一方面，依修改建议稿第76条只对“个人信息保护”作以规定，又切实地将非自然人客户彻底排除在外。“客户”一词的模糊性使得这一专章的保护范围不清，其产生的后果首先是会造成法律适用困境——所谓的“客户”究竟包括哪些？机构客户是不是这里所言的“客户”？如果采取体系解释，认为同一章节之中“客户”的保护范围应相同，那么这里就出现了立法漏洞，会将实践中大量存在的非个人客户排除在保护范围之外。而如果认为对“客户”的理解依文义解释，虽然保护范围扩大了，但对个人客户和机构客户不加区分地倾斜保护既不符合金融活动注重效率、关注成本与收益的特性，亦会造成法律资源一定程度的浪费。

（三）银行客户需要分类保护

法律特别保护金融消费者权益是为了矫正金融机构与消费者之间的不对等，如果消费者本身在专业知识、投资经验等状况与金融机构相当，就完全可以基于自己的信息收集能力和判断能力做出理性决策，如果在这种状况之下法律仍予以倾斜保护，就有过度保护之嫌。因此，法律通过区分专家与业余人士在消费者权益保护与保证金融效率二者之间寻求均衡，对前者与金融机构之间的交易活动尽量不干涉以保证金融效率，而对后者则贯彻倾斜保护原则。[1]

纵观世界各国立法，对金融客户的区别对待早已有之。美国较早在立法中对金融客户予以区分，早在《1933年证券法》中就有了“合格投资者”的概念；英国金融服务局在《金融服务与市场法》的基础上为金融机构规定了详尽的《从业规则》，将金融客户分为市场关系者（market counterparty）、中级客户（intermediate customer）与个人客户（private customer），倾斜保护的对象主要限于业余级别的个人客户；欧盟2007年颁布的《金融商品市场指令》将金融客户分为零售客户（retail）和专业客户（professional）两类，金融机构必须根据顾客的属性及金融商品的性质确定其业务活动规则；日本2001年《金融商品销售法》以及2006年《金融商品交易法》中采用“特定顾客”和“特定投资者”等概念与“一般投资者”相对，实现对金融客户的区别对待；韩国将金融商品销售业者的交易相对方或者金融商品咨询业者的咨询业务的相对方统称为金融消费者，而后又进一步细分为专业金融消费者与一般金融消费者。[2]

国内立法方面，2018年出台的《关于规范金融机构资产管理业务的指导意见》（以下简

---

〔1〕 参见何颖：《金融消费者权益保护制度论》，北京大学出版社2011年版，第72页。

〔2〕 参见董新义：《一部金融消费者保护强化法案：评韩国〈金融消费者保护法〉》，载《河北法学》2020年第8期。

称《资管新规》）中，将资产管理产品的投资者分为不特定社会公众和合格投资者两大类，将合格投资者与私募的资产管理产品对应起来，没有给予特别的保护，而对于不特定的社会公众的公开募集则需要包括适当性和强制信息披露在内的一些倾斜性的保护规则。《证券法》2019 年修订时，第六章投资者保护专章中第 89 条第 1 款规定，根据财产状况、金融资产状况、投资知识和经验、专业能力等因素，将投资者分为普通投资者和专业投资者，进而予以差异化保护。这里的普通投资者具有双重主体身份，他既是一个投资者，又因为他的普通性与涉众性所以应当作为金融消费者予以特殊倾斜保护。而专业投资者本身具有较好的财产状况和专业能力，能够与他的交易对手方进行势均力敌的交易，所以也就无须花费更多力气去倾斜保护。这背后的法理依据就是对处于信息不对称、地位不对等的弱势金融消费者应当进行倾斜保护。在大资管时代，商业银行作为资管市场中的重要的一环，其“客户”所涵盖的范围应该与资管市场其他立法中的投资者范围相当才能实现立法的周延。如果《证券法》中的“投资者”与《商业银行法》中的“客户”外延不同，就可能出现监管套利和对部分群体的保护失效。同时，《商业银行法》修订时也应效仿《资管新规》与《证券法》区别保护的做法，遵循金融消费者保护的基本逻辑，修正“客户”这个模糊的提法，对银行的客户群体施以区分类别为前提的保护。

三、客户权益保护专章具体规则评析

2015 年国务院办公厅发布的《关于加强金融消费者权益保护工作的指导意见》中指出，金融机构应当遵循平等自愿、诚实守信等原则，充分尊重并自觉保障金融消费者的财产安全权、知情权、自主选择权、公平交易权、依法求偿权、受教育权、受尊重权、信息安全权等基本权利。《商业银行法（修改建议稿）》“客户权益保护”专章的具体条文以禁止性规范和强制性规范为主，围绕以上金融消费者的权利展开。

《商业银行法（修改建议稿）》“客户权益保护”专章第 70 条是对银行“客户保护义务”的一个总括性的规则，明确了客户权益保护的主体既包括银行业监管者，也包括商业银行本身。这意味着，商业银行如果对客户权益的保护措施不到位，应当对客户承担损害赔偿责任，这对商业银行明确施加了加强对客户权益保护的制度性压力。

《商业银行法（修改建议稿）》“客户权益保护”专章第 71 条关于营销的规定对应《中国人民银行金融消费者权益保护实施办法》（以下简称《实施办法》）第 23 条，是对客户知情权的保护。另外，新增加入“不得损害其他同业信誉”的内容旨在维护公平竞争，也是对消费者自主选择权的间接保护。

修改建议稿“客户权益保护”专章第 72 条是关于信息披露的相关规定，《实施办法》第 16 ~ 18 条都规定了和信息披露相关的内容，基本满足了要求披露信息的针对性、可获得性和可理解性。此次《商业银行法（修改建议稿）》不仅规定了“全面、准确、可理解”的披露原则，而且对重点信息进行了列举性规定，包括合同缔结方式及限制、双方权利义务及主要风险、发生纠纷的处理途径这三类信息。相较于日本金融立法中将包括商品具体金融功能、具体构成、具体权利利益及其行使、可能面临的资金风险信息在内的围绕金融商品使用价值和价格等因素都包含在“重要事项”〔1〕中的做法，我们的“全面披露原则”范围有些过宽，不利于执行，而“重点披露信息”又显得有些单薄，难以涵盖足以影响交易合同订立的重要事实。较《实施办法》有一处新增，但有矫枉过正之嫌——第72条〔2〕第2款规定：“商业银行向客户披露前款所列信息，应当以适当方式确认客户已接收并理解完整信息。”应当说让银行确保信息处于一种“接收”的客观状态还可以做到，如何让银行确保每一个消费者都完整理解了所披露信息呢？这样过度的倾斜保护是否有必要或值得商榷。此外，第72条没有强调信息披露义务的履行期间。笔者认为，信息披露应当是要贯穿于交易各个环节，即从营销开始，到合同签订之后的履行，再到后面履行时可能会发生的一些违约，以及违约之后的相关责任分配各个环节，都应当进行相应的信息披露。将信息披露期间明确写入法条可以纠正“只有订立合同的时候需要信息披露”这样一个很容易产生的误解，亦更有利于维护处于信息弱势方的消费者。

修改建议稿“客户权益保护”专章第73条“客户适当性管理”的规定是本次《商业银行法（修改建议稿）》中一大重要新增亮点。此前，国务院办公厅发布的《关于加强金融消费者权益保护工作的指导意见》中就明确提到“建立金融消费者适当性制度”。《资管新规》明确金融机构发行和销售资产管理产品，应当坚持“了解产品”和“了解客户”的经营理念，加强投资者适当性管理，向投资者销售与其风险识别能力和风险承担能力相适应的资产管理产品。《全国法院民商事审判工作会议纪要》进一步论述了适当性义务的内容，指出适当性义务的履行是“卖者尽责”的主要内容，也是“买者自负”的前提和基础，并首次规定了销售违反投资者适当性义务的民事责任规则，将金融产品销售商与发行人列为连带责任主体，皆体现了对金融消费者的倾斜保护理念。适当性原则是与投资者保护相挂钩的，其目的在于保护处于弱势地位的普通投资者，而非不加区分地保护银行包括存款人以及合格投资人在内的一切客户群体。〔3〕此次《商业银行法（修改建议稿）》中的第73条应当说已经较为完整地吸收了之前有关适当性原则的立法核心，但未区分个人客户和机构客户、普通个人投

---

〔1〕参见何颖：《金融消费者权益保护制度论》，北京大学出版社2011年版，第88～91页。

〔2〕《商业银行法（修改建议稿）》第72条规定：“（信息披露）商业银行应当使用客户易于接受、理解的方式全面、准确披露与客户权益保护相关的产品和服务信息以及其他信息，并重点披露以下信息：（一）订立、变更、中止、解除合同的方式和限制；（二）双方的权利、义务、责任以及主要风险；（三）发生纠纷的处理和投诉途径。商业银行向客户披露前款所列信息，应当以适当方式确认客户已接受并理解完整信息。”

〔3〕参见何颖、阮少凯：《论金融产品销售商的投资者适当性义务》，载《财经法学》2021年第1期。

资者和专业个人投资者，也未区分资管产品、衍生品等风险较高的产品和其他银行产品，这将在一定程度提高银行经营的合规成本。

《商业银行法（修改建议稿）》“客户权益保护”专章第 74 条“不得过度放贷和掠夺性放贷”的规定亦是本次修法的一大亮点。《商业银行法（修改建议稿）》第 58 条[1]明确了商业银行开展贷款及其他授信业务之前应当对客户的资信状况、授信用途、偿还能力、还款方式等情况进行严格审查，并建立授信审查尽职免责制度。《商业银行法（修改建议稿）》所确立的授信审查制度将旧法第 35 条的放贷审查范围扩展至所有与授信相关的业务，迎合了银行业务扩展的需求，亦与总则中的信贷审查原则实现了立法周延。授信免责制度的确立是对银行职员的保护，而第 74 条对于银行“不得过度放贷和掠夺性放贷”的条款则是授信审查制度对消费者的保护。现实中存在大量的不当劝诱、信用供给过剩现象，过度授信导致的不仅是银行自身产生大量不良资产难以处置，亦会使得金融消费者个人在当下逐步建立完善的信用社会中面临困境。在日本同样存在过度贷款行为并最终在日本社会引发了严重的个人债务危机。对此，日本早在 1983 年就通过了《贷款业规制等的法律》，并修订《出资法》，旨在遏制消费信贷业务中的高利贷、过剩贷款、严酷逼债等问题，2006 年后对过剩信贷进一步加强了行政和民事规范，增强了可操作性。我国此次《商业银行法（修改建议稿）》新增第 74 条亦旨在遏制过度信贷以保护消费者。然而美中不足之处在于，后续的法律责任中并没有与过度信贷禁止规则相对应的明确罚则，这在一定程度上会减损对消费者的保护力度。另外，第 74 条第 2 款要求银行不得以违法违规、违背公序良俗方式催债，是对金融消费者受尊重权的维护，其立法理念应予以肯定。不过，实践中存在大量银行将催收业务外包的行为，那么这里的“商业银行”是否包括商业银行授权的第三方催收主体呢？法律在这里是需要更加明确的。

修改建议稿“客户权益保护”专章第 75 条禁止商业银行的捆绑销售行为，这与《实施办法》第 15 条[2]相呼应，旨在保护金融消费者的自主选择权。不过，第 75 条“商业银行不得在合同中附加不合理的交易条件”的规定如何理解，何为“不合理”交易条件，仍需进一步细化规则才能使这一制度真正落地实施。

---

[1] 《商业银行法（修改建议稿）》第 58 条规定，（授信审查）商业银行开展贷款及其他授信业务，应当对客户的资信状况、授信用途、偿还能力、还款方式等情况进行严格审查，并建立授信审查尽职免责制度。

[2] 《中国人民银行金融消费者权益保护实施办法》第 15 条规定，银行、支付机构应当尊重金融消费者购买金融产品或者服务的真实意愿，不得擅自代理金融消费者办理业务，不得擅自修改金融消费者的业务指令，不得强制搭售其他产品或者服务。

修改建议稿“客户权益保护”专章第76条的基本内容[1]呼应了2021年11月1日实施的《个人信息保护法》，与《民法典》“加强信息和数据安全保护”立法理念相契合。其中，第76条第3款后半段与第4款中商业银行由于业务原因将个人信息外包给第三方或传输境外时应遵守的规定则是首次出现。在金融全球化的大背景下，包括汇兑、跨境支付以及CRS（Common Reporting Standard）下金融账户涉税信息自动交换等在内的各类金融场景中信息的跨境流动非常频繁，对信息与数据的安全性也提出了更高要求。第76条第4款个人信息与数据的跨境流动的相关规定与现行《个人信息保护法》第三章相呼应，其条文中“应当遵守法律、行政法规的规定”使得《个人信息保护法》以及《数据安全法》中对个人信息和数据跨境流动更为详细的法律规范有了适用空间。但是对于第3款后半句对于个人信息外包给第三人的处理，我们看到《个人信息保护法》中没有外包给第三人的提法，只规定了委托处理，并且规定委托人还要对受托人的处理进行监督。然而，在第3款后半段只提及第三方应遵守个人信息保护规定，而减轻了银行自己的责任，似不够妥当。

此次《商业银行法（修改建议稿）》也将个人信息保护置于“客户权益保护”专章之中，这一做法或可商榷：首先，信息权应遵循普遍保护原则而非倾斜保护原则，即信息权保护本就与金融消费者保护逻辑不同，因此信息权也就不属于金融消费者权这个权利体系。个人信息保护条款的加入会使得这一专章的保护范围陷入文义解释与体系解释相冲突的尴尬境地，而这一问题，归根结底是立法缺乏对金融消费者的一个准确的顶层界定导致的。建议与个人信息保护相关的这一条或可单列在专章之外对所有人予以保护，以实现与《个人信息保护法》的保护范围外延一致。

《商业银行法（修改建议稿）》“客户权益保护”专章第77、78条关于“营业时间与营业地点”“收费管理”的规定是银行说明义务体系的进一步完善，亦是对客户知情权的保护。此前的《商业银行法》中，对于说明义务的要求仅有第31条规定的利率公告义务及第49条的营业时间说明义务，与《商业银行法（修改建议稿）》第78条相对的现行法第50条即便规定了收费项目和标准的制定规则，但也并未要求公告，亦未要求银行在合同约定范围以外增加收费或提高收费标准应履行提前告知义务。事实上，“收费标准”作为对金融商品交易合同订立有重大影响的事项，从来不是小事。早年围绕银行乱收费现象产生过不少纠纷，2014年，中国银监会和国家发展和改革委员会为了规范商业银行服务价格管理活动，保护商

---

〔1〕《商业银行法（修改建议稿）》第76条规定，（个人信息保护与数据安全）商业银行收集、保存和使用个人信息，应当符合法律、行政法规的规定，遵循合法、正当、必要原则，取得本人同意，并明示收集、保存、使用信息的目的、方式和范围。商业银行不得收集与业务无关的个人信息或者采取不正当方式收集个人信息，不得篡改、倒卖、违法使用个人信息。商业银行应当保障个人信息安全，防止个人信息泄露和滥用。商业银行将个人信息处理外包给第三方的，应当确保第三方遵守个人信息保护规定，并采取有效措施保障个人信息安全。商业银行为处理跨境业务向境外传输境内个人信息和重要数据的，应当遵守法律、行政法规的规定，并采取有效措施，确保个人信息和重要数据的受保护水平不因出境而降低。

业银行服务对象的合法权益，专门出台了《商业银行服务价格管理办法》加强银行收费管理，将商业银行服务价格分为政府指导价、政府定价和市场调节价三种，并要求商业银行建立科学有效的服务价格管理体系，加强内部控制，充分披露服务价格信息以保障客户获得服务价格信息和自主选择服务的权利。应当说此次《商业银行法》修改吸收了《商业银行服务价格管理办法》的精髓，体现了对客户知情权、自主选择权、公平交易权的尊重，较现行法提升了对客户的保护力度。

综上所述，《商业银行法》此次修改所设“客户权益保护”专章吸收了近年来的立法、监管和司法经验，增加如适当性管理、信息披露、不得过度放贷等重要条文，对《关于加强金融消费者权益保护工作的指导意见》中有关金融消费者的知情权、自主选择权、公平交易权、受尊重权、信息安全权等基本权利都有了更为细化的条文予以保护，应予以肯定。但是由于使用了“客户”这样一个边界模糊的称谓，使得本应适用于弱势群体的金融消费者保护性规则不加区分地推行到商业银行的所有服务对象，不仅大大增加了银行的合规负担，还会引发交易主体道德风险，也是对法律资源的一种浪费。

数字经济发展背景下的《商业银行法》修订

李　航*

一、引言

我国的《商业银行法》从1995年颁布施行至今，经历了2003年和2015年的两次修改，其20多年的施行对推进我国银行业乃至金融行业的发展发挥了举足轻重的作用。然而20多年的发展之后，无论是国内的金融态势还是世界范围内的金融态势都发生了巨大的变化，在2017年的全国金融工作会议上，中央强调，要紧紧围绕着服务实体经济、防控金融风险、深化金融改革这三项任务，优化金融产业结构以协调金融业发展与社会发展，强化金融监管，强化防范化解金融风险的能力，注重行为监管，发挥市场在金融资源配置中的决定性作用，同时处理好政府和市场的关系。[1]金融市场已经不仅仅是改革开放初期制定和颁布《商业银行法》时只有几家国有银行的情形了，随着改革开放的不断推进，银行业不再限制在传统的商业银行范畴中，各种银行性质的金融机构相继出现，经营的业务也从传统的存贷款业务变得更加多样化和理财化，[2]特别是支付结算、传统活期存款

---

* 李航，华东政法大学经济法学院博士研究生。

〔1〕 参见《全国金融工作会议在京召开》，载中华人民共和国中央人民政府网，http://www.gov.cn/xinwen/2017-07/15/content_5210774.htm。

〔2〕 参见《全国金融工作会议在京召开》，载中华人民共和国中央人民政府网，http://www.gov.cn/xinwen/2017-07/15/content_5210774.htm。

等银行业的基础业务也开始由第三方金融机构经营，并对银行的传统业务体系造成了巨大的冲击。

造成金融业态迅速革新的原因是多样的：一方面，自从 2008 年一场国际性的金融危机席卷全球之后，其风险透过货币市场、资本市场迅速扩展到实体经济领域，给金融行业以及相关的实体经济行业造成了极大损失，银行业作为金融行业的前沿阵地首当其冲受到损失。这次危机促使世界各国对商业银行监管的理念和措施进行反思，认识到要宏观与微观审慎监管并举，推进机构监管向行为监管转变，保护金融消费者的合法权益。另一方面，在第二次世界大战之后，人类史上具有划时代意义的计算机被发明出来，揭开了科技革命的序幕，令传统的工业、服务业领域向自动化、高效化的方向发展。互联网的发明则使得计算机与电子数据走入千家万户，逐渐成为人们工作、生活中不可分割的一部分，世界范围内的人类通过互联网被直接或间接地联系在一起，人们进入数字经济时代。信息传递的高效率和低成本使得金融行业的广度和深度发生了变化——金融不再是大企业的“专利”，中小企业乃至个人都能够相当便利地将闲散的资金通过货币资金的融通转移到需要资金支持的实体经济领域，中小企业或个人也可以通过极为便利的途径获得融资支持；金融产品可以通过互联网的特性不断得到创新，如蚂蚁花呗、余额宝等，金融消费者可以足不出户地办理原先只有在商业银行柜台才能办理的业务。监管理念和趋势的改变以及互联网科技的普及，使得金融业态也逐步迈入新时代——数字经济时代。尽管在类银行、准银行金融机构逐渐增多的同时，商业银行仍然是银行业乃至金融业的重要支柱，尽管现行的《商业银行法》经历了两次修改，但在数字经济的新背景之下，仍有许多不足之处亟待规定。

二、《商业银行法》修订应体现数字时代特征

（一）《商业银行法》应当对数字经济做出回应

党的十九大报告指出，我国社会的主要矛盾已经转化为人民日益增长的美好生活需要和不平衡不充分的发展之间的矛盾。这个主要矛盾具体到银行业领域，就是企业或个人对高质量高效率资金流动的需求和不平衡不充分的银行业务发展之间的矛盾：企业或个人追求的是通过付出最低的成本以最快的效率获得足额资金，然而由于普通的金融消费者为银行带来的经济效益有限，根据成本效益原则，传统商业银行的业务一般集中在大型企业或个人客户群体中，并不能顾及所有的金融消费者为其提供全面的金融服务。在这种矛盾愈演愈烈的情形下，一些由非银行的金融机构或非金融平台提供的工具、产品走进了公众的视野——由于从商业银行中获取资金程序繁杂且额度有限，其他来源的资金就开始流入市场，最典型的就是“P2P（互联网点对点借贷）”，其由于门槛低、收益率高、程序简单而被广泛使用，尽管由于风险偏高、监管缺失、未纳入征信系统，缺少担保、平台资质良莠不齐等原因最终退出了

历史舞台，但其辉煌的过去也反映出传统银行在普惠金融的实现进程中并未发挥出应有的作用；再如支付宝等第三方非金融机构开发的应用程序，通过在账号中绑定企业或个人名下的银行卡，即可轻松通过移动端的快捷操作实现资金的实时流转，这也反映出银行在传统信贷和中间业务中资金流转的效率并不能完全满足金融消费者需求这一现实问题。

上述矛盾的存在使得传统商业银行迫切地需要立法层面的改变以推动其做出变革。事实上，现行的法律制度中已经有相当多的规则涉及这一方面的内容。比如《网络安全法》《数据安全法》《个人信息保护法》等法律，《银行业金融机构信息科技外包风险监管指引》《银行业金融机构数据治理指引》《个人金融信息保护技术规范》《监管数据安全管理办法（试行）》等部门规章、规范性文件。因此可能会存在一些质疑：既然已经有了这么多的法律法规，是否还有必要在银行法中再进行相关规定呢？对此笔者进行以下回应。

首先，需要明确的是，《商业银行法》的确不适宜规定较为烦琐的标准、指引等，《商业银行法》是商业银行法律体系中的上位法之一，是可供援引的上位法中位阶最高的法律规则，在“正确指引下位法或特殊法”和“事无巨细地规定适用规则”的立法选择上，毫无疑问应当选择前者，但这是否意味着《商业银行法》就不需要规定有关数字经济方面的内容了呢？当然不是，“正确指引下位法或特殊法”意味着至少要有原则性规定，明确的下位法授权规定。

其次，法律具有安定性和针对性。单独的数据立法固然是比较有针对性的选择，但是每个金融行业都有自己独特的业务模式和经营特点，如果单独的数据立法就可以解决包括商业银行在内的商事主体在数字经济时代下可能遇到的所有与技术相关的问题，那么类似地，是否单独的一部“金融行业法”或“金融法典”就可以解决整个金融行业的从经营、引导、监管到惩罚措施这一系列问题呢？答案是否定的，统一的科技立法或数据立法固然可以调整商业银行在业务过程中所遇到的部分问题，但是也仅限于所有行业都可能遇到的共性问题，而如果涉及有典型银行业特点的业务时，如存款业务、支付业务等，在银行法中规定特别条款可能是更为合理的选择。

最后，我国现行法以分业经营、分业监管为基本原则，保险法、证券法和银行法是分开立法的，随着金融行业的发展，混业经营的现象已不是个例，但是在2020年10月中国人民银行发布的《商业银行法（修改建议稿）》中第62条提道：“商业银行在中华人民共和国境内不得从事信托投资和证券经营业务，不得向非自用不动产投资或者向非银行金融机构和企业投资，但国家另有规定的除外。”依旧是对分业经营的原则予以坚持。当前已有《国务院关于实施金融控股公司准入管理的决定》（国发〔2020〕12号）以及《金融控股公司监督管理试行办法》（中国人民银行令〔2020〕第4号）对金融控股公司作出了相关规定，一定程度上解决了混业经营的弊端。由此可见，分业经营的原则在当前依旧是难以被撼动的，在这种情况下，保险法、商业银行法、证券法都应在各自的立法中体现出金融科技发展对各自行业所带来的影响以及监管措施，这也是分业经营原则下各金融部门法立法的应有之义。

（二）金融科技和数据治理是重点

广义上讲，凡是通过云计算、5G 通信等高新技术对数据进行“识别—筛选—加工—传输—存储—输出—利用”并以此推进经济发展的经济形态都可以被归在“数字经济”的范畴中。由此可见，数字经济最为重要的两个特点是对高新技术的利用和对大量数据的处理。当前有代表性的高新技术，除了已经提及的云计算和 5G 通信外，还有区块链、人工智能、物联网等。不同于一般科技直接作用于具体的人或物体，这里提及的高新技术是一种依附在某种实体之上的抽象无实体的存在，其作用的对象是数据，通过预设的算法对数据进行处理并加以利用以达到既定目的，如果没有数据的存在，这类高新技术就会失去其存在价值。

具体到金融业中，金融科技具有泛化性，这意味着其不可能只为少数人使用，也是普惠金融在科技领域的具体表现。但金融科技也具有隐秘性，包括科技本身的不透明以及金融与科技融合带来的算法黑箱，哪怕大多数人掌握了科技成果，也难以理解其内在运行机制和实现逻辑；而金融业务因金融科技的融合所展现出的新业态，诸如金融资产数据化和职能型投资理财产品等，只有具备专业知识的人员才可一探究竟。金融科技的特性实质上传递出一个信息：越是技术含量高的科技成果，其被大众完全掌握的可能性越低，越有被少数企业用以达成非法目的的可能性，也就越有造成系统性风险的可能，因此需要监管。金融科技所驱动的数据也并非一般意义上的电子数据，而是在大数据背景下可能影响经营政策的数据。银行业属于典型的信息密集型行业，通过收集数据，银行可以做到对客户的精准画像、预测行业走势、预估风险可能、提前制定对策，最终实现业务质量的提升、市场竞争力的增强、个人信息的保护和金融风险的防范。金融科技与数据之所以密不可分，是因为在大数据背景之下，数据的广度和深度与以往不可同日而语，金融科技可以高效、准确地将有价值的数据筛选出来并通过算法进行分析处理，促使“数据原油”向“数据石油”转变，〔1〕数据的价值得到了极大的提升，而金融科技的存在使得数据的极速传输和分析利用成为现实，金融行业也能因此更为透明化和高效化。因此，如何治理数据，将数据转化为提高现代商业银行业务创新能力和竞争力的关键要素也是《商业银行法》所面临的问题。

（三）《商业银行法》的时代特征

马克思主义辩证法向我们揭示了一个真理：事物总是在变化的，有些是上升的、进步的运动，有些则是下降的、退化的运动，只有前者的变化趋势才可被称为发展，发展的实质就是新事物不断代替旧事物的过程。既然商业银行法已经不再能够完全适应新时代的发展要求，那么其作为“旧事物”在经历过自我革新后被取代也是必然。在自我变革的过程中，传统的银行理念和秩序或许会被颠覆，但是马克思主义辩证法也告诉我们：事物的发展并非一

〔1〕 参见张凯：《金融数据治理的突出困境与创新策略》，载《西南金融》2021 年第 9 期。

蹴而就。商业银行的时代特征决定了其今后发展的方向进程，其时代特征具体包括以下内容。

（1）坚持使命。1992 年 11 月，“商业银行”这一词汇正式出现在国务院的文件中，1993 年 12 月，《国务院关于金融体制改革的决定》提出要“把国家专有银行办成真正的国有商业银行”,〔1〕1995 年 5 月 10 日，《商业银行法》颁布。可以说，现代意义上的商业银行是国家为了将股改之前垄断市场的国有独资商业银行改造成与国际接轨、具有国际竞争力的商业银行。银行为金融消费者提供存贷款业务和各种中介业务，除了满足其日常生活需要外，更是为了通过信贷业务将资金用于需要的人，“好钢需用在刀刃上”，通过合理分配金融资源促进经济持续、稳定、健康地发展，同时起到收支调节的作用。无论社会发展到何种程度，银行的使命不能被动摇。

（2）坚持科技导向。哪怕是在数字经济时代中各种非银行金融机构、非金融机构纷纷成立并参与市场的竞争，商业银行依然具备天生的优势：庞大的用户群、丰富的业务经验和雄厚的业务资本。但是，就是有着这些先天优势的银行，却并未抓住互联网时代支付业务的机遇，反倒是非金融支付机构发明了引起支付领域巨大变革的软件“支付宝”，类似的例子不胜枚举。什么原因导致了这种情形的发生呢？传统的商业银行并不是科技驱动型企业，其技术条件和科技敏感度都不如真正的科技企业，以科技为驱动导向的非银行金融机构乃至非金融机构因市场的现实需求得以产生并发展起来。企业根据各自的科技优势制定各自的市场策略，从而提供更多个性化、差异化、定制化的金融服务。这也解释了为何这些“后起之秀”可以在本没有优势的市场竞争中获得相应的市场份额。商业银行的先天优势决定了其金融市场引导者的地位，正因如此，银行应当发挥好“领头羊”的作用，积极适应互联网科技所带来的种种变化，在数字经济时代坚持科技导向，与时俱进，重视金融科技应用和金融数据治理，防范可能由此产生的系统性风险，真正实现银行的价值。

（3）接轨国际市场。这是金融全球化趋势下商业银行所必须具备的特质。世界各国因体制、民众观念认知等的不同，其金融业态和金融法治的发展情形也各有不同。不能只是将注意力放在国内的金融市场中，而应当将视野置于国际范围内，关注世界各国金融市场的发展动态以及金融全球化导致的金融市场一体化。对商业银行而言，首先，应当关注世界各国的商业银行在各国内和国际上分别扮演了何种角色，与中央银行之间是什么关系，有什么优势业务等。其次，对境外的银行治理、经营经验和银行法立法实践应当持辩证的态度，合理地将有益经验本土化，去粗取精。

（4）强调商法定位。党的十九大报告在阐述基本方略的第四条中提道：“使市场在资源配置中起决定性作用，更好地发挥政府的作用。”这指出了今后我国社会主义市场经济改革

〔1〕 参见唐波主编：《新编金融法学》（第 4 版），北京大学出版社 2021 年版，第 60 页。

的方向和立场。市场风险与市场效率的矛盾是一个永恒的话题：一方面，任由市场机制自行发挥作用可能会导致市场风险的产生；另一方面，加强法律规制力度和监管强度又有可能矫枉过正，不利于金融创新。从这个角度上讲，商业银行法作为金融法体系的重要一员，要遵循市场优先原则，适当放开金融管制。但放开金融监管并不意味着完全放权给市场，不同阶段、不同时代的市场其运行规律并不会完全一致，市场主体的理性和参与市场公平竞争的意识和理念、契约精神的遵守状况等都是衡量监管是否介入的重要标准。政府与市场之间并不是对立的关系，应当在良性的互动中共同促进金融体系的稳定和健康运行。

《商业银行法》的修订应当明确其功能和定位。简单地讲，《商业银行法》是调整商业银行组织、业务经营的法律，在性质上被划分为商事法律，但是在《商业银行法》最初的施行过程中，可以明显地看出其国家干预经济的特点，如资本充足率，单一贷款集中度，流动性比例、存贷比等贷款业务中的固定指标，具有强烈的经济法属性。随着之后的两次修改，可以看出其逐渐向商法本位回归的趋势。根据十九大报告的精神，市场应当发挥其对资源配置的决定性作用，而政府的任务是令市场更好地发挥作用，也就是说商业银行作为商事主体参与市场的竞争之时，政府应当坚守住不发生系统性风险的底线，审慎谦抑。商业银行作为商事主体在从事商事行为时具有营利性，自负盈亏，法律不应当对其施加多于其他商事主体的不合理的经营限制，这是社会主义市场经济的要求，也体现了《商业银行法》的商法定位；同时商业银行因为其业务的特殊性，哪怕在正常从事银行业务时也可能会导致系统性风险，因此监管也并不能缺位，监管机构应当在遵循法治原则的基础上科学规范地进行监督，这体现了《商业银行法》的经济法倾向。因此《商业银行法》在进行制度设计时应当准确地体现其具有经济法倾向的商事法律定位。

综上所述，《商业银行法》在数字经济时代的背景之下已经不限于调整商业银行在设立、治理、变更、终止、开展业务以及接受监管的过程中产生的各种社会关系，商业银行的时代特征是促进商业银行现代化的必由之路，《商业银行法》应当注重金融科技的规制和金融数据的治理。

三、国内外金融科技和数据治理实践

（一）国外金融科技和数据治理实践

1. 金融科技状况

从词源上讲，“金融科技”（fintech）一词是由“金融”（finance）和“科技”（technology）组合形成的，是利用新技术在金融行业取得的新发展。金融科技在很多行业中都出现了指数型的增长，尤其在银行业、金融业中。但受制于各个国家的银行结构、政治体制、消费者偏好、社会认知、法律体系等因素，各个国家对金融科技的应对并不相同。

值得一提的是，域外的金融科技创新实践中最为世界所熟知的有两种虚拟货币，一个是比特币（Bitcoin），另一个是天秤币（Libra），两种虚拟货币都是区块链技术在金融领域的具体应用。比特币是中本聪在2008年11月1日提出的一个概念，其发表了一篇名为《比特币：一种点对点电子货币系统》的白皮书，[1]介绍了一个不需要金融机构就可以由一方转给另一方的电子货币。自此之后，比特币在世界范围内大火，一些炒币的人甚至组成了所谓的“币圈”，这引起了各国中央银行的关注。2019年6月18日，脸书[2]发布了Libra白皮书，宣称旨在帮助弱势群体建立一个去中心化的金融体系，之后白皮书在经历了几次修改后，在2020年12月，Libra更名为“Diem”。这两种虚拟货币现在都依旧存在：比特币是第一个虚拟货币品种，且被提出的时间较早，当时各个国家了解甚少，更不必说对其有何监管措施，其提出的去中心化货币的概念受到相当多人的追捧，甚至日本官方承认比特币是一种可以与法定货币自由兑换的虚拟货币。现在的Diem尽管也是一种基于区块链技术的货币，并且是由用户数量基数庞大的脸书提出的，但是其提出的时间较之比特币晚10年有余，在这个时间跨度之下，各个国家也都已经形成了针对区块链技术以及由其衍生产品和服务的政策理念，多数国家发现去中心化的虚拟货币极有可能会对主权货币造成巨大的冲击，因此多数国家对其并不是很看好。2021年5月13日，Diem协会（Diem Association）宣布将其主要业务从瑞士转移至美国，以此作为一种妥协让步，至少从业务范围上来看，Diem成为一种世界性超主权虚拟货币的愿望可能难以成真，但这种业务上做出的取舍可能会使其更具有针对性，日后发展的方向更加集中，未尝不是一个有意义的尝试。当前世界各国对于类似比特币、Diem这类虚拟货币的政策莫衷一是，或将其作为一种投资品种归到证券法的体系下进行监管，或将其作为一种具有商品属性的虚拟财产，或将涉虚拟货币投资如首次代币发行（Initial Coin Offering，ICO）作为一种无效或不受法律保护的行为，都有各自的考量和理由。

2016年12月，美国的货币监理署（OCC）发布了一份白皮书，其中提到了一个名为“责任性创新”（responsible innovation）的理念，[3]即在使用创新性技术时应当做好风控管理，与商业银行的整体战略保持一致。货币监理署在白皮书中提到通过拟定执照来确定数千家非银行公司的金融产品和服务的提供范围，金融科技公司可以不受制于相当一部分的州法律，但必须服从货币监理署的监管，此外也必须满足如银行保密法、反洗钱法、诚信贷款法等联邦条例的规定。

同样在2016年，英国的金融市场行为监管局（FCA）启动了一项新的沙盒计划，允许

---

[1] See Satoshi Nakamoto, Bitcoin, A Peer - to - Peer Electronic Cash System, October 31, 2008, available at http://www.bitcoin.org/bitcoin.pdf, last visit on November 2, 2021.

[2] Facebook，现已更名为Meta，意为“元”，其宣称将专注于构建metaverse（元宇宙）。

[3] See OCC, Supporting Responsible Innovation in the Federal Banking System: An OCC Perspective, available at https://www.occ.gov/publications - and - resources/publications/banker - education/files/pub - responsible - innovation - banking - system - occ - perspective.pdf, last visit on November 2, 2021.

创业公司在一个受到限制和监管的平台上推出新的服务，其中有24家公司第一批参与了该项计划。[1]

欧盟银行管理局（EBA）在2017年发表了一篇讨论文章，其中提到了欧盟对金融科技做出的一些政策应对，具体包括：建立监管沙盒机制，注重信贷业务、电子支付、电子货币可能带来的风险，研究金融科技对反洗钱和打击恐怖主义的促进作用，研究金融科技如何影响金融机构政策和决议等。[2]

可以看出，对于金融科技，美国的监管政策是以具体的规则为主，而英国和欧盟则是以某指导性原则为基础，提倡试错性监管。相对而言，英国和欧盟的做法更有灵活性，因为经过了革新的技术并不一定完全符合提前做出的规定，这可能会为金融机构带来更高的创新成本与合规成本，此时规则就可能会成为一种限制。反观试错性和探索性的监管理念，既可以灵活地根据发展情况进行后续的补充性规定，又可以有效保护金融科技创新。

2. 数据治理状况

早在2013年，巴塞尔银行监管委员会（BCBS）就发布了一份名为“有效风险数据采集和风险报告原则”（principles for effective risk data aggregation and risk reporting）的咨询文件，其主要内容是在强化治理和基础设施、完善风险数据采集能力、优化风险报告和监管这4个方面提出共14条原则，旨在提高银行的风险数据采集能力和风险报告能力。[3]

2018年5月25日，欧盟出台的《通用数据保护条例》（General Data Protection Regulation, GDPR），推动了欧盟乃至世界各国对于个人信息保护制度的完善，从颁布施行开始，就以其严苛的规定和处罚为世界所知，在GDPR实施的这几年中，企业用于合规行为记录、获得用户同意、按规定处理数据泄密事件、改造内部技术系统和管理流程等方面的成本显著提高。[4]

2020年1月1日，加州消费者隐私保护法案（California Consumer Protection Act, CCPA）正式实施，为此，很多美国的科技企业都开展了相应的合规工作，如微软就在其官方网站上发布了其合规性产品和服务的基本内容，其中就包括CCPA。其适用的对象是向加州居民提供服务时涉及消费者信息的公司，只要符合下列条件之一就应当受到该法案的规制：（1）年收入在2500万美元以上；（2）有5万名以上加州客户个人数据的任意规模公司；

---

[1] See FCA, Financial Conduct Authority Unveils Successful Sandbox Firms on the Second Anniversary of Project Innovate, Available at, https://www.fca.org.uk/news/press-releases/financial-conduct-authority-unveils-successful-sandbox-firms-second-anniversary, last visit on November 2, 2021.

[2] 参见［美］约翰·希尔：《金融科技16讲：从发明数字货币到重塑金融机构》，曾子轩、吴海峰译，机械工业出版社2021年版，第287页。

[3] See BCBS, Principles for Effective Risk Data Aggregation and Risk Reporting, Available At, https://www.bis.org/publ/bcbs222.pdf, last visit on November 2, 2021.

[4] 参见中国信息通信研究院：《数字经济治理白皮书（2019年）》，载http://www.caict.ac.cn/kxyj/qwfb/bps/201912/P020191226515354707683.pdf。

(3) 公司的一半以上收入来源于其销售加州客户的个人数据。该法案进一步强化了加州个人信息保护的水平，众所周知，加州是众多科技巨头总部的所在地，[1]因此CCPA的实施对加州、美国和全世界的互联网企业与行业业态都产生了很大的影响。

除了有关数据信息保护的治理政策外，国外还有应对数据跨境的政策，如时任美国总统的特朗普在2018年签署的《澄清域外数据合法使用法案》(Clarifying Lawful Overseas Use of Data Act，CLOUD)，美国政府得以根据该法案调取他国境内的数据信息，成为名副其实的"长臂管辖法案"。

综合以上一些国家或地区数据治理的实践可以看出，数据治理的对象主要是客户在接受产品或服务时或主动或被动地向企业提供的个人信息数据，此类个人信息数据具有商业价值。在个人信息的保护方面，域外已有实践中都倾向严格保护主义，其中GDPR与CCPA的主要区别之一是前者在个人信息收集方面采取的是"明示同意"(opt-in)的模式，而CCPA则是总体采取了"默示同意"(opt-out)的模式，相比之下默示同意的模式降低了企业获取用户信息的成本，同时为用户提供一个通过明示方式不允许分享其个人信息的选择权，相对更灵活。此外，美国甚至为了获取到境外的数据，出台CLOUD法案以延伸自己的"手臂"，一方面，这体现了美国的霸权主义，世界各国各自的立法都有不同程度的"长臂管辖"，但都没有美国的手臂"伸得长"；另一方面，这也让人们不得不反思在国与国之间有关数据跨境的政策发生冲突时应当如何适用法律的问题。

(二) 中国金融科技和数据治理实践

1. 金融科技状况

中国最大的优势就是本土具有庞大的潜在客户群体，凭借其庞大的手机用户群体就使其拥有极具潜力的市场。大型的电子商务公司，如阿里巴巴、腾讯、百度等在中国的知名度和影响力都极高，在国内的金融科技领域发挥着引领和主导的作用。尽管国外有苹果、谷歌、脸书等巨头，但是由于"防火长城"(Great Fire Wall，GFW)[2]的存在，其基本是参与不到中国国内的竞争中的，这也使得国内的科技巨头各自所占的市场份额都极高。

在中国盛极一时的P2P就是一种基于点对点式金融科技的贷款业务，其诞生的背景是国内传统商业银行业务与普惠金融之间的矛盾，出发点是好的，但随着P2P的发展，其发展方向逐渐偏离，甚至异化为给非法吸收公众存款或者集资诈骗行为提供平台的一种产品，最终退出了历史舞台。

中国对虚拟货币的炒币行为在前些年也比较火热，甚至从无到有催生出一条虚拟货币的产业链：由于多数的虚拟货币是基于工作量机制(Proof of Work，POW)的共识算法，需要

---

[1] 亚马逊(Amazon)、谷歌(Google)、苹果(Apple)的总部都在加利福尼亚州。
[2] 防火长城计划的目的是保护中国的网络空间主权安全，净化国内互联网空间。

大量的算力，而最容易承担该算力需求的就是计算机的核心组件显卡。[1]矿工寻找到电价极低的地区建立虚拟货币矿场，并在市场上大量购入显卡或者搭载高性能显卡的笔记本电脑，通过挖矿程序维持 24/7 的虚拟货币产出行为，因其是将虚拟货币“无中生有”，故业内称其为挖矿。挖矿行为不仅占用了大量廉价的电力资源，还因此将显卡以及显卡原材料市场中的产品定价拉高到了原定价的数倍之多，再加之制作显卡的原材料供不应求，导致计算机行业中的显卡成为稀缺品，资源分配不均，严重破坏了该市场的正常运行。再后来又有人推出了一种名为奇亚币（Chia）的新型虚拟货币，以时间空间证明共识机制（proof of space 和 proof of time）为基础，摒弃了 POW 机制，确实是节省了大量的电力能源，但是其对高速大容量硬盘的需求达到了一个极其夸张的地步，曾经有一段时间市场上的大容量机械硬盘和固体硬盘都涨价不止一倍，且一盘难求，也一定程度上破坏了硬盘市场的正常运行。监管部门也在持续性地跟进虚拟货币发展的进程并视情况制定出各种监管规则：2013 年《关于防范比特币风险的通知》（银发〔2013〕289 号），指出比特币是一种具有较大风险的虚拟商品；2017 年，中国人民银行等 7 个部门联合发布《关于防范代币发行融资风险的公告》，指出代币发行融资本质上属于未经批准非法公开融资的行为，应当立即停止并有序清退，但并未提及如果代币发行行为发生在境外有何法律后果；2021 年 9 月 3 日，国家发展和改革委员会、中国银保监会等 10 个部门发布《关于整治虚拟货币“挖矿”活动的通知》（发改运行〔2021〕1283 号），指出虚拟货币的挖矿行为能源消耗大、碳排放量高且实用性不强，不利于推进经济社会高质量发展和节能减排政策，将虚拟货币挖矿活动列为淘汰类产业，加快存量项目有序退出并提出保障措施；2021 年 9 月 15 日，《关于进一步防范和处置虚拟货币交易炒作风险的通知》（银发〔2021〕237 号），将虚拟货币相关业务活动（包括境外交易所通过互联网向我国境内居民提供服务）定性为非法金融活动，参与虚拟货币投资交易活动的相关民事法律行为无效，损失自担。以上可以看出，我国监管部门对虚拟货币相关业务的管理经历了一系列变化，由最开始的提示防范风险到最后的“一刀切掉”。

2. 数据治理状况

中国早在十几年前就发布了有关数据治理的规章、规范性文件。2005 年中国人民银行发布《个人信用信息基础数据库管理暂行办法》（中国人民银行令〔2005〕第 3 号），2007 年“一行三会”发布《金融机构客户身份识别和客户身份资料及交易记录保存管理办法》，2011 年中国人民银行发布《关于银行业金融机构做好个人金融信息保护工作的通知》（银发〔2011〕17 号），2012 年中国人民银行发布《关于金融机构进一步做好客户个人金融信息保护工作的通知》（银发〔2012〕80 号），2013 年原银监会发布《银行业金融机构信息科技外包风险监管指引》（银监发〔2013〕5 号），2018 年银保监会发布《银行业金融机构数据治

---

〔1〕 拥有成百上千流处理器的显卡成为工作量机制中无可替代的算力工具，业内称其为“矿卡”。

理指引》（银保监发〔2018〕22号），2020年2月中国人民银行发布《个人金融信息保护技术规范》（JR/T0171－2020），2020年11月实行《金融消费者权益保护实施办法》（中国人民银行令〔2020〕第5号），这些规章或规范性文件为我国金融数据的治理提供了很好的思路。最为重要的是，2021年9月1日开始生效的《数据安全法》和11月1日开始生效的《个人信息保护法》，这两部作为法律层面的数据治理部门法，在维护数据安全、保障各行各业消费者隐私方面，都具有重要意义。个人信息保护的执法方面，网信办、工信部、公安部、国家市场监督管理总局四部门曾于2019年对一些违法违规收集用户信息的APP进行整治，对一部分APP采取下架整顿的措施，在《个人信息保护法》发布到生效的这段时间内，各主流APP开始对其隐私政策进行更新以适应《个人信息保护法》的规定，比如可以撤回此前对APP隐私政策的同意、在Android系统的手机中确认安装程序前可以看到应用的所有权限，与隐私相关的权限会被标注为红色等。不难看出，数字经济背景下的数据治理主要表现为对客户个人隐私的保护以及个人信息的规范性使用，数据治理迎来强监管时代。

四、《商业银行法》的完善路径

通过对国内外对金融科技以及驱动的数据的治理实践的梳理和对比，可以发现，监管机构考虑到金融科技总体是促进国家经济体系发展和国际竞争力的重要动力，坚守的是系统性风险的底线，根据本国国情和金融实践进行试验性监管和动态性监管，兼顾市场健康有序发展和守住风险底线，适度干预。根据前文的论述，《商业银行法》在数字经济时代背景之下的时代特征决定了其今后的发展方向，也影响了银行业今后的发展走向，因此，在遵循其时代特征的前提之下，需要对其进行适当修订以满足新时代的发展需求。

（一）机构监管向行为监管、功能监管转变

一般情况下，衡量金融行业是否健康的一个重要标准是金融过度比的数值，通过百分比的方式体现一国金融行业对经济发展的负面作用是否超过了其积极作用，通常认为金融机构向非实体行业的贷款数占一国国内生产总值的比例就是金融过度比。[1]这个数值越大，就表明金融行业向着虚拟化、过度化的方向发展趋势越明显，如果超过了100%，说明此时金融市场已经异化到金融主导实体经济而非服务实体经济的程度，短期的高风险高收益投资产品成为金融市场中的主流，实体经济逐渐萎靡，此时的经济体系外强中干，外表的繁荣就好像泡沫上金碧辉煌的楼阁，稍有不慎就会坍塌。在经历了2008年的次贷危机后，世界各国反思此次全球性金融风暴的缘由，根据各自国家的金融行业特点和发展理念制定了不同的监管

〔1〕参见唐波：《美国期货品种上市机制的反思与启示——以比特币期货上市为视角》，载《东方法学》2019年第1期。

政策，如今金融行业发生像当年次贷危机全球性金融崩盘的可能性已然很小，然而在数字经济时代背景之下，创新性金融科技的普遍运用不仅使得金融产品的种类大大增加、技术性大幅度增强，还使金融风险范围呈现行业扩张和地区扩张的趋势，经济发展脱实转虚的风险依旧存在，如当初在中国国内比特币的大火。比特币最初被创建出来的目的是建立一个去中心化的点对点支付方式，在这种理想化的新型代币体制下，交易成本被极大地降低，通过对记账者赋予一定的比特币奖励来维持整个交易系统的可持续发展。但是事与愿违，比特币被认为是高风险高收益的短期投资品种，巨量的资金从一批投机者的腰包流入另一批投机者的腰包，不仅对国家的主权货币造成冲击，而且并未用于实体经济，反倒成为一部分投机者非法吸收公众存款、集资诈骗的工具，这与比特币的初衷背道而驰。最终，中国对非法币性质的虚拟货币逐渐失去信心，明确虚拟货币相关业务都是违法的，转而研究、试验具有法币性质的数字人民币的可行性。

站在《商业银行法》的角度上，服务实体经济意味着商业银行作为客户群体极为庞大的金融机构应当顺应普惠金融的政策方向，增强商业银行服务实体经济的能力。2020 年 10 月 16 日，中国人民银行就《商业银行法》的修改向社会征求意见，修改建议稿中将“农村信用合作社、农村合作银行”等办理商业银行业务的其他银行业金融机构纳入《商业银行法》的调整范围，[1] 这对普惠金融理念下促进农村金融的发展是有积极作用的，值得肯定。应当注意到，建议稿将《商业银行法》适用对象的范围扩大，其背后最为核心的理念就是监管方式应当在新时代发生改变——由机构监管向行为监管、功能监管转变。在数字经济和普惠金融的大环境下，机构监管更易导致监管空白或监管冲突，甚至导致监管寻租，监管空白可能会导致金融产品或服务的异化，如 P2P 的爆雷；而监管冲突则会提高监管成本，降低监管效率，不合理地增加企业的合规成本，降低企业对监管规则的预期，不利于金融行业的稳定，不利于金融更好地为实体经济服务，更不利于普惠金融的推行。为此，《商业银行法》应当坚持服务实体经济的原则，具体包括监管方式从机构监管向行为监管转变，通过扩大商业银行法的调整范围、规定农村银行业金融机构的组织业务经营等的方式，鼓励农村金融的发展，这也与我国乡村振兴战略相呼应，是新时代的应有之义。

（二）就金融科技和数据治理进行专门条文规定

《商业银行法》具有科技导向性，应当在该法的条文中体现出这种特点。根据上文的论述，数字经济时代下，商业银行坚持科技导向就应当重视金融科技的应用和金融数据的治理，因此，可以考虑专章对银行金融科技和银行金融数据治理进行特别规定。

（1）对使用金融科技和处理金融数据的主体规定审慎注意义务。既然是在《商业银行

---

[1] 《商业银行法（修改建议稿）》第 124 条规定：（其他银行业金融机构）开发性金融机构、政策性银行、农村信用合作社、农村合作银行、企业集团财务公司、金融租赁公司、汽车金融公司、消费金融公司等办理本法规定的商业银行业务的，适用本法有关规定。

法》中规定金融科技和数据治理，那么该法中的金融科技和数据的使用主体也应当是该法所调整的对象，即商业银行和其他银行业金融机构。需要注意的是，尽管金融科技既有使用主体又有研发主体，当两者并非同一主体时，研发主体与使用主体之间多数是一种技术服务合同关系，[1]《商业银行法》本身是不宜对研发主体规定相应义务或责任的，但是《商业银行法》可进行委任性规定，如授权银保监会根据金融科技的运行和发展状况对金融科技的研发主体规定旨在防范风险的必要义务；或进行准用性规定，如准用《数据安全法》《个人信息保护法》中有关数据收集、处理、保护义务的规定，准用民事法律、知识产权法律对研发主体与使用主体之间的法律关系和法律责任进行界定。

（2）审慎注意义务的具体内容。该义务的提出基于《商业银行法》一个极为关键的原则：保护金融消费者。在使用金融科技和对金融数据进行处理的过程中，商业银行与金融消费者之间由于技术黑箱而存在天生的信息不对称。因此商业银行有保障金融科技运行逻辑公平、合理的义务；此外，为保障金融消费者合法权益，商业银行有义务就金融科技背后的算法运行逻辑向金融消费者进行披露并解释。尽管商业银行在多数情形下都并非金融科技的研发者，但是商业银行不能因自身并非金融科技算法的研究者而豁免其披露解释义务，商业银行完全可以在与研发者订立的技术服务合同中约定由研发者向其进行阐述并做留痕处理，商业银行需要对其披露和解释内容的真实性负责，留痕处理方便事后查明商业银行是否如实履行了披露和解释义务。

（3）规定金融消费者信息保护条文。通过国内外金融数据治理的政策和实践，可以看出各国家、地区之间的共识是：数据治理一个极为重要的目的是保护客户的个人信息，使其在合法合理的状况下为企业使用。在《商业银行法（修改建议稿）》的第76条，规定了个人信息保护与数据安全的条文，并且将该条文放在“客户权益保护”这一章中，[2]这对建立健全银行业金融消费者保护基本制度具有积极的作用。但综观现行《商业银行法》及其修改建议稿，并未对“金融消费者”做出一个明确的定义。之所以要保护金融消费者，是因为这类人相较于金融机构处于弱势地位，是普通（公众）投资者、中小投资者等非专业的个体，其在接受金融机构的产品或服务时，与金融机构的地位很难是平等的，具体体现在专业知识差距较大、信息明显不对称等方面，涉及金融消费者的知情权、选择权、风险提示、个人信息保护，银行与客户之间的责任分配问题等，因此金融消费者只是商业银行客户群体中的一部分

---

〔1〕 参见袁康：《金融科技的技术风险及其法律治理》，载《法学评论》2021年第1期。

〔2〕《商业银行法（修改建议稿）》第76条规定：（个人信息保护与数据安全）商业银行收集、保存和使用个人信息，应当符合法律、行政法规的规定，遵循合法、正当、必要原则，取得本人同意，并明示收集、保存、使用信息的目的、方式和范围。商业银行不得收集与业务无关的个人信息或者采取不正当方式收集个人信息，不得篡改、倒卖、违法使用个人信息。商业银行应当保障个人信息安全，防止个人信息泄露和滥用。商业银行将个人信息处理外包给第三方的，应当确保第三方遵守个人信息保护规定，并采取有效措施保障个人信息安全。商业银行为处理跨境业务向境外传输境内个人信息和重要数据的，应当遵守法律、行政法规的规定，并采取有效措施，确保个人信息和重要数据的受保护水平不因出境而降低。

而非全部。新《证券法》的第六章“投资者保护”中，明确区分了“普通投资者”和“专业投资者”，《商业银行法》也可效仿这种思路，明确客户、金融消费者和存款人等的区别，除了对所有客户共同的保护外，可以考虑对普通（公众）投资者进行额外的制度设计以维护金融行业的健康发展。考虑到金融消费者的特殊性，也可以设置专门的金融消费者权益保护机构。除了事前和事中的保护，事后的保护措施也应当明确：《商业银行法》可规定如鼓励和解，调解优先、行业自律等金融消费者可以诉诸的方式保障自身合法权益，考虑到金融消费者所处的弱势地位，在金融纠纷诉讼或者仲裁中，可以考虑由商业银行承担举证责任或者承担帮助金融消费者查明事实的责任。

（三）《商业银行法》的商事法属性

《商业银行法》作为商事法，应当遵循商法的基本原则：维护市场正常运行原则、提高商事交易效率原则、保障商事交易安全原则。[1]

（1）维护市场正常运行原则。《商业银行法》应当充分尊重市场在资源配置中起决定性作用的地位，维护市场的正常运行，保障交易自由。商业银行作为商事主体，理应有自我经营权。现行的《商业银行法》中，带有监管性质的规则过多，限制了商业银行的业务拓展和经营。对此，应当将部分硬性监管条款“软化”，如《商业银行法（修改建议稿）》中，删除了贷款业务中一些具体的监管指标，如资本充足率 8%，单一贷款集中度 10%，流动性比例 25% 等要求，并指出商业银行按照中国人民银行有关规定，可以与客户自主协商确定存贷款利率，删除了原则上发放担保贷款的规定。这样的修改是值得肯定的，一方面是为了避免法律过于僵化，取而代之的是银保监会、央行等的灵活性监管，也保证了《商业银行法》的稳定性；另一方面也体现了利率市场化、鼓励依法发行信用贷款用于实体经济发展的监管指向。

此外，商业银行退出机制的完善也体现出维护市场正常运行的商法原则。《商业银行法（修改建议稿）》第九章整合现行《商业银行法》第七章的内容并参考国际准则，建立了重组、接管、停止净额结算、解散、破产等风险处置的规则，为应对不同程度的银行业风险提供了法律支撑。但需要注意的是，部分条款的操作性较弱，如第 96 条有关过桥商业银行成立的规定，并未具体规定如何“阶段性收购或者承接被接管商业银行的全部或者部分业务、资产和负债”，应当适当细化收购或承接的程序性规定。《商业银行法》中的破产条件与《破产法》中的破产条件并不完全一致，如商业银行的破产需要经国务院银行业监督管理机构同意后方可由接管组织向法院提出破产申请等。此次修订应协调好两法之间的区别与联系，科学地设置不同于破产法规定的破产程序，真正做到商业银行有序、合法地退出市场，建立市场化、透明化的商业银行退出机制。

---

〔1〕 参见顾功耘主编：《商法教程》（第 2 版），上海人民出版社 2006 年版，第 20 ~24 页。

（2）提高商事交易效率原则。作为商事主体，商业银行追求盈利是天经地义的事情。在数字经济时代，商业银行为了盈利而开发或使用金融科技、收集并利用数据的目的是提高银行知名程度和业务渠道、提高交易效率等，这本就无可厚非。因此，对于金融科技的创新和金融数据的利用，《商业银行法》不应当苛以严格的规制措施，而是应当牢牢守住系统性风险的底线，创新对金融科技的风险评估等级制度，鼓励监管机构引入监管科技对金融科技进行评级和风险识别，通过监管科技的创新对冲因金融科技黑箱可能导致的风险，这样既有利于提高监管的专业性，也可提高监管效率。

（3）保障商事交易安全原则。该原则要求《商业银行法》要对金融风险进行识别和监管，保障客户的合法权益，相关内容已在前文论证，此处不做赘述。此外，明确不当应用金融科技和不当利用金融数据的法律责任是践行该原则的应有之义。在《商业银行法》中规定旨在保障商事交易安全的监管方式和法律责任时，可做以下考量：在数字经济时代普惠金融的理念之下，除了传统的刚性监管措施外，更多地引入柔性监管措施，如借鉴美国证券法的"吹哨人"（whistleblower）制度，[1]通过奖惩机制激励内部人员或"红客"对有技术风险的金融技术及时披露，这样既可以降低监管成本，又可以提高社会监管的积极性，值得学习借鉴。《商业银行法》作为商事立法，法律责任的规定应当着重体现在商业银行违反该法规定的业务经营原则、规则时导致的惩戒性法律责任，如责令改正、没收违法所得、罚款等责任形式，至于可能涉及的民事、刑事责任，如恢复原状、赔偿损失、赔礼道歉等，则可通过准用性规定解决法律的适用问题。

---

[1] See Paul Latimer, A. J. Brown, *Whistleblower Laws: International BestPractice*, University of New South Wales Law Journal, Vol. 31, 2008, p. 776 –794.

德国公司法模式在银行业的应用：规避系统性风险的私法措施

[英] Martha Okigbo，Mahmood Bagheri
钱 尘 译*

一、引言

德国是一个基于社会正义和法治理想建立起来的民主共和制国家（Cahn & Donald，2018）。欧盟法对德国等欧盟成员国的国内法的发展产生了深远的影响。作为利益相关者模式（stakeholder model）的先驱，德国能够遏制全球金融危机对利益相关者群体（包括股东、职工、储户和其他群体）利益的影响。笔者认为，相较于外部监管，适用德国公司法模式可能是应对银行业危机的有效解决方案。这一猜想将在对公司法改革进行详细而全面的研究后得到证实。

德国公司的主要形式有股份公司 Aktiengesellschaft（AG）、有限责任公司 Gesellschaft mit beschränkter Haftung（GmbH）、两合公司 Kommanditgesellschaft（KG）等。

本文的结构如下。

首先，我们考察了德国公司法的历史影响。讨论的公司结构包括作为私人公司的有限责任公司和股份公司模式下的上市公司。接下来，我们将讨论利益相关

* Martha Okigbo，School of Advanced Study，University of London，London，the UK；Mahmood Bagheri，nstitute of Advanced Legal Studies，School of Advanced Study，University of London，London，the UK。钱尘，供职于华东政法大学经济法学院。

者代表在德国双层董事会制中的重要性。德国双层董事会模式的独特性在于鼓励更大程度的利益相关者参与，倾向于将职工等利益相关者纳入董事会和监事会。在德国各地广泛采用双层董事会模式的地方，将比较在“外部”司法管辖区的董事义务及执行情况，以确定其在促进德国公平代表制方面的效力。通过对德国公司法的演进的研究加深我们对现行德国公司法模式的理解，并启发对以后公司法的修改。

其次，我们考察了德国公司法模式与银行治理的相关性。由于德国公司法模式的优势具有普适性，因而我们考虑将现行德国公司法应用于银行体系，并确定它是否可以作为一种事前控制措施，控制银行的过度冒险行为。

就方法论而言，我们采用以法律分析为基础的理论分析框架。通过检索相关文献和案例，笔者认为，积极进行公司法改革，建立一个包含利益相关者的监事会是避免银行过度冒险、防范系统性风险的切实有效、低成本的措施。

二、文献综述

当前媒体对于银行金融表现不佳的报道很多，这不仅凸显了社会对于金融透明度的需求，也是号召金融机构在当前众多的金融业务中发挥经济的规模化和协同效应。在 2007 ~ 2008 年全球金融危机中，北岩银行（Northern Rock）破产倒闭，劳埃德银行（Lloyds Bank）和苏格兰皇家银行（RBS）等英国银行进行部分国有化以获得财政紧急援助。从这些案例中，人们往往很容易将责任归咎于监管方向错误（彭博社，2019）。虽然金融危机导致银行股本回报率有所下降，但对不同机构的影响大不相同。例如，金融危机下，摩根大通（J. P. Morgan）和富国银行（Wells Fargo）等一些全能银行（universal banks）在纳入利益相关者方面成功地调整了运营模式，而许多其他银行，特别是规模较小的全国性银行（national banks）却没有进行类似调整。目前，全能银行模式正受到巨大挑战，例如，一些银行运营的自动化程度提高，某些分行已经不需要职工（Devenney & Kenny，2012）。尽管如此，由于媒体发布了诸多关于银行业健康状况的猜测性报道，这加剧了深入学术研究的必要性。

（一）市场纪律

有观点认为，银行业的市场纪律不够严明，董事对股东和储户的资金管理不善，导致银行无法归还拖欠的资金。如果借款人不能按时还款，而储户要赎回资金，银行将面临流动性危机，并将破产。北岩银行、劳埃德银行和苏格兰皇家银行的例子显示，储户乃至社会公众普遍对银行缺乏信心，导致大规模赎回资金，银行无法完全兑付并因此破产（Devenney & Kenny，2012）。银行破产意味着一家银行借出了超过合理的资本/资产比率的资金。这些案例表明银行业内部缺乏组织性，亟须进行内部公司治理改革或者实施更加严格的外部监管规定。

（二）风险

有观点认为，银行破产的主要原因是银行承担了过高的风险。一家银行的信用风险导致接二连三的银行挤兑，这成为困扰银行业的系统性问题，并危及整个金融服务行业的繁荣发展。银行运营需要有效的杠杆。存贷款是传统银行业务的重要组成部分。贷款额增长中，准确的信用分析至关重要。然而，在实践中很难评估各银行风险评估体系的实际能力。如果银行在不利的市场波动中误判，很可能会招致重大损失。如果银行发放贷款完全逐利，忽视潜在风险，不仅会造成资金滥用，银行若将剩余资金提供给投资信托、担保公司等发放高风险的贷款，甚至可能会造成严重的财务问题，最终导致一些银行破产。

银行过度冒险的原因是董事盲目追求自身利益，忽视其对股东的责任以及利益相关者乃至社会公众的利益（Ferran，Moloney & Payne，2018）。银行业存在一个内在问题，即未能根据现行监管法律保护利益相关者的利益，在应对市场失灵方面明显失败，导致银行会出现系统性崩溃，而监管者的外部干预措施未能阻止系统性危机的出现，因此政府、银行从业者和立法者必须寻找其他领域的解决方案。

（三）监管法

巴塞尔协议等资本充足率规则形式的银行监管一直被认为是对市场失灵的补救措施，这种失灵表现为信息不对称和系统性风险作为负外部性，以及合同法方面的私法失灵（Chiu & Wilson，2019）。监管未能成功实现将系统性风险成本内部化的目标。以监管方式防止未来银行破产和非法活动的发生被寄予了过高的期望。

（四）公司法

公司法促进了职工、股东、董事之间的协同。在监事会中有职工代表，但监事会中应该包括更多的利益相关者。此方向的公司法改革已经在英国、欧盟和美国取得了不同形式的成功（Hannigan，2018）。例如，通过内部监管与外部监管的对比，以及德国银行与英国、美国或法国银行破产记录的对比，都可以看出这一点。我们进一步对公司法制度，特别是公司治理相关制度进行比较分析，德国公众公司采用的两级董事会与英国的单级董事会形成鲜明对比，法国可以选择实施一级或两级董事会模式，显然法国公司法在公司治理上更自由。

到目前为止，学者们提供的解决方案有限。因此，需要对所研究的问题进行扩展和分析，并对相关情况进行探索和调查。本文首先重述了所研究的主要问题，即通过公司法和监管改革保护公众和银行利益相关者，并在此基础上结合德国的例子对银行业进行深入的研究和探索。

三、研究方法

本文从法律和经济学的角度，主要针对法规、条约、习惯、一般法律原则以及具有约束力的先例等“规范性”法律渊源进行解释、分析和论证。

比较法是本文最主要的研究方法。本文将通过比较法对比各概念、论点和解释，深入探索各国法律体系的制度结构和内在根源。

四、德国公司法的历史变革

德国公司法的历史发展被认为是德国乃至整个欧盟现代公司法形成的基础。在19世纪的德国，两合公司是最主流的商业组织形式。两合公司中，至少有一个成员承担无限责任，其他投资者基于个人投资承担有限责任（Wang，2014）。

1843年的《普鲁士法案》是第一部公众公司法规。《德国商法典》（HGB）详细规定了股份公司的组成，规定了单层董事会的结构，但也允许公司选择两级公司结构。因此，股东可以参与选举一个由职工代表组成的监事会，监事会监督董事会的活动。1870年和1884年修订的新公司法要求所有德国公司都设置双层董事会。

1884年的《股份法》赋予了监事会在公司事务中更多的责任。《股份法》规定董事、高管如果违反职责，可以指控董事行为不够谨慎，要求董事承担责任。大多数涉及董事责任的案件都发生在破产程序中（Pennings & Wezel，2007）。

在1933年之前，职工参与公司治理开始受到关注。工会主义作为一种政治意识形态，其主张不断扩大，英国、德国等国家都深受其影响。在第二次世界大战爆发之前，工会主义也是德国的主导方式。在此期间，在公司法规则允许的情况下，对职工参与公司的程度进行了重大试验。1952～1976年职工参与被引入德国各行业，职工有权亲自选举大公司高层董事会一半的成员（Pennings & Wezel，2007）。随着德国职工参与这种共同决定制的确立，欧洲和亚洲的其他国家也引入了职工参与制度，要求在大型股份公司的董事会中加入职工代表。20世纪70年代，欧共体《关于公司法的第5号指令草案》（1972～1988）对共同决定制进行了全面扩展，旨在将德国式的共同决定制扩展到整个欧洲（Wang，2014）。但是《关于公司法的第5号指令草案》中有关落实大公司职工投票选举监事会的权利的提案，尽管经历了三次重大修改还是没有达成总体共识。

《控制与透明度法》（KonTraG）首先将强制性的双层董事会制作为股份公司的正式结构。双层董事会制作为一种内部治理措施，要求公司重新制定审计程序和审计合同的格式（du Plessis，Groβfeld，Luttermann，Saenger，Sandrock & Casper，2017）。此次公司法改革还解决了银行代表广泛担任交叉董事和授权的做法所产生的利益冲突。这限制了一个人可以同时担任多家公司监事职位的最多数量。

21世纪初的10年间，德国公司法又进行了一次变革。欧盟共同市场监管机构的发展大幅度缩减了德国有限责任公司制度的竞争力。现代德国公司法的大部分修改都是立法部门根据不断变化的商业需要努力推动，不断调整法律体系，加强对债权人和股东的保护。从更广泛的角度来看，德国公司法的传统结构不再是更模糊地基于理念、概念和态度的“原则型”，而是转向由市场和经济力量决定并反应的“市场驱动型”（Wurdinger & Pennington，1992）。对于着眼于进一步改革的德国来说，向市场驱动型的法律体系的转变可能是改革的核心问题。

20 世纪以来，德国公司模式一直是一种有效的组织方式。特别是 19 世纪 70 年代、20 世纪 20 年代和 50 年代，德国公司法和公司结构经历了重大变化。接下来，我们看看德国公司法体系在防范系统性风险方面的启示。

五、作为德国治理系统一部分的德国公司法

德国州立公司法经历了多次修订，在公司结构上更灵活，更符合经济发展的需求。

此外，相关立法的实施纳入了上述关于德国公司法性质和一致性的建议。例如，立法草案将其作为“进一步改革公司法、会计法、透明度和披露法”的一部分（Pennings & Wezel，2007）。这项立法在 2002 年 8 月开始实施。这次公司法改革纳入了“要么遵守，要么解释”的原则。对“遵守或解释”原则更清晰的解释是，股份公司的监督管理机构应该公布更透明的年度财务报表，以说明公司是否存在遵守最佳实践准则的意图。

2009 年 9 月，在欧盟委员会的建议之下，德国提出了三项措施对德国公司法进行全面改革，使得德国公司法的适用范围更广了。

作为一个以社会正义和法治为基础的联邦制国家，《德意志联邦共和国基本法》（*Grundgesetz*）规定了一系列价值观和基本权利，需要得到保障和保护，不受侵犯，以确保宪法保障和平等原则得以实现（du Plessis et al.，2017）。这些权利从根本上对行政、司法、立法具有约束力。《德意志联邦共和国基本法》的规定，不仅适用于个人，也适用于作为法人的公司。然而，《德意志联邦共和国基本法》并没有具体形式的经济概念，如自由市场经济；《德意志联邦共和国基本法》对经济政策采取中立的立场。

六、银行作为公众公司

银行交易受公法管辖，德国以公司法约束银行活动的立法并不多，这可能成为未来研究的方向。银行在商事领域应当遵从《德国商法典》（HGB）的规定，与其他企业、有限责任公司以及股份公司一样全面参与商业活动。

银行在德国金融投资体系中扮演着至关重要的角色，形成了“以银行为基础的金融体系”（Thebault，2009）。除了提供全面的投资和商业银行服务的银行外，“全能银行”一词

还可以扩展到与非银行保持密切联系的银行。为了继续提出可行的解决方案，一项彻底的分析需要做出改变，例如，德国的银行是否能够因为股权等制度安排而在公司董事会中拥有席位。德国银行可能与借款人有很强的联系以及信息利益，这使银行融资更易获得并且成本更低。

但是，股份公司的企业家也应该意识到其公司结构的不利因素。例如，与有限责任公司的规则相比，股份公司的设立、管理以及董事会的治理规则更加严格、复杂。股份公司的组建以及决策的过程所需时间更长且成本更高。此外，通过出售股份公司的股票筹集额外资金有稀释（甚至失去）股份公司所有权和控制权的风险。利润必须在更多的股东之间分享，而且相当大一部分利润必须用于股东大会的管理以及持续信息披露上——因为财务公开是强制性的。

股份公司的法律基础在德国和奥地利都得到了维护。股份公司是受民法约束的一种特殊的联合形式。股份公司不是由单一的董事会领导，而是在董事会和监事会之间分担责任（Thebault，2009）。监事会通常由股东控制，根据股份公司的不同规模，监事会可能有职工席位。董事会负责经营公司，监事会可以随意罢免管理人员，并有权决定其管理人员的薪酬。

虽然股份公司可以为法律所允许的任何目的成立，但实际仍旧是为经营业务而设立的。由于股份公司的组成规则大多是强制性的，因此在组织机构、会计核算等方面都有严格的要求。因此，公司需要仔细考虑是否应该选择股份公司的法律形式。《德国民法典》第 31 条重申，股份公司对违反股份公司职责的行为负有责任。话虽如此，股份公司本身不会受到刑事处罚，但双层董事会的个别成员可能会受到惩罚，股份公司可能面临着巨额的行政处罚罚款。作为由众多股东组成的公司，拥有不同股权组合的股东在股份公司的业务交易中具有不同程度的影响力，管理层需要处理不同的利益。股份公司在注册时要求至少有 5 名公司注册人在场签署公司注册证书和公司章程。股份公司的相关规则非常复杂且具有强制性，而有限责任公司可以选择是否执行《股份法》和其他相关立法的条款。有限责任公司可以选择最有利于其业务性质的适当法律形式。

德国《股份法》和 2006 年《英国公司法》主要关注职工和债权人，但很少关注其他利益相关者。德国相关规则实际并不承认利益相关者本身的利益，只承认公司的最佳利益。《股份法》规定了内部责任，即董事会和经理对内向公司承担责任，经理可以在特殊情况下对公司的债权人或股东承担责任。假设银行的结构是股份公司，银行能够在允许它们在高净值个人、小企业和大公司之间分配股份的模式下更自由地运营。

更积极的调查涉及德国全能银行对有大量银行投资支持的德国公司的信誉和财务状况的影响。银行拥有来自股权的大量控制权，这些控制权的集中包括交叉持股、复杂的业务结构（如金字塔），以及附带多票的股票（Mathis & Shannon，2009）。在股权高度集中的情况下，公司业绩可能会随着股权控制权的增加而提高。此外，银行控制权改善了公司业绩，超出了银行仅凭一己之力所能实现的目标。

然而，全能银行的批评者认为，银行的指数性力量不利于困扰银行的利益冲突，特别是当它作为股权持有人发挥作用时，或者由大量代理投票组成，以及进入资本市场的时候。尽管银行有大量未偿还贷款而出现赤字，但银行本身也受到外部控制，这些银行的权力基本上使它们能够为了自己的利益经营银行投资的公司。同样，德国的银行法未能限制商业银行对股权进行重新分配。

七、利益相关者在双层董事会中的突出地位：管理和监督代表

双层董事会制是德国公司法的基本制度。《德国公司治理准则》（*Deutscher Corporate Governance Kodex*）阐明了双层董事会的义务，概述了企业继续存在的建议及其符合市场经济原则的价值。该准则表示将完全致力于确保公司遵守有效的企业实践。欧盟委员会将与利益相关者和公众协商该准则的内容，以公众咨询和年度会议两种形式确保利益相关者的公平参与。

董事会有管理股份公司的职责。管理公司并不单指处理银行事务，还包括公司指引的管理，包括提交重要决定以及公司的规划和协调。在职责分配的约束下，董事会必须尊重法律和公司章程规定的权力。此外，董事会还履行控制职能，例如检查股东大会决议的合法性。根据《德国公司法》，董事会只有在股东大会期间向股东提供信息的义务。除了严格的报告要求外，管理层成员还必须遵守严格的保密条款。机密信息不得向交易公司披露，否则将承担严重的损害责任。显然，有人认为，银行采用德国公司法模式将有利于银行经营结构的调整，避免银行活动造成影响股东、储户以及更广泛经济利益的负面后果。

监事会由股东任命，对股东的利益负责，并监督董事会。监事会由股东选出的成员组成，其中一半是职工代表。进一步调整现有的德国模式可以很好地满足控制银行的要求。例如，监事会监督和任命董事会，并负责批准和执行重大业务决策（Bahar & Thevenoz, 2007）。它的目的是让监事会发挥监督作用。然而，目前的实践对监督的有效性、准确性和一致性提出了质疑。例如，监事会成员的任命并不透明，而且经常监督不力以及效率低下。银行董事为了满足自身的利益，确实经常从事过度的冒险行为。这种不当行为招致了严厉的惩罚，最终导致董事被免职。

董事会的作用是向董事会成员通报情况，并在交易执行前向监事会全面介绍公司的情况。监事会的首要任务是监督公司的管理。监事会负责任命董事会成员，董事参与的交易必须得到监事会的批准，并构成了随后的股东大会决议提案的基础。事实上，我们的建议是将监管控制内部化，并将其委托给监事会。监管内部化很大程度上取决于股东结构，其中 10

人由股东和职工选举产生，另外10人由职工提名和选举进入监事会（Blair & Roe，2017）。监事会还应当代表公司聘任一名审计师对公司的年度财务报表进行审查。

《联邦银行法》就双层董事会的组成规定了一些条件，特别是关于股份公司监事会的规模。《联邦银行法》规定银行监事会由20名成员组成。理论上，监事会旨在发挥监督作用，尽管这并不总是容易转化为实践。该公司的主张可能会被监事会断言和挑战，这可能被认为是在利用“内部托管”战略，其中股东之间的利益冲突是隔离的，同时担任董事会和监事会的代表是被禁止的（Blair & Roe，2017）。“内部托管”有效地解决了严重的利益冲突问题。

理论上，双层董事会制为董事会固有的利益冲突提供了一种临时解决方案。这种方案比一级董事会制度能够更有效地处理明显的利益冲突问题，公司结构和两个董事会之间的冲突可能会得到简化，如通过采用“内部托管”战略，将决策下放，使其不受股东利益冲突的影响。“内部托管”是《股份法》中解决董事会利益冲突的主要方法（Bahar & Thevenoz，2007）。然而，从理论上讲，该方法可能并不有效，在以下方面仍然存在实际分歧：适用公司法的正确方法；在确定要实现的最可行的公司法模式；作为利益相关方将哪些参与者纳入修订后的模式方面。

在公司法制度中，公司的最终控制权归于监事会或董事会。德国的两级行政管理制度与英国的一级管理制度形成了鲜明对比。在英国，董事处于利益相关者“金字塔”的顶端。利益相关者“金字塔”是指各种利益相关者群体所拥有的权力等级。通过对在英国和法国两家最大的上市公司董事会更替和财务表现的分析，可以确定单层或者双层董事会制都是非常有效的控制机制，两种制度都有明显的优缺点，没有一种制度具有绝对的制度优势。虽然德国公司法模式具有压倒性优势，但仍有值得批评之处，比如，双层结构阻碍了有效的决策，过于官僚等。

在双层董事会制中，监事会在决定可能采取的补救行动时会受到限制。这种限制可能会质疑所做的选择，甚至会罢免管理或监事会的成员。这一连串的行动不会影响该公司目前的地位，亦不会寻求提升其地位；相反，重蹈覆辙的可能性已大大降低。例如，如果监事会能够对事前决策施加影响，那将是一个积极的解决方案。因此，公司事务的主要监管者实际上是监事会成员。股东行使的控制机制仍然有效。董事的职责、责任和强制执行，凸显了在德国以外的司法管辖区，对董事的传统待遇是绝对或多数权力。由管理和监督代表组成的两级董事会，通过协调两个董事会的董事代表，并将其存在降至最低，来遏制这种权力失衡。我们接着将对德国一项事前公司法制度对股东和储户的保护进行评价性讨论，特别是它对避免未来银行破产的启示，以及为遏制系统性风险而实施的举措。

八、德国以监事会为重点的事前公司法制度对股东和储户的保护

根据《股份法》的规定，股东具有参与公司管理的特定权利（Agarwal，2016）。但是，

股东的投票权很大程度受到银行影响，将股票存入银行账户的股东更可能获得投票权。不管适用何种公司法，对管理风格表示担忧的股东实际上面临两个截然不同的选择，即要么更明确地表达他们的担忧，要么出售他们的股份。从整体经济和市场监管的角度来看，使用“退出”选择权，作为一种排他性的补救措施，可能会增加企业失败的数量和程度，降低市场效率。

总体而言，股东通常有两项保护措施，以防止对经营业绩承担责任。股东可以投票决定更换现有董事会成员或出售他们自己手中的股票。无论投票被视为一种形式主义，还是被视为一种重要而强大的纪律工具，更关键的是，利益相关者行权必须更明确、合法（Drake，Joffe，Richardson，Lightman & Collingwood，2019）。股东所有权严格属于他们所投资的公司。然而，从国外制度来看，关于股东诚信的辩论往往包括对行使授权的董事的审查。根据德国法律，该计划有助于由股东和利益相关者共同行使控制权，尽管这一制度对没有投票权的利益相关者可能更有帮助。就银行、储户和广大市民而言，他们的利益可由监事会更有效地保障。

金融不稳定对经济产生了毁灭性的影响。银行或其他吸收存款机构的破产使客户无法筹集资金、获取储蓄或履行合同义务。若要将单一银行的受困风险减至最低，部分方法是提供额外支援及作出保障储户的安排。此外，当局亦制定了特别措施，以应对濒临破产的银行财政困难的状况。这项立法是德国政府在 2012 年提出的，旨在促进储户保护，加快向当局和第三方移交和重新分配权力的速度（Schulz & Wasmeier，2012）。德国当局严格考虑了将储户指定为债权人的选择，这种优先类别将有助于引入储户优先地位。然而，可能会出现债权人被卷入破产程序的不良后果。

作为一家银行或金融公司，实际债权人和储户与借款人签订法律合同，在贷款人未能分期付款或以其他方式偿还贷款的情况下，有权要求获得债务人的实际资产。作为一项涉及资金转移的交易，押金也可以用作交付货物的担保。当储户把钱存入银行时，客户、储户和债权人实际上是把钱借给了银行。在这种情况下，储户扮演无担保债权人的角色。如果发生银行挤兑，储户储蓄与其他无担保债权人的债权具有同等地位。

股东保护争论也涉及银行授予股权控制权。如果银行的股本以利息的形式广泛地分散在储户之间，每个储户都拥有银行可用股本总额的一小部分，那么储户监督银行管理层业绩的动力就会更强。

法律规则对储户利益的保护程度因司法管辖区而异。英美法系国家对储户和股东的保护最强，而德国等大陆法系国家对储户和股东的保护则较弱（Murray & Sturner，2015）。尽管相比之下，德国对储户和其他债权人（包括有担保和无担保的）的保护力度更大，但这种差异可以归因于这样一种命题，即一些国家对投资者（股东、储户和债权人）的保护要好于其他国家。

德国银行破产的历史轨迹凸显有必要采取新的举措来减少银行挤兑的出现，降低对银行业和整个金融服务业的影响。在考虑银行破产的历史发展时，我们应该理性地反思过去的问题，以免未来重蹈覆辙。过去的失败说明与监事会相关的德国公司法模式没有得到充分利用，未来的监管应当更加着眼于银行内部监管。

九、银行破产的历史发展

魏玛共和国时期延续了1870～1917年的趋势，对银行进行非市场驱动和有组织的监管。尤其是在1923～1924年和1929～1933年的危机期间工业和金融公司之间的关系错综复杂（Eberhard，2005）。

德国回归金本位的货币制度后，银行业在20世纪20年代中期经历了快速扩张（Bookbinder，1996）。在金本位制中，货币单位是基于附加的和预先确定的黄金数量。由于德国国内储蓄的匮乏，这种快速扩张得到了外债的资金支持。由于大部分外债是短期存款，1928年对德国的贷款减少，德国国内生产总值（GDP）增长大幅放缓，以至于1929年出现负增长，导致大萧条的开始。物价下跌、货币供应萎缩和失业率上升引发了大萧条，导致金融不稳定和恶性通货膨胀。

第二次世界大战后，德意志联邦共和国最大的银行被拆分成若干个地区性部门。值得注意的是，到1945年公众获得银行金融资源的方式没有实质性的变化（Wiesen，2003）。相反，国家对银行金融的主导地位逐渐被侵蚀，为一种更互惠的关系铺平了道路。在这种关系中，银行金融的控制权在数个银行之间分散，有效地创造了一个银行间市场。国家权威正在减弱，转而支持更具组织性和可控性的行业。随着时间的推移，确定哪些银行机构相互关联变得越来越困难。德国的经济计划直到20世纪50年代才被广泛实施。

到20世纪末，与欧洲其他国家相比，德国很少发生银行破产的事件，这是因为德国经济强劲，银行在借款人公司的董事会和监事会中有席位。Hilferding（2007）认为，银行在此时期更加强大是因为银行主导了公司决策。迈向更强大之路的第一步是，银行业的卡特尔与工业卡特尔相匹配。按照Hilferding的说法，银行在该行业的投资利润是通过卡特尔化而提高的，这样竞争减少，利润增加并导致了价格上涨。随着银行越来越多地将大部分资金投入其中，银行的“金融资本”实际上变成了“工业生产性资本”。工业企业开始依赖“金融资本”来为他们的运营提供资金，工业家使用的银行处置资本基础越来越大。因此，银行将倾向于集体合作，通过合并来防止危机。

从这些角度来看，我们可以推断，银行和行业的合并与个人的碎片化已成为研究的中心问题，需要进一步讨论，以便更清楚地理解在防止或改善德国银行破产方面变革的驱动因素。此外，如果要在德国公司法体系下成功保护利益相关者群体，就需要大幅加强对股东和储户的监督。

十、对股东和储户的定期持续监督

一些学者认为，一股一票的原则造成了“受压迫的少数人”（Schwalbach，2001）。一股一票给予所有股东相同的影响，形成了一个离散的等级制度。

正如 Meckling 和 Jensen（1995）所阐述的那样，这种动态的不平衡可以用多种方式来解释。这种变化包括制定更具体的股东权利保护规则；重新研究董事会作为股东选举代表的权利和义务；向外部人士提供机会，让他们进入公司，获得控制权并改变管理层的性质；最后是执行薪酬激励计划。

为了将全部或部分业务转移给在私人部门运营的健康银行，德国当局谨慎地考虑了将储户指定为债权人的选择，这种优先类别将有助于引入储户优惠（Harm，1992）。然而，可能会出现不良后果，债权人可能会被卷入破产程序。

由于监管机构没有充分体现储户利益的保护，储户参与可能将与普通无担保债权人的要求一起考虑。最近的提案要求代表帮助他们及早处理有关储户的信息，而不是依赖于事后补偿。当局提议发布关于破产公司破产程序的命令，并任命一名银行清算人作为破产参与人，使其迅速采取行动，保障储户的利益（Enrique，2000）。

如果储户被充分告知存款保障的限额和范围，则假定他们的投资决定是基于可靠的信息。然而，在实践中，信息的传播可能是有缺陷的，这样福利成本就会因财富的损失而降低。消费者和未来储户的信心可能会下降，破产风险增加，从而加深了危机。在存款需求意外增加的地方，流动性的丧失将减少。

十一、监事会控制董事的过度冒险行为

董事的职责是忠实勤勉地管理公司事务，对因为董事行为对公司造成的任何损害承担责任。由于判例法对商事判断规则的重大发展，董事们能够意识到商事判断规则对减轻其董事责任负担的好处（Chirinko & Elston，2006）。如果董事按照股东大会上的指示行事，他们的职位通常不会受到威胁。作为董事，其行为必须勤勉，不得损害公司利益。银行董事需要很好地说明为什么事先分配贷款，并解释这将如何降低破产风险。如果银行拖欠还款，或者如果银行资产不足以抵销其负债，董事们将只能申请破产。在一定条件下，根据《有限责任公司法》第 64 条的规定，董事必须赔偿银行在破产之日之后支付的款项。

然而，由于资本维持及其相关限制，法律对信贷和债务偿付的保护实际上并不与破产挂钩。德国的法律体系倾向于将更多与信贷相关的责任强加给董事，特别是在银行陷入财务困

境，最终导致破产的情况下。支持这种行为的理由是，一旦股权被侵蚀，股东就会被债权人取代，成为“剩余的冒险者”（Blair & Roe，2005）。

监事会对董事过度冒险行为的控制包括多个要素。为了使董事承担责任的法律规则具有实际意义，立法者必须更清楚地说明公司法的作用。董事还被要求定期与利益相关者和其他关键各方沟通，确定优先事项并承认他们的利益。监事会将对职工、储户和股东等其他利益相关者承担最终责任（Mallin，2017）。

问责制是控制和减少董事自我交易的关键因素。为了平衡董事与其他利益相关者的利益，需要定期召开董事与其他利益相关者之间的会议。然而，仅靠董事自身控制其过度冒险行为是不够的。例如，不可能要求董事与每个利益相关者保持联系（Kershaw，2018）。

与受托人的要求类似，董事不得谋取个人利益，除非公司章程允许或经股东大会同意。这种发展在德国是罕见的，因为银行或股份公司的成功运营促进了平等主义和多样性。董事和相关交易对手执行的任何重大交易都应在股东大会上获得股东批准，董事必须在与公司签订的合同中申报个人利益。法律事务委员会最近提出的建议认为，这些保障措施应予以保留，以控制董事的自我交易。从证券监管的主要原则中借鉴的披露义务和透明度要求，与本款高度相关。如果法院认为董事的利益不会引起“实际利益冲突的重大风险”，那么董事的自我交易行为将被允许（Saenger，2005）。

十二、银行董事会决议受国家、中央银行和储户的监督

在讨论国家、中央银行和储户对董事会决策的监督之前，有必要对董事会执行决策的功能和内容进行简要的讨论。管理层代表当选为董事会成员，在作出高层决策时享有高度自主权。《德国公司治理法》中有关于监事会成员独立性的具体规定（Quinn，1997）。银行的公司制结构取决于管理层结构和职能分明的董事会。例如，负责执行高层政策决定的董事会还必须就如何确定利率或通胀目标做出决定。在这方面，负责决策的董事会往往需要负责执行。随着董事会决策的技术性越来越强，加上有限的合格资源，大多数人董事来自其他利益相关者群体。

国家出于各种原因干预银行。它们可能会试图降低交易成本和信息成本。政府干预和监管的最主要作用可能是加强银行的透明度和问责制。人们普遍认为，银行对经济发展是必要的，政府进一步监管的动机是负外部性，这证明了对董事会决策的监督要求是合理的。这一观点正确可行。关于投资者保护的法律限制和纯信息不对称的存在，以及执法法律系统的范围，降低了法律的有效性，提高了政府干预的形象（Talbot，2014）。

有种观点认为，政府没有能力克服交易和信息成本，政府侧重于监管的必要性。从根本上说，银行持有的货币资金数量最多，超过了其他机构。因此，各国政府被激励向银行征收

重税，以增加财政收入。在向银行征税时，可以诱使它们向政客和其他有政治风险的客户提供优惠贷款。同样，银行可以对监管者施加强大的影响力，以便它们采取行动维护银行家的相关利益，而不是促进社会福利。如果董事会决议完全由政府监督，就可能存在道德风险。

作为支付系统的核心要素，银行在金融机构的顺利运作中发挥着重要作用。主要由于吸收存款，银行的杠杆率也很高。如果对银行实施所有权限制，或者存款保障费用导致董事会对储户的监督有限，监管机构的效力就会大幅度降低（Talbot，2014）。银行除了要负起保障储户权益的责任外，还必须监督董事会有关储户福利和减低系统性风险的决定。

有关德国银行储户的微观数据显示，由于储户偿付能力受到冲击，银行挤兑发生的可能性更大。储户撤资趋势可以根据银行偿付能力的公共和私人信号来辨别（Kureck，2018 年）。储户对于银行破产风险的预判，严重依赖于监管机构的监督。未来，信息披露和监管政策的质量可能会对规模较小的银行更加重要，并可能极大地提高储户监管的质量。

鉴于这些发展和假设，德国董事会监管模式更具有制度优越性，因为它作为一项强有力的私法措施，更有利于银行业的稳定发展。

十三、德国公司法在德国法律体系之外的地位

在过去的 20 年里，德国公司法发生了实质性的变化，其国内法律体系开始适用于域外。德国《股份法》与域外公司法既有趋同也有分歧。德国公司法的趋同，很大程度上是因为欧盟成员国由于内部控制而采取的普遍做法。资本市场的实质性变化和结构，在公司法越来越多地以市场为导向。然而，对德国公司法的系统分析是非常重要的，以突出德国公司法在国内法律体系之外的相关性和适用性。

英国公众有限公司（PLC）与德国一样，在公司设立时要求最低资本金（Leyens，2005）。在 Centros Ltd. v. Erhvervs – og Selskabsstyrelsen（1999）案中，欧洲法院驳回了对公司设立的一些限制，但是对最低资本金要求广泛适用。欧洲法院的裁决确保公司的法律适用法将完全由注册地点确定。最低资本的要求在整个欧盟仍然有效，但在德国得到了坚定的支持和倡导（Leyens，2005）。英国有限公司在欧洲大陆不断增加，似乎削弱了德国有限责任公司的竞争力。这种现实表明，未来最低资本金要求可能会受到限制，甚至会被取消。如果最低资本金的要求被取消，德国需要确定另一种债权人保护形式。

《法国商法典》也提倡由董事会和监事会组成的双层董事会制。在法国，双层董事会制只有在公司章程中规定的情况下才适用（Andenas & Woodridge，2009）。董事会最多有 5 人，股份公司，最多可有 7 人（Barclay，2013）。与德国的双层董事会制一样，法国董事会可以由公司的职工组成，但不能同时是公司监事会成员。由此推断，公司职工只能进入管理层，而不能进入董事会，董事会由董事和公司高管组成。董事会成员不必是公司成员，但必须是

自然人。这与德国公司法的规定完全不同，德国公司的董事会中有利益相关者代表，职工的任务是向管理层提供建议和监督，他们参与企业的战略过程及其长期决策。

中国的董事会改革代表了公司法和董事会治理规则的独特模式（Brefort，Tenev & Zhang，2002）。根据《中华人民共和国公司法》，中国采用一种强制性的董事会结构，这种结构在许多方面与德国的双层董事会制非常相似。中国公司法沿用了德国的公司法制度，规定有限责任公司必须有监事会。然而，中国的董事会治理制度与德国的双层董事会制也有不同之处。德国双层董事会制中，董事会依法有义务向监事会披露公司信息。但是，中国董事会不承担向监事会披露公司信息的法律责任，但是法律允许监事参加董事会的正式会议，董事会会议是监事的主要信息来源。与德国现代公司法一样，职工参与也是中国公司法的一个重要特征。中国职工参与有三个要点。首先，独特的职工参与形式是允许职工选举代表进入监事会。其次，这种代表权只适用于国有独资企业。最后，涉及一个更具哲学性的问题，即这种制度安排在多大程度上具有建设性。

相较于其他国家的法律制度，德国公司法有许多特点能够很好地适用于银行体系，是规避银行金融系统性风险的一项强有力的私法措施。通过考察德国公司法与其他国家制度的异同，我们确定德国公司法的框架是最优的。

十四、结论

这份研究文件揭示了德国公司法模式的突出优点，并探讨了如何将这种公司法模式应用于银行业，从而有效地将银行监管内部化。

在私法层面，公司法修改在银行业以及金融危机期间可能会产生有利的效果。为了回应本文前面提出的假设，我们现在（至少在理论上）可以断言，德国银行发生银行破产的概率远小于英国、美国等其他国家。从对银行破产的历史发展和银行挤兑的分析表明，过度依赖外部监管以避免系统性危机的模式存在问题。人们过于依赖事前监管，无法发现个别银行承担的风险。强制资本充足率制不仅成本高昂、具有道德风险，还一直落后于市场发展，因此无法达到既已设定的目标。德国公司法模式作为一种有利于作为私法措施阻止银行业系统性风险的事前解决方案，大大降低了银行破产的可能性。德国公司法的双层董事会制可以起到事前预防的作用，监事会将阻止银行董事的过度冒险行为。

由于监管法不能防止银行挤兑和系统性危机，允许银行董事进行内部控制的公司法模式可以更好地保护银行利益相关者，这种模式。我们曾寻求考虑支持建立一个更能包容利益相关者的公司制度，即内部和外部团体完全融入现有的公司治理框架。公司法改革和银行管理方式改革是必要的。问题是公司法在处理代理问题和信用风险、股东和利益相关者的利益以及广大公众的系统性风险方面所处的位置。对此问题，我们有更多方面需要进一步讨论。

我们亦必须考虑董事的利益。董事过度冒险，在追求更佳经济回报的同时，往往会导致信贷风险，最终导致系统性风险和金融危机。这对银行股东和董事、其他银行，乃至整个社会都是不利的。储户的银行应与其他银行利益相关者一样受到定期监管，这些储户的利益将通过公司法改革得以实现。然而，在实践中，储户和利益相关者是分散的，无法对董事进行任何控制。另外，政府或央行作为自己的利益相关者，可以代表储户的利益，从内部更广泛地控制董事会的决策。这将有利于建立内部监管体系，而不是传统的外部银行监管，后者由监事会执行，可以被确定为事前解决这一问题的最佳解决方案。我们既可以求助于实施存款保险制度，保护储户资金安全，也可以将典型的德国公司法模式作为避免系统性风险的私法措施应用于其他国家。德国公司法的稳健性和灵活性适用于欧洲各地的银行结构，与所有其他处理系统性风险的事后和事前方案相比，被认为是一个更可行的选择。随着时间的推移，这一范式可能成为解决监管和系统性风险造成空白的最佳解决方案，监管和系统性风险是利益相关者之间权力更不平衡的关键因素，最终导致银行业解体。

期货立法研究

期货跨境交易法律问题研究

唐　波　许雅贤 *

一、问题的提出

期货市场作为现代资本市场的重要组成部分，与关乎国计民生的基础能源、大宗商品和金融资产的现货市场联系紧密，为实体经济的发展提供价格发现和风险管理的专业服务。中国的商品期货成交量连续10年世界第一。我国已成为全球第二大期货期权交易市场。

随着经济全球化和市场经济的发展，一个国家的期货市场只有国际化，才能产生具有权威性和公信力的市场商品价格，取得大宗商品的国际定价权和话语权，在大国博弈中才能把握主动权，从而保障国家的经济安全和金融安全。

从特定期货品种的国际化，境外交易者的引入，到外商独资期货公司的允许设立，我国资本市场不断敞开怀抱，与国际接轨。我国目前已有9个国际化期货期权品种，其中，原油期货于2018年在上期能源上市并引入境外交易者，市场运行总体平稳，成交持仓规模不断扩张，境外参与度持续提升，投资者结构持续优化，市场功能逐步发挥，国际影响力日益提升，已成为全球成交量第三大原油期货，于2021年1～8月累计成交2877.98万手，累计成交金额11.75万亿元，其中境外客户累计成交721.48万手，占比25.07%。在2020年国际油价大幅波动、WTI原油期货出现“负油价”和2021年国际大宗商品价格大幅波动等极端行情下，上海原油期货市场运行平稳。

---

* 唐波，华东政法大学教授、博士生导师；许雅贤，华东政法大学硕士研究生。

期货市场的国际化需要跨境交易的法制化来保驾护航。过去，我国期货交易的立法存在效力等级低的问题，法律层级最高仅为国务院制定的行政法规，即《期货交易管理条例》，而美国对期货交易有《商品交易法》作为专门的法律。而且，在《期货交易管理条例》中，跨境期货交易的规则缺失，只能依靠效力层级更低的部门规章和交易所规则进行指引。我国期货市场既有引入外国投资者、外国金融机构和外国资本的内部需要，也有对外开放的外部竞争压力。市场的竞争也是制度的竞争，这些制度包括境外主体的准入机制、跨境监管的管辖与协作和境内主体的域外保护等方面，主要涉及外国投资者的准入门槛，境外交易所和境外中介的注册制度，对外国主体在境外行为的长臂管辖，跨境取证的协作问题，以及境内主体在域外的信息保护等法律问题。只有建立权威、公正、透明的规则制度，通过立法对“引进来”的境外主体进行规范化监管，并对“走出去”的境内主体进行有效保护，在符合我国国情的基础上与国际接轨，才能最大化市场的创新功能与竞争效率，吸引更多的境内和境外投资者，激发跨境交易的积极性和活跃度，提升期货市场的国际化，推动我国国际价格影响力和规则话语权的形成。

二、境外主体的准入机制

境外主体的准入机制包括外国投资者的准入门槛和境外交易所、境外中介的注册制度这两个方面。外资的引入既是机遇，也是挑战，如果没有完善的监管制度或发达的市场自律，风险就会远大于收益。我国的期货市场起步晚，发展快，体量大，1993～1994 年经历了盲目发展，混乱无序的局面，对外资的引入一直保持谨慎，直到 2014 年《境外交易者和境外经纪机构从事境内特定品种期货交易管理暂行办法》的出台，才意味着我国开始允许境外投资者参与境内期货交易。2018 年原油期货在上期能源上市，作为我国第一个国际化的特定期货品种，标志着境内期货市场对境外投资者的正式引入。

发达国家由于市场经济水平高，金融行业起步早，合作监管的程度深，所以对外资的引入采取自由开放的政策，对外资的进入几乎不进行限制，离岸交易更普遍更开放。美国对外国投资者只苛以一般性的申报义务，未实行一般投资审查制度，外国投资者在相关权利和义务上与美国国民享受同等待遇。美国法律对外国投资一般也不按国别实行差别待遇或给予特别限制，外国投资仅在银行业、保险业等行业中受到一定的限制。

中国证监会依《期货交易管理条例》的授权，制定了《境外交易者和境外经纪机构从事境内特定品种期货交易管理暂行办法》和《期货公司监督管理办法》，对境外交易者从事我国境内特定品种期货交易及其相关业务活动，以及外资在我国境内设立期货公司做了规定。

《境外交易者和境外经纪机构从事境内特定品种期货交易管理暂行办法》第5条[1]对从事境内特定品种期货交易的境外交易者的准入条件作出了规定，第32条[2]授权证监会依法查处存在违法行为的境外交易者，以及与其所在地的监管机构进行合作的监管规则。《期货公司监督管理办法》第11条、[3]第13条第2款[4]规定了境外股东投资境内期货公司的条件。

但是，上述文件的法律层级较低，而《期货法草案》也仅在第133条第3款[5]间接承认境外投资者可以委托境外期货经营机构直接参与境内期货交易场所的期货交易。《期货法草案》应明确境外投资者可以依法参与境内交易，并对参与方式和监管机制进行原则性的规定，为期货市场的有序开放预留调整空间，实现对外开放和金融安全之间的动态平衡。

随着期货市场的国际化，我国期货交易所和期货中介需要接受外国监管机构的审查。基于国际关系上的对等原则，我国也应明确对境外交易所和境外中介的监管制度，包括注册和豁免规则。过去，这部分内容在《期货交易管理条例》中处于立法空白的状态。《期货法草案》对该问题予以回应，在第131条[6]和第133条第2、3款[7]分别规定了向境内投资者提供交易直接接入境外交易场所的交易系统进行交易服务的境外期货交易场所、接受境内期货

---

〔1〕《境外交易者和境外经纪机构从事境内特定品种期货交易管理暂行办法》第5条规定："境外交易者可以委托境内期货公司（以下简称期货公司）或者境外经纪机构参与境内特定品种期货交易。经期货交易所批准，符合条件的境外交易者可以直接在期货交易所从事境内特定品种期货交易。前款所述直接入场交易的境外交易者应当具备下列条件：（一）所在国（地区）具有完善的法律和监管制度；（二）财务稳健，资信良好，具备充足的流动资本；（三）具有健全的治理结构和完善的内部控制制度，经营行为规范；（四）期货交易所规定的其他条件。"

〔2〕《境外交易者和境外经纪机构从事境内特定品种期货交易管理暂行办法》第32条规定："境外交易者或者境外经纪机构违反《期货交易管理条例》和中国证监会有关规定的，中国证监会依法进行查处。需要境外交易者或者境外经纪机构所在地监管机构协助的，中国证监会可以根据与其签署的双边或者多边监管合作谅解备忘录等跨境监管合作机制进行跨境监管合作。"

〔3〕《期货公司监督管理办法》第11条规定："期货公司主要股东、控股股东、第一大股东为境外股东的，除应当符合本办法第七条、第九条规定的条件外，还应当具备下列条件：（一）依其所在国家或者地区法律设立、合法存续的金融机构；（二）近3年各项财务指标及监管指标符合所在国家或者地区法律的规定和监管机构的要求；（三）所在国家或者地区具有完善的期货法律和监督管理制度，其期货监管机构已与中国证监会签订监管合作备忘录，并保持有效的监管合作关系；（四）期货公司外资持股比例或者拥有的权益比例，累计（包括直接持有和间接持有）不得超过我国期货业对外或者对我国香港特别行政区、澳门特别行政区和台湾地区开放所作的承诺。境外股东应当以可自由兑换货币或者合法取得的人民币出资；（五）中国证监会根据审慎监管原则规定的其他条件。"

〔4〕《期货公司监督管理办法》第13条第2款规定："期货公司单个境外股东的持股比例或者有关联关系的境外股东合计持股比例达到5%以上的，还应当提交下列申请材料：（一）境外股东的章程、营业执照或者注册证书和相关业务资格证书复印件；（二）境外股东所在国家或者地区的相关监管机构或者中国证监会认可的境外机构出具的关于其符合本办法第七条第（七）项、第（八）项与第十一条第（二）项规定条件的说明函。"

〔5〕《期货法草案》第133条第3款规定，境外期货经营机构接受境外单位或者个人委托，直接参与境内期货交易场所期货交易的，该境外期货经营机构应当向国务院期货监督管理机构注册或者申请豁免注册，接受国务院期货监督管理机构的监督管理。

〔6〕《期货法草案》第131条规定，境外期货交易场所向境内单位或者个人提供直接接入该交易场所交易系统进行交易服务的，应当向国务院期货监督管理机构注册或者申请豁免注册，接受国务院期货监督管理机构的监督管理。

〔7〕《期货法草案》第133条第2、3款规定，境内期货经营机构转委托境外期货经营机构从事境外期货交易的，该境外期货经营机构应当向国务院期货监督管理机构注册或者申请豁免注册，接受国务院期货监督管理机构的监督管理。境外期货经营机构接受境外单位或者个人委托，直接参与境内期货交易场所期货交易的，该境外期货经营机构应当向国务院期货监督管理机构注册或者申请豁免注册，接受国务院期货监督管理机构的监督管理。

经营机构转委托从事境外期货交易的境外期货经营机构，以及接受境外投资者的委托直接参与境内期货交易所交易的境外期货经营机构，应当向国务院期货监督管理机构注册或申请豁免注册，并受其监管。

在具体规则的制定上，可以借鉴美国的经验：在对本国居民参与交易的境外交易所进行监管时，首先，可要求境外交易所同时满足其母国和我国的监管要求。美国《商品交易法》第 6（b）（1）条规定，在美国提供服务的外国期货交易所必须于 CFTC 注册登记成为境外交易所（FBOT），并且提供材料证明自己满足母国的监管要求，CFTC 会确认境外交易所的监管部门支持和执行 CFTC 同等的监管目标，特别是在市场公平、客户保护、清算和结算以及外国交易所及其清算机构规则的执行方面。[1] 其次，在注册申请表的内容设计上，可以参考美国的"境外交易所申请表"（Form FBOT）。Form FBOT 主要是就境外交易所的基本信息、会员标准、自动交易系统、在美国销售的衍生品合约条款、交易所母国的相关法律法规、境外交易所的自律规则及执行、境外交易所及其清算机构与 CFTC 和境外交易所母国监管当局之间信息共享达成协议等方面要求该境外交易所向 CFTC 提供信息材料。此外，CFTC 还可自行决定是否需要提供其他的补充资料，并对境外交易所是否符合注册要求享有自由裁量权。[2] 最后，在豁免规则方面，《商品交易法》第 6（c）条规定了公共利益豁免规则，即"为促进经济金融创新和公平竞争，CFTC 有权通过规章、法规或决定，通知相关当事人对其合约或交易进行豁免"。CFTC 的豁免决定不影响其监管权的行使，CFTC 仍可以根据需要对豁免对象进行调查和处罚，这一点也值得借鉴。[3]

在对为本国居民境外交易提供服务的境外中介进行监管时，美国要求：首先，境外中介应遵守 CFTC 的监管规则。《商品交易法》第 6（b）（2）条规定，CFTC 可以要求位于美国境内且对境外销售、发行商品期货合约的市场参与者，遵守 CFTC 制定的法规和规章，对欺诈、最低金融资产标准、风险披露、备案、财务登记制度、客户资金保护、注册等方面进行规范和监管。[4] 并且 CFTC 有权制定并且实施与外国的交易所（或市场）不同的监管规则。CFTC 进一步在其监管规则中明确，任何未经注册或者豁免的境外中介发售境外期货、或代理美国投资者交易境外期货，都构成违法。[5] 其次，境外中介应在 CFTC 注册。CFTC 规则第 30.4 条明确规定了，期货佣金商（FCM）、介绍经纪商（IB）、商品交易顾问（CTA）、商品基金经理（CPO）在为境外期货期权客户提供服务前，都应当在 CFTC 注册。[6] 第 30.5 条将位于美国境外的中介机构分为两种不同情况：一类是向美国投资者发售境外期货，或代

---

[1] CEA 6（b）（1）.
[2] 17 CFR §48.7.
[3] CEA 6（c）.
[4] CEA 6（b）（2）.
[5] 17 CFR §30.3.
[6] 17 CFR §30.4.

理美国投资者从事境外期货交易的中介机构，需向 CFTC 申请注册成为期货佣金商或申请豁免。在豁免的情况下，必须与一家已注册的 FCM 签订书面代理服务协议，并在美国全国期货协会（NFA）提交"表 7 – R"（Form 7 – R）以备案。另一类是作为介绍经纪商、商品交易顾问、商品基金经理的中介，应注册或申请豁免。但即使豁免，仍应满足 CFTC 规则第 30.6 条信息披露、第 1.37 条信息记录，以及第 1.57 条介绍经纪商运营活动的要求。[1]最后，在豁免问题上，任何受 CFTC 境外中介监管规则（17 CFR Part 30）规制的主体都可以向 CFTC 秘书处申请豁免，CFTC 享有同意或拒绝豁免的自由裁量权，并将根据申请人提交的书面材料做出决定。[2]

我国《期货法草案》从维护市场秩序和保护金融安全的角度出发，还专门对境外期货交易场所在境内的代表机构和境外机构在境内从事期货市场营销、推介和招揽活动进行了限制，较有新意。《期货法草案》第 134 条[3]规定境外期货交易场所在境内的代表机构应向中国证监会备案，且禁止该机构及其工作人员从事经营活动；第 135 条[4]规定境外机构须经中国证监会的批准，才能在境内从事期货市场营销、推介和招揽活动。

为了提高监管效率，避免重复监管，实现平等互惠的国际关系，欧美各国采用等效监管原则，以促成监管合作机制的形成。欧盟基于等效监管的原则，于 2012 年首次提出"替代合规"制度，即各国监管机构在可比性认定后，以境外主体母国的监管规则替代本国监管规则，来达到同等监管效果的制度。欧美就清算原则争执多年，最终因替代合规制度而和解。

美国将替代合规制度作为《多德 – 弗兰克法案》在域外金融监管上的例外和补充。CFTC 主要从 5 个方面展开可比性认定：头寸限制的可控性，勤勉的监督，商业的可持续性和灾后的恢复能力，研究和消除矛盾的能力，披露信息的可获取度和掉期交易数据的存储能力。[5]CFTC 的可比性认定采用"效果导向"的模式，判断他国监管要求是否能达到与美国《商品交易法案》以及 CFTC 规则相同的监管效果。截至 2021 年 9 月，有 34 家外国清算机构获得 CFTC 的批准，15 家获得登记注册，4 家取得豁免，9 家连续 12 个月无交易活动休眠，6 家撤销。2020 年 3 月 3 日，CFTC 通过期监会规则补充了外国期货与期权交易的相关内容。外国公司在向美国境内客户销售外国期货和期权产品时，需确保所售的产品受到与美

---

[1] 17 CFR §30.5.

[2] 17 CFR §30.10.

[3] 《期货法草案》第 134 条规定，境外期货交易场所在境内设立代表机构的，应当向国务院期货监督管理机构备案。境外期货交易场所代表机构及其工作人员，不得从事或者变相从事任何经营活动。

[4] 《期货法草案》第 135 条规定，境外期货经营机构以及其他境外机构在境内直接或者设立分支机构从事期货市场营销、推介及招揽交易者，应当经国务院期货监督管理机构批准，适用本法的相关规定。未经国务院期货监督管理机构批准，任何单位或者个人不得为境外期货交易场所、期货经营机构从事期货市场营销、推介以及招揽活动。

[5] 参见唐波、黄骜：《域外金融监管的困局与"替代合规"制度的尝试——评美国商品期货交易委员会对域外监管规则的可比性认定》，载《上海金融》2016 年第 10 期。

国境内指定合约市场上市交易的产品同等的监管。此外在期监会规则第 30.10 条项下新增了第（c）段，具体规定了 CFTC 取消关于境外注册豁免的情形和基本程序。[1] CFTC 通过等效监管原则，要求申请豁免的境外监管机构在立法和执法的过程中，落实美国的监管要求，间接促成了美国法律的域外适用。

我国《期货法草案》第 131 条，第 133 条第 2、3 款规定了境外期货交易场所，境外期货经营机构的豁免注册制，给等效监管原则的适用提供了空间。我国期货市场应借鉴国际竞争和合作的经验，发挥后发优势，建立与欧美国家对等的监管合作和互联互通机制，健全跨境期货交易的监管制度。"期货法" 可以明确只要境外期货交易场所、境外期货经营机构已接受其他国家（地区）不低于中国证监会监管要求的监管，或其他国家（地区）已与中国证监会签订有关监管协议或者建立协作监管机制的，该境外期货交易场所、境外期货经营机构就可以依法申请豁免注册，从而避免重复监管，并间接实现国内监管要求的域外适用。

三、跨境监管的管辖与协作

不同地域的监管机构在对期货交易进行跨境监管时，会发生管辖权上的冲突。管辖问题是所有跨境监管冲突的起点。跨境取证是跨境监管的重要环节，若缺乏有效的跨境协作机制，就难以进行跨境取证，不利于打击期货跨境交易中的违法犯罪行为。本文在跨境监管的管辖与协作方面，选取对外国主体的境外行为进行长臂管辖和跨境取证协作这两个重点问题，对问题现状与应对策略展开研究。

长臂管辖源于美国州际民事诉讼，最初指当本州以外的外州人的行为与本州有最低联系时，本州法院对该外州人有属人管辖权，后被运用到国际事务上，指外国人或美国人在美国领域之外的行为，只要对美国利益有影响，美国法院就对其有管辖权。长臂管辖源于美国的属人管辖，但美国的属人管辖和国际法上的属人管辖是两个完全不同的概念，本文将在下一段中通过中国银行案，[2] 对美国法院属人管辖权的行使规则进行部分展示。美国是属人管辖与事务管辖二分法。联邦法院对于发生在美国境外的违法行为是否具有事务管辖权，取决于美国联邦法律是否规定了该法的域外适用效力。保护性管辖虽然也是对在境外的外国主体进行管辖，但它限于严重侵害本国的国家及公民利益的犯罪情形，而美国的长臂管辖不受此限，所以长臂管辖和保护性管辖之间有质的区别，前者是一种枉顾他国主权和国际礼让原则的过度管辖和单边制裁。

2010 年，Gucci America，Inc. 和其他奢侈品公司在美国纽约南区联邦地区法院以商标侵

---

〔1〕 See17 C. F. R. § 30. 10，https：//www. ecfr. gov/cgi - bin/text - idx? SID = f85e857862a8b7c5083784f90cb4c5e1 & mc = true & node = pt17. 1. 30 & rgn = div5#_top.

〔2〕 Gucci Am. , Inc. v. Weixing Li，135 F. Supp. 3d 87.

权为案由起诉多家中国网站的所有者和操作者。之后纽约南区法院下令冻结被告在中国境内的中国银行账户中存储的涉案假冒产品销售所得，并要求中国银行提供被告的银行账户信息。中国银行作为本案中既非原告亦非被告的第三方，辩称美国法院对其没有域外管辖权。本案在上诉至第二巡回法院后，被第二巡回法院发回纽约南区法院重审，最终纽约南区法院判决中国银行受其特殊属人管辖权（specific personal jurisdiction）的管辖。特殊属人管辖权的行使需要满足三个主要要求：第一，被管辖的主体已被妥当地送达；第二，法院的属人管辖权有成文法基础；第三，特殊属人管辖权的行使符合宪法所要求的正当程序原则。对于第一点，法院认为本案中中国银行已在其纽约分行毫无争议地被送达。对于第三点，法院需要判断本案管辖权的行使是否符合最低联系原则和合理性原则，一般来说，满足 N. Y. C. P. L. R. § 302（a）（1）的适用条件的案件同时也就具备最低联系和合理性。至于第二点，法院援引 N. Y. C. P. L. R. § 302（a）（1）作为成文法基础。N. Y. C. P. L. R. § 302（a）（1）作为纽约州的“长臂条款”，规定如果被告为非纽约州的居民，在纽约州亲自或通过代理方进行了任何商业交易，只要诉因产生于该商业交易，法院就对该被告有特殊属人管辖权。据此，法院需要判断：首先，被告是否在纽约州进行了商业交易；其次，诉因是否源自该商业交易，即在交易与诉讼主张之间是否存在可阐明的联系或实质性的关系。法院认为，中国银行频繁地有意使用摩根大通作为通汇银行的对应账户进行跨国电汇构成在纽约州进行商业交易，并以 Licci III，20 N. Y. 3d at 332 为例，指出该案中的外国银行在美国境内没有分行或办事处，没有雇佣员工，只是和在纽约州的美国的银行的账户进行了若干次电汇，在原告声称该外国银行资助恐怖分子的情况下，就被认定为在交易和诉讼主张之间存在可阐明的联系或实质性的关系；而中国银行在纽约拥有多处不动产，设有两家雇有员工的分行，还持有纽约摩根大通银行作为通汇银行的对应账户，用以在摩根大通和中国银行的客户之间进行转账，甚至营销自己是在中国电汇美元的第一选择，并很可能因此吸引被告多次选择中国银行来转移自己违法所得的美元，故中国银行的商业活动和原告的请求（请求中国银行冻结被告资产并提供被告账户信息）之间有高于“可阐明的联系和实质性关系”的关系。笔者认为，Licci III，20 N. Y. 3d at 332 以涉嫌资助恐怖分子为背景，而本案只涉及商标侵权，两者之间缺乏可比性，但美国法院不认为这是个值得关注的区别，因为长臂管辖的适用就是不考虑违法行为的危害程度和干预他国主权之间的合比例性的，这也是它饱受诟病的原因，以及它和国际法所承认的保护性管辖之间的质的差别所在。

美国的长臂管辖对他国的主权安全构成严重威胁，基于对等原则，我国也开始探索中国式的长臂管辖制度，为中国国内法赋予域外适用的效力，以保护国家的核心利益。在法院的管辖权上，美国不区分美国法院的域外管辖权和美国法律的域外适用，[1] 只要能被美国法院

---

〔1〕 参见杜涛：《期货法的域外适用——中美最新案例比较与启示》，载《中国应用法学》2020 年第 5 期。

管辖就直接适用美国法律，不可能适用外国法律，这也体现了长臂管辖的傲慢和霸道之处；而中国法院一直对此严格区分，会先确定法院管辖权，再确定适用的准据法，很可能出现中国法院管辖但适用外国法律的情况，体现了我国在处理国际冲突时谦逊的态度，但这种模式可能会抑制对外国主体在境外行为监管的效果。

对于行政机构的域外管辖权，美国通过立法直接授权行政机构跨境监管和执法。美国《多德 - 弗兰克华尔街改革与消费者保护法》（以下简称《多德 - 弗兰克法案》）在第 722 条（d）项扩大了《商品交易法》的适用范围，赋予 CFTC 对掉期交易（swaps）的域外监管权，规定只要与美国商业具有"直接和重大关联"，或违反 CFTC 认为必要的维护《华尔街透明度和问责制》（《多德 - 弗兰克法案》第七部分）的规则的，即使发生在美国境外，也受美国《商品交易法》的规制。根据 CFTC 于 2012 年 7 月发布的《关于〈商品交易法〉中部分掉期规定域外适用的规则（草案）》，CFTC 主要从三个层面对境外机构实施监管：首先，与美国实体进行掉期交易的外国机构一旦达到最低限制标准，须在 CFTC 注册；其次，注册后须接受 CFTC 机构层面的审慎监管，包括资本金、首席合规官、风险管理、数据记录及报告等；最后，接受 CFTC 交易行为层面的政府监管，主要是指定的中央对手方集中结算、交易执行机构、非集中结算的保证金要求等。只有在非常严格的条件下境外机构才能够获得豁免，即替代合规和豁免令。[1]

过去，我国《期货交易管理条例》第 4 条第 2 款[2]将在境外交易场所进行的期货交易排除在我国法律适用范围之外，不利于我国行政机关跨境执法。在美国的《多德 - 弗兰克法案》出台后，许多国家（地区）效仿其中的域外监管权条款，出台证券期货监管领域的"长臂管辖"规则，如德国《证券交易法》2011 年修正案中对德国衍生品跨境交易监管的全面性原则的确立。在各国纷纷争夺域外监管权的今天，我国有必要在立法上学习外国的经验，强化期货市场的域外监管权。《期货法草案》第 2 条第 2 款[3]基于"效果原则"首次明确了期货法的域外适用效力，并在第十二章赋予证监会跨境监管权，要求各境外主体接受证监会的监督管理。虽然立法授权跨境执法可能会引起国际的冲突，但旨在防范国际金融风险的《巴塞尔协议》已经要求各成员国及时阻止违法行为，美国等国的期货法也已经对跨境违法行为的处罚进行立法。《境外交易者和境外经纪机构从事境内特定品种期货交易管理暂行

〔1〕 See David Felsenthal & Lily Chu, *Regulation of Cross - Border Swaps*, 3 Harv. Bus. L. Rev. Online 142, 144 (2013).

〔2〕《期货交易管理条例》第 4 条第 2 款规定，禁止在前款规定的期货交易场所之外进行期货交易。

〔3〕《期货法草案》第 2 条第 2 款规定，在中华人民共和国境外的期货交易和其他衍生品交易及相关活动，扰乱中华人民共和国境内市场秩序，损害境内交易者合法权益的，适用本法。

办法》第32条[1]曾授权证监会依法查处违法的境外交易者或者境外经纪机构，《期货法草案》第136条第1款亦授予证监会跨境执法权。[2]

我国政府监管机构能否落实域外监管关键取决于能否和他国建立监管协调合作机制。信息交流与共享机制是监管合作中最简单、可行的一种方式。数据信息共享的合作方式主要通过以下三种，一是全球协作，比如加入国际金融组织，参与国际会议；二是区域性合作，以欧盟为典型；三是各国家（地区）间签订的双边或多边协议，包括谅解备忘录。

过去，我国只有法律层级较低的《期货交易管理条例》在其第62条第2款[3]授权证监会和其他国家或地区的期货监督管理机构合作监督管理的原则性条款，未提及合作的具体方式，取证和保密等具体问题；后来，在法律层级更低的《境外交易者和境外经纪机构从事境内特定品种期货交易管理暂行办法》第32条第2句[4]明确了证监会可通过签署谅解备忘录的具体方式进行跨境监管合作。截至2020年12月，中国证监会已同76个国家和地区的证券期货监管机构签署了81份监管合作谅解备忘录。[5]

《期货法草案》第136条第1款授权证监会和境外期货监督管理机构建立监督管理合作机制和加入国际组织，虽然没有具体到谅解备忘录的签署，但这是不言自明的，即双边或者多边监管合作谅解备忘录是跨境监管合作机制的主要内容。《期货法草案》还在第136条第2款[6]强调在合作过程中，应根据对等互惠的原则，禁止泄露国家秘密或损害国家利益和投资主体的合法权益。“对等互惠”比常见的“平等互惠”多一重制裁的意味，比如，当他国不平等地对待我国公民时，我国基于对等原则，可以同样不平等地对待该国公民；当他国不积极协助我国证监会取证时，我国也可以同样有所保留地对待该国期货监管机构的协助请求。此外，《期货法草案》在第137条第1款强调境外期货监管机构不得在我国境内直接取

[1]《境外交易者和境外经纪机构从事境内特定品种期货交易管理暂行办法》第32条规定，境外交易者或者境外经纪机构违反《期货交易管理条例》和中国证监会有关规定的，中国证监会依法进行查处。需要境外交易者或者境外经纪机构所在地监管机构协助的，中国证监会可以根据与其签署的双边或者多边监管合作谅解备忘录等跨境监管合作机制进行跨境监管合作。

[2]《期货法草案》第136条第1款规定，国务院期货监督管理机构可以和境外期货监督管理机构建立监督管理合作机制，或者加入国际组织，实施跨境监督管理，进行跨境调查取证，追究法律责任，处置跨境市场风险。

[3]《期货交易管理条例》第62条第2款规定，国务院期货监督管理机构可以和其他国家或者地区的期货监督管理机构建立监督管理合作机制，实施跨境监督管理。

[4]《境外交易者和境外经纪机构从事境内特定品种期货交易管理暂行办法》第32条第2句规定，需要境外交易者或者境外经纪机构所在地监管机构协助的，中国证监会可以根据与其签署的双边或者多边监管合作谅解备忘录等跨境监管合作机制进行跨境监管合作。

[5] 参见中国证监会与境外证券（期货）监管机构签署的备忘录一览表（2020年12月），载 http://www.csrc.gov.cn/pub/newsite/gjb/jghz/202102/t20210225_393092.html。

[6]《期货法草案》第136条第2款规定，国务院期货监督管理机构应境外期货监督管理机构请求提供协助的，应当遵循国家法律、法规的规定和对等互惠的原则，不得泄露国家秘密，不得损害国家利益和境内单位和个人的合法权益。

证,[1]结合第 136 条看，是从境内和境外两个角度，全方位避免在合作监管过程中的信息泄露，保护我国的信息安全。《数据安全法》第 36 条,[2]《个人信息保护法》第 41 条[3]和《期货法草案》第 136 条第 2、3 款[4]的表达类似。但期货法草案是“对等”，不是“平等”，是“国家”法律、法规，不是“国际”条约、协定，而且增加了关于“国家秘密”和“国家利益和境内单位和个人的合法权益”的禁止性条款，更强调期货市场的信息保护与国家安全之间的紧密联系。

值得注意的是，备忘录的法律效力不高，且仅仅提供了各国合作监管的粗略框架，在具体实施过程中面临着管辖权冲突、监管规则冲突、协助范围与能力冲突等诸多挑战。以 2016 年的“唐汉博案”[5]为例，该案涉及内地和我国香港特别行政区之间的跨境取证，问题作为我国内地与境外资本市场互联互通模式下跨境监管合作的一次成功实践，它存在较多未暴露的问题，因为本案中两地证监会虽然在法域上存在差异，但在政治意义下仍是同一个国家，背后有共同的国家利益，有更强烈的联合打击跨境证券市场违法违规行为的共同意志，这种合作上的优势条件在一般的跨境案件中是不具备的。

首先，本案管辖权的确定依《沪港通试点若干规定》第 3 条，以交易结算地为准，得到了香港方面的承认和积极配合，但该管辖权依据的法律效力层级较低，仅为部门规章。由于香港联交所的《交易所章程》并未否认香港方面的管辖权，所以尽管在本案中两地在内地方面享有管辖权的问题上达成高度一致，但不排除未来会发生跨境管辖权冲突的情况。一旦发生冲突，目前的证券期货监管协作框架对管辖权冲突的解决尚未进行规定。

其次，本案行为人操纵市场的手法在内地和香港地区的监管规则下均被认定为违规。但若未来遇到操作手法更为隐蔽的疑难案件，就可能会出现两地监管规则的认定结果存在差异

---

〔1〕《期货法草案》第 137 条第 1 款规定：国务院期货监督管理机构可以按照与境外期货监督管理机构达成的监管合作安排，接受境外期货监督管理机构的请求，依照本法规定的职责和程序为其进行调查取证。境外期货监督管理机构应当提供有关案件材料，并说明其正在就被调查当事人涉嫌违反请求方当地期货法律法规的行为进行调查。境外期货监督管理机构不得在中华人民共和国境内直接进行调查取证等执法活动，双方司法协定或者对等安排另有规定的除外。国务院期货监督管理机构可以依照与境外期货监督管理机构达成的监管合作安排，请求境外期货监督管理机构进行调查取证。

〔2〕《数据安全法》第 36 条规定：中华人民共和国主管机关根据有关法律和中华人民共和国缔结或者参加的国际条约、协定，或者按照平等互惠原则，处理外国司法或者执法机构关于提供数据的请求。非经中华人民共和国主管机关批准，境内的组织、个人不得向外国司法或者执法机构提供存储于中华人民共和国境内的数据。

〔3〕《个人信息保护法》第 41 条规定：中华人民共和国主管机关根据有关法律和中华人民共和国缔结或者参加的国际条约、协定，或者按照平等互惠原则，处理外国司法或者执法机构关于提供存储于境内个人信息的请求。非经中华人民共和国主管机关批准，个人信息处理者不得向外国司法或者执法机构提供存储于中华人民共和国境内的个人信息。

〔4〕《期货法草案》第 136 条第 2、3 款规定：国务院期货监督管理机构应境外期货监督管理机构请求提供协助的，应当遵循国家法律、法规的规定和对等互惠的原则，不得泄露国家秘密，不得损害国家利益和境内单位和个人的合法权益。未经国务院期货监督管理机构和国务院有关主管部门同意，任何单位和个人不得擅自向境外提供与期货业务活动有关的文件和资料。

〔5〕参见中国证监会行政处罚决定书（唐汉博、王涛）〔2017〕21 号。

的问题。目前沪港通采用的是“投资者跨境”模式。未来我国与其他资本市场的互联互通可能逐步探索“产品跨境”等模式，这又涉及跨境产品是否应当同时满足母国和东道国监管要求的问题。

最后，中国证监会在本案中请求香港证监会提供协助的材料恰好完全属于《多边谅解备忘录》第7条明确列举的范围。若遇到情况更为复杂的案件，导致需要协助调查的材料超出《多边谅解备忘录》及双边协议约定的范围，目前对此尚无规定。而且，中国证监会与境外监管机构相比，执法权限相对有限，可能存在能力与协助范围不完全匹配的问题，给监管协作带来困难。中国证监会的执法权限问题还影响其签署IOSCO的增强版多边备忘录。2016年，EMMoU新增了5项跨境执法权限要求，分别为获取审计底稿、强制问询、冻结资产、获取互联网服务提供商记录和获取电话记录，旨在为签约方提供更全面的监管执法互助服务，在确认各方法域内权力的基础上，增强各方监管调查及法律执行的效果。但目前中国证监会难以签署该EMMoU，因为其尚没有强制问询、获取互联网和电话记录等执法权力。立法部门应进一步研究我国证券期货监管的执法措施与国际接轨的可行性，评估强制问询、获取互联网和电话记录等执法措施在监管刚性、数据隐私等方面的影响，尽快推动我国证券期货监管的执法措施与IOSCO的标准保持一致。

四、境内主体在域外的信息保护

由于期货交易所和期货经纪机构在业务中需要频繁地处理个人信息，且监督管理机构在对跨境期货交易进行穿透性监管时不可避免地需要采集境外交易主体的信息，所以常常会发生监管国的期货监管法和信息主体母国的信息安全法相冲突的情况。当两国的法律发生冲突时，美国在《美国对外关系法（第三次重述）》第442节规定了国际礼让原则，试图通过权衡他国和美国的利益来解决冲突，但法院在实际适用时会先入为主地以美国利益优先为前提，以至于并不能公正地解决冲突，如下一段中的中国银行案。[1]跨境交易的立法除了对“引进来”的境外主体的规范化监管，还要对“走出去”的境内主体进行有效保护，只有在这两个方面有完善的制度保障，才能最大化跨境交易的积极性和活跃度，吸引更多的境内和境外投资者。欧盟在保护公民信息的问题上态度强硬，包括对公民信息进行域外管辖。我国一方面应该对照《欧盟一般数据保护条例》（GDPR）的相关要求，发布“隐私通知”，避免合规风险；另一方面可以基于对等原则，学习欧盟在信息安全上进行域外管辖的立法精神，完善我国的信息安全保护体系。

在2011年的中国银行案中，美国法院命令作为第三人的中国银行提供被告的有关信息，

---

〔1〕 Gucci Am. _Inc. v. Weixing Li_2011 U. S. Dist. LEXIS 97.

中国银行辩称披露客户信息有违中国的银行保密法，且该证据出示请求应依照《海牙取证公约》的程序，而非美国联邦民事诉讼的规则，却被判定为藐视法庭，并处以每天 5 万美元的罚款。本案中，首先，美国法院基于长臂管辖对中国银行享有美国法上的特殊属人管辖权，[1] 而中国基于国际法公认的属人管辖对中国银行享有管辖权。纽约南区法院在解决出示文件的命令和外国法律相冲突的问题时，适用了《美国对外关系法（第三次重述）》第 442 节的礼让原则的 5 个因素：请求出示的文件对诉讼的重要性，请求内容的具体程度，该信息是否源于美国境外，是否存在其他取证方式，美国的利益与他国的利益之间的平衡；以及源自判例法的两个因素：遵守请求的难度，拒绝出示信息方是否为善意，最终决定适用美国法律，排除中国法律和国际公约的适用。在是否存在其他可行的获取信息方法的问题上，中国银行辩称提交《海牙取证公约》下的申请是完全可行的替代方案，故原告无权要求中国银行以违反中国法律的方式提供客户的账户信息，但法院认为《海牙取证公约》的适用并不是采取其他取证方式的前置程序，并引用美国最高法院的观点，称国际礼让原则未必要求国际公约的优先适用，要仔细审查特定的事实，主权利益和效率的问题。本案法院以追求效率为幌子，拒绝采用国际公约，而直接适用美国法，声称《海牙取证公约》的程序成本高，时间长，不确定性大，效率低，有悖于他们对公正、迅速、便宜的诉讼程序的追求，实际上是不尊重他国主权的表现。

在他国利益和美国利益的权衡问题上，法院认为，因为中国的银行保密法对银行账户所有者提供的保障可以由账户所有者本人放弃，也可以被人民法院、税务机关、公安机关、工商业行政机关、证券监管机关等公权力机关依法剥夺，所以中国的银行保密法所保护的信息权益仅为个人层面，几乎不涉及国家层面，不构成必须尊重的国家利益。尽管中国银行方辩称银行保密法禁止未经许可披露客户的个人账户信息，因为中国政府认为保密对中国建立与国际接轨的现代银行体系来说非常重要。事实上，由于美国法院的歧视和施压，中国银行最终被迫提供客户的账户信息，未能成功履行保密的职责，的确导致其国际形象受损，离与国际接轨的现代银行的目标后退了一步。本案法院还认为当中国银行选择在纽约州开设业务并从中获利时，它就原则上不应再受中国的银行保密法的庇护，特别是当中国的银行保密法被用于协助违反美国法时；而兰哈姆法（美国商标法）作为美国国会的立法，其保护对象当然是重要的美国国家利益，故美国保护知识产权和防止消费者疑惑的国家利益优于中国的银行保密法所保护的利益。

在被要求出示信息的一方当事人或证人遵守法院命令的难度的问题上，本案法院认为中国银行没有援引任何中国金融机构因遵守外国法院的文件出示（production of documents）命令而受罚的先例，所以其辩称的会因此被刑事追诉的可能性很小，仅为猜测性的，不能证明

〔1〕 详见 Gucci Am., Inc. v. Weixing Li, 135 F. Supp. 3d 87。

中国银行遵守美国法院裁决的难度。这个角度的论证是没有意义的，中国银行是被迫出示文件，当然不会受罚，无益于证明美国法院的裁决的公正性和合理性。

《期货法草案》第136条第3款[1]的规定可以作为我国期货交易机构面对美国法院类似无理要求时的抗辩条款。美国在涉外诉讼取证时一贯态度傲慢，不尊重他国主权，优先美国利益，弱化国际礼让原则。

美国证监会于2020年出台了《外国公司问责法案》，要求在美上市的中国公司披露财务数据，以及在美国上市的外国公司雇佣的审计机构接受上市公司会计监督委员会（PCAOB）的监督。面对这样的国际环境，若我国没有相关立法对企业财务数据向境外的传输作出限制，国内企业在境外执法机构提出该类要求时就会比较无助和被动。对此，《数据安全法》第36条明确规定，境内的组织、个人不得未经主管机关批准向外国司法或者执法机构提供存储于境内的数据。《个人信息保护法》第41条，《期货法草案》第136条第2、3款也有类似的规定。[2]希望随着我国信息保护法律体系的完善与综合国力的提高，今后我国金融机构，如期货交易所、期货经纪机构和期货交易结算中心等，在面对美国跨境监管和长臂管辖的过分要求时，可以像欧盟一样能够强势地捍卫本国的利益。

欧盟和美国的国情不同，当美国不断合法化其对域外个人信息的获取时，欧盟的立法重点在对域外个人信息的保护上。美国因为在信息通讯和数字经济领域处于垄断地位，所以并未对数据跨境流动进行过多限制，还积极通过双边或多边协议破除他国的壁垒和限制，促进数据的自由流动，也就是向美国流动。美国在2018年的《云法案》（Cloud Act）中规定，若执法机构寻求的信息与正在进行的犯罪调查实质性相关，则执法机构有权获取“以电子形式存储于美国境外的通信数据”。[3]在被称为“最严隐私保护法”的《加州消费者隐私法案》中，美国在数据跨境流动的问题上亦保持默许。欧盟为了防止美国等国家利用数据优势地位威胁欧盟成员国的国家安全，通过GDPR增加数据控制者的义务，保护欧盟公民的数据

[1]《期货法草案》第136条第3款规定：未经国务院期货监督管理机构和国务院有关主管部门同意，任何单位和个人不得擅自向境外提供与期货业务活动有关的文件和资料。

[2]《数据安全法》第36条规定：中华人民共和国主管机关根据有关法律和中华人民共和国缔结或者参加的国际条约、协定，或者按照平等互惠原则，处理外国司法或者执法机构关于提供数据的请求。非经中华人民共和国主管机关批准，境内的组织、个人不得向外国司法或者执法机构提供存储于中华人民共和国境内的数据。《个人信息保护法》第41条规定，中华人民共和国主管机关根据有关法律和中华人民共和国缔结或者参加的国际条约、协定，或者按照平等互惠原则，处理外国司法或者执法机构关于提供存储于境内个人信息的请求。非经中华人民共和国主管机关批准，个人信息处理者不得向外国司法或者执法机构提供存储于中华人民共和国境内的个人信息。《期货法草案》第136条第2、3款规定，国务院期货监督管理机构应境外期货监督管理机构请求提供协助的，应当遵循国家法律、法规的规定和对等互惠的原则，不得泄露国家秘密，不得损害国家利益和境内单位和个人的合法权益。未经国务院期货监督管理机构和国务院有关主管部门同意，任何单位和个人不得擅自向境外提供与期货业务活动有关的文件和资料。

[3]参见夏燕、沈天月：《美国CLOUD法案的实践及其启示》，载《中国社会科学院研究生院学报》2019年第5期。

权利。[1]欧美之间曾在 2000 年签订了跨境数据传输协议——《安全港协议》，美国承诺用于商业目的的个人数据从欧洲传输到美国后，将享受与在欧盟境内同样标准的数据保护。但在 2013 年，美国中情局雇员斯诺登揭露美国政府通过微软、Google 等平台获取欧洲多国领导人数据的棱镜门事件之后，奥地利法学生 Max Schrems 以其 Facebook 数据在被转移到美国后未得到充分保护为由，向爱尔兰数据保护委员会（DPC）投诉。该案件被移交至欧盟法院，最终导致《安全港协议》被欧盟法院以美国将法律的执行和国家安全置于个人隐私保护之上为由而判定失效。[2]此后，Facebook 改用标准合同条款作为将欧洲个人数据传输至美国的数据传输协议。2015 年年底，Schrems 再次向爱尔兰数据保护委员会投诉，以相同理由要求暂停 Facebook 使用标准合约条款。2016 年，在该案审理期间，欧盟和美国又签订了新的数据传输协议——《隐私盾协议》，规定美国企业可以向美国商务部要求认证，通过公开承诺遵守"隐私盾"框架的所有要求获得欧盟的豁免审查资格，让数据自由地在欧美之间跨境传输。爱尔兰高等法院在向欧盟法院移交该案时，也对《隐私盾协议》的有效性提出了质疑。

由于《隐私盾协议》并未要求美国当局修订其国家安全和数据隐私方面的立法，故无法从根本上解决美国的国家安全局（NSA）和其他情报机构以违反欧盟法的方式对欧盟公民实施监控的问题。2020 年 7 月，《隐私盾协议》被欧盟法院判定为无效，因为该协议未要求美国政府机构在对个人数据进行访问时遵循必要性和合比例性的原则，未向欧盟用户提供有效的司法救济途径，对欧盟用户数据的保护依然不足。

欧盟和美国在国际交流中都善于通过单边规制使其他国家（地区）采用与其相同的规则标准。欧盟严格的数据保护制度，迫使其经贸伙伴增加合规成本，畏于执法的不确定性而延误进入欧盟市场的时机，从而为本土企业的崛起提供了机会，是一种贸易保护主义的体现，构成了数字经济下的新型贸易壁垒。[3]

对于欧盟的数据保护政策，一方面，我们要注意合规，避免我国的期货交易机构在"走出去"的过程中误入其打击范围；另一方面，我们要借鉴它域外管辖的经验，保护我国的期货交易者和期货交易机构在跨境交易时的信息安全。从境外市场的实践来看，欧洲期货交易所、芝加哥商业交易所、洲际交易所、伦敦金属交易所等境外交易所一般对照《一般数据保护条例》的相关要求，发布"隐私通知"。目前境外交易所"隐私通知"形式和内容类似，主要通过便于数据主体理解的问答形式，将交易所在《一般数据保护条例》的要求下收集、处理个人数据信息的内容、目的、合法性以及向第三方传输的基本情况进行介绍。以欧洲期货交易所"隐私通知"为例，其主要内容包括：明确交易所是个人数据的控制者；明确个人

---

〔1〕 参见叶开儒：《数据跨境流动规制中的"长臂管辖"：对欧盟 GDPR 的原旨主义考察》，载《法学评论》2020 年第 1 期。

〔2〕 参见单文华、邓娜：《欧美跨境数据流动规制：冲突、协调与借鉴——基于欧盟法院"隐私盾"无效案的考察》，载《西安交通大学学报》（社会科学版）2021 年第 5 期。

〔3〕 参见田晓萍：《贸易壁垒视角下的欧盟〈一般数据保护条例〉》，载《政法论丛》2019 年第 4 期。

数据范围、收集方式以及对个人数据处理的法律依据；明确客户如实提供个人数据是交易所向其提供服务的前提；明确交易所不会对个人数据进行自动处理；明确个人数据的储存期限；明确向第三方传输个人数据的法定事由和情形；明确数据主体可以自行选择关闭非必要范围内的个人数据收集；明确数据主体拥有的权利，包括可携权、被遗忘权、撤回权等。此外，在具体业务规则中补充个人投资者数据处理的相关内容，与“隐私通知”形成配合。在我国出台本土化的标准“隐私通知”模板前，各期货交易机构应在中国证监会的统筹下形成共识，稳妥应对欧盟个人投资者的开户问题。境内期货交易所作为个人数据的控制者，在收集和处理相关境外个人投资者的交易数据的行为时，可能因存在“向欧盟境内投资者提供商品或服务”和“监控欧盟境内投资者”而受到《一般数据保护条例》的管辖。因此，建议境内交易所在“隐私通知”出台前，优先发展欧盟机构投资者，谨慎对待欧盟个人投资者。同时，建议期货公司在欧盟个人投资者的协议中体现《一般数据保护条例》所要求的个人数据处理的同意授权，并就个人投资者数据后续的处理和传输尽告知义务，避免合规风险。

GDPR 的第二种适用情形为“如果数据控制者或处理者在欧盟境内不存在设立机构，如果其为欧盟境内的数据主体提供商品或者服务，或者处理行为涉及对数据主体在欧盟境内的行为的监控，则也应受到 GDPR 的约束”，属于典型的域外管辖条款。我国近期出台的《个人信息保护法》第 3 条第 2 款〔1〕的规定与 GDPR 的立法精神高度一致，突破了传统的属地管辖或属人管辖的原则，以效果原则确定管辖范围。我国于 2020 年 4 月 9 日发布中央第一份关于要素市场化配置的文件，即《中共中央国务院关于构建更加完善的要素市场化配置体制机制的意见》。其中，将数据与资本、劳动力、土地和技术并称为“生产要素”，体现了我国对信息的重视。以《一般数据保护条例》为代表，信息保护法的域外效力立法已成为国际惯例。基于对等原则，我国有必要设置同样的域外管辖条款，完善对我国公民信息和国家安全的保护体系。我国在《数据安全法》第 2 条〔2〕中首次明确了数据的域外管辖权，还在《个人信息保护法（草案）》第 42、〔3〕 43 条〔4〕专门规定了列入黑名单，以及采取对等的歧视性禁止、限制措施的国际制裁。

跨境交易需要合理的数据流动来提供支持，故不能一刀切地禁止金融数据的跨境流动。

---

〔1〕《个人信息保护法》第 3 条第 2 款规定：“在中华人民共和国境外处理中华人民共和国境内自然人个人信息的活动，有下列情形之一的，也适用本法：（一）以向境内自然人提供产品或者服务为目的；（二）分析、评估境内自然人的行为；（三）法律、行政法规规定的其他情形。”

〔2〕《数据安全法》第 2 条规定：“在中华人民共和国境内开展数据处理活动及其安全监管，适用本法。在中华人民共和国境外开展数据处理活动，损害中华人民共和国国家安全、公共利益或者公民、组织合法权益的，依法追究法律责任。”

〔3〕《个人信息保护法（草案）》第 42 条规定：“境外的组织、个人从事侵害中华人民共和国公民的个人信息权益，或者危害中华人民共和国国家安全、公共利益的个人信息处理活动的，国家网信部门可以将其列入限制或者禁止个人信息提供清单，予以公告，并采取限制或者禁止向其提供个人信息等措施。”

〔4〕《个人信息保护法（草案）》第 43 条规定：“任何国家或者地区在个人信息保护方面对中华人民共和国采取歧视性的禁止、限制或者其他类似措施的，中华人民共和国可以根据实际情况对该国家或者地区对等采取措施。”

金融机构在处理金融数据时存在“不敢”的问题，因为金融数据具有高度敏感性，在跨境共享时关系到国家安全的问题，且涉及多国法律法规，有较大的合规风险。我国应当在保证国家安全的前提下加强与各国、各地区的数据跨境交流合作，在重视数据安全的同时满足数字经济发展的需求，将挖掘金融数据价值与数据保护共同纳入规制目标，在守住数据安全底线与红线的前提下，为金融数据市场留出足够的自主权与流动性。

新发展格局下期货立法的法治逻辑及优化路径

石雨晨 *

诺贝尔经济学奖得主米勒教授曾说："没有期货市场的经济体系称不上是市场经济。"我国作为世界经济大国，建设具有价格发现、风险管理等重要功能的期货市场是我国建立现代市场经济体系中至关重要的组成部分之一。期货交易于20世纪80年代开始进入我国市场，40余年的飞速发展至今，已经形成了一个庞大的期货市场，但是期货市场的相关法律在我国的立法版图上始终是一个空白，因而期货法治化的推进也要加快稳步跟上。2021年4月26日，《期货法（草案）》的一读版终于在十三届全国人大常委会上提请初次审议，由此正式奠定了我国期货单独成篇的立法地位。2021年正是加快构建以国内大循环为主体、国内国际双循环相互促进的新发展格局的第二年，是我国正式开展第十四个五年规划的第一年，在对市场化、法治化、国际化以及服务实体经济提出更高要求的背景下，《期货法（草案）》的面世，对我国的期货市场助力构建国内国际双循环、实现更高水平的双向开放，具有重要的推动作用。同时，《期货法（草案）》的条文内容，还存在一些问题应当予以解决和完善。

一、关于立法体例的争议与选择

期货法能够在我国现有的金融法律体系中确立单独立法的地位，是经历了争

* 石雨晨，供职于华东政法大学。

议与波折的。作为一个改革开放以来金融市场才开始逐步建立的新生市场经济国家，我国无论是在市场交易规则的本土化上还是对市场规制的立法上的经验都是缺乏的。虽然我国独立于《证券法》之外早已出台了《期货交易管理条例》用以调整我国的期货市场交易中的各种关系，但是，随着期货市场的发展，针对期货立法与资本市场法律体系中其他法律的关系，其中核心是其与证券法之间的关系问题，在学界都一度引起了较大的争议。

争议的出现其实也来自期货市场自身的有效成长。在各类市场萌芽和发展的早期，证券市场与期货市场本是彼此分立的两个市场，过去各国对这样两个市场都是通过区别立法来分开进行规制和监管，比如在发展健全且历史悠久的市场国家美国，对期货的单独管理立法甚至比对证券的立法更早出现。20世纪70年代金融期货的诞生成为转折点，股票期货和期权、股指期货和期权、国债期货和期权等金融期货产品的出现使得证券市场与期货市场之间的区别不再那么泾渭分明，无论是传统的证券产品与期货期权相结合形成结构性证券，还是证券产品化身为期货期权的基础资产而组合形成证券衍生品，这些代表证券市场与期货市场彼此交融的创新产品，同时也带来了法律适用上的矛盾和监管管辖下的冲突。

证券市场和期货市场作为整个金融市场体系中十分重要的一环，其立法体例的选择在金融立法格局中可以说是发挥着“牵一发而动全身”的重要作用。在这一立法体例的选择问题上，域外各国根据本国金融市场发展的实际情况给出了不同的答案供我国参考和借鉴。几个采取不同期货立法模式的国家及地区，将主要模式归纳为：第一，期货法与证券法各自单独立法的模式，主要的代表国家为美国；第二，证券法的调整范围包括期货法调整内容的“大证券法”模式，代表的国家主要是德国。

美国的期货市场历史悠久，不仅培育了芝加哥、纽约等具有全球影响力的大宗商品定价中心，而且孕育了堪称期货业典范的法律—美国《商品交易法》。[1]因其期货法的制定早于证券法，所以美国一直采取的都是期货法与证券法分别立法的立法体例，其中，期货法以交易机制为标准划分调整范围，而证券法则以基础资产为适用标准，二者各自分工，带动美国金融市场有序展开。需要特别注意的是，美国期货法律中并没有采用“期货交易”来命名，但是通过《商品交易法》中的“商品”这一具有广阔周延性的概念，就可以将现有的和将来可能出现的各类未来交割合约中规定的所有权利义务及履行内容都予以吸纳。这种对证券市场和期货市场分别立法的方式以及对证券法和期货法管理边界的划分，能够将各种类型的期货及其他衍生品都有效纳入法律的调整适用范围，借此，美国在20世纪70年代有效化解了金融衍生交易爆炸式发展的挑战，并形成国际上最发达的期货市场。但是，美国采取的与分别立法相对应的分别监管方式，却导致作为期货监管机构的美国商品期货委员会与作为证券监管机构的美国证券交易委员会之间始终都在经历矛盾与调和的循环。

---

〔1〕 参见张洁：《境外期货立法对我国期货立法的若干启示》，载《上海证券报》2013年6月6日版。

与我国类似，德国期货市场的萌芽是在证券市场有序形成之后。德国也曾因期货交易中所带有的投机性特点而对此类行为立法予以否定。[1]然而，欧洲经济一体化在德国境内广泛铺开，其国内产业结构也因此发生了巨变，为了使国内期货市场的发展环境更加适应产业结构调整的需要，资本市场的一系列改革在德国境内展开，其中包括修订《证券交易法》和《交易所法》以调整期货市场的各项交易。这种“大一统”式立法便于借助已经成熟的证券市场和证券立法体系扶持和推动新生期货市场的发展，并且在统一立法的背景下也便于德国建立起一个证券交易所和期货交易所监察部门联动监管的完善的风险监管系统，减少了监管上的冲突和矛盾。但是不容忽视的是，这一立法方式在面对一些新兴证券衍生品及商品期货的界定和监管上，就会出现含混不清的问题。

二、我国期货单独立法模式选择具有经济与法制的正当性

上述的有关立法体例的选择各有其优点，并且在其所在的国家结合本国的历史背景、资源条件、已有的法律体系以及对未来的发展规划而选择的最优解，同时都有力地推动了本国金融市场的发展。不难发现，金融法律制度的确立与金融市场的发展相辅相成，“法律体系、特别是与经济活动有关的各部门法之间的关系不仅是一个理论命题，更是一个本土化的实践问题”,[2]一切对域外发达市场国家经验路径的借鉴和移植都必须建立在经济法律制度能够更好地促进本国本地的经济发展的基础之上来进行选择。当然，我国最终对期货法单独立法模式的选择也不例外。

（一）商品期货交易的迅速发展呼吁单独的期货立法

实际上，我国作为一个新兴市场国家，虽然证券市场和期货市场基本上是自改革开放以来才开始起步，但是都发展得十分迅速，尤其是新中国的期货市场，31 年的发展从无到有、从小到大，时至今日已经成为商品期货交易总量连续 11 年全球第一的期货大国。然而，具有如此庞大体量的大宗商品消费需求的我国，却没有相应的价格影响力立足于国际大宗商品市场，商品定价权的缺失，导致我国在国际市场上长期处于不利地位。[3]我国国内的市场环境中存在非常大规模的各种不同体量的实体生产经营组织，它们无论大小、无论是跨国经营还是仅依靠包干土地，都对期货市场上的各种产品与服务有着各种各样的大量不同需求。但目前国内期货市场的上市流程需要多机构并联审批，能够获批上市的品种更是少而杂，期货

---

〔1〕 参见刘晓农、王晓娣:《发达国家期货法律制度及其对中国期货立法的启示》，载《江西社会科学》2010 年第 1 期。

〔2〕 楼建波、刘燕:《我国期货法的定位及其与〈证券法〉之关系——一种立法论的进路》，载《财经法学》2015 年第 2 期。

〔3〕 参见吴晓灵:《制定〈期货法〉夯实衍生品市场创新发展的制度基础》(在第 9 届中国国际期货业大会上的讲话)，载《证券时报》2013 年 12 月 11 日版。

经营机构所能提供的服务与实体经济组织的需求之间存在严重的供需失衡情况。因此，为了适应我国实体经济的地位，为了推动商品期货市场的快速而有序的发展，必须依靠基础法律制度的建设提供有力的法律保障和原则引导。因此，相比之一部大一统的以证券市场为先的“大证券法”，我国商品期货市场的发展更需要的是制定一部能够充分体现期货交易特殊规则的独立期货法。[1]

同时，发展成一定规模的一些场外非标准大宗商品交易也需要一部法律制度从更高的立法层级来关注。目前，我国经济体制改革进入了深水区，商品价格波动已经交由市场发挥决定性作用，在这样的背景下，许多品种商品的经销商因此产生了强烈的价格发现和套期保值需求，但遗憾的是，期货市场立法制度上的供需失衡最终成为民间“变相期货市场”萌芽的导火索。这些变相期货市场有一部分事实上已经成为具备价格发现和套期保值功能的成熟市场，因而一味地予以禁止或不承认其地位只会造成对民间既有资源的一种浪费；当然，另有相当一部分的民间“期货市场”实际上是在吸纳顾客的资金构成其非法收益，损害了市场的秩序。立足于此不难发现，需要一部专门的单独期货立法来制定相应的规则，以此为适格的“变相期货市场”转变为“标准”的期货市场提供法律上的有效路径，这样也有利于使非法市场无所遁形，避免交易者的利益继续受损。但是，在采用“大证券法”的立法模式下，其对期货交易笼统的监管方式难以对这类场外商品市场的界定加以精准消化，因此，并不能满足我国当下的期货交易制度需求。

（二）民商合一的背景下，单独的期货立法才能避免民商不分的困境

期货在功能上更多地被用于风险的管理，因而与股票、债券等用于投融资的传统金融工具之间存在本质的差异，它们的交易规则也各有不同，尤其是期货，从委托、交易、平仓，到结算交割等都有其与众不同的核心交易机制。这些交易看似是以几个基础的合同为基础而建立，但是，无论是场内标准化的保证金交易、强制平仓制度、中央对手方的结算制度，还是通过算法建立的自动化合约等，都是对传统民法理论的很大突破。对于证券市场交易中那些主要以现货买卖为内容的金融交易，朴素民法中的合同理念尚可调整，因为它们与普通商事交易一样以钱货两清为基本的交易规则，但是期货衍生交易的最大特征就是“未来交割”，这种新的交易模式的特征派生出期货衍生交易特有的风险与风险防范机制。[2]伴随原《民法总则》乃至《民法典》的出台，我国正式确立了民商合一的立法体例。但是在这一立法路径之下，民法对一些商法制度的消化还不算完善，尽管肩负起了统摄民商法规的重大职责，但是目前来看，过多地吸纳商法制度反而容易陷入“民商不分”这一新的困窘境况。期货交易规则中虽然包含诸如合同履行、担保等基础民事法律行为，但都是在此基础上专为期货衍生

〔1〕 参见楼建波、刘燕：《我国期货法的定位及其与〈证券法〉之关系——一种立法论的进路》，载《财经法学》2015 年第 2 期。

〔2〕 参见刘燕、楼建波：《金融衍生交易的法律解释——以合同为中心》，载《法学研究》2012 年第 1 期。

交易而设计的特殊机理，如果依然采用《民法典》合同编中专设分编的方式进行调整，不仅容易破坏整个民法合同编的体系逻辑，而且也难以应对后续不断发展的更多交易模式所需要的新规制。综合以上因素可以看到，将期货和证券交易规则统一监管的“大证券法”立法模式并不适合我国目前的立法环境，因为它们将目光更多地着眼于确立资本市场或金融投资商品的统一监管原则而非期货市场中那些需要特别规范的交易规则。毋庸置疑，我国更需要一部独立的期货法将期货交易的核心规则加以确定并对交易规则中的参与主体予以赋权和监管。

（三）期货法和证券法修改联动可以有效弥补原有立法体系的不足

我国各类金融市场的一大特点就是晚于世界步骤的起步时间点和短时高效的“中国发展速度”，典型的是证券交易市场的建立。为了配合期货自1990年以来的迅猛发展对法律制度的需求，《证券法》在2005年修订时，增加了“证券衍生品种发行、交易的管理办法，由国务院依照本法的原则规定”；于2007年配套出台了《期货交易管理条例》，在原有《期货交易管理暂行条例》的基础上，将调整范围从原来的商品期货交易扩大到商品、金融期货和期权合约交易。随后的十几年中，都是由这两部法律法规调整和规制国内的证券市场及期货衍生品交易。但是，国内飞速发展壮大且形成规模的期货交易市场，以及各类期货公司、期货交易所等交易主体，需要更多的法律条款确认其合法性并进行管理，法律供需关系明显失衡。除此之外，以基础资产为标准的《证券法》将证券衍生品纳入了调整范围，而《期货交易管理条例》又从产品特征的角度将包括以证券为基础资产的期货合约和期权合约纳入调整范围，二者之间的双重标准导致相同产品法律适用上的矛盾和冲突。[1]《期货交易管理条例》第4条明确其所调整的期货交易仅包括场内标准交易，将一些场外的非标准化合约排除在其调整范围之外，这又使得两部法律法规的调整范围出现了缺漏和空白，从而增加了法律适用上的困难。从我国已有的法律体系来看，将期货法与《证券法》分开立法，从而针对二者的调整范围进行一次厘清与填补，减少交叉或缺漏，有助于促进证券及衍生品市场的有序发展。同时，提高期货衍生品交易市场最高调整规范的立法层级，以立法的方式确立期货衍生品交易的基本原则、制度、交易规则等，不仅更方便期货衍生品交易市场及各种交易行为的统筹管理，也有利于国家相关部门出台更加细致化的管理条例，完善期货衍生品的法律规制体系。

事实上，2019年12月《证券法》最新修订的版本中已经删去了其第二条中关于证券衍生品种的相关规定，最终选择将衍生品市场放手交还给期货立法调整的方式。这一修改举措在再次明确我国期货独立立法地位的同时，也进一步呼吁“期货法”的尽快出台。

---

〔1〕 参见程红星、王超：《从证券衍生品看证券法与期货法的调整范围》，载《证券法律评论》2020年卷。

三、期货立法在落实新发展格局中的作用

在 2020 年 12 月召开的中央经济工作会议上确定了 2021 年经济建设的重点任务，“要全面推进改革开放。构建新发展格局”，“要放宽市场准入，促进公平竞争，保护知识产权，建设统一大市场，营造市场化、法治化、国际化营商环境”。2021 年 3 月 13 日公布的《中华人民共和国国民经济和社会发展第十四个五年规划和 2035 年远景目标纲要》中进一步提到，健全具有高度适应性、竞争力、普惠性的现代金融体系，构建金融有效支持实体经济的体制机制。市场化、法治化、国际化和服务实体经济，成为构建发展新格局背景下的金融立法工作的重点任务和核心关键词。通过观察目前公布的《期货法（草案）》条文可以看出，草案内容将有力推动我国市场化、法治化、国际化以及服务实体经济的进一步发展。

（一）市场化：扩大调整范围，提出品种上市注册制

其他衍生品市场作为我国市场经济中的重要组成部分之一，与期货市场具有相似的法律性质和基本功能，且共同服务于国民经济。因此，本次公布的《期货法（草案）》在第 2 条的适用范围中明确：“本法的管辖范围是在中华人民共和国境内的期货交易和其他衍生品交易及相关活动。”其中，期货是指由期货交易场所统一制定的、将来在某一特定的时间和地点交割一定数量标的物的标准化合约；而其他衍生品指价值依赖于标的物价值变动的、非标准化的远期交割合约，包括非标准化的期权合约、互换合约和远期合约。[1] 由此可见，《期货法（草案）》在原来的《期货交易管理条例》的基础上，将非标准化的场外衍生品交易也纳入了调整范围。

《期货法（草案）》第 11 条改变原有《期货交易管理条例》中对那些场外自发形成的“变相期货市场”的完全禁止性规定：“期货交易应当在依法设立的期货交易所、国务院期货监督管理机构批准的其他期货交易场所，采取公开的集中交易方式或者国务院期货监督管理机构批准的其他方式进行。”正所谓“堵不如疏”，新的草案条文无疑给那些有益于民间实体经济的“变相期货交易市场”提供了主动申请批准从而合法化的渠道，同时为其他衍生品市场专门设立第三章，对其他衍生品的交易方式、交易机构、交易规则等作了原则性规定，并授权国务院制定相应的监管办法，既满足了市场交易中的实际需求，也符合国家对市场的监管要求，为后续立法继续规范发展其他衍生品市场等提供了发展的空间和法律保障。

新修定的《证券法》关于证券发行注册制改革的成功经验同样被《期货法（草案）》加

---

〔1〕 参见《期货法（草案）》第 3 条。

以借鉴，确定了类似证券上市注册制的期货产品上市注册制。[1]无疑，实行交易场所申请、证监会注册的品种上市机制，能够一定程度上降低品种上市的门槛，从而鼓励优秀的期货期权产品积极上市，更好地发挥市场的决定性作用。

（二）法治化：有序有力监管与预留发展空间并重

首先，在我国市场经济体制改革深化发展的背景下，金融市场法律体制的完善也在不断地推进。在现有金融法律体系中，期货法这个重大立法空缺已经无法适应快速壮大的期货市场。期货及衍生品市场是信用为本，规则导向的市场，期货法的制定本身就可以有效解决期货及衍生品市场高层级基础法律制度缺失的重大问题，发挥着关键性的法治化推动作用，是我国资本市场法治化的重要里程碑。

期货市场需要为交易者发挥管理风险的重要作用，为了避免市场风险波及期货交易及期货交易者，《期货法（草案）》在总则第5条[2]将防控风险作为原则规定下来，具体体现在交易规则、交易参与的主体，以及监管规则和监管主体。《期货法（草案）》以法律的形式将对期货交易的风险防控体系衍生到了全主体和各方面。通过法律条文确定了期货交易中特有的集中交易、保证金交易、持仓限额、当日无负债结算、保证金不足强行平仓等制度，规范程序化交易，强化账户管理，明确违约处置程序，确立保证金及相关财产破产保护的原则。

《期货法（草案）》专门设置第五章“期货交易者”对交易主体方面作出更加细致的规定，将交易者分为专业交易者与普通交易者，并按照这一分类实行交易者适当性制度。在这一制度下，不同的交易者被按照相应的财产状况、专业能力等匹配相应风险等级的服务。除此之外，法律也以此分类合理分配他们之间的权利及义务，这种分层设置权利和义务的方式，既可以更加精准有效地保护交易者的权益，同时也可以避免司法及行政资源的浪费。对期货市场的各个参与主体，包括期货经营机构、期货交易场所、期货结算机构等，都制定了相应的信息报送、风险等级监管与处置义务。

在打击违法行为方面，草案在原有《期货交易管理条例》的基础上对操纵市场、内幕交易等违法行为的构成要件作出了更加详细的规定，扩展了“内幕信息”“内幕知情人”的范围，丰富了对违法行为的打击主体。同时，大幅提高操纵期货市场以及内幕交易行为的处罚幅度和金额也是本次《期货法（草案）》的亮点之一，从源头大幅提高了违法犯罪的成本，并采取多种责任形式综合处罚，与民法、刑法、行政法联动打击期货市场的违法犯罪行为。同时吸取各种市场法规中的有效经验，设置了特定情况下举证责任倒置的原则。

全面有效的监管措施、对交易参与者的保护和对期货市场违法犯罪的有力打击，都有利

---

〔1〕《期货法（草案）》第12条第1款规定，期货品种和期权品种的上市应当符合国务院期货监督管理机构的规定，由期货交易场所依法报经国务院期货监督管理机构注册。

〔2〕《期货法（草案）》第5条规定，期货市场和其他衍生品市场应当建立和完善风险的监测监控与化解处置制度机制，依法限制过度投机行为，防范市场系统性风险。

于保障期货市场的稳健运行，促进期货市场的长远健康发展，既可以保证期货市场的交易在有序监管下开展，又可以为市场的进步预留足够空间。

（三）国际化：为期货市场扩大对外开放提供法治保障

加快构建新发展格局，要更好统筹国内国际两个市场两种资源，增强资源配置能力，提高对资金、信息、技术、人才、货物等要素配置的全球性影响力，完善金融市场体系，建设国际金融资产交易平台，提升重要大宗商品的价格影响力，这都是构建以国内大循环为主体、国内国际双循环相互促进的新发展格局的重要内容。

商品发现的价格是全世界市场上的价格，因而期货及衍生品市场的自身特点决定了它就是全球化、国际化的市场。国际市场大宗商品价格基准通常是由主要期货市场形成的价格决定的。目前，我国已经成为许多大宗商品全球最大的生产国、消费国、贸易国，但我国期货市场缺少对外开放的机遇，因此很难与境外交易者进行交易交流，从而失去了在全球范围内形成相应影响力的时机，缺失了对大宗商品的普遍定价权，当处于全球范围内的商品贸易中时就常常处于被动地位。因此，境内外的交易者实际上都期待期货法的出台，这样就可以从法律层面对承载大宗商品定价影响力的期货及衍生品市场对外开放的路径、跨境监管等做出安排、提供有力的法治保障。

《期货法（草案）》创新性地设置第十二章，对“跨境管辖与协作”进行了具体规定，首先提供了境内外交易者跨境交易应当遵守的行为规范，让境外交易者在境内可以依据明确的法律规则有序开展交易行为，完善的制度规则还会进一步吸引更多的境外交易主体进入我国的市场。除此之外，《期货法（草案）》还规定了我国可以与境外监管机构积极建立跨境监管合作机制，进行跨境监督管理，在与境外监管机构共建稳健发展、风险可控的期货市场的同时，也可以提高我国监管机构在全球市场上的话语权及影响力。《期货法（草案）》在“引进来”“走出去”方面，既保持了公平、市场互联互通的安排，又消除了长期难以解决的制度障碍，构建了符合国际惯例的期货市场运行制度。此次期货立法也将打消境内外投资者对我国期货及衍生品市场法规体系的顾虑，为境外投资者进入中国市场开展衍生品业务创造公平有序的市场环境，为我国资本市场对外开放创造更好更有利的条件，为提升市场定价能力和辐射能力提供重要制度保障。

（四）服务实体经济

金融因顺应实体经济的需要而产生。在近几年金融业一定程度上出现“脱实向虚”倾向的背景下，《期货法（草案）》的公布也发挥了推动金融业更高质效服务实体经济的立法导向作用。本次《期货法（草案）》在总则第 4 条提到，国家鼓励利用期货市场和其他衍生品市场从事套期保值等风险管理活动。国家采取措施推动农产品期货市场和其他衍生品市场发展，引导国内农产品生产经营。这一规定体现了国家通过期货法发挥金融服务实体经济，包括服务“三农”的决心和责任心。

首先，期货市场发现价格、套期保值功能是服务实体经济的基础。依托场内交易集中公开竞价模式和中央对手方结算模式等公开透明的价格形成机制，期货市场为实体企业提供了定价的重要参考，真实地反映商品和金融资产未来的价格变动趋势。同时，借助其特有的套期保值功能，期货市场为实体企业提供了风险管理的有效渠道。

其次，期货市场有利于推动产业升级、助力乡村振兴。一是期货市场按照一定标准严格规定期货交割品质量等级，有助于引导现货市场淘汰落后产能，推动产业升级，服务供给侧结构性改革。二是企业可以利用期货市场建立“虚拟库存”、实现产销直通，降低库存成本；采用基于期货价格的点价贸易、基差交易等交易定价模式，可以大大节省现货交易成本；通过仓单质押、风险管理公司合作套保等业务模式，可以扩大融资途径、提升授信额度，降低融资成本。三是目前我国期货市场涉农品种包括30个农产品期货品种、6个农产品期权品种……探索支持经济发展的新形式，对推动我国农业现代化、标准化，推动乡村振兴将发挥重要的促进作用。[1]

期货法的出台，在期货交易规则的有关条文中将期货市场特有公开竞价、中央对手方结算、保证金交易、净额结算等规则通过法律的形式固定下来，使得期货市场的发现价格、风险管控、促进产业升级、服务“三农”等有力促进实体经济发展的功能都有了法律制度的坚实保障。此次《期货法（草案）》专设第六章对“期货经营机构”的设立条件、业务内容、持续性经营规则、信息报送义务、风险监管与处置措施等都作出明确规定，而且以列举加兜底的方式禁止期货经营机构损害交易者利益的行为，使得期货公司的法律属性、法律地位以及法律责任义务更加规范合理，让实体企业在向期货公司寻求风险管理、套期保值等业务时更加放心，是促进期货公司和实体企业共同规范发展的双赢措施。

四、新发展格局下《期货法（草案）》的完善建议

市场化、法治化和国际化三者是在动态发展过程中形成的统一的有机整体，不可分割。服务实体经济，是金融市场的本心和初心，是金融的题中应有之义。因此，在构建国内国际双循环、更好促进双向开放的新发展格局的背景下，目前《期货法（草案）》在市场化、法治化、国际化以及服务实体经济方面，还需要解决一些细化问题，方可更好地发挥未来调整期货市场及衍生品市场交易的立法核心作用。

（一）完善整体结构，更好地统筹期货及衍生品市场

不难发现，《期货法（草案）》第1条明确了制定本法的目的是“规范期货交易和其他衍生品交易行为”，适用范围包括在中华人民共和国境内，期货交易和其他衍生品交易

[1] 参见程丹:《期货法将助力期市服务实体经济》，载《证券时报》2021年4月29日版。

及相关活动，这说明期货法的制定体现了国家在金融立法计划方面统筹场内和场外两个交易市场的决心和责任。为此，《期货法（草案）》单独设立第三章“其他衍生品交易”，目的是明确其他衍生品交易和监管的基本制度，为今后的经营主体及监管部门的相关活动提供原则性指导。但事实上，第三章“其他衍生品交易”作为一种对其他衍生品的交易和监管的原则性、指导性、兜底性规定，却出现在第二章“期货交易”和第四章“期货结算与交割”之间，且纵观《期货法（草案）》的其他章节，无论是前篇的第二章，还是后续剩余的第五章至第十三章，基本上都规定的是与期货交易相关的内容。除此之外，第三章中的有关参照适用的内容，包括担保、结算、违法行为的责任等所涉及的条文，全部都出现在后文的章节。这样的体例排布使得整个条文逻辑显得前后失序和割裂。因此，为了本法结构上的科学和严谨，可以将目前第三章的内容放到第十二章“跨境管辖与协作”之后，这样本法第 40 条中提到的内容〔1〕也可以与上述章节的排列呼应匹配，使得行文逻辑更加顺畅。

（二）完善对外开放，更好地统筹国内国际市场

权威、公开、透明、规范的规则，具有公信力、权威性和稳定性，有利于明确和稳定市场预期，就会吸引全球投资者参与，一个境内外市场人士均乐于参与的市场，其全球价格影响力和规则话语权就会自然形成。

《期货法（草案）》特设了第十二章规定“跨境管辖与协作”，同时也在第 2 条规定“在中华人民共和国境外的期货交易和其他衍生品交易及相关活动，扰乱中华人民共和国境内市场秩序，损害境内交易者合法权益的，适用本法”，进一步确立了期货法的境外适用效力，为我国期货及衍生品市场的双向开放、境内外交易者的接触与合作提供了有力保障。但是作为一个新兴的期货市场国家，我们在域外管辖方面其实是十分缺乏立法经验的，仅有的这些条款在面对一些强势国家的“长臂管辖”甚至干预制裁的时候还不足以保护国内的市场。建设高水平的对外开放的期货市场离不开具有域外效力的期货法的制度保障。同时，境内主体进入境外的期货市场参与交易时，他们在交易中的具体权利以及交易时涉及的我国国家境外合法利益如何保护，也是期货法在后续完善中需要解决的问题。

因此，在期货法对境外有关我国的期货交易的管辖和适用上，还需要更加细化的条款。鉴于美国是期货交易市场最为发达的国家，美国法院在跨境期货交易的民事和刑事诉讼领域积累了较为丰富的实践经验，在这方面可以适当借鉴一些美国已有的立法成果。

〔1〕《期货法（草案）》第 40 条规定，其他衍生品交易及相关活动的交易结算规则、自律管理、监督管理、跨境管辖与协作等，本法未规定的，由国务院依照本法的原则规定。在其他衍生品交易活动中，从事操纵市场，内幕交易，编造、传播虚假信息或者误导性信息等违法行为的，分别依照本法第 142、143、144 条的规定处罚。

（三）重视服务实体经济，推动新品种上市

作为世界主要经济体，作为全球经济大国，目前我国金融业和金融市场包括期货业和期货市场还不能完全满足经济发展的需要，需要大力发展。同时，期货业和期货市场也并非“空中楼阁”，依然需要依托实体经济才能稳步发展，如果期货市场的发展与实体经济越来越远甚至不顾实体经济的需求，所有的繁荣都会化成空中一触即破的泡沫。因此，金融与实体经济的发展实际上是相互依赖、相互成就的，基于此，期货法的条文要继续着重服务实体经济的内容，为从事实体生产经营的企业对期货价格发现、套期保值、风险管理的需求提供便利，推动提高实体经济的运作效率，这样也能反过来推动期货业及期货市场的成熟和现代化发展。

在这一方面，可以将进一步丰富中介机构类型，推动期货经营机构多元化作为着力点。在保证风险可控的情况下，给予期货市场更加宽松的发展空间，例如在第六章“期货经营机构”中，适度放松对期货经营机构业务核准的限制，盘活各种期货经营主体的创造创新意识，鼓励和推动期货公司等机构自我创新一些综合性金融服务，也可以在市场化的背景下促进期货经营机构及期货品种之间的有序、有效竞争，为实体经济提供更好更优质的服务。当然，同时也不能疏于对风险的有效管控和对金融交易者的权益保护，唯有如此才能构建一个各方共赢的高质效期货市场。

五、结语

期货及期货市场的出现是一个国家市场经济发展成熟历程中的结果，因此对期货市场的立法规制也是现代法治国家金融法律体系中不可缺少的一环。我国的证券市场及《证券法》的建立与完善较早，因此在期货市场的早期发展过程中也经历过与《证券法》分别立法还是合并立法的理论争议与实践尝试。在分析域外两种立法体例选择的国家立法经验后不难发现，不同的经济条件和已有的立法背景孕育了期货立法模式的不同选择，因此对经济法制的选择必须因地制宜，是否适合引入借鉴的根本判断标准是能否促进本国经济的发展以及是否符合本国对未来的经济发展规划。据此，我国经济与法治建设的背景和现阶段的市场需求赋予了对期货进行独立于《证券法》单独立法的正当性。在第十四个五年规划开展的第一年、构建国内国际双循环的新发展格局的背景下，全新问世的《期货法（草案）》内容亦对当下市场化、法治化、国际化以及服务实体经济有其独一无二的推动作用：扩大调整范围、纳入其他衍生品市场并确立品种上市注册制；建立全面有效的监管体系、保护消费者与打击违法犯罪并重；确立期货法的域外适用效力、构建境内外市场互联互通；立法明确期货交易服务实体经济、扶持农产品生产经营的原则等。

“期货法”的顺利出台将成为我国金融法治体系建设的重要里程碑，为我国期货市场的

发展与完善提供基础性的原则引导和高层级的法律保障。但是，作为未来对期货市场整体规制具有最高效力的期货立法核心，本次《期货法（草案）》的内容在新发展格局下推动我国金融发展的市场化、法治化、国际化、服务实体经济方面还有需要进一步解决的问题。为了更好地统筹场内场外市场，应当优化条文逻辑结构；细化强化期货法的域外适用效力，适当借鉴发达国家的成功经验；适度放宽对期货经营、服务主体的营业管制，促进更高质效服务实体经济与防控风险等，将是未来期货法的可优化方向。

论期货交易所的自律监管

伍 坚 徐 响*

明确期货交易所自律监管的对象和范围是研究交易所自律监管法律问题的前提，面向市场是交易所自律监管的重要特征。作为期货市场最基本的管理和执行机构，期货交易所发挥着自我监督与自我管理职能，以确保期货交易基本功能的稳定实现。我国《期货交易管理条例》第10条对交易所应当履行的监督管理职责作出规定，明确交易所自律监管的对象和范围：期货交易所应当依照本条例和国务院期货监督管理机构的规定，建立、健全各项规章制度，加强对交易活动的风险控制和对会员以及交易所工作人员的监督管理。期货交易所履行下列职责：（1）提供交易的场所、设施和服务；（2）设计合约，安排合约上市；（3）组织并监督交易、结算和交割；（4）为期货交易提供集中履约担保；（5）按照章程和交易规则对会员进行监督管理；（6）国务院期货监督管理机构规定的其他职责。期货交易所不得直接或者间接参与期货交易。未经国务院期货监督管理机构审核并报国务院批准，期货交易所不得从事信托投资、股票投资、非自用不动产投资等与其职责无关的业务。

一、交易所自律监管的理论基础

公开、公平、公正原则是期货市场自律监管的理论基础与基本原则。“三公原则”在期货市场上的体现主要涉及法定披露信息公开、期货市场参与者权利义务按统一标准化设定、违规处罚公平公正这三个方面。

---

* 伍坚，华东政法大学经济法学院教授、博士生导师；徐响，华东政法大学经济法学硕士研究生。

（一）公开原则

信息公开制度是公开原则在期货市场自律监管中的主要内容，它是指自律监管主体必须依法合理披露和交易有关的信息。鉴于期货市场的信息不对称性，绝大多数投资者获取信息的渠道较为单一，只能依靠从公开渠道获取的信息进行相应的投资决策与判断。信息公开是期货市场自律监管的前提和基础。期货交易所自律监管的公开原则主要适用于以下三类信息：一是行情公开，期货交易所应当及时就期货合约的成交量、成交价、持仓量、最高价与最低价、涨跌幅、开盘价和收盘价、结算价、昨日结算价等进行及时公布。二是交易结果公开，期货交易所实行当日无负债结算制度。期货交易所应当在当日及时将结算结果通知会员。期货公司根据期货交易所的结算结果对客户进行结算，并应当将结算结果按照与客户约定的方式及时通知客户。客户应当及时查询并妥善处理自己的交易持仓。三是成交量公开。每日闭市后，期货交易所应当对交易活跃的合约分月份、分多空方公布当日持仓量前 20 名会员名单及对应持仓量、成交量前 20 名会员名单及对应成交量。

（二）公平原则

公平原则在期货市场自律监管制度中主要体现在以下两个方面：一是保证市场进入标准的公平，凡是符合入市条件的市场主体，在不违反法律的禁止性规定的前提下，均可参与期货市场的交易。期货交易应当在依法设立的期货交易所或者国务院期货监督管理机构批准的其他交易场所进行。禁止在国务院期货监督管理机构批准的期货交易场所之外进行期货交易，禁止变相期货交易。二是保证市场参与者竞争机会的公平。公平竞争是期货市场运行和发展的首要条件。期货市场自律监管主体应当通过设立恰当的交易制度保障交易公平，从源头上杜绝操纵市场、欺诈、内幕交易、不公平交易等不法行为，使期货市场参与者能够平等进入市场，增强投资者信心，保护投资者利益。

（三）公正原则

公正原则作为实现公开、公平原则的保障，主要强调市场自律监管的公正性。根据公正原则，自律监管主体应当根据法律授予的权限公正履行监管职责，对期货市场所有参与者和被监管对象一视同仁，给予公正待遇。此外，对违法违规行为的处罚，对纠纷事件和争议的处理，都应当公正进行。

二、交易所自律监管的有效性问题

期货交易所是否能够有效履行市场监管职能，是否需要政府以监管的形式介入一直是学界争论的焦点。一种观点认为期货交易所已经很好地履行了市场监管职能，并不需要政府介入，即使在交易所没有很好履行监管职能的领域，政府也很难比交易所做得更好，并且需要付出高昂的介入监管成本。[1]另一种观点则支持政府以监管方式介入市场，该观点认为政府介入期货市场对市场操纵的防控和对投资者的保护呈现正向促进作用。为了有效解决这一问题，笔者认为可以从以下4个方面对自律监管与政府监管的关系进行探讨。

（一）二者的辩证关系

政府监管是由政府为了实现监管目标而利用各种监管手段对监管对象所采取的一种有意识的、主动的干预和控制活动，具有强制性和全面性的特点。[2]自律监管是与政府监管相对的一种管理方式。

政府监管和自律监管的区别主要体现在法律性质、监管依据、监管范围、监管内容这4个方面。在法律性质方面，政府监管性质上属于行政管理，自律监管本质上属于自律组织的自我约束，其可以在法律之外，施加道德的约束作用。在监管依据方面，政府监管必须严格依照国家相关法律、法规的规定进行，自律监管权本质上来源于自律组织成员的授权，除国家相关法律、法规明确规定外，还依据自律组织制定的章程、业务规则等进行自律监管。在监管范围方面，政府监管的范围涉及整个期货市场及期货市场参加者，自律监管的范围只涉及自律组织自身及自律组织成员。在监管的具体内容方面，政府监管主要是立法监管，通过制定全国性的期货法律、法规及规章等对期货市场进行监管，监管内容主要侧重于宏观监管，自律监管则主要对期货市场进行一线监管，其监管的内容更为具体和直接。

政府监管与自律监管虽有较多区别，但两者之间亦存在一定联系。两者监管目标一致，均是为了确保国家有关期货市场的法律、法规、规章和政策的贯彻执行，维护期货市场的“三公”原则。政府监管与自律监管各有特点、相互补充，自律组织作为政府监管与期货市场之间的桥梁和纽带，其本身也受政府监管机构的监管。

（二）自律监管的必要性

自律监管的高效性、灵活性、成本效益性决定了其对期货市场的正常有序运行的必要性。

自律监管具有高效性，期货市场自律监管建立在自律组织成员自愿接受约束的前提与基础上。自律监管者首先需要对自律组织的成员负责，自律监管的决策在很大程度上是成员意志的体现，原因就在于一旦自律监管者的决策对市场效率造成影响，成员会对此作出反对决定，这在一定程度上倒逼自律监管者在作出决策时就保持高度的商业敏感性，确保决策有益于期货市场的稳定发展。鉴于自律监管的受监管人和组织可以对市场的新旧规则进行充分了解并参与自律监管的全过程，这就使得自律监管制度具有高效性的显著特征。

自律监管具有灵活性。相较于政府监管者必须依法运作，严格遵循法律规定的要求和程

---

[1] 参见孙秋鹏：《期货交易所自律监管的有效性研究》，载《首都经济贸易大学学报》2017年第3期。

[2] 参见张维、张建刚：《中美期货市场自律管理体系比较研究》，载《哈尔滨工业大学学报》（社会科学版）2005年第5期。

序，自律监管则相对灵活。由于距离市场更近，自律监管者可以在市场早期出现复杂问题的情况下及时采取措施，从而将危机扼杀于萌芽之中。此外，自律监管者可以基于特定情况对自律监管的规范与措施及时进行调整与完善，从而更好地适应市场需求。

自律监管能有效降低政府的立法与执法成本，具有成本效益性。自律监管组织比政府监管机构更加接近市场，其在开展期货市场违规事件的调查工作时，比政府监管机构更富有效率。同时，自律监管组织内部具有违规处理机制及内部纠纷调解程序，其可以直接就一些内部的违规行为与调解纠纷进行处理，避免将问题推至政府监管机构，节约了政府监管的成本。

此外，国外学者也曾对自律监管的存在必要性做出 10 点归纳，在此笔者将其罗列以供读者参考：（1）自律监管可以有效地监管那些法律调整范围以外的行为；（2）通过自律监管维持市场的完整性与市场参与者的利益休戚相关，市场参与者从而会有积极性主动参与监督；（3）市场参与者参与自律性监管，可以丰富监管层的专业知识、技能和经验；（4）市场参与者因参与监管而熟知监管程序，从而有利于其所在公司自觉遵守有关监管规定；（5）相比外部监管机构制定的行政规定，市场参与者更易于接受业内人士制定的规则；（6）政府机构难以像自律监管机构那样支付较高工资来吸引监管人才；（7）自律监管的资金来源是典型的依托于民间资助，而政府监管的资金来源则依靠纳税等形式；（8）与政府监管相比，自律监管机构采取的措施，不容易受政治因素的影响；（9）自律监管符合成本效益原则；（10）自律监管决策程序具有灵活性和非正式性。

（三）自律监管的局限性

尽管自律监管在期货市场中有其存在的必要性，但其缺陷仍不可忽略，正确认识自律监管的缺陷与不足有助于探求政府监管与自律监管之间的平衡，更好地维护与促进期货市场交易的有序开展。

首先，自律监管与自律监管组织自利性的利益冲突。自律监管并非没有成本，有效的监管往往会给自律组织增加大量的费用，而这些费用归根结底要由市场参与者承担，这也就意味着自律监管组织越勤勉尽责，其耗费的自律监管成本越高，越有可能在自律监管的竞争中处于劣势。正因如此，我们很难保证自律监管组织能够在自律监管工作中投入充足的人力、物力与财力。在传统会员制期货交易所中这一点表现得尤为明显。

其次，自律监管范围的局限性。期货市场参与者之间关系庞杂，需要监管的事项往往涉及多方参与者，由于自律组织对不是其会员或附属机构的个人或机构无法行使管辖权，故一旦涉及与第三方个人或机构之间纠纷的处理则必须借助政府监管的权威性保障实施，此时自律监管的缺陷性体现得较为明显。

此外，自律监管缺乏直接的强制效力。强制力是监管措施是否有效的坚强后盾，但期货市场自律组织毕竟不同于政府监管机构，在监管措施强制力方面仍有欠缺。期货市场自律监管组织往往需要借助于司法程序或请求政府监管机构启动行政监管程序来解决相关问题，这在一定程度上会降低自律监管的效力，增加市场参与者的投机心理。

（四）期货交易所自律管理的发展方向

自律监管和政府监管都是期货市场管理体系的重要组成，随着我国期货市场的逐步规范化，自律监管与政府监管的平衡成为重要议题，目前主要存在两方面的问题，一方面将自律管理事项纳入行政监管，容易造成监管重复或监管真空，不利于发挥各类监管制度的优势，形成监管合力；另一方面行政监管对自律管理的监督范围过宽，自律管理灵活度较小。对交易场所内部事务的干预会导致期货交易场所与行政监管机构趋同，影响期货交易场所作为自律管理机构的独立性，削弱自律管理的效果。要解决上述问题，行政监管与自律管理应当归位尽责，明确分工。前者划定自律管理的边界和应当遵循的基本原则，后者在前者框定的空间内充分发挥灵活、高效和低成本优势。二者相互补充，共同促进期货市场的功能发挥和规范运行。[1]

此外，期货交易所自律监管的发展方向亦值得期待与展望。这里主要列出三点展望供读者探讨。

一是要形成行政监管和自律管理之间的合理分工。从法律上明确期货交易场所自律管理的地位和适用范围。积极推行行政监管简政放权，充分发挥期货交易场所一线监管的优势，给予期货交易场所更多事前和事中的处理权，行政监管通过事后监督发挥其更规范、更注重公平的优势。从而有效避免政府监管和自律监管之间的重复，防范监管真空。

二是完善期货交易场所履行自律管理职能的流程机制。健全期货交易场所履行自律管理职能的正当程序。确立期货交易场所履行自律管理职能法律责任豁免原则。借鉴成熟市场经验，从法律上明确豁免期货交易场所因正当履行自律管理职能而产生的民事法律责任，消除期货交易场所的履职顾虑，提高自律管理效率。

三是构建全方位的期货市场投资者保护机制。继续落实好投资者适当性制度，完善投资者分类制度，细化经营机构风险揭示义务和责任。加强对市场违规行为的查处，提高期货监管措施的具体性、针对性。建立以期货交易场所为基础的多元化纠纷解决机制，健全投资者维权途径。

三、期货交易所自律监管规范的效力

我国期货市场作为新生事物经历了三十多年的发展，截至目前，我国期货市场已经建立起了以《期货交易管理条例》为核心，证监会部门规章、规范性文件为主体，期货交易所、

---

〔1〕 参见李虹、王刚：《期货市场自律管理的边界与面临的挑战》，载《上海证券报》2015 年 3 月 19 日版。

期货业协会自律规则为重要补充，相关司法解释为支持的期货市场法律法规制度体系，真正意义上实现了期货市场法治体系从无到有、从小到大、从幼稚到成熟的艰难跨越；同时，期货市场法律法规制度体系的搭建对于维护期货市场秩序，保护期货交易参与各方的合法权益，促进期货市场的稳步健康发展亦发挥了重要作用。与此同时不容忽视的是，在我国虽然有许多关于金融期货市场的行政命令与法规，但至今仍没有一部针对期货交易较为完备的法律，单单依靠效力层级与权威性较低的行政法规对期货交易进行规制，行政色彩未免过于浓厚，不利于期货市场的监管和规范，并在一定程度上对我国期货市场的进一步创新发展产生了障碍。

期货交易场所制定的各项业务规则，是期货市场运行的法制基础。期货市场各方参与期货市场，则受该规则约束。交易场所的自律监管，正是对自己制定的规则的执行过程。通过对被监管者行为的约束，达到维护良好交易秩序的目的。[1]为发挥作用，期货交易所制定的自律管理规范应当在两个层次上彰显效力：一是形成普遍意义上的拘束力，对参与期货交易的市场主体乃至第三人具有规范作用；二是在与期货交易相关的场合，如与一般民商事法律存在冲突，应当优先适用，否则自律管理的功能将被消解。在目前的法律框架下，这两个层次均面临挑战。

第一，自律管理规范无法对抗第三人。对于会员制和公司制交易所，自律管理规范的效力一部分来源于《期货交易管理条例》的授权，[2]另一部分则是基于交易所的自身性质。会员制交易所作为典型的社团法人，由享有自由意志的市场参与人创立或加入，章程是会员意志的集中体现，依据章程制定的自律管理规范自然可以对全体会员形成约束力。在公司制交易所，期货公司一般要和交易所签订相关协议，交易所和客户之间看似不存在合同性质的法律关系，但客户自愿开户、参与交易所市场的交易，仍可解释为其默认接受交易所相关规则的约束，这构成了自律规范的效力基础。但是，自律管理规范对于契约当事人以外的第三人一般无法形成约束力，这种先天缺陷带来的负面影响不容小觑。例如，在已经成交但还未交割的清算交收期，卖方的债权人能否对相关金融产品主张强制措施？按照“结算财产履约优先”原则，清算履约义务人的财产在偿付其他债务之前应首先用于向结算机构清偿清算交收债务，如果这一原则不能得到遵循，市场的稳定势必受到巨大的冲击。

第二，自律管理规范不具有优先适用性。现代金融交易一般均以担保作为履约安全的保障，结算机构在实现担保权时普遍通过自律管理规范进行快速处置。快速处置的特点是通过事先的协议与出质人进行约定，要求出质人同意结算机构按照自身业务规则直接处置担保物，或者要求出质人承诺认可结算机构快速处置的后果。基于金融结算自身的特点，这种处置未必完全符合《民法典》等的要求。目前，我国仅在《证券法》第 158 条规定“结算参

---

〔1〕 参见王猛：《国际化背景下期货交易场所自律监管问题研究》，载《中国证券期货》2018 年第 1 期。

〔2〕《期货交易管理条例》第 7 条规定，期货交易所不以营利为目的，按照其章程的规定实行自律管理。

与人未按时履行交收义务的，证券登记结算机构有权按照业务规则处理前款所述财产”，但期货交易法规中缺乏此类规定，这将使相关自律管理规范无法对抗层级更高的担保法律规范。

此外，在中央对手方机制下，结算机构的清算债权需要具有优先性。但是在结算参与人破产时，结算机构的清算债权优先实现与《破产法》的公平受偿原则相冲突，可能受到破产撤销权、否认权以及追回权的影响。在缺乏法律明确规定的情况下，相关自律管理规范同样无法对抗具有群体利益保护属性的破产法规则。为解决上述问题，需要在“期货法”中明确自律管理规范的普遍对世效力，并根据期货交易、结算的特殊性，借鉴《证券法》第158条的立法技术，明确相关自律管理规范相对于民商事一般法律规范的优先适用性。

第十三届全国人大常委会第二十八次会议初次审议了《期货法（草案）》，标志着期货法立法工作迈出了具有重要历史意义的一步，立法进程取得重大突破，期货市场的法制化程度将进一步得到提升，资本市场的基础制度建设也将进一步夯实和完善。针对交易所自律管理规范的效力问题，该草案第103条第3款规定，“结算参与人参与期货结算机构组织的期货交易的结算、交割及相关活动，应当遵守期货结算机构的业务规则”，第113条规定，“期货业协会和依法成立的其他衍生品行业自律性组织依照本法及有关章程、市场协议、规则，实行自律管理”，可以说该草案对自律管理规范的优先适用问题作出了具体规定，回应了社会关切。与此同时，该草案还在现行期货交易管理条例的基础上，统一规范场内场外的衍生品，进一步完善期货市场的基础制度，规定期货交易结算交割基本制度，加强对期货交易者的保护，服务和规范期货交易场所、期货结算机构、期货经营机构、期货服务机构的稳健运行，明确期货市场的监督管理，进一步推动期货市场的深化改革，促进了期货市场高质量发展和高水平的对外开放。据此，“期货法”的制定完善、出台与施行值得期待。

四、期货交易所自律监管的主要措施

（一）制定、修改章程及其他规章制度

期货交易所有制定和修改章程的权力，同时也可以根据法律与章程对交易所的交易规则与结算规则进行规定。为了保证交易所成员对交易所章程、交易规则与结算规则的遵守，期货交易所还可以就相关的处罚规则与处罚程序进行规则设计，同时可以根据实际所需对在其场所内进行交易的某一类期货产品制定特殊的交易规则，以及规定保证金制度等。这些规则、指引虽然不及法律法规具有的强制效力，但在衍生品市场中，在这个具有“商人交易”“贸易”特性的领域，却发挥着类似于“商人交易惯例”的作用：因为其灵活性与具体可操作性，弥补了现行法律可能存在的滞后性、不完备性而带来的监管空白，成为市场与政府监管部门之间的一块具有弹性的“海绵”，将交易所在实践中总结出来的一线管理经验通过自

律管理的方式予以适用。可以说，交易所自律监管不仅仅是一个简单的概念，更体现在交易所制定的一系列交易规则、结算规则以及监管标准中。

（二）对会员及市场进行监管——以市场异常交易和错误交易处置为例

首先，对会员的监管权。主要包括：对会员的相关资格进行审查；要求会员为期货交易提交风险准备金以及交易保证金，并且可以根据交易的情况变更风险准备金以及交易保证金率；要求会员进行相关的信息披露；要求大户对其期货交易进行报告；在会员保证金不足时，对其交易账户进行强行平仓。

其次，对市场的监管权。主要对在期货交易所内进行交易的或利用其交易设施或结算设施进行交易的交易行为进行监管。价格发现与风险管理是衍生品市场非常重要的两个职能，衍生产品在市场运行过程中形成的价格，被商业、农业以及金融企业等主体利用，以获取定价信息及对冲价格风险。然而，衍生品市场并非总是有序运行的，操纵价格、滥用市场优势干扰正常价格形成，扰乱市场秩序的情形时有发生。下文笔者拟从市场异常交易行为与错误交易处置两种行为类型出发，对期货交易所针对这两类行为的自律监管措施进行分析。

1. 市场异常交易行为

我国交易所是依据章程和交易规则实行自律管理的法人，对于违反交易所规则的行为，交易所会依情况采取自律监管措施。而对于市场异常交易行为的识别，主要任务是对于可能构成操纵市场威胁等违法违规情况的识别。对此，我国四大交易所各自制定有《异常交易管理办法》和《违规处理办法》，用以对异常交易行为进行规定，监管侧重略有不同。

郑州商品交易所对异常交易行为的处理主要包括以下两点：（1）分层次的处理程序（按照达到处理标准的次数不同而采取不同的处理措施）；（2）提交书面说明、书面警示、约见谈话、限制出金、限制平仓、限制开仓、强行平仓等。

大连商品交易所对未按照交易所要求对客户尽到通知、教育、引导、劝阻及制止义务的会员，可根据情节的严重程度采取提示、约见谈话、下发监管警示函等监管措施。

中国金融期货交易所对异常交易行为的处理主要包括以下三点：（1）电话提醒、要求提交书面承诺、列入监管关注名单、约见谈话、限制开仓等；（2）经劝阻、制止无效的可拒绝客户委托或者终止经纪关系；（3）涉嫌违法违规的，提请证监会立案调查。

上海期货交易所对异常交易行为的处理主要包括要求报告情况、列入交易所重点关注名单、向会员通报、约见谈话、限制平仓、限制开仓、强行开仓等。

由此可以看出，我国期货交易所主要对涉及扰乱衍生品市场秩序、涉嫌操纵价格方面的异常市场行为作出规制，而对于异常市场交易行为采取的自律管理措施，主要分为三类：第一类，教育、引导、制止措施，包括书面警示、约见谈话以及通报等；第二类，技术性措施，如限制平仓、限制开仓、强行平仓等，是对交易者的交易行为作出的限制；第三类，对于严重或多次违反交易所规则的，交易所有权拒绝客户委托或终止经纪关系。

这些处理措施是交易所视异常交易行为的严重程度以及次数作出的，是交易所自律管理的范畴。除此之外，如果异常交易行为涉嫌违反法律、行政法规以及证监会部门规章等规定的，交易所应当提请证监会立案调查；涉嫌犯罪的，还应当移交司法机关处理。

2. 错误交易处置行为

证券期货市场中，因为技术故障、人为过错等因素，经常出现明显错误的交易，俗称“乌龙指”。例如，2017 年 3 月 14 日，中金所 IH1703 合约盘中瞬间下跌；3 月 17 日，IC1706 合约早盘瞬间涨停，这两次价格剧烈波动在专业人士看来可能都与交易失误有关。

错误交易的危害是显而易见的：第一，抑制资源配置效率。错误交易发生后，不仅交易直接涉及的期货品种的价格容易暴涨暴跌，而且其他品种的价格也可能因此发生波动，严重失真的价格信号无疑会降低期货市场资源配置的效率。第二，引发市场的剧烈波动。当错误交易涉及的金额或者数量不大时，期货市场一般不会因此出现剧烈波动；反之，如果错误交易的金额或者数量巨大，不仅可能导致直接涉及的期货品种的暴涨暴跌，甚至还会诱发相关指数的剧烈波动。第三，损害市场参与者利益。错误交易会损害发生错误的当事人一方的利益，并在“羊群效应”下，对其他市场参与人的利益造成影响。鉴于此，成熟市场的证券期货交易所大多规定交易所可依申请或依职权撤销错误交易。

我国《证券法》过去一直恪守外观主义，规定“按照依法制定的交易规则进行的交易，不得改变其交易结果”。近年来，理论和实务界人士对证交所的错误交易处置问题进行了较为深入的研究，新修订的《证券法》也吸收了相关研究成果，第 111 条第 2 款规定：“因前款规定的突发性事件导致证券交易结果出现重大异常，按交易结果进行交收将对证券交易正常秩序和市场公平造成重大影响的，证券交易所按照业务规则可以采取取消交易、通知证券登记结算机构暂缓交收等措施，并应当及时向国务院证券监督管理机构报告并公告。”同时，第 113 条第 1 款规定“出现重大异常波动的，证券交易所可以按照业务规则采取限制交易、强制停牌等处置措施”。不难看出，《证券法》相关修改的重点是完善证券交易所对突发事件的处置措施和风险监测职能，明确证券交易所可以采取技术性停牌、临时停市、限制交易等措施。此外，《证券交易所管理办法》（已失效）第 42 条规定，为了维护交易秩序或者市场公平，证券交易所可以实施限制投资者账户等措施。

回归期货交易所针对此类问题的有关规定，《期货交易管理条例》第 12 条第 1 款规定了期货交易所面对异常情况时，可以根据章程规定的权限和程序，采取限制会员或者客户的最大持仓量、暂停交易等处置措施；第 2 款明确了异常情况指发生操纵价格或者不可抗拒的突发事件。《期货交易所管理办法》第 87 条较为详细地规定了交易所的紧急措施，当发生不可抗力、计算机系统故障、严重的会员结算危机、期货价格连续涨跌停等情况时，交易所可以宣布进入异常情况，采取紧急措施化解风险。

当前，“期货法”尚未出台，期货有关规则中，《期货交易管理条例》的法律位阶最高，因此其与《证券法》有可比性。《期货交易管理条例》第 12 条与《证券法》第 111、113 条，具有很多相似之处。首先，法律条文的前提条件相似。其次，采取紧急措施的程序均为交易所制定的规范文件，前者按照交易所章程，后者依照交易所业务规则。最后，交易所处置措施相似，二者均赋予交易所临时停市、限制交易的手段。

《证券交易所管理办法》与《期货交易所管理办法》都明确了交易所可以采取紧急措施。后者更加细化地规定了异常情况的情形，其中不可抗力、计算机系统故障、价格异常波动，与现行《证券法》规定的异常情形很接近。综上，证券交易所与期货交易所紧急处置措施规则大部分是相同的，其蕴含的自律监管价值、功能也是一致的。鉴于期货市场和证券市场在此方面的相似性，我国期货法完全可以也应该借鉴《证券法》的上述条款。日前，《期货法（草案）》公布并公开征求意见，该草案对上述问题作出了相关规定，其中第 91 条第 1 款对期货交易场所在异常情况下可以采取的紧急措施予以明确，包括但不限于调整保证金，调整涨跌停板幅度，调整会员、交易者的交易限额或持仓限额标准，限制开仓，强行平仓，暂时停止交易 6 种。该条第 2 款对异常情况的定义予以阐述，规定“前款所称异常情况，是指在交易中发生涉嫌操纵期货市场的行为或者发生不可抗拒的突发事件以及国务院期货监督管理机构规定的其他情形”。草案第 95 条对错误交易相关的问题进行了规定，“因不可抗力、意外事件、重大技术故障、重大人为差错等突发性事件而影响期货交易正常进行时，或者期货交易出现重大异常波动的，期货交易所对其为维护期货交易正常秩序和市场公平，按照本法和业务规则规定履行职责造成的损失，不承担民事赔偿责任，但存在重大过错的除外”。可以说，《期货法（草案）》在一定程度上对错误交易行为进行了保障，但仍有不足，在此基础上，期货交易所应当借助业务规则，对上位法的规定进行细化，明确期货错误交易的内涵、交易所可以采取的处置措施、各种措施的适用条件和适用程序、当事人不服交易所处置措施时的救济路径等主要问题。

（三）交易所的罚款权

罚款作为交易所对违规市场参与者的一项处罚措施，由于直接涉及当事人的财产利益，故对其具有较强的威慑及惩戒作用。但与此同时，目前市场各方对于交易所的罚款权仍存在不同认知。我国各交易所的违规行为处罚细则亦不尽相同。为了更为全面、客观、准确、具体地认识交易所处罚权，可以从比较法的视角切入，通过分析境内外期货市场的法律法规及交易所相关规则，对交易所罚款权的法律性质、权力来源、适用范围及执行等问题进行探析。

1. 关于期货交易所罚款权的法律性质

关于罚款的相关规定，在我国现行法律法规中主要有以下三类：一是作为行政处罚的措施，规定于我国《行政处罚法》第 8 条；二是作为一种妨害民事诉讼的强制措施，规定于我国《民事诉讼法》第 101 ~ 103 条；三是作为一种刑罚，规定于我国《刑法》第 34 条。值得关注的是，虽然三者同为对当事人的财产权进行处分，《刑法》中规定的是“罚金”而非“罚款”。从法律渊源和实施机关这两个角度来看上述三种罚款，其中妨害民事诉讼的强制措施由《民事诉讼法》进行规定，由人民法院保障实施；违反刑法的刑罚由我国《刑法》规定，由人民法院保障实施；而行政处罚的法律渊源则较为多元，根据《行政处罚法》第14条规定可知，除其他规范性文件外，法律、行政法规、地方性法规、部门规章、地方规章均可对行政处罚进行规定，行政处罚的实施机关亦呈现灵活性的特点，根据《行政处罚法》第三章的规定，行政处罚既可以由行政机关实施，也可以由行政机关委托符合一定条件的事业组织实施，受托组织在委托范围内，以委托机关名义实施行政处罚，但受托机关不得再另行委托其他任何组织和个人实施行政处罚。据此，确认交易所罚款权的法律性质就变得容易很多。交易所的罚款权来源于其自身的业务规则，其对市场上违规行为的处罚决定均以其自己的名义做出，并承担相应的法律责任。故结合上述的三种罚款类型进行综合考量，不难发现，交易所的罚款权不属于上述三种的任何一种，是一种相对独立的处罚措施。

上海、郑州、大连三家商品期货交易所均在其《违规处理办法》中规定交易所可对包括会员和客户在内的市场参与者实施罚款。厘清交易所的性质有助于我们对交易所罚款权的法律性质进行再探讨，我国《期货交易管理条例》和《期货交易管理办法》对交易所的职能和性质予以明确，《期货交易管理条例》第7条规定：“期货交易所不以营利为目的，按照其章程的规定实行自律管理”，《期货交易所管理办法》第3条规定，本办法所称期货交易所是指按照《期货交易管理条例》和本办法规定设立、不以营利为目的，履行《期货交易管理条例》和本办法规定的职责，按照章程和交易规则实行自律管理的法人。在具体的自律监管过程中，期货交易所的主要职能是负责期货交易场地、服务、设施的提供，期货合约履行的担保以及期货市场的一线监管，该监管具体包括但不限于以下三个方面：一是对会员、投资者及市场其他参与者期货业务的监管；二是对期货违法、违规行为的及时发现与处理；三是对期货市场风险的防范与化解。由此可见，交易所的罚款权是一种基于自身自律监管地位所赋予的自律处罚措施，而非传统意义上的行政处罚。

2. 关于期货交易所罚款权的法理基础

一般认为，我国法律体系下的罚款只能由行政主体或者人民法院实施，期货交易所的罚款权并非源于《行政处罚法》或者《民事诉讼法》的规定，理论上对其法理基础以及实现路径亦存在不同的看法。

有观点认为，自律组织的处罚权来源于两个方面：一是自律组织的内部契约和惯例，即会员制交易所的章程以及公司制交易所与相关参与者的契约性文件；二是法律、法规等规范性文件的授权，如《期货交易所管理办法》即授权交易所查处市场违规行为并制定违规处理办法。[1] 对此种观点可能的质疑在于，客户（投资者）与经纪商之间具有契约关系，但并未与交易所签订任何契约，因此交易所难以依据契约关系对客户作出罚款。针对这一问题，笔者认为可以从两个方面进行思考，一是基于会员制交易所的公司化改造，交易所的监管对象不再局限于会员范围。纵观交易所的发展历程，早期交易所自律监管的对象主要是指会员。在会员制交易所中，交易所对会员的监管基于会员共同制定的章程，而章程本质上是会员之间的一种协议，会员加入交易所意味着会员对章程的承认。只要不违反法律，章程以及交易所的会员规则可以对会员资格和会员行为提出比法律更为严格的要求，会员也有义务遵守章程以及交易所的规则。随着时间的推移，交易所监管的对象逐步超出了会员范围。会员制交易所的公司化改造是这一变化的重要因素。在公司制交易所中，交易所是交易设施的提供方，会员及其他参与者是交易设施的使用者。通过签署相关契约性文件，会员及其他参与者得以在交易所进行交易。交易所对其的监管也相应地建立在合约的基础之上。交易所和监管对象更为独立，双方基于契约而产生的法律关系更加明确，自律监管的契约性得到进一步的强化。二是可以对契约的解释采取更加宽泛的态度，客户既然参与交易所的场内交易，便可视为其认同和接受交易所现在生效和将来修改的所有自律监管规则，两者之间具有隐形契约关系。正如 CME 业务规则第 418 条规定的，任何人根据交易所的交易规则直接或间接参与交易所交易或从交易中获益，都承认接受交易所的管辖，受到交易所交易规则的约束并同意接受交易所的调查、纪律处分程序。

3. 关于交易所如何行使其罚款权

我国交易所通过业务规则的规定，赋予了交易所从会员专用资金账户或者指定交割仓库风险抵押金处扣划罚款的权力。值得注意的是，我国的期货法律法规对会员及客户保证金的使用有严格规定，但并未明确规定可以用于支付交易所罚款。因此有人担心，如果交易所依据业务规则对会员、客户的罚款采取从保证金账户强行扣划的执行措施，可能会引发争议，并建议在上位法规中对此予以明确。[2] 这种看法有一定的道理，但可能是不必要的。

《民法典》对商事的法律适用规则是：优先适用商法的规定；商法无特别规定时，适用民法的规定；民法没有规定时，适用习惯。尽管商事特别法取得了优先适用的第一顺位，但商事习惯法处于民法之后，作为最后补充的法源。对此规则，有学者提出了批评意见，认为商事习惯法本质上仍属于商事特别法的范畴，应优先于民法适用，“轻易放过有针对性的商事习惯，反而将普遍性的民法规范‘僭越’地适用于商事纠纷，这样的做法并不妥当”。[3] 期货交易所业务规则可被认为是期货领域的习惯法，在民商事法律没有明确规定罚款可否从保证金账户扣划的情况下，交易所业务规则的可适用性应当是没有问题的。

---

〔1〕 参见颜文俊：《关于交易所罚款权的相关法律问题分析》，载《福建警察学院学报》2015 年第 2 期。

〔2〕 参见颜文俊：《关于交易所罚款权的相关法律问题分析》，载《福建警察学院学报》2015 年第 2 期。

〔3〕 钱玉林：《商法漏洞的特别法属性及其填补规则》，载《中国社会科学》2018 年第 12 期。

4. 关于交易所的罚款诉权

罚款权行使涉及的另一问题是，交易所能否在无法收到罚款时提起诉讼？简言之，就是交易所针对罚款权未得到履行的救济。2011 年 10 月 5 日，美国联邦第二巡回上诉法院在 Fiero v. FINRA 案中，认定美国金融业监管局（FINRA）无权通过诉讼收取违规罚款，并判决 FINRA 败诉。本案的裁决结果，同样也会影响美国法院今后对期货业协会（NFA）和期货交易所罚款权执行力的认定。那么，我国期货立法应当如何对待期交所的罚款诉权呢？有观点详细分析了美国法院在此案中的裁决理由，进而主张在交易所对会员席位处置权受限的前提下，肯定其罚款诉权仍有必要。本文对此表示赞同。

罚款作为一项较为严厉的自律处罚措施并不会必然导致良好自律处分效果的产生。从成熟市场国家的经验来看，自律处分的威慑力不是源于惩戒权力本身，而是自律处分过程和自律处分结果的公正性。因此，交易所在行使自律监管职能的过程中，对于会员、客户及其他市场参与者使用罚款等自律处罚，首先，应当以公开、公平和公正为基本原则；其次，应当严格依照法规及交易所规则的规定，以事实为依据，处罚结果与违规行为的性质、情节和危害结果相当；最后，应当建立和完善科学、合理的处理流程，保证自律处罚程序的正当性。

五、交易所自律监管民事责任的豁免

期货交易所在期货交易中兼具两种身份：交易服务者和自律监管者。作为交易服务者，期货交易所提供了保障期货交易顺利进行的场所、设施和服务，如果因为这些场所、设施和服务存在缺陷，导致其他交易参与人受到损失，交易所自然应当承担民事责任。例如，在 2005 年著名的日本瑞穗证券乌龙指事件中，瑞穗证券交易员误将客户指令“61 万日元出售 1 股”输入为“1 日元出售 61 万股”，在发现出错后瑞穗证券尝试撤销尚未成交申报，但是因东京证券交易所系统缺陷而未能成功，最终蒙受 400 亿日元损失。之后，瑞穗证券以“东京证券交易所系统缺陷导致损失扩大”为由起诉东京证券交易所，日本法院经过两审，判决东京证券交易所赔偿约 107 亿日元。

但在另一方面，为鼓励交易所积极履行自律监管职责，弥补行政监管之不足，充分发挥交易所一线监管专业性、效率性、灵活性等优势，美国法院从 1985 年的 Austin Municipal Securities, Inc. v. NASD 案，[1]开始，到 Dl Capital Group, LLC. v. Nasdaq 案，[2]逐渐确立了自律监管机构“民事责任绝对豁免”原则。

（一）期货交易所适用免责制度的现实意义

在其他国家和地区，免责制度普遍存在，如美国《1934 年证券交易法》第 17（d）（1）

---

〔1〕 757 F. 2d 676（5th Cir. 1985）.
〔2〕 409 F. 3d 93（2th Cir. 2005）.

条、我国香港地区《证券及期货条例》第 22 条等。

为了保障资本市场的健康发展，《证券法》总结我国市场实践经验，借鉴国外的做法，规定了证券交易所采取紧急处置措施时的免责制度。然而，推进资本市场全面深化改革，仅仅关注证券交易所是不够的。期货市场承担着风险规避和价格发现的重要职能，期货交易所作为期货市场的基础设施，在法律层面缺乏免责制度不利于期货交易所的建设与发展。

突发性事件、人为因素导致的紧急情况时有发生，为应对紧急情况，交易所常常采取紧急措施。1987 年 10 月 19 日，道琼斯指数迎来史上单日最大跌幅，下跌 22.6%，受股市剧烈变化影响，港交所停市 4 天。2006 年 1 月 18 日，日本"活力门事件"中，东京交易所于下午 2 时 40 分宣布临时停市。在国内，紧急事件亦时有发生。紧急事件的发生必然牵扯多方利益，利益冲突必然导致诉讼纠纷。在美国，交易所在履行自律管理职责的过程中，很容易卷入诉讼案件，历史上各大交易所多次被会员、投资者告上法庭，要求其承担民事赔偿责任。〔1〕诉讼的发生，导致交易所存在赔偿的风险，而过多承担赔偿的风险会引发交易所在履行自律监管职责过程中有所顾忌，无法放开手脚，影响业务的开展。一定范围内给予交易所民事责任豁免，既有利于维护交易所的专业判断，又可以促进金融创新，提升我国金融市场竞争力。〔2〕正因如此，《证券法》中明确了证券交易所免责制度。

为了发挥交易所对市场的监督管理的专业性、灵活性、及时性，各国均承认交易所的自律管理者身份，也尊重交易所的决定权和自治权。这为交易所豁免民事责任提供了理论依据。

（二）期货交易所与证券交易所职能趋同性

期货交易所与证券交易所均把"防范风险"列为重要职能。在金融市场，建立消除所有风险的体系是不可能的，期货可以起到分散风险的作用，有助于降低风险的危害程度。〔3〕《期货交易管理条例》第 1 条强调"防范风险"，突出强调期货交易所需要承担的重要职能。《证券交易所管理办法》第二章规定，证券交易所应当防范市场风险。

期货交易所与证券交易所履行职能的核心原则为增进社会福祉。本次《证券法》修订明确交易所履行自律管理职责时应当遵循社会公共利益优先。〔4〕《期货交易管理条例》也在总则中指出，应保护社会公共利益。〔5〕

---

〔1〕参见卢文道：《美国法院介入证券交易所自律管理之政策脉络》，载《证券市场导报》2007 年第 7 期。

〔2〕参见蔡伟：《我国证券（期货）交易所的民事责任豁免探讨——基于金融创新的视角》，载《证券市场导报》2011 年第 8 期。

〔3〕参见刘鸿儒主编：《金融期货》，中国金融出版社 2010 年版，第 10 页。

〔4〕《证券法》第 99 条规定，证券交易所履行自律管理职能，应当遵守社会公共利益优先原则，维护市场的公平、有序、透明。

〔5〕《期货交易管理条例》第 1 条规定，为了规范期货交易行为，加强对期货交易的监督管理，维护期货市场秩序，防范风险，保护期货交易各方的合法权益和社会公共利益，促进期货市场积极稳妥发展，制定本条例。

期货交易所与证券交易所履行类似的自律监管职责。在履行自律管理职责的过程中，期货交易所与证券交易所以相同方法开展具体工作。在协助证监会的执法过程中，从发现线索到调查，再到审理处罚的执法链条上，证券、期货市场案件的处理方式与流程没有明显差别。[1]此外，期货交易所与证券交易所的监管职能均受证监会授权，监管方式、类型都存在趋同性。

依据我国新修订的《证券法》第111条和第113条，证券交易所针对影响证券交易正常进行的突发性事件或者重大异常波动采取措施造成的损失，不承担民事赔偿责任，但存在重大过错的除外。考虑到期货交易所的重要职能以及其与证券交易所的高度相似性，在司法实践过程中，期货交易所参照适用免责制度符合社会利益最大化的要求。鉴于《证券法》的规定仅限于突发或者异常情况，无法覆盖自律监管的方方面面，“期货法”在表述时可以更进一步，此前公布的《期货法（草案）》第95条已针对期货交易所的免责制度作出下述规定：“因不可抗力、意外事件、重大技术故障、重大人为差错等突发性事件而影响期货交易正常进行时，或者期货交易出现重大异常波动的，期货交易所对其为维护期货交易正常秩序和市场公平，按照本法和业务规则规定履行职责造成的损失，不承担民事赔偿责任，但存在重大过错的除外。”可以说，将期货交易所采取紧急措施时免责制度保护写入“期货法”，有利于期货交易所在构建规范、透明、开放、有活力、有韧性的资本市场中，发挥其积极作用，切实保障投资者利益，维护期货交易市场的有序运行。

---

〔1〕 参见李明良、马行知：《期货交易所采取紧急处置措施时的免责制度研究》，载《证券法律评论》2020年第1期。

期货市场违规行为的新趋势和新特点

郭重清　姜　毅　吴琼丽*

一、期货市场违规行为的界定

（一）内涵与分类

1. 期货市场违规行为的界定

期货市场违规行为，是指期货市场主体违反期货法规、规章或自律规则的行为的总称。

首先，从场所来看，期货市场违规行为发生的主要场所是期货市场，而非证券市场、商品市场或其他金融市场，但这并不是说期货违规行为的发生仅仅局限于期货市场，如果某些期货违规行为发生的方式或手段是通过其他市场，比如通过商品市场囤积现货以影响期货市场相应交易品种价格走势的方式来操纵期货市场的，仍属于期货市场违规行为的范畴。

其次，期货市场违规行为中所称的“规”指的是什么？这里的“规”，我们理解为国务院及期货监管部门制订的期货法规、规章及期货业协会、交易所制订的自律规则。鉴于目前“期货法”尚未正式出台，《期货交易管理条例》作为国务院颁布的唯一一部期货行业的行政法规，虽历经修改，但多年来一直是期货行业的最高阶法规，是其他所有期货规章及自律规则的上位法依据。《期货交易管理条例》颁布后，期货监管部门相继颁布了一系列期货监管的部门规章，如《期货

* 郭重清，上海市锦天城律师事务所高级合伙人；姜毅、吴琼丽，上海市锦天城律师事务所律师。
本文系2019年度上海期货交易所合作课题研究成果。

交易所管理办法》、《期货公司监督管理办法》、《期货公司资产管理业务试点办法》（已失效）等一系列规章规范。除此之外，中国期货业协会以及国内各大期货交易所作为期货市场的自律监管机构也相继颁布了大量期货自律监管规则，比如国内各大期货交易所都各自颁布了《期货交易所违规处理办法》等。可以说，从国务院到中国证监会再到各期货交易所，自上而下构建了一系列期货法规及自律监管的规则体系。因此，我们在此讨论的违规中的“规”，指的就是上述这些法规、规章及自律规则构成的规则体系。

另外，这里的违规行为应当区别于“违法”行为。违法行为。简言之，是违反法律的行为。在“期货法”出台前，就期货交易行为而言，期货违法主要是指违反《刑法》等涉及期货刑事犯罪的法律；“期货法”颁布施行后，则指违反“期货法”规定的行为。

2. 期货市场违规行为的分类

期货市场作为一个高度组织化、系统化的金融市场，参与主体十分广泛，有市场组织者、经营者、交易者和其他各类期货市场服务者，包括：期货交易所、期货公司、结算银行、交割仓库以及广大期货市场交易者。上述机构及交易者在参与期货市场的过程中可能会发生各类违法、违规行为。

以主体来划分，期货市场违规行为大致有如下几类。

（1）交易者的交易违规行为。交易者的交易违规行为指的是期货市场的交易者在期货交易过程中违反期货法规、规章及自律规则的行为。交易者作为期货市场最为庞大的一类主体，对其交易违规行为的防范与查处一直是期货监管部门和交易所工作的重点。本文主要研究期货市场交易主体的交易违规行为。

（2）期货经营机构的经营违规行为。期货经营机构的经营违规行为主要指的是以期货公司及其子公司为代表的期货经营机构在经营过程中的违规行为；除此之外，获准开展期货业务的其他金融机构可以纳入期货经营机构的范畴，例如，证券公司在获得居间人资格（IB）后在期货市场上从事介绍业务时也可以归入期货经营机构的范畴。期货经营机构对于期货市场的平稳发展至关重要，它们不仅是连接交易者、期货市场以及交易所的桥梁和中介，更是期货市场发展的一股重要的推动力量。另外，期货经营机构的违规经营行为对期货市场造成的危害也尤为巨大。近几年期货公司及其子公司在创新业务方面的经营违规行为时有发生，值得监管部门加以进一步研究和规范。

（3）交割仓库的违规行为。期货交割仓库的违规行为近几年也屡屡见诸媒体，如出具虚假仓单、盗卖交割商品、散布虚假信息或与期货交易者联手操纵市场等，这些交割仓库违规行为也是监管部门和交易所关注的重点之一。

（4）保证金存管机构及银行等第三方机构的违规行为。上述机构的违规行为包括提供虚假文件、采取欺诈手段获取资质、未按规定向监管机构履行报告义务等违规行为。

（5）期货交易所的违规行为。期货交易所的违规行为，包括违规收取保证金、挪用保证金、允许会员在保证金不足的情况下进行期货交易等。在期货市场严监管的大环境下，期货交易所违规的概率是比较低的，况且交易所自身作为监管机构，一旦违规也会对其公信力产生较大伤害。

本文仅研讨在近年期货市场不断发展的大背景下，期货交易违规行为的新趋势和新特点。

3. 期货交易违规行为的界定与分类

期货交易违规行为，如前所述，系期货市场的交易者在参与期货市场交易过程中违反期货法规、规章或自律规则的行为。首先，期货交易违规行为的主体是直接参与期货交易的个体，包括个人和机构，而非提供交易服务的中介机构或第三方机构；其次，违规行为主要发生在交易阶段，而非交割、结算等其他阶段；最后，违规行为违反了期货法规、规章或自律规则，其行为严重程度尚不足以构成违法，但超过异常交易的程度，理应受到监管部门或机构的查处。

依据《期货交易管理条例》，期货交易违规行为主要分为两大类：内幕交易和操纵市场。

所谓“内幕交易”，依据《期货交易管理条例》第 69 条的规定，期货交易内幕信息的知情人或者非法获取期货交易内幕信息的人，在对期货交易价格有重大影响的信息尚未公开前，利用内幕信息从事期货交易，或者向他人泄露内幕信息，使他人利用内幕信息进行期货交易，属于内幕交易。

所谓“操纵市场”，依据《期货交易管理条例》第 70 条的规定，单位或者个人有下列行为之一，构成操纵期货交易价格：（1）单独或者合谋，集中资金优势、持仓优势或者利用信息优势联合或者连续买卖合约，操纵期货交易价格的；（2）蓄意串通，按事先约定的时间、价格和方式相互进行期货交易，影响期货交易价格或者期货交易量的；（3）以自己为交易对象，自买自卖，影响期货交易价格或者期货交易量的；（4）为影响期货市场行情囤积现货的；（5）国务院期货监督管理机构规定的其他操纵期货交易价格的行为。

证监会在 2019 年 11 月 18 日公布了《关于〈期货交易管理条例〉第七十条第五项“其他操纵期货交易价格行为”的规定》（中国证券监督管理委员会令第 160 号令），该规定对《期货交易管理条例》第 70 条第 5 项关于“其他操纵期货交易价格的行为”进行了释明，并列举了几种期货市场操纵行为的新模式或新表现形式，包括：（1）不以成交为目的，频繁申报、撤单或者大额申报、撤单，影响期货交易价格或者期货交易量，并进行与申报方向相反的交易或者谋取相关利益的，构成操纵；（2）编造、传播虚假信息或者误导性信息，影响期货交易价格或者期货交易量，并进行相关交易或者谋取相关利益的，构成操纵；（3）对合约或合约标的物做出公开评价、预测或者投资建议，影响期货交易价格或者期货交易量，并进行与其评价、预测或者投资建议方向相反的期货交易的，构成操纵；（4）在临近交割月或者交割月，利用不正当手段规避持仓限制，形成持仓优势，影响期货交易价格的，构成操纵。

实务中，操纵市场有如下几种典型表现形式。

（1）分仓，即交易者为了避免超量持仓而被交易所关注，通过借用其他客户的期货交易账户进行期货交易，虽然每个账户持仓量未超过规定，但在各个账户中总的持仓量超过了期货交易所对该客户的持仓限额。

（2）移仓或倒仓，交易者为了制造市场交易的假象或转移盈利，把一个账户中的持仓转移到另一个账户中的行为。

（3）对敲，一种十分常见的操纵市场的手段，交易者为了制造市场交易热络的假象，以严重影响期货交易品种价格为目的，蓄意串通，按照事先约定的方式或价格进行交易或相互买卖的行为。

（4）逼仓，交易者利用资金优势，通过控制期货交易头寸或垄断可供交割的现货商品，故意抬高或压低期货市场价格，超量持仓，从而迫使交易对手方违约或以不利的价格进行平仓以牟取暴利的行为，实际操作中分为“多逼空”或“空逼多”。

4. 期货交易操纵市场的认定

期货交易行为是否构成操纵市场，需要对行为实施频率、行为后果及市场影响等数个方面予以认定。但《期货交易管理条例》并未就上述各类形式的操纵市场的行为规定明确的认定标准。从期货交易所的角度，根据上期所公布的《上海期货交易所违规处理办法》第 29 条关于期货交易中“操纵市场”的行为有如下方式：（1）单独或者合谋，集中资金优势、持仓优势或者利用信息优势，连续或者联合买卖合约，影响期货交易价格或者期货交易量的；（2）利用移仓、分仓、对敲等手段，规避交易所的持仓限制，超量持仓，控制或企图控制市场价格，影响市场秩序的；（3）利用移仓、分仓、对敲等手段，影响期货交易价格、转移资金或者牟取不当利益的；（4）不以成交为目的或明知申报的指令不能成交，仍恶意或连续输入交易指令影响或者企图影响期货交易价格，扰乱市场秩序或转移资金的；（5）以自己为交易对象，连续买卖或者自我买卖，影响或者企图影响期货交易价格或者期货交易量的；（6）以垄断、囤积标的物和不当集中持仓量的方式，控制交易所大量指定交割仓库标准仓单，企图或实际严重影响期货市场行情或交割的；（7）以操纵市场为目的，用直接或间接的方法操纵或扰乱交易秩序，妨碍或有损于公正交易，有损于国家利益和社会公众利益的。

《上海期货交易所违规处理办法》中规定的操纵市场形式较《期货交易管理条例》更为多样。但我们注意到，包括上期所在内的国内各期货交易所也仅在各自交易所的自律规则中规定了期货交易违规行为的种类，均未公开明确的认定标准。

（二）期货交易违规行为与异常交易行为的区分

1. 期货异常交易行为的界定

我国目前期货法规或规章中并没有对期货市场异常交易行为进行明确的界定，但各大期货交易所均将期货市场异常交易行为纳入了自律监管视野。例如，上期所在 2019 年 1 月 21

日发布的《上海期货交易所异常交易行为管理办法》（以下简称《上期异常交易管理办法》）在第 5 条列举了以下几种“异常交易行为”：（1）以自己为交易对象，多次进行自买自卖的行为（自成交）；（2）一组实际控制关系账户内的客户之间多次进行相互为对手方的交易；（3）日内出现频繁申报并撤销申报，可能影响期货交易价格或者误导期货市场其他参与者进行期货交易的行为（频繁报撤单）；（4）日内出现多次大额申报并撤销申报，可能影响期货交易价格或者误导期货市场其他参与者进行期货交易的行为（大额报撤单）；（5）一组实际控制关系账户合并持仓超过交易所持仓限额规定的；（6）单个交易日在某一上市品种或者合约上的开仓交易数量超过交易所制定的日内开仓交易量的；（7）采取程序化交易方式下达交易指令，可能影响交易所系统安全或者正常交易秩序的行为。

以上几种期货异常交易行为可归纳为：自成交、频繁报撤单、大额报撤单、交易超限额以及程序化交易异常等几类。

根据上述规定，笔者认为，所谓期货异常交易行为是指期货市场交易中出现的非正常的期货交易行为，此类行为可能符合违规的行为模式但并未达到被认定为违规行为的程度或标准，因此应当予以关注或实施必要警示。

2. 期货交易违规行为与异常交易行为的区分

笔者认为，期货交易异常行为与期货交易违规行为在行为方式上具有相似性，差别在于行为方式的严重程度、行为后果及市场影响等几个要素。关于内幕交易，由于其违法违规的严重性，只要期货市场交易者实施了该行为，即构成违规，情节严重者应当承担法律责任。从规定看，内幕交易的界定标准是相对清晰的，异常交易行为也并未将内幕交易包括在内。而对于操纵行为而言，行为的轻重程度存在较大差别。例如，《上期异常交易管理办法》第 6 条中规定：“客户或者一组实际控制关系账户合并计算后出现以下情形之一的，即达到交易所自成交、频繁报撤单、大额报撤单异常交易行为处理标准：（1）单个交易日在某一合约上的自成交次数达到 5 次及以上的；（2）单个交易日在某一合约上的撤单次数达到 500 次及以上的；（3）单个交易日在某一合约上的大额撤单（单笔撤单的撤单量达到 300 手及以上）次数达到 50 次及以上的。”

依据上述定量标准，如果期货交易者在期货交易中自成交、频繁报撤单、大额报撤单达到上述规定的标准或数量级的，交易所就可以认定存在异常交易行为，交易所可依据规定采取警示措施，如果交易者并未听取交易所的相关警示或告诫等措施，仍一意孤行继续为之，则交易者很可能就踏入交易违规甚至违法的境地。上述规定中的“5 次”或“300 手”就是异常交易行为的认定标准，达到或超过即构成异常交易行为，但是超过多少就构成违规呢？《上期异常交易管理办法》并未明确，因此《上期所异常交易管理办法》与其颁布的违规处理办法仍需就同一类型的异常交易行为和违规行为如何认定进行衔接。尽管《上期异常交易管理办法》与此前更早颁布的《上海期货交易所违规管理办法》尚存在一些冲突或衔接方面的问题，但这样一个管理办法的颁布具有十分积极的意义，在规定中公开明确异常交易行为的认定标准无疑是一个进步，能够避免外界对于交易所监管不甚透明的质疑，尽管也有声音认为认定标准的释明会让部分铤而走险的交易者采取种种规避的做法，但综合来看，提高监管认定和处罚标准的透明度对于监管机构而言是利大于弊的。

（三）期货交易违规行为与交易违法行为的区分

1. 期货交易违法行为的界定

此前述及，相较期货市场违规行为其更严重者，可能构成期货违法行为。期货违法行为，简言之，系违反期货法律或其他法律的行为。鉴于“期货法”尚未正式出台，因此期货违法意味着行为违反的是其他法律中涉及期货交易或期货管理的相关规定而构成违法。目前而言，期货违法行为主要表现为期货交易违反《刑法》中关于期货方面的相关条款规定而构成犯罪的行为，或期货经营违反《反洗钱法》等法律的行为，本段仅讨论期货交易违法行为与期货交易违规行为的区分。

关于期货交易违法行为，《刑法》第180条规定了“内幕交易、泄露内幕信息罪”，情节表现为证券、期货交易内幕信息的知情人员或者非法获取证券、期货交易内幕信息的人员，在涉及证券的发行，证券、期货交易或者其他对证券、期货交易价格有重大影响的信息尚未公开前，买入或者卖出该证券，或者从事与该内幕信息有关的期货交易，或者泄露该信息，或者明示、暗示他人从事上述交易活动等。

《刑法》第182条规定了“操纵证券、期货市场罪”，具体犯罪情节表现为：（1）单独或者合谋，集中资金优势、持股或者持仓优势或者利用信息优势联合或者连续买卖，操纵证券、期货交易价格或者证券、期货交易量的；（2）与他人串通，以事先约定的时间、价格和方式相互进行证券、期货交易，影响证券、期货交易价格或者证券、期货交易量的；（3）在自己实际控制的账户之间进行证券交易，或者以自己为交易对象，自买自卖期货合约，影响证券、期货交易价格或者证券、期货交易量的；（4）以其他方法操纵证券、期货市场的。单位犯前款罪的，对单位判处罚金，并对其直接负责的主管人员和其他直接责任人员，依照前款的规定处罚。

2. 期货交易违规行为与交易违法行为的区分

如前所述，期货交易违规行为主要分为内幕交易和操纵市场两大类。以操纵式市场为例，上海期货交易所《上海期货交易所违规处理办法》第29条规定的各类操纵市场的行为方式总计有6类，而前述《刑法》第182条规定的“操纵证券、期货市场罪”中涉及操纵期货市场的行为方式主要还是合谋、串通以及自买自卖。相比之下，《刑法》对于证券、期货市场操纵市场的行为方式的归纳并不充分，已不能满足日益复杂的资本市场中对于各类证券、期货违法行为的监管及处罚需求。

2019年7月1日，最高人民法院及最高人民检察院联合发布了《关于办理操纵证券、期货市场刑事案件适用法律若干问题的解释》，专门就《刑法》“以其他方法操纵证券、期货市场”做了释明，规定了以下几种与期货市场操纵市场相关的行为方式，包括：（1）利用虚假或者不确定的重大信息，诱导投资者作出投资决策，影响证券、期货交易价格或者证券、期货交易量，并进行相关交易或者谋取相关利益的；（2）通过对证券及其发行人、上市公司、期货交易标的公开作出评价、预测或者投资建议，误导投资者作出投资决策，影响证券、期货交易价格或者证券、期货交易量，并进行与其评价、预测、投资建议方向相反的证券交易或者相关期货交易的；（3）不以成交为目的，频繁申报、撤单或者大额申报、撤单，误导投资者作出投资决策，影响证券、期货交易价格或者证券、期货交易量，并进行与申报相反的交易或者谋取相关利益的；（4）通过囤积现货，影响特定期货品种市场行情，并进行相关期货交易的。

上述司法解释增加了蛊惑交易、“抢帽子”交易、幌骗交易以及跨市场操纵等几种近些年证券、期货市场较为常见的违法方式，使《刑法》关于证券、期货违法犯罪的规定更为贴近证券、期货市场发展的实践，较大程度上填补了监管的空白，并使《刑法》等法律涉及期货监管的内容与期货法规、规章及各交易所出台的违规处理办法中规定的违规行为相契合。

在考虑了期货违规行为与违法行为的行为契合度后，我们应当知道二者的区别，只有了解二者行为的边界，才有可能更好地确定监管行为的界限，做到交易所的归交易所、法院的归法院。

仍以“操纵市场”为例，《关于公安机关管辖的刑事立案追诉标准的规定（二）》对于操纵证券、期货市场犯罪的认定标准主要从持仓量占比、阶段累计成交量占比或撤回合约申报量占比等几个定量指标认定行为人多个交易行为是否涉嫌期货违法犯罪。前述《关于办理操纵证券、期货市场刑事案件适用法律若干问题的解释》中增加了“违法所得额”及“累犯”等认定标准。反观《上期异常交易管理办法》中对于异常交易行为的认定标准，主要还是从自成交次数、（大额）撤单次数等几个定量指标进行确认，差别在于异常交易行为仅是需要监管关注并予以警示，与刑事违法犯罪不可同日而语。那么，如果某个期货交易行为的严重程度处于期货异常交易行为的认定标准与期货刑事立案标准之间的应当如何界定？笔者认为，在这种情况下，该行为应当被认定为违规行为，也即，如果某个期货交易行为的违规程度已经超出了异常交易行为的界限，但尚未达到刑事立案的标准的，就应当认定为期货违规，期货监管机构应当根据监管规定采取必要监管措施。

笔者认为，在期货交易违规行为和期货违法行为之间不应当有空白地带，如同期货交易违规行为与异常交易行为之间也不应当存在空白一样，一个期货交易行为，如果不是合法合规的正常交易，那么必然是异常交易行为、违规行为甚至违法行为中的一类，概莫能外！如此，监管才不会留下空白并给违法违规者以可乘之机。反之，如果某个交易行为目前尚未被明确界定，只要在被认定为异常、违规或违法之前，就应当是合法的。这是监管的原则和法治的核心价值所在。

二、期货交易违规行为的新特点

近些年，上述期货市场交易违规行为虽然屡有发生，但随着监管部门及交易所监管技术不断升级、监管水平不断提高的态势下，过往如“对敲”“移仓”等传统期货交易违规行为越来越容易受到交易所等监管机构的关注或监控，违规成本也在不断增加。但是，监管与违规，永远是“道高”与“魔高”的博弈，随着近些年期货市场的不断发展，期货市场交易违规行为的方式出现了一些新的趋势或变化，呈现了一些新的特点。

1. 广泛运用微信、微博等社交媒体

近些年随着网络信息技术的极大发展，期货交易违规行为借助网络信息技术呈现一些新的特征，比较典型的是社交媒体在期货违法违规行为中的大量使用，违规行为人通过微博、微信群或朋友圈发布有关期货市场或期货交易的虚假信息进行虚假宣传或蛊惑操纵。例如，2018 年成都警方成功破获一起期货违法案件，犯罪嫌疑人通过微信群、QQ 聊天群进行所谓“专家”指导期货操作，然后进行反向操作牟利，并导致一批投资者严重亏损。该案件中，违法者因涉嫌刑事犯罪被公安机关依法采取刑事强制措施。实务中，微信聊天、朋友圈发布信息是一种非常普遍、人尽皆用的传播信息的媒介，违法违规者借此传播期货虚假信息、扰乱期货市场秩序的情况却是时有发生。由于此类违规行为发生在期货市场之外，难以被监管机构发现，因此对违规行为的查处存在一定的难度。

笔者认为，此类利用社交媒体实施的期货市场违规行为本质上是幌骗操纵的一种方式，其行为构成要件应当包括以下几个方面。

（1）主观要件。违法违规行为者存在以非法牟利为目的并实施期货违法违规行为的主观故意。但在监管部门对行为人违规行为的认定过程中，主观故意并不容易认定，因此，对期货市场违法违规行为，监管部门在处罚过程中是否需要把行为人的主观故意作为违规行为的认定标准或构成要件，实务界和理论界还存在争议。实践中，监管部门也是通过行为人的客观行为判定其是否存在违规的故意，如果在稽查过程中行为人对于其期货违规行为及其非法牟利意图供认不讳，则其主观故意可以作为其违规行为认定的辅助证据或条件，而在此之前，监管部门往往仅能从客观行为出发推定其主观恶意。

（2）客观要件。该类行为的明显特征是行为人通过微信或微博等社交媒体发布有关期货市场虚假信息，并蛊惑投资者进行期货交易。发布期货市场虚假信息并蛊惑、诱导期货投资者进行期货交易的背后一般存在幌骗操纵的行为，也即行为人存在与被诱导投资者的期货交易方向相反的交易行为。依据《关于办理操纵证券、期货市场刑事案件适用法律若干问题的解释》，幌骗操纵不以成交为目的，频繁申报、撤单或者大额申报、撤单，误导投资者作出投资决策，影响期货交易价格或者期货交易量，并进行与申报相反的交易或者谋取相关利益。因此违规行为人通过发布虚假期货市场信息并诱导、蛊惑投资者进行交易，并实施了幌骗操纵行为系该构成方式的客观要件。

（3）因果关系。违规行为人通过社交媒体传播了期货市场虚假信息，并蛊惑、诱导期货投资者进行期货交易，且投资者实施了行为人所期望的期货交易，则可以认为违规行为与违规结果之间存在因果关系。违规行为人是否因此而获益则不是必要条件。

对于自媒体发达的今天，违规行为人通过微信、微博等社交媒体实施了传播期货虚假信息、蛊惑交易的行为，期货监管部门如何识别此类违法行为是后期对其进行查处的关键。如前所述，此类违规行为包括两个方面，一方面是在社交媒体发布虚假信息，并蛊惑投资者进行期货交易；另一方面在期货市场借此牟利。前一部分的行为发生在期货市场之外，后一部分则发生在期货市场之内。期货交易所作为监管部门难以对期货市场之外的违规行为及时察觉或跟踪，但交易所作为一线监管部门，对于期货市场内的异常交易情况还是可以做到及时发现和监管的。在期货市场交易监控过程中，交易所如果发现存在大量小额交易及与之作为对手盘的大额交易，且类似的交易存在连续性或是在相关对手账户频繁出现，则该类交易可作为可疑的期货交易行为进行监控，相应交易账户也应予以重点关注，其背后可能存在蛊惑投资者、诱导其交易并借此谋利的行为。实务中如果出现行为人通过高频交易、程序化交易的方式实施前述诱导、蛊惑后的幌骗交易行为更应当引起交易所的警惕。

有必要说明的是，关于期货幌骗操纵行为，前述《关于办理操纵证券、期货市场刑事案件适用法律若干问题的解释》认定的行为方式或特征是采取“频繁申报、撤单或者大额申报、撤单”等方式，但是实务中对于频繁报撤单的认定标准目前尚未有统一意见，仍属于各监管机构自由裁量的范畴。交易所对于频繁报撤单的认定标准应当在异常交易行为的认定标准之上予以明确。

2. 利用以高频交易为代表的程序化交易手段

2005年程序化交易在我国出现，2010年后随着股指期货的上市，日内套利或量化交易策略开始兴起，程序化交易在我国获得了较大发展。特别是近几年，高频交易（HIF）、人工智能（AI）等前沿信息技术在证券期货投资领域的运用频频出现于媒体和公众视野。

首先，高频交易分为人工高频和程序高频，目前程序高频交易则是利用极为短暂的市场变化去寻求获利的一类交易行为，它可以捕捉瞬息万变的市场交易机会，可以做到交易频率极高，因此属于程序化交易的范畴。美国证监会（SEC）曾将其归纳为一种日间产生较大交易量的策略。[1]与之类似的一个概念是算法交易，算法交易，也称为自动交易，黑盒交易，是利用电子平台，输入涉及算法的交易指令，以执行预先设定好的交易策略，后者更倾向于

〔1〕 See SEC Speech by SEC Chariman: Statement Before the SEC Open Meeting Flash Orders, 2009.

策略，而高频交易则更类似于手段。

其次，高频交易（HIF）和人工智能（AI）并不等同。人工智能的应用，使得计算机具备类似于人脑的部分能力，例如机器学习就是使计算机具备学习的能力，也就是能自主处理数据。人工智能在金融交易中的使用使得机器人在一定程度上可以代替人去执行交易甚至开发交易模型。

关于程序化交易，中国证监会于2015年10月公布了《证券期货市场程序化交易管理办法（征求意见稿）》，首次对程序化交易予以界定，并对程序化交易行为进行规范指引。办法明确程序化交易是指通过既定持续或特定软件，自动生成或执行交易指令的交易行为。

从技术角度看，高频交易也好，人工智能也罢，本身没有合规与否的问题，何况高频交易还具有提高市场流动性、加深市场深度的积极意义，欧美证券期货市场做市商普遍将高频交易运用到做市策略中；但是，高频交易也放大了市场波动，某些机构及投资人为了完成交易可能出现滥用市场交易优势的操纵行为。因此高频交易是把“双刃剑”。在交易过程中，以高频交易为代表的程序交易可以采用多种交易模式，但某些模式目前为法律所不容。例如，证券、期货交易过程中，如果利用高频交易实施了频繁挂撤单、自成交、多账户关联交易、异常登录IP地址等行为的，则可能构成违规。而前述中国证监会颁布的《证券期货市场程序化交易管理办法（征求意见稿）》禁止的程序化交易就包括自买自卖、自成交、频繁报撤单且委托成交比较低、影响收盘价、误导他人交易、制造趋势以影响价格等几类禁止性行为。需要注意的是，上述禁止性行为不能等同于异常交易行为，也不宜简单认定为市场操纵行为。三者之间存在联系，并可在一定条件下相互转化。如果认定一个连续行为构成市场操纵，可能还需结合行为动机、市场影响、违法所得等多个因素进行考量。例如，2016年中国证监会曾查获境内某投资公司勾结境外期货投资机构通过高频交易方式频繁报撤单、自买自卖，该公司账户组平均下单速度达每0.03秒一笔，一秒内最多下单31笔，且成交价格与市场行情的偏离度显著高于其他交易者，某交易日该机构的卖出量占市场总卖出量30%以上的次数达400余次，一个月时间该公司账户的净盈利就达近5亿元人民币。

通过程序化交易等方式进行期货交易违规行为有如下构成要件。

（1）主观要件。行为人存在使用程序化交易，如高频交易方式参与期货交易以牟取不正当利益的意图，这是首要条件。其次，对于程序化交易可能引发期货市场发生波动或扰乱期货市场秩序，行为人存在主观上的直接故意，或是存在间接故意，在刑事侦查或审判中称为“放任”。

（2）客观要件。行为人通过程序化交易系统实施了一系列如频繁报撤单、自成交，或是多账户联动操作等期货违规交易行为，而这些交易行为扰乱了期货市场秩序，或令市场产生了巨大波动，或令其他期货投资者出现巨大损失。目前，有实务界人士认为程序化交易存在自运行的特征，特别是在人工智能参与程序化交易系统之后，交易的促发和完成已非依人的意志而转移。但是本文认为，即便使用了程序化交易系统，甚至系统的操作者是人工智能（AI），但交易的主体依然是人而不是程序交易系统。交易系统不过是贯彻交易者的思想，执行了交易者的指令而已，交易者仍是交易的主体，这一点不因使用了程序交易系统而改变。〔1〕

（3）违规行为与行为后果之间存在因果关系。此为认定行为违规的必要条件，程序化交易行为对市场造成巨大波动等不利影响，并给投资者带来亏损等不利后果，二者之间应当存在因果关系。交易所对于程序化交易的识别可以从几方面着手。

一方面，依据中国证监会颁布的《证券期货市场程序化交易管理办法（征求意见稿）》，证券期货市场进行程序化交易需要满足一定的接入条件，《证券期货市场程序化交易管理办法（征求意见稿）》规定，期货公司的客户进行程序化交易的，应当事前将身份信息、策略类型、程序化交易系统技术配置参数、服务器所在地址以及联络人等信息及变动情况向接受其交易委托的期货公司申报，期货公司核查后方可接受该客户的程序化交易委托，并在委托协议中对相关事项进行约定。同时，期货公司应当将客户的程序化交易相关信息向接受其交易申报的证券期货交易所报备。如果交易所会员自营或资产管理业务进行程序化交易的，应当事先向证券期货交易所申报程序化交易相关信息，由证券期货交易所负责核查；交易所核查后，方可进行程序化交易。可见，中国证监会将程序化交易的准入设置在证券公司或期货公司这一阶段。对期货交易而言，客户参与期货交易必须通过期货公司会员进行委托，如果客户拟采取程序化交易模式进行期货程序化交易，则首先需要向期货公司申报，再由期货公司向交易所报备。因此，从交易所层面，这是识别程序化交易的第一步，即客户识别或账户识别。

另一方面，对于未予报备的期货交易账户如果出现客户进行程序化交易的情形，交易所该如何识别？程序化交易，特别是高频交易方式具有交易量大、交易频繁、持仓短暂的特征，交易所在期货市场日常交易监管过程中，如果发现存在客户交易账户存在上述异常情况，应予重点关注，特别是对于某些交易账户出现极短时间内完成建仓、持仓、平仓过程的，或是短时间内提交委托并快速、大量撤销订单的交易的情况，交易所应采取必要的警示措施，如果确认该账户存在高频交易嫌疑且未有申报的，应采取必要的监管措施。

3. “期现”联手、跨市场操纵

期货市场和现货市场是紧密联系的，现货市场的价格波动能影响期货市场行情，期货市场的行情变化反过来也能影响现货市场价格的变化。近些年来，部分期货投资机构就利用了期货市场和现货市场的这种联系进行操纵市场的违法违规行为。例如，2017年四川省高级人民法院审理了一起期货市场期现联动操纵市场的案件，犯罪嫌疑人通过在现货市场囤积甲醇

〔1〕 参见库心：《程序化交易系统在期货交易中的应用》，载《期货日报》2006年11月8日版。

现货，同时在期货市场通过实际控制的40多个期货账户进行违规交易，当事人调用了4亿多资金操控甲醇期货市场进行牟利。该案曾于2015年被中国证监会处以100万元罚款和终身市场禁入的处罚，后该案被移送司法机关，最终该案罪犯被判处2年零6个月有期徒刑。

《关于办理操纵证券、期货市场刑事案件适用法律若干问题的解释》规定，期货操纵市场的一种方式就是“通过囤积现货，影响特定期货品种市场行情，并进行相关期货交易”。中国证监会在2019年11月18日公布的《关于〈期货交易管理条例〉第七十条第五项“其他操纵期货交易价格行为”的规定》中也明确规定操纵证券期货市场的违规方式之一是“为影响期货市场行情囤积现货”。因此，为操纵期货市场行情而囤积现货属于较为明确的期货违法违规行为。[1]但我们发现，除了通过在现货市场上囤积现货以影响期货价格来操纵市场之外，部分机构还存在通过协议控制或利用行政机关行政调控等方式操纵某些贵金属或农产品的供给从而达到影响并操纵期货市场相关品种交易价格的目的，而此类违法违规行为并非一概采取囤积现货的方式，因此市场操纵的痕迹更难以捕捉，取证更为困难，大大增加了监管部门的查处难度。

笔者认为期货跨市场操纵行为的构成有如下几个要件。

（1）存在期货市场或现货市场价格非正常干预的行为。不同于其他类型的期货市场价格操纵行为，期货跨市场操纵涉及期货市场及现货市场两个不同市场。行为人通过实施现货或期货市场的价格干预以期影响另一个市场关联标的物的价格。前述2017年甲醇操纵一案就是行为人通过操纵现货市场甲醇价格影响期货市场甲醇交易品种期货价格以谋取不正当利益。实务中，操纵行为人实施干预或操纵现货市场价格的行为通常比较常见，以可能影响现货市场价格的因素一般有：现货供给、现货需求、现货消费量、库存及周转、原材料成本、融资成本、价格调整时间、政策变化以及对上述因素变化的预期等。如果要实现操纵目的，必然通过对上述某些因素施加影响，而这种影响应当是人为的，蓄意的，非正常的。前述《关于办理操纵证券、期货市场刑事案件适用法律若干问题的解释》及中国证监会《关于〈期货交易管理条例〉第七十条第五项“其他操纵期货交易价格行为”的规定》中提到的“为影响期货市场行情囤积现货”就是一种干预或操纵现货市场价格的行为。相对于影响现货市场需求而言，干预或影响现货供给似乎更为普遍。囤积就是最常见的一种影响供给的方式。

有必要说明的是，这里的期货市场应当做扩大化的解释，其一，期货市场应当包括期货

---

[1] 2015年中国证监会公布的《股票期权交易试点管理办法》第25条规定：“任何单位或者个人不得编造、传播有关股票期权交易的虚假信息扰乱市场秩序，不得通过《期货交易管理条例》第七十一条规定的手段以及操纵相关标的证券市场等手段操纵股票期权市场，不得利用《期货交易管理条例》第八十二条第（十一）项规定的内幕信息、相关标的证券市场的内幕信息以及其他未公开信息从事股票期权交易，或者向他人泄露上述信息、使他人利用上述信息从事股票期权交易。任何单位或者个人不得通过操纵股票期权市场等手段操纵相关标的证券市场……”该规定首次明确证券市场及股票期权市场的跨市场操纵行为。

场内市场和场外衍生品市场。随着期货市场的发展，期权、互换、掉期等期货衍生交易产品不断推出，上述交易品种也可以用来影响现货价格并牟利，因此监管范围应当扩大至期货场外衍生品市场；其二，期货市场应当包括国内期货市场和境外期货市场，近些年我国大宗商品价格与国际市场的关联度越来越高，国内机构参与国际期货市场以及我国期货国际化交易品种的推出也使期货交易不再局限于境内，现货市场与期货市场的关联应当跨越单一的国境范围延伸至国际市场。

（2）存在现货市场价格对期货市场价格的非正常影响或相反。除了操纵行为人实施了现货市场价格干预或操纵行为外，这种价格操纵行为能够传导到期货市场并对期货市场相关品种的价格产生影响，这种影响足以产生期货价格的连续或剧烈波动。除了现货市场的价格变化能够影响期货市场价格外，期货市场价格亦能反向影响现货市场的价格。境外已有金融机构通过反向控制期货市场持仓来影响现货价格，再利用期货市场对现货市场的价格引导作用通过现货销售或合同订单获得超额利润的案例。因此，一个市场的价格操纵或干预行为能够传导到另一个关联市场，这是跨市场操纵的第二个构成要件。

（3）存在关联市场价格波动后的系列交易行为。如前分析，期货市场和现货市场之间由于存在价格联动机制，即现货市场的价格变化影响期货市场的价格或者相反，因此操纵行为人必然通过干扰或影响一个市场的某个标的物价格来影响另一个市场对应的标的价格并据此完成一系列交易。例如，通过控制可交割仓库的现货库存来控制现货升贴水以拉高或打压现货价格，带动期货价格的涨跌，通过期货多单或空单获得操纵利润，这种方式在期货行业又称为“逼仓”。操纵行为人通过实施此类跨市场操纵行为以牟取非法利益，这种利益可以表现为期货合约或衍生品的盈利、现货的盈利甚至在某些情况下两边市场同时获利等。

期货跨市场操纵行为由于利用两个不同市场之间资产的联动性，使得价格操纵行为更为隐蔽，加大了监管的难度。国内有学者对于证券期货市场价格操纵的识别与预警建立了相关模型，如史永东、张新宗、左大鹏等分别采用 Logistic 判别模型、[1]决策树判别模型以及动态识别法对价格操纵进行识别；熊熊等针对股指期货市场操纵构建了风险监控体系的三维概念模型等。[2]

笔者认为，基于期货跨市场操纵的特点，从监管角度，可以从以下几个方面进行认定与识别。

一是存在期货市场交易品种价格异常。相关交易品种出现价格异常波动，而这种波动并非纯粹的市场投机因素导致，而是可能存在相关品种基本面的变化，如现货供需发生改变、

---

〔1〕 参见史永东、蒋贤峰：《中国证券市场违法违规行为的判别——基于内幕交易与市场操纵的案例分析》，载《预测》2005 年第 3 期。

〔2〕 参见熊熊、许金花、张今：《中国股指期货市场操纵风险的监控体系研究》，载《财经理论与实践》2009 年第 5 期。

现货价格发生波动、现货库存异常等。交易所对于期货市场相关交易品种的价格异常变化应当保持必要关注和警惕，并关注这种变化的背景或动因。

二是现货市场相关联信息出现异常变化。期货跨市场操纵必然出现两个市场的联动变化，无论期货市场价格变化在前还是现货市场关联信息促发在前。因此，交易所应当掌握期货交易品种对应的现货市场关联信息并对此保持一定的敏感，如果出现现货市场关联信息的变化，如供求突发改变、库存发生异常变化等，交易所应当予以关注，同时考量上述改变是否为政治、经济、法律、产业或自然环境的变化所导致，是否存在人为刻意干预。

4. 期货子公司自营账户成为市场操纵分仓的“合谋者”

近几年，期货创新业务的开展使得期货经营机构的业务模式多样化，参与期货市场的方式同样发生了变化。依据目前的期货法规，期货公司尚不能从事期货自营业务，但是期货风险管理子公司可以，特别是部分风险管理业务需要利用自营账户针对客户的相关衍生产品进行套保。实务中，部分期货风险管理子公司在开展场外衍生品业务中存在因对冲客户场外衍生产品需要而不得不持有与客户同方向期货头寸的情况。如国内某期货子公司与客户开展场外衍生品交易，双方签署了场外衍生品交易主协议及系列交易确认书，客户从该机构买入看多动力煤的期权衍生产品，该机构作为期权的卖出方必须在场内做多动力煤期货进行对冲。在这种情况下，该机构自营账户由于大量持有与客户交易同方向的期货头寸而在客观上成为客户交易的“合作者”，但这样的机构自营持仓并不能及时反馈到期货交易所。如果该客户存在操纵期货市场的动机，则可以利用多个期货经营机构重复进行此类场外衍生品业务进行分仓，从而规避交易所持仓限额制度，导致期货经营机构“主动”或“被动”地参与了客户的期货违规行为。

笔者认为该类交易违规行为有如下构成要件。

（1）特定客户与多个期货风险管理子公司存在场外衍生品交易并持有大量相同头寸。这是该类交易违规行为源于特定客户与多个期货子公司存在多个场外衍生品交易行为。期货子公司出于风险管理的需要在场内与特定客户持有大量相同方向的交易头寸。客观上导致某一单一客户或关联客户持有的交易头寸突破了交易所持仓限额，并形成市场逼空（多）的效果。

（2）特定客户存在操纵市场的主观故意。这是构成该类违规行为的主观要件。如果仅仅是客观上的交易头寸大量增加，虽然在客观上可能违反了交易所的限仓规定，但并不构成操纵行为，但如果特定客户存在操纵市场的主观故意，并利用期货子公司的“分仓”进行市场操纵行为，则该类行为构成违规。

该类操纵行为由于通过场外衍生品交易的方式，具有一定的隐蔽性，各个风险子公司之间并无关联，除非存在主观合谋，否则仅是客观上成为操纵行为的“分仓”者，因此认定和识别该类行为具有一定难度。交易所目前可以从相同品种不同席位交易行为的关联性方面发现端倪。

三、期货市场交易违规行为的应对之策

1. 对采用微信、微博等社交媒体方式实施期货交易违规行为的应对措施

采用微信、微博等社交媒体实施传播虚假信息、蛊惑交易的违规行为，一般分为场外的虚假宣传或诱导、蛊惑行为和场内的交易行为，对于发生在场外的违规行为，交易所可能难以发现或跟踪，但对于发生在场内的交易违规行为，交易所可以做到动态监控，实时跟踪。

（1）建立期货交易违规反馈机制或程序。通过建立期货交易违规反馈机制或程序，能够对发生在交易场所外的一些违规行为进行反馈及跟踪。例如，建立期货违规举报或投诉机制，允许并鼓励期货市场投资者对于违法违规行为进行举报、投诉。例如，前述案例中的违规行为人通过社交媒体诱导、蛊惑期货投资者进行期货交易，那些受蛊惑的投资者最后产生交易亏损是大概率的，如果投资者可以将该类蛊惑或诱导行为及时向交易所进行举报或投诉，交易所就可以尽快、尽可能地察悉违规行为人的违规行为并适时采取监管措施，且此类违规行为发端于交易场所之外，监管部门及时介入往往能避免更多的投资人受骗亏损。必要时，交易所可以协同期货监管部门和公安部门联合查处此类期货违规行为，力争把该类违法违规行为的源头堵在期货交易场所外。

（2）加强期货投资者教育。期货投资相对于证券投资，对于普通投资者而言，风险更高。交易所应当加强对期货投资者，特别是普通投资者的风险教育工作，通过宣传和教育，使广大期货投资者了解期货交易、了解期货交易所，防范各类期货违规和欺骗行为，杜绝非法期货交易。从宣传和教育入手，从源头提高广大期货投资者识别和防范诈骗、蛊惑、诱导等违法违规行为的能力，提高抗风险意识。这些年，监管部门对于证券投资者教育比较重视，但期货投资者教育也不能忽视，广泛的、更为理性的投资者群体才是期货市场平稳发展的保证之一。

2. 对采用程序化交易手段实施期货交易违规行为的应对措施

（1）事前甄别报备。如前所述，依据《证券期货市场程序化交易管理办法（征求意见稿）》，程序化交易者应当将程序化交易相关信息向其开户委托的期货公司继续申报与披露，期货公司应当建立客户程序化交易账户的甄别机制。期货公司应当将客户的程序化交易相关信息向接受其交易申报的证券期货交易所报备。交易所在期货公司会员对程序化交易者进行甄别与报备的基础上，就可以事先知悉程序化交易者参与期货交易的相关资料与信息，包括要求交易者主动披露交易策略，并可有针对性地进行关注。

如果客户使用的程序化交易系统出现异常情况的，客户自身应当立即采取有效控制及处

置措施，并向期货公司报告；期货公司收到报告后应当立即向期货交易所报告。这就要求期货公司首先履行异常交易监管职责，并主动向交易所报告。

（2）事中强化监控。《期货法（草案）》要求交易所加强对程序化交易的实时监控。如前所述，程序化交易客户均应当向所委托证券公司或期货公司申报其实施程序化交易的相关信息。证券公司、期货公司应当将程序化交易客户与非程序化交易客户的报盘通道隔离，并设置单独的流量控制。据此，交易所可以对程序化交易客户单独“关照”；对于那些未予申报，但实际采取了程序化交易的交易者，交易所一旦发现，就应采取自律监管措施，包括但不限于警示、限制交易、暂停交易等，以确保程序化交易处于交易所的监管之下。

需要注意的是，自国内期货交易所开通国际化交易品种后，境外交易者通过境内会员参与国内期货市场交易将成为常态，境外盛行的高频交易模式必然出现在国内期货市场的交易中，其交易系统大概率将部署在境外。境外投资者通过境外系统参与国内期货交易将对交易所监管带来挑战，虽然交易所可以通过通道或流量控制其境内交易账户并要求其进行必要的交易信息披露，但难以直接就其境外交易主机或系统进行有效监管。

（3）事后严格惩处。交易所在监控期货交易的过程中，如果发现交易者利用程序化交易实施《证券期货市场程序化交易管理办法（征求意见稿）》中禁止的交易行为，如频繁撤单、自成交、幌骗交易等行为时，交易所有权采取自律监管措施，可依法采取警示、限制账户交易、提高保证金、限制持仓、强制平仓等自律监管措施；情节严重、涉嫌市场操纵的，及时报告证监会调查处理。

（4）制定监管程序化交易的自律规范。交易所应当制定期货公司接受程序化客户申报的相关规范，包括申报的内容、方式、时限等要求，并制定会员交易系统接入的管理标准。建议交易所考虑就实施高频交易者设立专户，所有经报备或未报备被识别的程序化交易均归由专户进行监管，其他账户如果实施了程序化交易，应当予以禁止或限制交易。如果对程序化交易实施专户监管，则相应的通道隔离、流量控制等措施可以专属实施。

鉴于程序化交易，特别是高频交易的高速、批量等特点，交易所可以根据程序化交易申报、撤单等情况，制定差异化收费管理办法，对程序化交易收取额外费用。如果程序化交易过度频繁交易影响市场稳定，期货交易所可以对程序化交易者实施日内开仓量限制。

交易所应在自律规则中规定对程序化交易者的违规交易行为的处罚措施，特别是针对程序化交易的特点，在限制开仓、强行平仓、限制账户交易等方面制定特别的监管措施。

3. 对跨市场操纵行为的应对措施

由于期货跨市场操纵具有隐蔽性、关联性等特点，故交易所对于期货跨市场操纵行为应当从期货和现货市场两个方面入手采取监管措施。

（1）建立预警机制。交易所对于期货市场的价格变化有能力保持敏锐嗅觉，能够对交易品种的异常交易行为及各类违规行为进行自律监管，但是交易所对于现货市场各类因素导致的价格变化往往并不敏感，且既要关注这些价格变化又要探求价格变化背后的动因是否存在非正常的、人为的干预则更是力有不逮。本文认为，交易所可以尝试建立针对场内主要交易品种的现货市场的关联信息数据库并建立相应的分析模型。以铜为例，国内学者朱以红就基于系统动力学探讨了金属跨期现市场操纵的预警模型或系统的建立和运用，其中涉及铜现货相关的信息变量多达数十个。[1]该模型模拟了现货市场操纵、期货市场操纵和现货期货同时操纵几种情形下，不同的变量发生调整后对铜现货价格及期货价格的影响。交易所如果能够做到对于现货市场影响期货价格的重大要素变化保持敏感并分析这类变化背后的动因，便可以在一定程度上判析期货交易品种价格发生重大变化是否存在合理性并为后续是否采取必要监管措施奠定基础和依据。

（2）构建反操纵合作网络。对于期货跨市场操作的行为监管，仅仅依靠交易所的力量是不够的。如前所述，能够导致期货市场发生变化的现货市场因素或变量繁多，如果仅凭交易所一己之力对其进行全方位监控或跟踪并不现实，即便构建了数据库或预警系统，交易所也需要大量的动态现货市场信息数据进行判析，因此交易所应当充分利用和调动会员单位的资源和人才，构建防范跨市场操纵的合作网络，特别是产业客户和会员，利用他们对行业的熟悉度，掌握行业、产业变化的情况，了解现货价格变化的动态。另外，交易所还需根据其监管的交割仓库，掌握现货库存变化情况并知悉其变化可归属的缘由。通过构建各行业参与的广泛的反操纵合作网络，交易所才能知己知彼，在立足期货市场监管的同时，洞察现货市场变化，并对其可能存在的人为干预保持警惕，如此才能从源头尽早尽快地发现和防范跨市场操纵行为。

（3）完善自律规则加大监管惩处力度。期货跨市场操纵行为影响期货市场期货发现价格、套期保值功能的发挥，同时加剧了市场风险，扰乱了市场正常的供求关系及价格机制，严重损害了期货投资者的合法权益，造成整个期货市场完整性的破坏。对此，交易所相配套的监管措施也应进一步地进行完善。上期所制定的《上海期货交易所违规处理办法》第 29 条第 7 款规定：“以垄断、囤积标的物和不当集中持仓量的方式，控制交易所大量指定交割仓库标准仓单，企图或实际严重影响期货市场行情或交割的”构成违规，并可依据该条款采取罚款、暂停部分期货或期权业务、强行平仓、暂停开仓交易 1 ~ 12 个月、取消会员资格、宣布为“市场禁止进入者”等较为严厉的处罚。但上述违规的认定主要还是基于囤积现货等方式以控制交割仓单来操控期货市场的价格走势，但是实务中还存在其他方式，如前所述，控制现货产能，影响生产、进出口许可证发放，甚至通过期货市场反向影响现货市场等都是

[1] 有学者研究并构建了以系统动力学为基础的金属跨期现市场操纵预警仿真模型，通过引入库存、成本、供应量、产品需求、周转、投机需求、消费强度、融资需求、预期价格变化等变量探索跨期现市场操纵对金属价格的影响程度和影响路径。参见朱学红等：《金属跨期现市场操纵机理及预警研究》，载《管理工程学报》2019 年第 3 期。

跨市场操纵的表现形式。目前国内期货监管规范及自律规则对于期货跨市场操纵的认定标准较为狭窄，且主要针对以现货价格操纵期货价格的情况，而对于期货价格反向操纵现货价格的情况未有明确规定。[1]对此，交易所可以从实际出发主动拓宽期货跨市场操纵的认定范围，只要通过不正当干预或影响现货供应或需求的方式导致现货价格出现不合理升高或降低进而影响期货市场价格的（反向操纵亦如此），均可认定为存在操纵嫌疑。笔者认为，放宽期货跨市场操纵认定标准必然是监管趋向。

4. 期货子公司自营账户涉嫌“操纵”的应对之策

部分期货风险管理子公司在开展场外衍生品交易中出于避险或盈利的需要在客观上可能成为“投机炒家”或操纵市场的“帮凶”。对于交易所而言，以期货子公司为代表的部分经营机构并非交易所会员，它们可以开展自营业务，可以入场交易，而它们与客户之间的业务关联持仓或交易头寸却无须向交易所申报，并因此可能躲过交易所的监管视野。从监管角度，上述期货经营机构的自营盘或持仓的确存在较大的风险因素，值得交易所重视。

（1）强化大户报告制度和实际控制关系账户管理制度。根据期货交易所的交易规则，大户报告制度一般针对参与期货市场交易的交易者或客户对自有持仓达到交易所规定的持仓报告标准时向交易所进行报告；实际控制账户管理制度一般针对交易者或客户实际控制或关联的账户在持仓限额、交易限额即异常交易等方面进行交易或持仓的合并计算。据此，我们建议对于交易者或客户如果存在与期货经营机构建立业务合作或委托交易关系的情况，则除了客户自有账户必须进行大户报告外，对其存在业务合作或委托关系的期货经营机构账户或持仓应当视为关联账户或实际控制账户并进行报告。

（2）建立健全期货经营机构持仓申报制度。期货经营机构，包括期货风险管理子公司对于其自有账户或委托交易账户持仓应当向交易所进行申报或报备。特别是期货风险管理子公司等在开展相关合作套保或场外衍生品业务过程中将所产生的相应交易头寸向交易所进行必要报备，不仅报告持有的期货交易持仓或头寸数量，还应同时报备其交易持仓或头寸所指向的业务内容和业务对象，以便交易所全面、翔实地掌握期货经营机构在期货市场的持仓动态，更好地维护期货市场秩序和稳定。

期货市场的发展使得期货交易违规行为出现了新的趋势和变化，监管机构应当对此持续保持关注。如何进一步提高监管水平，不仅需要完善监管的法律法规规章体系，更需要能够及时、准确把握期货市场发展的动态，如此监管机构才能尽其责、善其用，实现维护期货市场稳定和发展之大局。

---

〔1〕 2015 年中国证监会颁布的《股票期权交易试点管理办法》提及以操纵标的证券市场等手段操纵股票期权市场的跨市场操纵，以及通过操纵股票期权市场等手段操纵标的证券市场的反向跨市场操纵行为。目前《期货交易管理条例》及《关于〈期货交易管理条例〉第七十条第五项“其他操纵期货交易价格行为”的规定》等仅明确了操纵现货影响期货市场但并未明确以操纵期货影响现货价格的反向跨市场操纵行为。

金融科技法研究

个人网络借贷准入规范研究

刘少军 *

我国是个人网络借贷比较发达的国家，个人网络借贷在金融业务创新、打破传统不合理的借贷市场格局、促进金融业和金融科技的发展中发挥了重要的作用。但是，它同时也造成了许多混乱，在一定程度上已经影响了借贷市场基本的经营秩序和资金安全，甚至出现了许多社会不安定因素。对此，法学研究必须作出基本的思考和结论，提出对现行法规进行合理完善的建议，以便既发挥个人网络借贷的优势，同时又尽量抑制它所带来的负面影响。

一、市场准入的法哲学思考

个人网络借贷的市场准入问题，不是一个简单的规范制定与执行的问题，任何规则的制定与执行都既具有对个体和整体的正面效果，也同时具有负面效果，站在不同的角度和立场对这些正面和负面效果的评价也是不同的。任何市场准入规则都是对相关主体行为资格、内容、方式等的限制，必须首先对此在法哲学层面上进行基本的分析与思考，以便从理论上得出基本的行为指导和方向，它是进行任何法治问题研究的起点。

（一）准入的沿革与界定

市场准入古已有之，我国古代在许多领域都曾经实行过市场准入制度，进入某个特定的市场领域需要持有特定的准入证书，准入的内容既包括主体的准入也

* 刘少军，中国政法大学金融法研究中心主任、教授、博士生导师。

包括客体和行为的准入。在世界其他国家的不同时期也存在过相应的行为，对主体、客体、行为进入某特定市场需要经过有权机关的审核。市场准入作为当代市场经济条件下的一个专门的法律概念和体系，并在当代法规体系中作出具体的系统化的规定，应该是从 20 世纪 80 年代开始逐步出现和形成的，最早是发生在国际贸易领域。1979 年《国际橄榄油协议》《澳大利亚—日本渔业协定》等国际协定中开始使用"市场准入"（market access，market entry）的概念，1982 年美国《天然气法案》（Natural Gas Act）中也开始明确使用市场准入（market access）的概念，在判例法中美国联邦国际贸易法庭 1984 年开始使用相关概念。

通常，市场准入在国际法意义上主要是指某个国家许可外国的货物、技术、服务、资本等进入本国市场的范围、程度和程序，它最突出的体现是在世界贸易组织（WTO）的基本原则中。在世界贸易组织的相关协定中，市场准入是一项基本原则，它要求成员国开放市场、实现贸易自由化、促进合理的市场竞争。市场准入不仅是国际法意义上的法律概念，也是国内法意义上的重要概念。特别是随着社会整体经济利益的不断增强，各种经济监管机关的不断设立，各国都不断在其经济、金融方面的立法中加入市场准入的内容，目前市场准入已经成为相关法规的必要内容之一，由此也形成了比较丰富的市场准入制度研究成果。

我国对市场准入制度的研究主要体现在经济法和金融法的相关论著中，在这些论著中对市场准入进行了比较严格的界定。有的学者认为它是国家对市场主体资格审核和确认的法律制度，包括市场主体资格的实体条件和取得主体资格的程序条件。[1] 在我国较早比较系统的研究市场准入制度的论著中，将市场准入制度界定为，有关国家和政府准许公民和法人进入市场，从事商品生产经营活动的条件和程序规则的各种制度和规范的总称。市场准入制度体系具体包括一般市场准入制度、特殊市场准入制度、涉外市场准入制度。[2] 也有学者认为市场准入属于经济行为法的组成部分，是关于市场进入标准和进入准许监管的法，它具体应包括主体准入行为法、客体准入行为法、媒体准入行为法、准入行为程序法。[3]

尽管我国目前对准入制度的认识并不完全统一，但它作为一种法规的客观现实已经明确地存在于多数法规文件之中。总结这些法规的主要内容可以认为，市场准入制度是以规定进入某市场的限制条件为核心的制度体系，它的具体内容应包括进入市场的某主体限制条件、某客体限制行为，以及实施某种特定行为的限制条件。同时，为了保障这些限制性规范的实施还必须规定监督管理这些限制条件实施的主体、准入监督管理行为的具体程序，以及违反准入条件和准入程序应承担的责任和责任确认程序等。一个法学体系的基本构成要素，应包括主体、客体、行为、责任、程序的全部内容，这些要素既可以从理论上构成一个相对完整系统的法学体系，在实践中这些内容也体现在具体的法规文件中。特别是在金融法规领域，

---

〔1〕 参见戴霞：《市场准入法律制度研究》，西南政法大学 2006 年博士学位论文。

〔2〕 参见李昌麒主编：《经济法学》（修订版），中国政法大学出版社 2002 年版，第八章市场准入法律制度。

〔3〕 参见刘少军、王一鹤：《经济法学总论》，中国政法大学出版社 2015 年版，第八章市场准入行为法。

几乎全部主体、客体、行为都存在准入问题。但是，准入就是对平等自由等基本权利的限制，必须具有明晰的法哲学基础，它构建了准入制度体系的指导方针和原则。

（二）准入的价值与形式

在法学上，任何行为都必须有明确的价值追求，具有足以证明自己行为合理性的理论和实践依据；否则，这种行为就不可能得到法学上的正面评价，也就是法学或法规难以支持的行为。"'目的是全部法的创造者，每条法律规则的产生都源自一种目的，即一种实际的动机。'……法律是根据人们欲实现某些可欲的结果的意志而有意识地制定的。……法律在很大程度上是国家为了有意识地达到某个特定目的而制定的。"〔1〕法学不是数学，对目的的思考是决定性的。〔2〕就准入制度发展的历史而言，它的主要价值追求包括财政收入价值、经济安全价值、系统风险价值、经济秩序价值、整体效率价值5个方面。

准入制度的首要经济价值是财政收入价值，历史上绝大部分的市场准入限制都是国王或皇帝从财政收入的角度考虑的，即使当代社会在某些领域也还保留着这种制度的遗迹。经济安全价值是当代社会，特别是在国际贸易领域主要考虑的价值，通过对外国或本国主体、客体、行为设置各种境域方面的限制，达到保护本国经济、实现经济安全的目的。〔3〕通常各国都实行比较严格的金融市场准入制度，这些制度不是没有对个体财产安全和其他系统性风险方面的考虑，但主要考虑的应该是预防和控制系统性金融风险。在预防和控制风险的基础上也还必须考虑整体的经济秩序和效率价值，以维护整个社会良好的经济、金融秩序，从总体上提高经济效率。

为了这些核心准入价值的实现，就必须采取一定的准入手段或形式。通常，各国主要采取准入批准、准入核准、准入注册、准入备案4种基本的准入监督管理形式。准入批准也可称为准入特许，它是最严格的准入监管形式，通常没有明确的准入标准，而是完全根据准入监管机关的主观判断决定是否许可其进入特定的市场，主要适用于特殊的准入行为。准入核准是规定了明确的准入标准，经监管机关审核符合法定标准即许可其进入市场。这两种方式都属于需要进行事先审核的准入方式，只能适用于数量有限、比较重大的准入行为。准入注册和准入备案具有共性，它们只需要在监管机关注册或备案即可以进入市场，只是注册往往有准入标准，而准入备案往往没有明确的准入标准，准入后都需要接受监督管理。

（三）准入的平等与公正

市场准入是对主体、客体、行为的限制，它直接影响的是平等问题。法律平等是人类一

〔1〕［美］E. 博登海默：《法理学：法律哲学与法律方法》，邓正来译，中国政法大学出版社2004年版，第109页。

〔2〕参见［德］阿图尔·考夫曼、温弗里德·哈斯默尔：《当代法哲学和法律理论导论》，郑永流译，法律出版社2002年版，第166页。

〔3〕参见我国《外国投资法（征求意见稿）》《对外贸易法》《市场准入负面清单草案》等的规定。

个古老的愿望，代表着人类的道义价值追求。我国自古以来就强调，“圣人与我同类”，“尧舜与人同耳”，“法不阿贵，绳不挠曲；……刑过不避大夫，赏善不遗匹夫”。〔1〕欧洲古代也有“在公民私权方面，法律面前，人人平等”的思想。在罗马法学家看来“每一个人自然是平等的”，这是一个严格的法律公理。〔2〕在资产阶级革命过程中，更提出在自然状态下“人类天生都是自由、平等和独立的”。〔3〕1789 年的法国《人权和公民权宣言》中宣告，“人生来就是而且始终是自由的，在权利方面一律平等”〔4〕并于 1948 年写入《世界人权宣言》，“人人生而自由，在尊严和权利上一律平等”。〔5〕然而，准入制度却对市场进行了自由与平等的限制，同类主体可能产生不同的准入结果，这是与抽象的平等观相违背的。

在现实生活中平等从来不是简单而抽象的，也不意味着是某种意义上的简单等同。即使是在私人的领域，我国也只承认法律地位的平等，“民事主体在民事活动中的法律地位一律平等”，〔6〕并不承认私主体权利义务的完全等同，并大量地规定了不同主体权利义务的不同。“对一切人的不加区别的平等就等于不平等”，〔7〕私人主体并不是完全整齐划一的原子式的孤立个体，如果再考虑到群体或整体利益则权利平等就只能是一种道义上的理想。人是社会动物，他们不是毫无关联的孤立的原子，至少在客观事实上“社会作为一个世代相继的公平的社会合作体系”。〔8〕承认社会的存在，就必须承认群体利益，或称整体利益，它不是从私人利益中直接产生的，而是同私人利益共同存在的利益，是一个问题的两个方面。当二者之间发生矛盾时，必须采取适当的解决策略，市场准入就面临这一问题。

市场准入既代表私人的个体利益也代表社会的整体利益且主要是整体利益，在哲学上它更代表功利的价值追求。设定准入标准就会剥夺部分主体或其客体进入市场的权利，或者在市场上实施特定行为的权利，这是违背一般性的道义价值追求的。然而，如果没有市场准入制度，任何主体、客体、行为都可以完全自由平等地进入某特定市场，就很可能产生各种经济安全问题、系统风险问题、经济秩序问题、整体效率问题，这些问题的出现并不是同私人的个体利益无关，它会反过来影响私人的个体利益，甚至导致许多个体利益不能实现，或不能充分实现。在此条件下，就只能在两种价值追求之间进行某种妥协，这种合理的妥协才是社会现实的公正。“如果平等和效率两者都是有价值的，而且其中一方对另一方不存在绝对的优先权，那么在它们冲突的方面，就应当达成妥协。然而，作为另一方的更多地获得的必

〔1〕《孟子 · 告子》《孟子 · 离娄》《韩非子 · 有度》。

〔2〕参见陈昌杭：《“法律平等”的理想 · 现实 · 历史》，载《法学杂志》1980 年第 2 期。

〔3〕［英］洛克：《政府论》（下），叶启芳、瞿菊农译，商务印书馆 1964 年版，第 59 页。

〔4〕参见 1789 年法国《人权和公民权宣言》中第 1 条的规定。

〔5〕参见 1948 年联合国大会通过并颁布的《世界人权宣言》中第 1 条的规定。

〔6〕参见我国《民法典 · 总则编》第 4 条的规定。

〔7〕［古希腊］柏拉图：《法律篇》，张智仁、何勤华译，上海人民出版社 2001 年版，第 168 页。

〔8〕［美］约翰 · 罗尔斯：《作为公平的正义：正义新论》，姚大志译，上海三联书店 2002 年版，第 9 ~ 10 页。

需手段，无论哪一方面的牺牲，公正都是必要条件。”[1]

（四）准入的法哲学选择

在市场经济条件下，每个社会主体都应该有平等地进入某市场实施特定行为的权利，这应该是个体应有的基本市场权利，如果不赋予每个主体这种平等的市场权利，市场经济是不可能有普遍的存在基础的。在此同时，任何市场也都应该是有严格的安全、秩序、效率等整体性利益要求的，它同样也是更充分地实现个体利益的手段。因此，市场准入制度不是可以任意制定和实施的制度，它必须在充分保护每个主体平等进入权利的条件下考虑设置准入标准和程序问题，以最大限度地维护各方面的利益、实现市场利益的最大化。“法是以综合社会效果最优为目标，在不破坏现有社会基本法治体系的条件下，它的实证价值、功利价值、道义价值的最佳边际均衡点，即能够获得最佳综合社会效果的点。”[2]

具体而言，第一，设置市场准入制度首先必须保障私人个体的基本权利。私人个体必须存在不得以任何理由被剥夺的市场权利，否则他就很难作为一个真正的市场主体而存在，就会时刻面临被以其他理由剥夺全部市场权利的威胁。“每个人都拥有一种基于正义的不可侵犯性，这种不可侵犯性即使以社会整体利益之名也不能逾越。”[3]第二，制定市场准入制度必须有充足的，足以超越被限制在市场之外的主体因此而受到损失的利益，否则设置准入制度就不具有充足的理由。第三，设置的准入制度必须使被限制的权利降低到绝对必要的限度，非绝对必要不得任意限制市场主体的权利。“法治并不要求剥离行政或司法决策者们所拥有的自由裁量权，但它拒绝不受限制的，以致成为潜在‘独裁’的自由裁量权。”[4]第四，不同市场的准入制度必须根据需要进行不断的调整，以使其经常处于最为合理的状态。“当规范使各种对社会生活利益的冲突要求之间有一恰当的平衡时，这些制度就是正义的。”[5]

二、个人网贷准入行为分析

个人网贷是个人借款人通过各种形式的互联网平台，向提供智能化借贷业务的贷款人申请贷款，并还本付息的借贷行为。[6]个人网络借贷市场是借贷市场的组成部分，它的准入既同普通借贷市场准入有必然的联系也有明显的区别。从联系的角度讲，它属于借贷市场的组成部分；从区别的角度讲，它是在传统借贷市场之外新形成的借贷市场。研究个人网贷准入

---

〔1〕［美］阿瑟·奥肯：《平等与效率》，王奔洲等译，华夏出版社 1987 年版，第 86 ~87 页。
〔2〕刘少军：《法边际均衡论》（修订版），中国政法大学出版社 2017 年版，第 67 页。
〔3〕［美］约翰·罗尔斯：《正义论》，何怀宏等译，中国社会科学出版社 2003 年版，第 3 页。
〔4〕［英］汤姆·宾汉姆：《法治》，毛国权译，中国政法大学出版社 2012 年版，第 78 页。
〔5〕［美］约翰·罗尔斯：《正义论》，何怀宏等译，中国社会科学出版社 2003 年版，第 5 页。
〔6〕参见我国《关于促进互联网金融健康发展的指导意见》《商业银行互联网贷款管理暂行办法》《网络借贷信息中介机构业务活动管理暂行办法》《网络小额贷款业务管理暂行办法（征求意见稿）》等的规定。

规范问题，必须对它的特殊性、准入必要性、准入可行性进行分析。

（一）个人网贷的特殊性

个人网络借贷同传统借贷市场相比具有明显的市场特殊性、主体特殊性、客体特殊性、行为特殊性，明确这些特殊性是研究其准入必要性和可行性的前提。它的市场特殊性主要表现在，虚拟性、智能性、多元性、消费性等方面。第一，无论是贷款人、借款人还是相关业务服务人，他们在市场上都是虚拟化的存在，各方之间相对的只是一个网络主体符号，而不是一个现实的单位或个人。第二，网络借贷是智能化借贷，它的贷款审核与评估、款项的发放等都是智能化完成的，不需要贷款人、借款人及相关服务人进行实体化的现实操作。第三，网络借贷除贷款人、借款人外，往往还需要网络服务人、评估服务人、平台服务人等主体的参与，使其成为一种多元化的借贷市场。第四，网络借贷具有明显的消费性倾向，传统借贷主要是为生产经营的需要，网络借贷通常主要是为了消费需要。

个人网贷市场的主体特殊性主要表现在，主体广泛性、服务核心性、行为非理性三个方面。第一，无论是贷款主体还是借款主体，他们都可以是任何普通的社会公众。虽然，提供网络贷款的核心主体还是传统的银行业金融机构，但个人网贷市场并不排除普通个人成为贷款人。同时，借款人也具有广泛性，具有行为能力的主体都可以成为借款人。第二，在网络借贷市场上，贷款人与借款人只是市场的两端，真正运营这个市场的是网络技术服务人，包括借贷网络平台运营人、借款人信用评估人、贷款回收催告人等，使个人网贷市场成为一个以相关服务人为核心的市场。第三，网贷市场的贷款决策是由智能化程序而非贷款人亲自决定的，借款人的借款决策由于其消费性也往往是临时性决定。虽然并不能否认其中的理性成分，特别是对于贷款决策而言，但还是具有非常强的非理性成分。

个人网贷市场的客体特殊性主要表现在货币类型、信用信息、货币收付、货币使用等方面。在目前的货币市场上，个人网贷的货币类型主要包括法定记账货币、存款货币、结算货币、约定货币等所有可以直接通过网络账户进行收支的记账货币。法定记账货币具有相对的法偿效力，存款货币、结算货币都属于法定货币体系的货币，都根据法定货币的价值确定其价值。约定货币理论上应不能用于融资，法律应限制约定货币金融体系的产生。[1] 个人网贷市场的另一核心特征，是借款人的信用信息完全采取网络收集和评估方式，由于其收集的内容不一定全面，故其评估结果也不一定准确。网络借贷的货币收付只能采取记账货币的形式，无法实现法定证券货币的收付。由于借款人的虚拟性，贷款人往往难以监督它的使用，也往往不特别关心贷款的使用，通常在贷款协议中并不规定借款的使用方向。

个人网贷市场的行为特殊性主要表现在审核智能化、决策程序化、合同格式化、风控概

[1] 参见刘少军：《虚拟货币的性质与监管的法学研究》，载《金融法学家》（第3辑），中国政法大学出版社2012年版；刘少华：《“法定数字货币”流通的主要问题与立法完善》，载《新疆师范大学学报》2021年第4期。

率化等几个方面。首先，个人网贷中对借款人信用水平的评估并不会进行实地的调查，主要是依据借款人的相关网络资料由评估程序进行智能化评估，无论评估结果是否准确都依据这一结果进行贷款决策。其次，具体决定是否发放贷款、信用额度的高低也都是由智能化程序决定的，在此过程中基本上不进行主动的干预。再次，个人网贷行为基本上都是在网络上进行的，贷款合同的内容也都是格式化的，签章也都采用电子签章，并依据合同内容和款项的收付确定合同效力。最后，在贷款风险控制方面，个人网贷并不像传统借贷一样追求每一笔贷款都能够按期回收，它关注的主要是贷款回收率，用小额、大量的贷款数量覆盖不能收回贷款的损失，只要收回一定概率的贷款就能够对冲其不能收回贷款的损失。

（二）网贷准入的必要性

个人网贷可能存在的形态主要包括银行业的网络借贷、贷款公司的网络借贷、信息平台的网络借贷、私设平台的网络借贷。银行业和贷款公司的网络借贷属于传统借贷的网络化运行，信息平台的网络借贷、私设平台的网络借贷是近些年产生的新的借贷形式。按照金融监管的基本法理，如果贷款人完全使用自有资金进行借贷，无论采取何种技术方式，只要不向其他主体融入资金，就不会产生杠杆效应、不会形成系统性风险；就不会产生危害整体金融安全，影响金融、经济、社会秩序，以及损害整体金融效率的问题。在这个意义上讲是不该对其进行准入监管的。但是，即使名义上完全使用自有资金进行借贷，在网络借贷经营过程中也可能在事实上变相融通借贷资金，如目前已经被全部取缔的P2P网络借贷等。[1]

同时，网络贷款人也可能向没有还款能力的个人发放贷款，甚至是恶意向没有还款能力的个人发放贷款，形成事实上的“掠夺性贷款”。还可能存在“高利发放贷款”、“高利转移贷款”、各种形式的内部“循环借贷”等行为。同这些行为伴随而生的还可能存在各种形式的“暴力催收”、各种类型的“借贷欺诈”、各种形式的“影子银行”等行为。这些行为将严重地影响正常的社会秩序、经济秩序、金融秩序，也同时会影响整个金融体系的安全和效率，甚至导致比较严重的社会问题，最终还会形成相应的财政负担。此外，网络借贷是以信息服务机构为核心的借贷行为，信息服务机构在传统上不属于金融机构，也没有纳入金融监管的范畴。如果出现信息服务机构信息质量瑕疵、欺诈性经营、垄断客户信息等行为，也会严重影响整个社会的安全、秩序、效率。并且，在网络借贷形式下传统的借贷监管指标体系、监管手段体系等难以再有效地发挥作用，必须将其纳入金融监管之中。[2]

---

〔1〕 参见我国《商业银行互联网贷款管理暂行办法》《网络借贷信息中介机构业务活动管理暂行办法》《网络小额贷款业务管理暂行办法（征求意见稿）》《非法金融机构和非法金融业务活动取缔办法》等的规定。

〔2〕 参见我国《刑法》及其各修正案，《关于办理“套路贷”刑事案件若干问题的意见》《关于进一步规范大学生互联网消费贷款监督管理工作的通知》《关于进一步规范商业银行互联网贷款业务的通知》《关于促进互联网金融健康发展的指导意见》《关于规范整顿“现金贷”业务的通知》《关于规范民间借贷行为 维护经济金融秩序有关事项的通知》《催收自律公约》等规定。

（三）网贷准入的可行性

随着我国金融业，特别是互联网金融业务的不断发展和改革的不断深化，提高整体金融效率、维护整体金融秩序、防范系统性金融风险，实现对整个金融业务和金融市场监管的全面覆盖，已经成为全社会的共识。为此，我国对金融监管体系也进行了较大幅度的改革和完善。国务院成立了金融稳定发展委员会，作为统筹协调金融稳定和改革发展重大问题的议事协调机构，统筹金融改革发展与监管，协调货币政策与金融监管相关事项。强化了中国人民银行宏观审慎管理和系统性风险防范职责。将银监会和保监会合并，落实金融监管职责、强化综合监管，突出功能监管和行为监管。同时，在地方设立了地方金融监管机构，初步形成了对各类金融业务，特别是贷款类业务监管的全面覆盖。在金融立法、金融监管、金融裁判的指导思想上，也为对网络借贷行为实施全面监管创造了条件。

我国现存的个人网络借贷虽然有银行类的网络借贷、贷款公司的网络借贷、信息平台的网络借贷、私设平台的网络借贷等多种形式，具体操作都是在互联网上进行，传统监管手段难以实现对其业务情况的监督管理。但是，由于我国目前已经初步建立起相对全面的借贷监督管理体系，且各类监管机关也都在努力开发互联网业务监督管理系统，应该说还是具备对个人网贷进行全面监督管理的条件的。在此背景下，如果对全部互联网个人网贷业务，根据需要实行适当类型的准入制度，对是否可以进入个人网贷市场进行监管还是具有可行性的。加之协调警察机关、检察机关、审判机关对其违法犯罪行为进行处罚，协调中国互联网金融协会、中国征信协会、中国银行业协会、中国小额贷款公司协会等自律组织，应能较好地从各自角度对个人互联网借贷建立和实施准入管理。[1]

三、个人网贷准入的基本原则

构建个人互联网借贷准入制度不仅应具有必要性、可行性，而且要实际设立完整系统的准入制度，首先必须明确设立该准入制度体系的原则，以确定设立该制度的基本指导思想，防止出现准入内容和方式过于严格、限制了行业的健康稳定发展，或者准入内容和方式过于宽松，使行业发展出现混乱，导致出现系统性风险、影响正常的金融秩序和金融效率的情况。它的基本原则应主要包括个体权利维护、整体利益控制、市场治理纠正等原则。

（一）个体权利维护原则

从人类发展史的角度讲，虽然个体利益并不是利益的绝对起点，但是至少存在同个体利

〔1〕 当然，这里说对网络借贷准入监管具有可行性，并不是说这方面的机构、制度、协调等方面都是相对完善的。事实上，我国在网络借贷监管上还是存在许多问题的，需要将来在这些方面进行不断的完善。如何具体在这些方面进行完善，本文在后面将进行详细论述，这里只是论证即使在目前条件下，我国也有能力对网络借贷准入实施全面的监管，具备建立网络借贷全面准入制度的基本条件。

益并列的整体利益，它是一个问题的两个方面。我们必须承认个体利益是社会的基础利益，完全离开个体利益谈整体利益是没有意义的，它可能会导致个体权利的完全丧失，甚至成为被某利益集团奴役的对象，这是当代社会难以接受的。个体利益的核心表现为个体权利，从个人网贷的角度来讲，在设置个人网贷准入制度时，必须以维护个体权利作为首要的基本原则。

具体而言，必须维护贷款平等经营权、借款平等利益权、货币平等使用权。维护贷款平等经营权要求，社会上任何有意愿经营个人网贷业务的主体，都应享有经营该项业务的权利，不得以任何理由绝对地剥夺个体经营个人网络借贷的权利。

维护借款平等利益权要求，社会上任何有意愿获得个人网络借贷款项的主体，都应享有向贷款主体请求举借网络贷款的权利，不得以任何理由绝对地剥夺个体获取贷款的权利。任何法律承认的个体都可能产生举借贷款的需求，任意法规都不得绝对地剥夺个体满足自己需求的权利，以任何理由绝对地剥夺个体的权利在法理上都是不可容忍的。维护货币平等使用权要求，个人网络借贷经营者有权向借款人贷放任何法定货币体系的货币，任何法规不得强制经营者贷放某种特定类型的货币。同时，借款人也有权举借任何法定货币体系的货币，任何法规也不得强制借款人只能举借某种特定类型的货币。具体借贷法定货币体系的何种货币，应由借贷双方协商一致，并在技术上具有实现借贷的能力。

（二）整体利益控制原则

在人类发展史上，任何个体权利都不是绝对的，个体利益与整体利益是同时存在的，这是社会群体生活的必然结果。既不可能以个体利益否定整体利益，也不得以整体利益为由完全剥夺个体利益，存在差别的只是它们之间的不同组合。在个人网贷领域存在较强的整体利益，为维护这些整体利益从准入的角度也必须对个体权利进行一定的约束，这些约束的基本原则主要包括整体金融安全、整体金融秩序、整体金融效率、国际竞争控制 4 个方面。系统性金融风险是当代社会最大的经济风险，“健全金融监管体系，守住不发生系统性金融风险的底线”，是国家的对金融领域的最基本要求，个人网贷也是可能发生这类风险的重要领域，因此必须健全个人网贷的主体、客体、行为准入制度。

不发生系统性金融风险只是整体金融利益的底线要求，要建立完善的金融市场体系，在此基础上还必须进一步考虑整体金融秩序、整体金融效率的问题，它是对整体金融利益的更高层次的要求，没有基本稳定、运行良好的金融市场秩序就难以保证整体金融效率的提高。就此而言，应在充分尊重网络借贷个体权利的基础上，严格借贷市场准入制度，同时建立健全不合格主体、客体、行为退出制度，它也同样是构建个人网络借贷准入制度必须遵守的基本原则。良好的金融市场秩序、较高的金融市场效率，是以合格的市场主体、适当的市场客体、合理的市场行为作为基本条件的，没有完善系统的个人网络借贷市场准入制度体系，这些条件是难以得到充分满足的，它是控制市场整体金融利益的第一道防线。

（三）市场治理纠正原则

维护整体利益就必然要限制个体权利，它们既是相互矛盾又是相互统一的。在市场经济条件下，个体权利是经济、金融运行的基础和根本动力来源，必须充分尊重个体权利，只要个体权利的行使不会严重影响整体金融利益，就不得为个体设置限制性准入条件。以整体金融利益为价值追求设置限制性准入条件，只能是为了治理个体权利运行导致的系统性金融风险、金融秩序混乱、严重影响整体金融效率的状况，个人网络借贷准入制度只能是对市场自身运行缺陷的治理和纠正，不得以整体金融利益为名不必要地设定准入条件，这样做的结果只能会反过来严重影响整个社会的金融公平、金融秩序和金融效率。

在此需要特别注意金融创新与金融法治的关系问题，“大约早在 1000 年前，金融的各种主要要素便都已经存在了，后来经过逐步发展和成熟，演化成今天无数的金融创新”。[1]从法律执行的角度讲，金融创新意味着突破现有的法规框架。即使突破的是没有法规明确限制的方面，也会导致金融安全、秩序、效率的实质性变化。并且，任何创新本身存在非常大的不确定性，不仅创新者本人，即使监管机关也往往难以判断其结果。在此条件下，从个体网络借贷准入基本原则的角度讲，在基本确定不出现系统性金融风险、不会严重影响整体金融秩序和效率的条件下，或者在对其实施相应控制的条件下，适当地允许具有实质意义的创新者进行谨慎的创新尝试，为创新准入保留合理的可控制的空间。

四、个人网贷准入基本规范

一个完整系统的法学体系，应包括它的目标、原则、主体、客体、行为、责任、程序 7 项基本构成要素，而“一个完整的法学规范，应包括主体、客体、行为、责任和程序五项要素”，主体、客体、行为是它的本体要素。[2]目标和原则是它道义和功利价值追求的边际均衡点，责任和程序问题我们将在其他部分讨论，这里只讨论个人网贷准入本体要素的内容。根据法学规范本体要素的内容，如果将每个要素都称为规范，则个人网贷准入的基本规范应包括主体准入基本规范、客体准入基本规范、行为准入基本规范。

（一）主体准入基本规范

个人网络借贷的核心市场主体主要包括贷款主体、借款主体、服务主体、平台主体等，不同主体进入不同类型的借贷市场应该适用不同的主体准入规范。就贷款主体而言，银行类主体本身就具有严格的准入制度，不需要再为其设立另外的贷款资格准入制度。但是，由于银行类主体的传统贷款是在现实场合完成审核程序的，个人网贷同传统借贷个人网贷还是有

---

〔1〕［美］威廉·N. 戈兹曼：《金融学的起源——东西方金融创新的早期历史》，载《中国市场》2010 年第 33 期。

〔2〕参见刘少军：《法边际均衡论》（修订版），中国政法大学出版社 2017 年版，第 86 ~87 页。

比较大区别的。因此，也必须对银行业主体的个人互联网贷款资格设立特别的准入制度，要求其建立严格的网络借贷风险管理体系、风险治理体系、风险管理体系，以及其他风险内部控制体系，达不到标准不得经营网络借贷业务。对于银行类主体的准入方式，应该采取核准制准入方式，经审核确定其达到标准要求时才允许经营网络借贷业务。

贷款公司虽然不得吸收公众存款，主要以自有资金和私募债权筹集贷款资金，相对而言产生系统性风险、严重影响市场秩序和效率的概率比较小。但是，由于这类机构网络技术能力往往比较低，对于互联网业务往往主要依靠相关服务机构为其提供技术服务。有些贷款公司的贷款决策也基本上依靠服务机构，甚至在业务上仅成为提供资金的主体，基本上没有可以自行控制的贷款决策权。某些中小银行，或者怠于自行开发网络借贷系统的大型银行也基本上没有可以自行控制的贷款决策权。在此条件下，不仅会产生较大的自身贷款回收风险，如果贷款资金中私募债权过高，还可能引发系统性金融风险。鉴于此，对于贷款公司经营个人网贷业务，也应采取核准制准入方式，要求其必须建立严格的内部控制制度体系、贷款决策自我控制体系，达不到标准不得经营网络借贷业务。

信息平台类网络借贷机构实质上仅是为贷款人、借款人提供相关信息和辅助服务的服务性机构，它并不是实际的贷款人。网络借贷的其他服务主体主要包括独立的借贷信息与智能化决策服务人、借款人信用评估人等，它们也不是实际的贷款人。这些主体并不实际经营借贷资金方面的业务，只是为借贷双方或多方提供信息和技术服务的主体，通常其自身不会产生较大的债权债务风险，也不会直接引起整个社会的系统性金融风险，可以不必为其设定严格的网络借贷市场准入制度。但是，由于它们的业务活动既可能具有垄断性，也往往直接或间接地影响贷款人的贷款决策。特别是在其客户数量比较庞大的情况下，往往也会对系统性风险的形成、对市场秩序和效率造成很大影响。因此，也必须将这类主体纳入监管，为其设定特殊的网络借贷主体准入制度，要求其必须在监管机关备案。

经营网络借贷业务不仅包括依法获得准入资格的主体，还可能大量存在没有获得准入资格，私自设立个人网络借贷机构和平台、经营相关业务的主体。按照目前世界各主要国家的规定，只要经营借贷业务，无论是网络借贷还是传统借贷，无论是直接的借贷主体还是仅提供技术服务的主体，都必须依法进行市场准入审核，达不到特定的标准都不得进入借贷市场，包括网络借贷市场。因此，也必须将这类主体纳入监管，为其设定特殊的市场准入标准和程序，监督其实施网络借贷服务业务。但是，由于这类机构的业务服务内容相对安全，通常不会对整体金融利益造成较大危害，只采取比较宽松的备案制准入制度即可，不需要对其具体的业务内容进行严格的审核，仅需要以备案方式将其纳入监管范围。

私设平台类网络借贷是未经任何准入许可，擅自设立网络平台经营借贷业务的行为。首先，该类行为属于违法行为，即使是擅自经营贷款业务也属于非法行为，如果擅自经营网络个人贷款业务更应属于非法行为。经营网络借贷服务业务应按照程序进行备案，如果通过他人经营的网络平台发放贷款也应进行贷款人备案，那么设立贷款公司或银行类贷款机构则必须经过监管核准。个人网络借贷市场上的另一方核心主体是借款人，他虽然不需要有特殊要求，也不是直接的金融监管和准入对象，但是，对于个人借款人也应有一定的市场进入条件要求。这些要求主要包括借款人应具备完全的民事权利能力和行为能力，如果不具备完全的行为能力则应由其监护人代理其借款业务。同时，借款人必须向贷款人提供真实准确完整的个人信誉信息资料，并到期按约偿还借款的全部本金和利息。[1]

（二）客体准入基本规范

在前期的网络借贷准入研究中，专家学者和相关规范性文件比较注重主体准入，较少关注客体准入问题，甚至没有对准入进行相关的区别，事实上客体准入也应该是其中的重要内容。通常，个人网贷客体准入的内容应主要包括平台系统准入、评估能力准入、货币类型准入三个方面。网络借贷是在互联网平台上智能化运行的，它涉及互联网平台本身的准入问题和借贷平台的设计质量问题。互联网平台本身的运行不属于金融领域的问题，而是网络电信运行问题，需要根据网络电信监管机关的要求设置准入标准，准入的方式应该采取注册制与核准制相结合的方式。对于平台本身的准入应采取注册制，对于平台的技术标准应采取核准制，既不得限制平台的进入也必须符合特定的技术标准要求。

网络借贷平台的设计质量属于金融法的问题，任何主体只要经营网络借贷平台，就必须从金融法的角度对其提出特定的标准要求。通常这些要求主要包括借贷相关信息传输质量要求、借贷主体账户管理质量要求、货币数额变更登记质量要求、货币收付依据保存质量要求、借贷相关信息保存时间要求，以及网络攻击预防水平与能力要求、原有合法数据恢复能力要求、差错记录纠正能力要求等。这些要求是保证网络借贷平台正常运行的基本条件，如果不能达到这些条件的要求，应该认为该网络借贷系统不具备基本的市场准入条件，就没有资格进入市场运营网络借贷业务。网络借贷平台质量的准入方式应采取核准制，达不到这些基本要求不得进入市场。同时，在核准的过程中还应该进行合理时间长度的试运行检验，经监管机关检验合格、没有明显可预见的漏洞后才能进入市场。

网络借贷以智能化方式评估借款人的信用水平，各种不同的平台往往有自己的借款人信用水平评估数据来源。但是，在没有实现整个国家的个人全部可评估信用数据统一收集、整理、智能化使用的条件下，任何网络平台都难以保证其对借款人的信用水平评估是完全客观公正的。并且，即使在实现全国个人信用信息统一管理的条件下，甚至在传统的现场调查借款人信息的条件下，也难以保证对借款人信息的评估是完全公正的。但是，我们并不能因此

---

〔1〕 参见我国《民法典》《刑法》及其修正案，《商业银行互联网贷款管理暂行办法》《网络借贷信息中介机构业务活动管理暂行办法》《网络小额贷款业务管理暂行办法（征求意见稿）》《非法金融机构和非法金融业务活动取缔办法》《个人贷款管理暂行办法》《关于审理民间借贷案件适用法律若干问题的规定》《中国互联网金融协会自律惩戒管理办法》等的规定。

就对网络评估能力没有任何要求，这方面是考虑到不应该向没有还款能力的主体主动提供贷款，甚至导致出现“掠夺性贷款”的情况；同时也是考虑到对借款人信用水平的评估必须具有适当的质量要求，不至于导致严重的借款机会不公平。因此，对网络信用评估能力也必须有一定要求，达不到基本的要求不得核准其经营信用评估业务。〔1〕

网络借贷的核心客体是货币，现实生活中的货币具有许多种类型，主要包括法定证券货币、法定记账货币、银行存款货币、支付结算货币、约定记账货币、外国相关货币等。在这些货币中，网络借贷通常不太可能使用法定证券货币，只有各种类型的记账货币才能在网络上流通，各种记账货币都可能成为网络借贷的客体。但是，约定货币通常不能作为借贷，包括网络借贷的客体，如果许可使用约定货币进行借贷，必然会产生约定货币金融体系，这会导致金融体系过于复杂。并且，以法定货币体系的货币从事金融行为完全可以满足社会的各种货币功能，如果需要融通约定货币也应该以法定货币形式进行。对于外国相关货币类型是否可以作为网络借贷的客体，应统一按照非网络借贷的规范进行监管。因此，网络借贷的货币准入不需要制定新规范，应统一执行货币借贷准入规范。〔2〕

（三）行为准入基本规范

网络借贷行为，是指各相关主体的行为，主要包括贷款主体、借款主体、服务主体、平台主体的行为。个人网络借贷的行为准入规范是与主体准入规范联系在一起的，从法理上讲任何有意愿通过网络实施借贷及相关活动的主体都应该能够通过各种模式进入借贷市场。但是，主体进入市场后还是应当对其有其严格的行为约束的，没有经过相应的准入程序不得任意实施网络借贷行为。通常，网络借贷的行为准入规范主要包括业务经营范围准入规范、业务经营模式准入规范、经营模式合并准入规范、经营行为安全准入规范、经营协议行为准入规范等，不符合这些行为规范的不得实施相关业务行为；否则，将受到监管机关的行为监管处罚，甚至被限制实施相应的业务行为，或者被取消实施相关行为的资格。

网络借贷行为属于金融行为，按照金融法的法理金融行为都属于授权性经营行为，未取得相应的业务经营授权不得实施该行为，即使在市场准入负面清算体系下这些也属于清单中的内容。〔3〕其中，业务经营范围、经营模式、安全标准、经营协议等准入内容，应该在主体准入时即按照不同的准入方式进行批准、核准、注册、备案，经监管机关许可后才能在业务经营中按照规定实施这些行为。通常，这些行为的具体规范是由相关法规直接规定的，即使

---

〔1〕 参见我国《关于促进互联网金融健康发展的指导意见》《商业银行互联网贷款管理暂行办法》《网络借贷信息中介机构业务活动管理暂行办法》《网络借贷信息中介机构备案管理登记指引》《网络借贷资金存管业务指引的通知》《个人贷款管理暂行办法》《征信业管理条例》《互联网金融从业机构反洗钱和反恐怖融资管理办法（试行）》等规定。

〔2〕 参见刘少军：《虚拟货币的性质与监管的法学研究》，载《金融法学家》（第3辑），中国政法大学出版社2012年版；《“法定数字货币”流通的主要问题与立法完善》，载《新疆师范大学学报》2021年第4期。

〔3〕 参见国家发展和改革委员会、商务部最新版的《市场准入负面清单》中需要按照程序准入的市场行为。

是许可实施的行为也必须按照相关的行为规范实施。网络借贷行为中的经营模式合并行为、创新性经营行为属于非常规性的经营行为，经营模式合并可能导致行为违法，经营行为创新也可能是应该禁止的非法性创新。对于这些行为需要向监管机关提出行为申请，按照监管制度的要求采用特殊的准入程序和方式，经许可后方可实施该行为。[1]

五、个人网贷准入监管规范

个人网贷的准入规范主要是从整体金融利益的角度设立的规则，它难以完全依赖受侵害主体个体权利的维护来保障其实施，许多利益也同个体利益不直接相关。因此，国家必须设立相应的监管机关监督管理这些规范的实施，受理、审核相关市场准入的申请，并主动对非法进入该领域的主体、客体、行为实施全面的监督管理。个人网络借贷准入的监管规范应主要包括主体协调规范、内容方式规范、实施行为规范。

（一）监管主体协调规范

我国目前享有对个人网络借贷准入监督管理权的机构主要包括中国人民银行、中国银保监会、网络电信监管机构，以及这些机构的地方派出机构和地方金融监督管理机构。此外，还应包括警察机关、检察机关、审判机关等司法机关，它们也对网络借贷的准入具有一定的监督管理权，特别是在准入行为涉及社会治安和刑事犯罪方面，但通常不将其作为核心的网络借贷准入监管机关看待。就网络借贷的监管而言，中国人民银行作为我国的中央银行承担着宏观审慎监管、货币流通监管、金融信息监管等职责；同时，还是国务院金融稳定发展委员会的具体办公场所。中国人民银行除从货币流通和金融信息的角度有权对个人网络借贷准入进行监管外，还有权从宏观审慎监管的角度对全部事实上的金融机构实施监管。就此而言，它是个人网络借贷准入的重要监管机关和一定意义上的监管协调机关。

中国银保监会是全面负责我国银行业、保险业的机构和行为监督管理的机关，从机构监管的角度看它全面负责银行业、信托业、保险业的机构及其行为的准入监管，并负责全国性借贷行为基本规范的制定和实施管理。我国的网络电信监管机关则全面负责网络平台本身的准入监管。这些机构的地方派出机构具体负责总机构在地方的监管职责，同地方机关没有直接的管理关系，地方金融监管机关则全面负责小额贷款公司、融资担保公司、社会众筹机构、网络借贷信息平台等的监管。从各监管机构的具体监管职责上来看，似乎全部同个人网络借贷相关的机构都有明确的准入监管主体。但在机构监管模式下，网络借贷信息平台、各类技术服务机构等还没有被明确纳入监管，特别是跨地区、跨领域、模式合并、私设业务机构、擅自经营借贷业务等行为还没有明确的监管主体，在这种监管体制下还难以实现对全部

---

〔1〕 各国的“金融创新试点制度”“监管沙盒制度”等对这些业务行为均有准入规范。

网络借贷行为监管的全面覆盖，仅能由中国人民银行进行审慎监管协调。[1]

（二）监管内容方式规范

个人网络借贷准入监管的核心理由是整体金融利益，就网络借贷的目前发展情况和可预见的未来而言，只要是同其相关的主体、客体、行为基本上都同整体金融利益相关。因此，在监管内容的基本思路上应实现监管的全面覆盖，不能形成监管的空白，只要存在监管的空白就可能发生比较大的问题。当然，网络借贷的相关主体、客体、行为情况也是在不断变化的，准入监管的内容和方式也应该根据具体情况的变化进行不断调整，不能一成不变地墨守不同时期形成的规范。在准入监管原则基本保持不变的情况下，动态地控制和调整相关的监管标准、监管指标和准入方式，应在中央和各级地方监管权力上进行不断的动态调整，由最适当的主体行使最合理的监管权力，形成动态的监管制度和监管行为体系。

在具体监管方式的选择上，首先应在监管领域和监管区域的范围内实现对网络借贷主体、客体、行为的全面日常监管，不能仅以资料审核的方式实施官僚化监管，这是网络借贷准入监管的基础，无此基础则任何制度、体系都不可能真正发挥现实的作用。在监管上必须以服务加纠正的态度对待网络借贷行为，努力帮助相关主体按照法规的要求规范化地实施网络借贷行为，而不是简单地予以行为禁止或强制关停。在监管方式的选择上，如果不涉及强制性标准，就应该选择备案制或注册制模式完成准入程序；如果涉及强制性标准也只能对强制性标准的部分采取核准制准入模式，对于目前不能达到标准的应允许限期内达到标准；对于突破现有法规的创新性内容，或者应该有严格数量控制的内容，才可以采用批准制准入模式。总之，在准入监管的内容和方式上应以保护其健康稳定发展为目标。[2]

（三）监管实施行为规范

网络借贷行为是在网络空间内实施的，它的授信审批、合同签订、贷款支付、贷后管理等核心业务环节都是在网络上进行的。因此，网络借贷准入的监管实质上也就是网络空间借贷行为的监管，这种监管行为的实施也必须以网络为基础进行。首先，各级各类监管机关必须全面掌握本领域、本区域实施网络借贷相关主体、客体、行为的基本情况，这既需要监管机关对全部网络进行相关内容的监督检查，也需要深入网络借贷平台内部全面地了解其业务经营情况，不能只进行表面的形式上的监督检查。其次，为提高监管效率、在监管与反监管的博弈中取得执法优势，必须不断加强监管的智能化水平，至少监管机关的网络智能化水平应优于被监管对象的水平；否则，就难以实现真正有效的准入监管。

网络借贷行为的准入监管不仅要实现智能化监管，同时也必须加强现场检查和情况报告监管。尽管网络借贷基本都是在网络上进行的，但具体操作网络平台或为其提供相关服务的

---

〔1〕 参见《中国人民银行法》《银行业监督管理法》，各地方的《金融监督管理条例》等规定。

〔2〕 参见我国《关于促进互联网金融健康发展的指导意见》《商业银行互联网贷款管理暂行办法》《网络借贷信息中介机构业务活动管理暂行办法》《征信业管理条例》等规定。

主体和机构还毕竟是需要有经营场所的，各种监管措施的实施不可能离开对经营场所的现场检查，包括对各种网络设备和借贷操作系统程序等的现场检查，不符合准入标准的应督促其限期内达到要求；否则，应限制其实施经营行为。网络借贷行为的日常监管还需要定期或不定期要求被监管主体提供合格的审核资料，通过对资料的审核监督其运行状况，保证其始终符合准入条件，并同其他监管行为方式结合起来综合分析其符合准入条件的现状，发现问题要求其限期内达到准入标准；否则，即可以取消其相关业务经营资格。

六、个人网贷准入立法完善

个人网络借贷是 2005 年由英国的单个主体对单个主体（P2P）的网络借贷开始的，此后这种借贷方式于 2006 年传至美国，我国也于 2007 年引入了这种网络借贷方式，并引发了整个银行业系统借贷方式的调整，不仅产生了许多纯粹经营网络借贷的机构，而且传统的商业银行也基本上都经营网络借贷性的业务。在这 10 多年的发展历程中，个人网贷既促进了借贷模式和金融科技的发展，也出现了野蛮生长、无序发展、违法犯罪等问题，相关立法机关相继颁布了相关条例、规章、指引等规范性文章，但也还存在比较严重的立法问题。

（一）准入法规的层次完善

我国目前并没有专门的个人网络借贷或借贷准入立法。独立的专门立法至少要求必须有独立的主体或独立的社会关系，个人网络借贷既不具有比较独立的主体也不具有比较独立的社会关系。第一，网络借贷只是借贷行为的一种，不可能脱离普通的借贷关系。第二，网络借贷主体只是借贷主体的一种，虽然涉及的主体很多，并不是完全独立的主体，充其量只是某类主体的一种业务。第三，网络借贷的业务内容虽然具有特殊性，它的业务关系也不是独立的社会关系。第四，个人网络借贷中的个人无论从现有民事法律体系还是从金融法律体系上看都难以形成独立的主体关系。因此，个人网络借贷准入制度只应是借贷准入制度中的一种特殊情况，不需要进行专门的独立立法，只需要对现行法规体系进行完善，适当增加个人网络借贷准入的规范。

从法律的角度来看，我国目前正在修改《中国人民银行法》和《商业银行法》，在《中国人民银行法（征求意见稿）》中虽然加入了宏观审慎监管的内容，却没有对网络融资宏观审慎监管的内容，也没有规定存款货币、结算货币、约定货币的监管问题，没有网络借贷相关内容的规定。在《商业银行法（征求意见稿）》中没有将其修改为“银行业法”，虽然在附则中规定了其他借贷机构相关业务应参加执行，却也没有对网络借贷准入问题进行任何规定。我国现行的《银行业监督管理法》也没有在网络借贷监管方面作出规定，甚至其是否属于银行业监督管理机构的监管范围都存在疑问。我国各地方的《金融监督管理条例》虽然基本上都规定对小额贷款公司、融资担保公司、社会众筹机构、网络借贷信息平台等的监管，却没有统一的网络借贷监管方面的规定。我国银行业监管机构虽然针对网络借贷制定了几个专门规章，却是以机构监管为核心的，不可能真正实现网络借贷的全面监管。

从未来发展的角度看，我国应在修改《中国人民银行法》时加入网络借贷宏观审慎监管方面的规定，应明确规定中央银行对网络借贷系统性风险的监管内容和措施，明确规定中央银行对网络借贷准入政策的指导和监管责任，明确约定货币不得用于网络借贷。应将我国现行《商业银行法》修改为“银行业法”，全面规定经营借贷业务的各类银行业机构和业务的基本规范，应对网络借贷在相关内容中作出统一的具体规定，应明确规定网络借贷业务相关的准入标准。应该修改现行《银行业监督管理法》，明确规定中央与地方监管机关之间的相互关系，以及它们在不同情况下的职责分工，应该对网络借贷监管和准入的职责分工进行专门的规定。同时，各级各类金融监管机关，都应该按照行为（或业务）与机构监管相结合的原则分配监管职责。在《征信业条例》中完善个人网络征信方面的内容，在“个人破产法”中明确个人的借贷权利和责任。再根据需要制定具体的网络借贷规章，并在规章中具体规定网络借贷的准入条件、准入方式等，形成完整系统的借贷准入规范体系。同时，相关行业协会组织也应该制定相关的行业自律管理规范，加强准入的自律管理。

（二）准入法规的内容完善

网络借贷的准入制度应包括主体准入、客体准入、行为准入三个方面，我国现有的相关法规主要是针对主体准入的，基本上没有客体准入的内容，行为准入则规定得非常笼统。在主体准入方面，法规明确规定的主要是商业银行和信息中介机构；小额贷款公司的规定虽然已经起草并向社会征求意见，却还没有正式颁布；其他服务机构基本上没有准入方面的规定，也没有将其纳入金融机构的监管体系，只是在某些法规中要求贷款人在选择服务机构时进行准入评估，而不是由监管机构进行准入控制。在客体准入方面对平台系统准入、评估能力准入、货币类型准入都基本上没有规定，或者虽然有一些要求也是对贷款人的要求，没有对第三方平台系统、评估能力等规定监管准入要求，更没有借贷货币类型的规定。在行为准入方面虽然有一些相关规定，但对于网络借贷特色比较明显的经营模式合并、经营协议行为等基本上没有规定。这些内容都需要在今后的立法中不断完善。

第一，在主体准入方面应包括直接或间接经营网络借贷相关业务的全部主体，如各种贷款公司、融资担保公司、网贷服务机构等；不仅应包括主营业务为网络借贷相关业务的主体，也应包括兼营网络借贷业务的主体，以及擅自经营网络借贷相关业务的主体。第二，在客体准入方面，虽然平台系统的准入不属于金融监管的内容，但网络借贷平台系统、借款人信息 评估系统应属于金融监管的内容，应对这些系统的质量建立严格的准入标准，由金融监管机关监督其准入行为。同时，应在法规中明确规定禁止以约定货币进行网络借贷，禁止使用其他非货币“数字财产”进行网络借贷；使用法定货币体系的货币进行借贷，也必须建立完善的反洗钱等违法犯罪行为监督体系。第三，在行为准入方面，应对经营模式合并、经营协议行为等进行严格规范，对金融创新行为建立严格的准入审核程序。

（三）准入法规的程序完善

我国目前对网络借贷的准入规范，主要体现在《商业银行互联网贷款管理暂行办法》《网络小额贷款业务管理暂行办法（征求意见稿）》《网络借贷信息中介机构业务活动管理暂行办法》等几个规章性法规文件中，这些规范仍然属于机构监管性规范，主要针对的是商业银行、小额贷款公司和信息中介机构这三类主体，对这三类主体之外的网络借贷准入基本上没有作出规定，没有将网络借贷信用信息评估机构和技术服务机构作为金融机构对待，也没有将其他机构兼营网络借贷业务考虑在规范之内，更没有将擅自设立网络借贷业务机构的行为纳入监管的视野，无法满足对网络借贷准入监管全面覆盖的要求。在此监管理念之下，基本上没有对网络借贷准入监管程序作出明确的规定，在未来的立法中必须予以完善。

第一，必须设置对整个网络体系的全面监督检查体系，无论是主动向监管机构申请准入的机构，还是有意或无意逃避准入监管的主体都必须纳入准入监管的范畴。第二，对于需要注册或备案的网络借贷准入审核，只要申请人向监管机构提供必要的注册或备案材料，就必须先行向申请人注册或备案，注册或备案后即视为获得了准入许可，就可以经营相关的网络借贷业务，只有在监管机构发现申请人存在不符合要求的行为时，才能要求申请人限期内进行业务整顿或改进；否则，不得限制申请人经营相关网络借贷业务。第三，对于需要按照核准程序准入的申请人，应先行向监管机关提供全部需要的准入审核材料，在未获得许可前不得具体从事该业务的经营。对于需要特殊批准的准入申请人，应按照监管机关的要求向其提供审核材料，是否能获得许可应由监管机关评估后决定，在未获得批准之前不得擅自经营网络借贷相关业务；否则，将依据相关法规给予不同形式的监管处罚。

（四）准入法规的责任完善

我们现行网络借贷准入规范多数都是由监管机关制定的，在这些制度中既没有系统地规定监管机关的监管责任，也没有规定严格的责任认定程序、司法审查程序，更没有科学地规定责任的类型和责任程度，这在很大程度上成为导致相关制度效力有限的重要原因。从监管机关监管责任的角度看，由于存在部门立法的缺陷，很难使立法者制定完善的自行承担责任规则，即使有一定责任也仅限于机构监管责任，对于未经其认定的机构和擅自经营相关业务的机构，监管机关不仅没有监管责任，更不承担怠于监管或监管不能全面覆盖的责任。虽然，由机构监管转化为功能监管或行为监管需要付出比较大的努力，但如果不能实现全面监管和有效监管、强化监管，任何准入制度也难以发挥应有的效力。我们应该在未来的法规完善中，努力完善监管职责和监管责任，提高监管的社会效果。

在监管责任的认定程序上，我国目前的规定基本上都是由监管机关直接认定、直接处罚，如果被监管者存在异议只能通过复议或在接受处罚后提起行政诉讼，这事实上是把监管机关混同于行政机关、将监管程序混同于行政程序，它会严重侵害被监管者的正当权益，出现被监管对象畏惧监管、监管没有服务仅有强制的现象，甚至出现不得不选择采取违法犯罪手段经营相关业务的情况。在未来的立法中，应逐步以监管程序取代行政程序，监管直接处罚只能剥夺其依法授予的相关权利。如果涉及其他权益则必须经过司法审查或通过提起监管诉讼的方式解决，归还被监管者的基本诉权。在责任类型和程度的设定上，应该按照功利主义责任原则规定违法犯罪责任，至少要保证被监管对象受到的处罚同其违法犯罪收益相当。[1]

---

〔1〕 参见我国《行政处罚法》《行政诉讼法》《刑事诉讼法》《中国人民银行法》《银行业监督管理法》，以及《关于促进互联网金融健康发展的指导意见》《商业银行互联网贷款管理暂行办法》《网络借贷信息中介机构业务活动管理暂行办法》《个人贷款管理暂行办法》《征信业管理条例》《互联网金融从业机构反洗钱和反恐怖融资管理办法（试行）》《非法金融机构和非法金融业务活动取缔办法》等规定。

碳金融法律问题

试论碳排放权市场金融化的风险及法律对策

管晓薇 *

阿那克西曼德说："我们通过研究变化而非研究物体来理解世界。"[1]在"能源革命"与"3060双碳目标"的背景下，建立碳排放权交易市场以配额限制方式实现碳减排（政府监管导向），只是改革的初始；随着市场化变革向纵深发展，碳排放权交易金融化将是市场化的高级阶段。碳权交易金融化有我国现行制度依托与国外先例的印证。2021年4月26日，中共中央办公厅、国务院办公厅印发《关于建立健全生态产品价值实现机制的意见》明确提出，探索"生态资产权益抵押+项目贷"模式，金融产品、金融模式可以成为低碳经济发展的重要市场促进手段。《碳排放权交易管理办法（试行）》出台后，随着2021年发电行业的启动上线，"十四五"期间石化、化工、建材、钢铁、航空等高排放行业也将陆续纳入碳交易。分析人士认为，碳期货市场规模在600亿~4000亿/年。广东省也出台《广东省碳排放管理试行办法》强调"温室气体总量控制、发挥市场机制作用"。

全球范围来看，碳信用交易机制开始在碳市场占据越来越大的份额，这种机制使公共和私营部门产生的碳信用可以用于排放的抵销，参与碳市场和气候融资，并成为促进减排的一项重要手段。碳金融化的国际趋势表明："为碳排放定价从金融角度为投资者释放信号，示意低碳投资在当下至关重要，在未来更加重要。"几乎所有碳交易市场的参与者都将碳配额视为能源品类项下的商品，

---

* 管晓薇，华东政法大学经济法博士后。

〔1〕［古希腊］阿那克西曼德：《论自然》，中国对外翻译出版公司2010年版，第119页。

诸如花旗银行和巴克莱投资银行都已将碳交易产品及其衍生品纳入其风险投资产品组合中。[1]碳排放总规模的有限性，标志着相对于减排目标和减排空间而言的碳交易能且只能通过有序的碳交易行为来实现，这为“碳货币”的流通奠定了有效信用基础。[2]

一、碳排放权金融化特征测度与未来发展趋势

（一）“碳排放权”的经济学属性及市场演化

自“碳排放权”概念被提出以来，有一些观点认为这将形成继石油之后的又一大商品交易市场，甚至可能超过目前石油的地位。主要原因是碳排放权（配额）具备稀缺、可交易的属性，并易于标准化、衍生化。熊彼特于 1912 年建立的创新理论认为，产业中的实体经济与企业经济的研究是创新理论研究的重点，其过程中金融问题较少被提及。碳配额是绿色产业经济中要素金融化的对象。经济学观点认为，微观领域存在大量金融化现象。随着碳现货交易量的骤增，碳期货“水到渠成”。碳排放权交易的金融化特征可以与大宗商品的金融化相类比。“金融化”概念：“大宗商品金融化的特点在于金融投资者更多进入大宗商品交易市场、大宗商品市场在一些方面变得更像金融市场；金融投资者日益活跃并形成金融交易圈子。”碳排放权交易的金融化表现为市场越来越多地受到资本市场的影响。Manta 等（2020）研究了经济增长、金融发展和碳排放量之间的关系，认为金融发展与碳排放之间存在正向因果关系，金融发展可能也有助于减少二氧化碳的排放量。低碳技术的进步可以实现碳减排，印证了金融的发展对碳排放具有正向抑制作用。

事实上，一旦政府认识到资源生产力系统中的竞争机会，典型的政策工具就会出现，包括税收、减少有害资源等宏观经济政策。[3]为此，碳权交易金融化在客观上如能对资源生产利用、绿色循环经济发展起到正向作用，那么金融化的发展就会为政府支持。日前，中国证监会积极指导广州交易所进行碳期货市场建设，发言人近期表示，碳排放权期货有利于提高碳定价效率，满足碳价波动风险的管理需求，将进一步探索研究并指导广州期货交易期所积极稳妥推进碳期货开发工作。

（二）碳排放权金融化的市场条件

1. 稳健的碳排放权现货交易市场是碳权金融化的前提

金融学基本理论显示，期货是基于现货基础之上的衍生品。碳权金融化也是以碳现货市场构建为起点，现货交易主体与交易量的提升是远期市场构建与行业金融化趋势的前提和基础。我国碳排放权交易现货市场已建成并开始稳健运行，行业参与方、市场交易主体逐步增

[1] ENERGYSUBSIDIES, Evolutionin the Global Energy Trans for mation to 2050, April2020.
[2] 参见张克中、杨福来：《碳税的国际实践与启示》，载《税务研究》2009 年第 4 期。
[3] 参见［美］熊彼得：《经济发展理论》，邹建平译，中国画报出版社 2012 年版，第 279 页。

多，且碳排放权配额的发放逐步从无偿计划分配向有偿市场化分配转化。首批被纳入全国碳交易体系的企业有2200多家来自发电行业，发电是我国全年碳排放最大的行业，其总量约占全国总排放量的40%。行业研究机构认为，碳交易市场运行后，碳价会与发电成本耦合，[1]促进我国能源结构向新能源转型。结合全国碳市场下一步扩大覆盖范围的需要，生态环境部已组织开展相关行业企业的碳排放数据报告与核查工作，除发电行业外，还涵盖了建材、有色、钢铁、化工、航空等领域。自上线以来，我国碳现货交易呈现稳健运营态势：上海环境能源交易所数据显示，截至2021年8月13日，全国碳排放配额CEA累计成交量651.88万吨，累计成交额3.29亿元。同日，CEA收盘价为54元/吨，较首开盘价上涨12.5%，较首日收盘价上涨5.41%，日均成交量31.04万吨。（见图1所示）

交易品种	收盘价	当日涨幅
上海 SHEA	39.0	0.0% 0
北京 BEA	44.54 ▼	-14.35% -7.46
广东 GDEA	43.34 ▼	-1.07% -0.47
湖北 HBEA	32.3 ▼	-0.28% -0.09

（a）

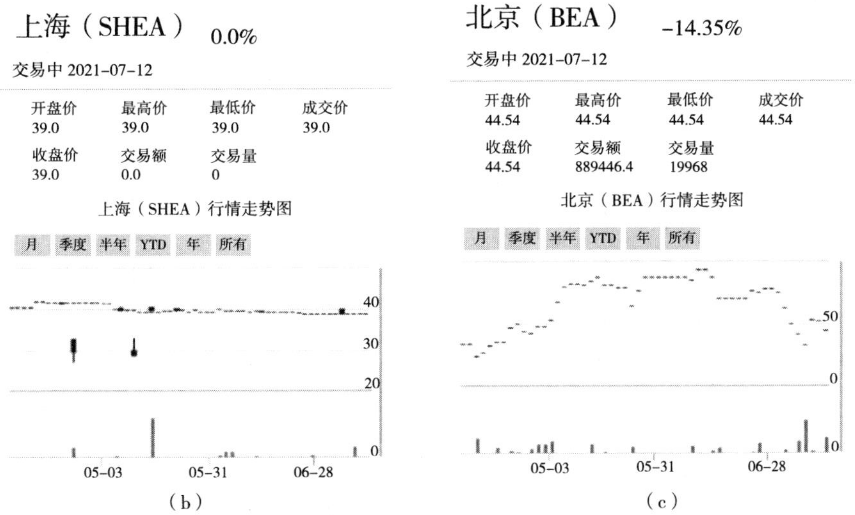

（b） （c）

〔1〕 参见罗明灿、赵乐静、黄宗煌：《绿色经济发展与政策研究文集》，社会科学文献出版社2017年版，第162页。

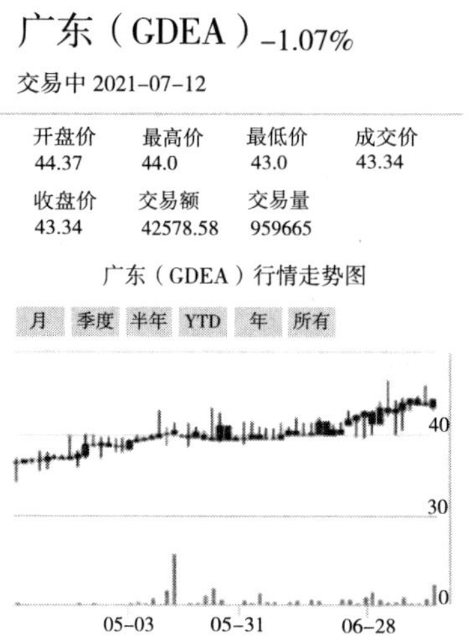

（d）

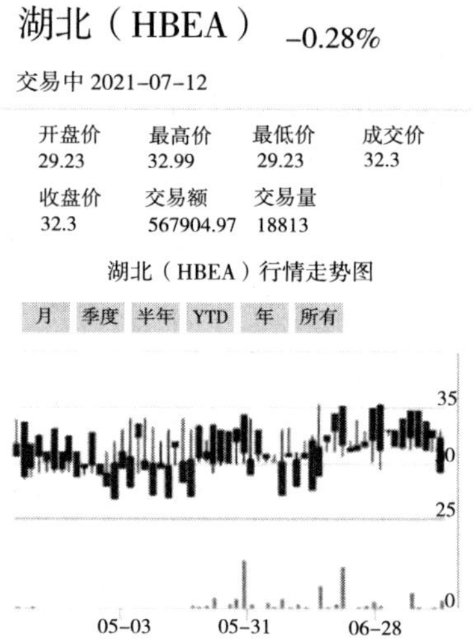

（e）

图 1　碳排放权交易上线后的各地交易情况（2021 年 7 月 6 日）

碳排放交易配额是碳权市场交易的基本单位，其获取方式也是进一步影响碳权交易金融化的要素。未来，碳配额将逐步扩大有偿分配比例。2021 年 2 月 1 日起施行的《碳排放权交易管理办法（试行）》规定，“碳排放配额分配以免费分配为主，可以根据国家有关要求适时引入有偿分配”。走在改革前沿的广东省，自 2014 年 3 月 1 日起，《广东省碳排放管理试行办法》规定：“企业碳排放信息报告核查、配额分配、金融服务支持等具体规定由省发展改革、金融部门依据本办法另行制定。”从本条规定的法规制定主体也能窥知，金融化将是碳排放权交易市场的下一个阶段。

2. 碳金融化政策导向与拓展先例

政策支持方面，《关于支持民营企业加快改革发展与转型升级的实施意见》中提到“拓展贷款抵押质押物范围，积极探索将用能权、碳排放权等纳入融资质押担保”。在金融机构实践领域，近年来，银行积极探索碳金融工具，2020 年 2 月以来，农业银行、兴业银行、北京银行等商业银行纷纷承销或者发行“碳中和”主题债券；6 月初，浦发银行完成全国首单碳排放权、国家核证自愿减排量组合质押融资。虽然碳金融市场尚未完全形成，但是，类似的碳权金融化尝试则有先例可循：上海环境能源交易所与上海清算所联合，在 2017 年度发布一款上海碳配额远期产品，为此专门联合制定了《上海碳配额远期业务规则》，协议标的为上海市碳排放配额登记注册系统登记的上海碳排放配额。该远期交易类型可以认为是类期货交易，看作没有期货交易许可证状态下的同质化交易。其中远期交易的询价交易方式、申请确认成交、实物交割（实物交割品种是指可用于到期协议所在年度履约的上海碳排放配额）具备期货交易的一系列要素。协议要素内容与期货交易合同相一致（要素包括产品种类、协议名称、报价单位、最低价格波幅、交割方式、交割品种等）。

可见，碳排放权市场交易金融化的迈进，既有政府政策推动的因素，又有市场格局驱动的理由，并且，客观上，我国对碳金融实践有成功的尝试。

3. 来自国际碳融资、碳信用发展的启示

金融化在碳市场领域最直接的体现为碳融资与碳信用的发展。伴随减碳、零碳号召的全球推进，国际气候融资实践新成果可为我国借鉴。例如，基于结果的气候融资（RBCF）是一种为发展中国家的低碳发展提供气候融资的模式，资金仅在一系列约定的气候成果达成后才会由融资提供者向受援国拨付，项目通过购买可用于履约的减排单位，来弥补需求缺口。目前，全球各种 RBCF 计划（超过 74 个项目）正处于运营阶段。其间，碳信用机制是贯穿于碳权金融化进程中的“核心工具”。碳信用机制，是额外于常规情景、自愿进行减排的企业可交易的排放单位。[1]配合政策许可，碳信用机制所签发的减排单位也可用于碳税抵扣或 ETS 交易。可见，基于结果的气候金融是金融化的新形式，对碳权交易市场具有深化提升的导向意义。[2]

二、碳排放权金融化进程中的风险特征

（一）过度投机

未来，碳配额有偿分配扩大后，过度投机可能也是碳权金融化的市场风险之一。以大宗商品金融化为例，其过程中需要对“投机”进行一次恰当的定义。对投机作出的定义“从经济学角度，不为现期消费之实，却为了未来的消费而进行的购买行为”中隐含着对价格在未来上升的预期。金融化的加大能够降低实体经济的波动率。正如人民银行高层所言：“在碳权交易金融化进程中，要特别防止碳市场的钱被用于别的方面，导致更大的气变融资缺口。”[3]自然资源的估值领域，投资者会通过对未来碳价格的预期进行估值，碳权市场与股市的联动是金融化的特点之一。FA WALKDR 说，“投机，当限制在适当的范围时，能够促进供求平衡，从而使得价格波动不会太突然”。[4]所以，碳金融进程中的要求不仅是定价要好，交易机制要好、衍生功能要好，还要考虑好如何使用碳市场调动资金。避免金融裹挟与投机妨碍碳交易减排效用的实现。由于金融产品的投资周期—合成谬误，造成投资者个体形成整体的不理性。投机性信用增长会助长资产泡沫，并不利于实体经济的增长，需要进行数量控制。金融化本质上需要监管，天然脆弱性通过监管将外部性内部化，资产价格的崩

---

〔1〕世界银行集团《碳定价机制发展现状与未来趋势 2020》。

〔2〕世界银行《基于结果的气候融资实践：为低碳发展提供气候融资》（2017 年）。

〔3〕Philliop，Thomas（2010），Financiers vs Engineers：Should the Financial Sector be Taxed or Subsidized，American Economic Journal：Marcroeconomics.

〔4〕［德］马丁·R. 斯塔奇：《重新定义增长》，符李桃译，中信出版集团 2019 年版，第 219 页。

溃可能会导致损失循环，所以政府金融监管应当对私人部门为追求利润而自然产生的激励行为进行限制。[1]

(二) 信息不对称

期货价格反映的是对未来商品供求的期望。在此过程中，市场信息获取至关重要。由于市场分割，信息摩擦在大宗商品市场中普遍存在。根据国家减碳承诺，我国2030年实现碳达峰、2060年实现碳中和，现阶段形成统一的碳排放权交易市场，碳权交易的投资者、碳金融市场投机客显然要经历一定的观望期。根据金融学规律，流动性高的金融市场到后来才出现，使长期投资能够实现。在此过程中，投机交易者彼此各异的观点可能导致投机性交易信息差在投机者之间发生，从而造成价格偏离基本面，最终形成泡沫。以原油期货为例，投资者资金流动对交易的影响，应该来源在于信息摩擦，而非收益变动。对大部分大宗商品来说，供给端的投资周期较长。一旦需求端出现外部冲击，供给端很难立刻进行调整。碳权市场金融化的发展也大概率遵循该模式，市场摩擦带来的信息失真、信息不对称，碳金融市场的远期行业发展因素、政策因素以及国际碳排放运动地缘政治因素等，都会导致投资价格预判信息不畅，人们无法做出最优选择。此时，如果资金筹集、套期保值等决策工具无法得到广泛运用，碳金融市场入场企业的竞争力就会下降，市场交易风险便随之增加。

(三) 价格异常波动

碳排放权交易市场的开放将社会成本转换为企业经营成本，目的是大幅调动企业减排的积极性。然而，正如大宗商品金融化导致价格波动一样，碳权金融化进程中，价格异常波动同样可能是市场的结果。金融化进程中，市场多元因素对交易产生影响，加剧了价格波动。价格波动却并不会阻滞碳金融化的步伐，因为，经济学家认为，摆脱当前地球危机有一个简单的办法，那就是为外部效应定价，碳排放权交易就是基于这一原理而引入碳减排政策体系的。周期决定论认为，大宗商品因上一轮的价格暴涨而引起包括投资者、政策制定者、公众在内的各方关注。碳排放权金融化的发展进程中也同样会遇到类似问题。无论是大宗商品金融化还是碳权金融化，其共同特点以及背后的基本规律都是金融自身的脆弱性和不确定性会通过传染而冲击实体经济。在此理论的基础上，碳期货收益来自风险溢价，来源比传统商品广。从全球范围来看，国际货币权是国际金融权的核心内容，《巴黎协议》等国际气候行动安排，基于碳信用构筑新型国际货币体系的设想将逐步演变为国际金融世界的现实。随着金融化程度的加剧，碳排放权将成为优质的融资抵押物，碳价上涨与碳信用扩张会互相助力，导致碳排放权与周期天然存在协同关系。[2]碳远期交易在加快碳减排市场化手段实现的同时，也容易造成金融资源积聚于碳权交易领域，造成价格的异常波动。

---

〔1〕 参见艾明、王海林、文武康:《EU ETS 碳期货价格影响因素分析》,载《环境经济研究》2018年第3期。

〔2〕 参见杨海燕:《从国际货币体系的演变历史谈“碳货币”本位的全新国际货币体系构建设想》,载《特区经济》2011年第6期。

三、碳权金融化有效推进之法律风险防范对策

"市场的风险要在它们开始形成威胁之时（甚至更早）就用法律的力量予以铲除。"碳权金融化交易需要良好的风险防范对策，这事关国家能源战略与双碳目标的实现。合格的市场基础框架与金融审慎监管原则是风险防范对策的核心。碳交易金融化的运行需要支持工具、中介机构和调控机制的共同协调。[1]市场基础框架的合理架构显然对于构建安全有序的碳交易市场至关重要，市场交易秩序的稳定性也将影响碳市场衍生高级功能趋势。下一步的政策制定重点应放在培育和建立引导市场过程的统一规则上。以这种方式强化制度的协调是经济改革中的一个重要方面。需要从以下几个方面加以构建。

（一）引领群体意识

环境经济学家认为，环境问题的解决应当允许私人、集体性的解决办法——市场或公共政策。稀缺价格会发出信号以节约和替换稀缺的自愿，或者引发创新技术。金融化强调个人对风险的承担以及对金融管理的计算。碳排放权交易市场的形成就是以市场价格信号引领，触发碳减排市场机制；金融工具与金融媒体的出现，又广泛影响了人们的思维。碳排放权金融化趋势是强调个人责任担当、金融风险管理担当的过程。公众对新冠肺炎疫情对经济影响的反应也提供了一个历史性的机会，使经济刺激转向低碳发展。[2]从长远来看，在人们基本价值和制度之间存在一种复杂的相互关系，如果制度能实现财富创造，他们就会高度评价增进信任的制度（这一点是由哈利勒 1995 年提出的）。社会更新变革的规律也证明，当一个团体以共同的意识形态或道德原则联结到一起时，广泛的经济合作就有了盎然的生机。正如 Kimminich（1990）所说"政府靠强制在任何时候最多只能执行全部法律规范的 3% ~7%"。因此，制度的运作需要借助于集体行动的组织支持。碳权市场金融化发展也仰仗市场规则意识与碳减排文化的初心培育。碳权市场金融化的制度设计应当考量市场主体以及社会群体的意识接纳度。德国制度经济学家柯武刚认为，制度支撑的信心使我们能够承受试验的风险，能富于创造性和企业家精神，并能够鼓励他人提出自己的新思想。[3]

（二）规范市场主体

在碳排放权交易金融化的趋势下，规范日益多元化的市场主体行为、进行交易能力动态监管也是防范市场风险的有效途径之一。由于"人在市场关系中的行为，反映着这种关系所

---

〔1〕 Domanski，Marcro，Shin Hyun Song（2015），*Oil and Debt*，Bis Quarterly Review.

〔2〕 参见邵汉华、刘耀彬：《金融发展与碳排放的非线性关系研究——基于面板平滑转换模型的实证检验》，载《软科学》2017 年第 5 期。

〔3〕 柯武刚、史漫飞：《制度经济学——社会秩序与公共政策》，商务印书馆 2000 年版，第 389 页。

能实现的物物交换、等价交易和多重变化关系的本性……"[1]未来，企业及更多的消费者在使用相关产品和服务的时候，就会考虑产品背后的碳排放成本，随着改革的不断深入，全民将参与到碳交易和碳定价中，如能对所有社会成员进行整体的碳排放权金融化交易规则引导，会对生产和消费产生一定的影响，形成新的激励机制。金融机构参与形式主要有向碳市场参与者提供金融中介服务，或直接参与碳交易、将碳市场作为一种投资渠道。对各类市场主体的行为规范进行监管和督导，能够实现碳交易量和效果的提升。例如，欧盟很早就对碳排放权远期、期货、碳指数等衍生品的交易规范性进行监督。[2]

各类主体参与交易过程中，监管部门可以采取刚性与柔性两种方式进行监督管理和辅导。柔性方式即对主体在碳权交易过程中的异常交易行为，金融化后的持仓异常等情况以谈话、提示等方式进行交流，要求相关人报告具体情况；刚性方式即正式向交易参与主体发布警示函、风险提示通知等要式文件以督促主体进行整改启动风险内控机制。同时，政府部门应组织机构、协会与相关组织的信息联动，形成联防联控机制，并厘定监管职责的划分界限。

（三）构建政府监管

随着碳权交易金融化的发展，金融机构广泛参与碳市场的交易且交易形式多样、碳衍生品种类丰富且交易活跃。碳市场融资来源向资本市场的扩展也为货币政策提供了信用传导机制，审慎监管就变得十分重要。在"信用时代"的金融体系中，宏观审慎监管尤其重要。政策制定者要改变原有的微观审慎观理念，在宏观审慎框架下对信贷及资产价格予以更多关注。[3]在此过程中，政府监管体系应当着重以稳定价格防止过度投机风险为目标，运用监管手段，建立防止价格异常波动的市场稳定调节机制和防止市场操纵的风险，以及对信息披露进行合理化风控。相关机制在一些地方已付诸实施，如湖北省政府发布了《监测报告通则》，对电力、玻璃、铝、电石、石油加工等 11 个行业进行行业指导。为防止市场操纵，一些发达国家设定了惩罚机制：超额排放部分不仅需要补缴，还需缴纳罚款 114.22 美元/吨（约 3 倍的碳价），同时会纳入征信"黑名单"。

交易安全性监管方面，对于交易中异常情况的处理，交易机构应调整交易的启动方式、明确职责范围、对相关损失的责任分配。为减少碳价扭曲、降低碳泄漏风险，巩固碳减排效果机制十分重要。政府监管过程中也应当建立一定的稳定储备机制（欧盟建立了与碳项目有关的基金）。储备机制可以收缩市场上流通的碳配额数量，稳定市场预期，降低碳价暴跌风险。[4]

---

[1] [美] 艾里希・弗洛姆：《健全的社会》，孙恺祥译，上海译文出版社 2007 年版，第 122 页。

[2] 参见 [加] 约翰・C. 赫尔：《期货与期权市场导论》（第 5 版），郭宁、汪涛、韩瑾译，北京大学出版社 2006 年版，第 167 页。

[3] 参见 [美] 詹姆斯・M. 布坎南：《经济学家该做什么》，罗根基、雷家端译，吴屿山校，西南财经政法大学出版社 1988 年版，第 98 页。

[4] 参见郑爽：《欧盟碳排放贸易体系现状与分析》，载《中国能源》2011 年第 3 期。

最后，建立碳金融化市场信息披露规范机制（管理制度）尤为必要。目前，根据《碳排放权交易有关会计处理暂行规定》，重点排放企业按照出售配额的账面余额，贷记“碳排放权资产”科目。为实现碳权交易金融化信息风险的合理应对，还应当按照规定内的模式见表1，完善信息披露与披露专业性。

表1 完善信息披露与披露专业性的形式

项目	本年度		上年度	
	数量（吨）	金额（元）	数量（吨）	金额（元）
1. 本期期初碳排放配额				
2. 本期增加的碳排放配额				
（1）免费分配取得的配额				
（2）购入取得的配额				
（3）其他方式增加的配额				
3. 本期减少的碳排放配额				
（1）履约使用的配额				
（2）出售的配额				
（3）其他方式减少的配额				
4. 本期期末碳排放配额				

（四）优化司法监督

在碳金融化市场风险逐步产生的过程中，应当重视市场运行秩序的司法监督与完善司法介入手段。近期举行的“司法助力实现碳达峰碳中和目标专题研讨会”上，实务专家认为，“就碳排放权市场构建而言，当前司法审判中需要着重解决的问题包括：区分碳交易现货和衍生品，分别明确由不同的审判庭审理；清晰界定碳排放配额、核证自愿减排量的法律属性”。司法监督的优化能够为碳金融的市场发展构筑安全“防火墙”。业内普遍认为，应尽快明确碳交易、碳金融案件的管辖问题，碳配额发放、碳配额用于质押、回购的法律关系性质，明确交易所的监管责任；如因政策变化等因素，影响到抵销机制发生变化的，能否提起诉讼或者抗辩等。建议就以上问题，适时出台统一的法律法规与案件办理指导意见。纠纷解决机制上，建议进一步完善碳金融化纠纷的仲裁细则。

四、结语

由于经济的金融化以及现代金融市场的蓬勃发展，信用作为融资渠道、传递风险的渠道以及传导货币政策渠道的重要性大大加强。未来，碳权金融化交易模式可能需要更多的政策、规则以及社会非制度因素的支撑。由于在获得经验之前，交易者往往认为新体制缺乏可信度，他们更喜欢使用传统的治理方式。但是新体制不可能在没有实践的情况下获得经验。此外，任何市场化改革都存在政治障碍——旧体制中的既得利益者会反对引入新体制。碳金融化风险的法律对策只是解决问题的一类方法，更多的方法还要仰仗政治家的智慧以及正式制度外多元要素的融合。[1]

金融化风险的法律应对，只是推进可持续碳交易市场发展的充分条件。碳交易金融化进程中，对碳配额的中长期激励考核则是必要条件。

〔1〕 参见［印］迪克西特：《法律缺失与经济学：可供选择的治理方式》，中国人民大学出版社 2007 年版，第 189 页。

碳金融市场化法律问题研究

黄健傑　杨钦元 *

进入21世纪，我国政府一直积极倡导建立资源友好型社会，目前“低碳”转型、通过金融资本市场驱动环境权益的改良已经得到企业界、能源界的共识，碳金融市场化的趋势越发明显。依据《绿色产业目录（2019年版）》，在“碳达峰、碳中和”背景下，未来30年，我国绿色低碳领域的累积投资额约达人民币500万亿元。在我国，碳金融市场建设是一项重大的制度创新，历经多年试点，亟待完善之处仍然不少。诚然，各国为了早日实现“低碳”转型，在技术创新、低碳领域人才培养、企业管理、政府监管、资本战略市场等多领域共谋发展，我国也顺应了时势。然而，各国在低碳转型的领域共同合作、共同探索时，碳金融市场化进程中存在的法律问题也需要引起各界高度的重视，如何有效防范其中的法律风险亟待法制的完善。在碳金融市场与可再生能源产业的联动作用下，市场风险、法律风险容易在这两个领域相互传递，不仅危及碳金融市场的安全，也对能源安全造成不利影响。本文对碳金融市场化进程中陷入的实践困境、遇到的法律问题以及碳金融市场化的理论基础进行阐释，并对促进碳金融市场化的法律路径提出了个人浅见。

一、碳金融市场化的发展现状与实践困境

碳金融市场化一般是指在市场化的平台上，使碳金融产品以及碳金融衍生品

---

* 黄健傑，华东政法大学经济法学院博士后，上海杉达学院法学系讲师；杨钦元，远东宏信宏杰资产新能源投资组负责人。本文系国家社会科学基金重大项目“中国能源革命与法律制度创新研究”（项目编号：15ZDB179）阶段性成果。

得以交易或者流通，从而促进“低碳转型”，实现绿色发展、可持续发展的金融手段与方式。

（一）碳金融市场化的发展现状与重点靶向

1. 碳金融市场化的发展现状

自 2008 年起，北京环境交易所、上海环境能源交易所和天津排放权交易所相继成立，此后，碳排放权交易机构在深圳、北京、上海等 7 个省市先后开展了碳金融交易试点工作。包括绿色银行、碳排放交易所在内的我国多家金融机构参与了碳金融市场化的进程，数据显示，截至 2021 年 10 月初，全国碳市场总体运行平稳有序，每个交易日均有成交，碳市场价格发现功能逐步显现，全国碳市场服务水平也不断提升。目前为止，主要依靠银行放贷、政府的财政支持为碳金融市场化发展提供资金支持。〔1〕我国政府也逐渐认识到碳金融市场化进程中存在的不少问题，在过去的几年里，我国已经相继与多个国家与地区在低碳转型、可再生能源电力产业发展等领域达成合作关系。

在“低碳转型”背景下，碳产业与金融市场相互融合，促使碳金融市场化的趋势日渐明显，借助碳金融市场机制的作用促进绿色发展已逐渐成为一种普遍的经济现象，其中蕴含的法律问题也逐步浮出水面，成为各界共同瞩目的焦点。

诚然，我国碳金融市场前景广阔，然而从我国碳金融的现状分析，我国碳金融尚未进入外汇战略储备阶段，金融机构参与碳金融市场交易的力度不足，碳金融市场的影响力还十分有限，远不能与欧美发达国家相提并论。目前，碳金融市场的主要计价结算货币是欧元和美元，今后我国可再生能源金融市场能否取得国际竞争优势地位，人民币是否成为碳结算货币将起十分重要的作用。不过，人民币离成为碳结算货币还有很长的路要走。

2. 我国碳金融市场的投融资状况分析

随着我国碳金融市场的愈发成熟，也必定会吸引更多的企业、金融机构甚至私人投资者参与多元化的市场投资。目前为止，石油与煤炭等化石能源仍然在我国能源消费中占据主导地位，但是随着可再生能源技术的日臻成熟，其在能源市场上的占有量也不断攀升，风电、光伏等可再生能源市场化的不断深入是大势所趋，〔2〕随之而来的是能够促进可再生能源产业发展的碳金融市场融资规模的增速也不断加快，年平均增长率约为 20%。碳金融市场的发展离不开高质量的可再生能源电力企业，〔3〕而这些企业能否顺利开展可再生能源领域的日常经营活动亟须获得及时的资金支持，倘若以融资的方式为碳金融产品、碳金融衍生品的开发持续性地“输血”，则良好的投融资机制不可或缺。随着低碳转型趋势的日渐明显，碳排放交

〔1〕 参见余力、赵米芸、张慧芳：《能源金融与环境制约的互动效应》，载《财经科学》2015 年第 2 期。

〔2〕 See Chris Westfall, *Western Regional Transmission Organization: Creating a Market to Support Renewable Energy*, Georgetown Environmental Law Review, Vol. 31, 2019.

〔3〕 See Jens Lowitzsch, *Investing in a Renewable Future – Renewable Energy Communities*, Consumer (Co –) Ownership and Energy Sharing in the Clean Energy Package, Renewable Energy Law and Policy Review, Vol. 9, 2019.

易市场、绿电交易市场等可再生能源金融市场的逐步建立与完善，碳金融衍生品种类的日益增加，促进绿色低碳发展的市场化投融资机制的作用日益明显。依托于市场经济体制，我国财政政策指引着我国投融资机制的发展，然而伴随碳金融市场化的逐步深入，这一模式亟待发生变革。

3. 碳金融市场化的重点靶向

依据中共中央、国务院《关于深入打好污染防治攻坚战的意见》的相关规定，碳金融等绿色金融对环境污染的治理、低碳转型所起的作用将越发明显。近些年，随着风电、光伏等可再生能源产业的持续发展，绿色低碳发展已然初具成效，然而截至目前，发电企业的二氧化碳排放量仍然占据我国碳排放总量的近50%，因而要构建完善的碳排放交易体系，则需要以发电企业为亟待攻坚的重点领域，在此基础上，再不断增加交易品种，不断完善碳排放交易市场体系。

（二）碳金融市场化进程中陷入的实践困境

1. 碳金融市场化程度较低

当前，在英美等发达国家，煤炭期货等金融衍生品种类繁多，碳金融市场、碳金融衍生品市场发展得十分迅速。相较而言，我国碳金融市场的发展水平较为低下，碳金融创新力有待加强。创新是技术进步的灵魂，唯有提升创新能力，才能真正有利于可再生能源行业全要素生产率以及碳金融市场效率的提升。[1]评判市场竞争力强弱的标准在于创新力的大小，在碳金融市场化的进程中，制度创新、技术创新、资本创新的力度越大，碳金融市场的竞争力越强，就越有活力，反之亦然。碳金融市场化在很大程度上服务于风电、水电等可再生能源产业的发展，而该领域的技术创新、资本创新、体制创新要求碳金融市场化手段也随之创新，碳金融市场化进程中创新力的大小也影响可再生能源行业的命运，如果仅在传统资源优势的路径依赖下谋求发展，"荷兰效应""资源诅咒"或难以避免。在低碳转型、绿色发展的背景下，脱离碳金融市场化领域的创新，仅仅仰赖于化石能源的燃放、资源的消耗绝非长久之计。

2. 碳金融市场融资开放力度有待加强

越来越多的民营企业与各类金融要素积极涌入碳金融市场，为碳金融市场化发展注入更多活力，国际碳金融领域的市场化合作将趋于常态化，我国碳金融领域的投融资模式也日趋多元化。尽管如此，整体而言，我国碳金融市场的投融资渠道仍然存在过于单一、开放力度不足等问题。

近10年来，尽管我国成为世界第一煤炭进口大国，截至2018年，我国煤炭进口总量近

[1] 参见［美］迈克尔·波特：《国家竞争优势》，李明轩、邱如美译，华夏出版社2002年版，第127页。

3 亿吨，然而截至目前，我国煤炭出口总量却不足 1000 万吨，同比下降了近 8%。〔1〕有关的统计数据显示，在过去的 10 年中，在煤炭产业投资中，外资所占比重不足 5%，相当一部分来自自筹资金，而自筹资金中的地方政府的财政资金占了近九成，〔2〕股票和债权的融资比例不足 6%。此外，我国目前碳产业发展结构比较粗放，煤炭利用效率仅 30% 左右，这些都阻碍了我国碳金融市场和国际接轨的进程。〔3〕

3. 可再生能源市场化领域信贷资金运用风险的加剧

长期以来，在能源消费结构中居于绝对主导地位的是煤炭等化石能源，给可再生能源产业的发展带来了不利影响，在很大程度上也导致我国信贷资金对可再生能源产业的支持力度不足，这与促进可再生能源产业发展的碳金融市场化趋势相悖，并且化石能源的过度燃放对我国能源资源的浪费和环境的污染起到了推波助澜的作用，也加剧了可再生能源市场化领域信贷资金的运用风险。

近年来，随着我国风电、光伏等可再生能源资源的不断开发与利用，其带来的经济效益越发明显，我国银行业也将放贷的热点目标逐步转向可再生能源产业。在我国可再生能源产业领域，信贷资金呈现出不断涌入的态势。一旦我国经济运行出现波动，与我国可再生能源相关的产业政策也会随之发生变化，可再生能源产品供求关系也会得到相应调整，久而久之，依靠燃放煤炭等化石能源的“高能耗、高排放、高污染”的粗放型生产模式也将发生较大的转变，加之在碳金融持续“输血”的作用下，届时有关可再生能源产业信贷资金的安全问题也可能随之浮出水面。

4. 政策性导向对碳金融市场化的抑制

可再生能源产业的发展在很大程度上仰赖于碳金融市场化的进程，我国低碳行业长期性建设、技术开发等问题被忽视，“短视效应”也加剧了投资碳金融市场的风险，以政策为导向的融资模式对我国碳金融市场的长期发展不利，因而对于可再生能源产业结构的改革也会带来不利影响。自 2008 年全球金融危机爆发以来，世界各国、各地区达成了广泛共识，纷纷出台了有关发展可再生能源产业的各种方案，它们希望低碳产业的发展能有利于本国经济的复苏，低碳产业成为全球能源产业发展的风向标。到目前为止，我国已投资了人民币 10 万多亿元用于低碳产业的发展，尽管如此，煤炭在我国一次能源消费结构中的比重仍然占 70% 左右，〔4〕我国在低碳产业领域，仍然缺乏先进技术的支持，我国低碳产业的发展过于依

---

〔1〕 参见李忠、董少广：《化解煤炭行业授信风险加快脱困转型的信贷实践分析》，载《北京金融评论》2018 年第 3 辑。

〔2〕 参见《2016 -2020 年中国煤炭行业银行信贷风险评估及建议报告》，载 https://wenku.baidu.com/view/769ce6ab76c66137ef061916.html。

〔3〕 See Kim J, Park K., *Financial Development and Deploymentof Renewable E - nergy Technologies*, Energy Economics, 2016, 59 (9): 238 -250.

〔4〕 参见张文明：《自然资本、环境规制与碳金融实践》，载《福建论坛》（人文社会科学版）2017 年第 6 期。

赖我国政府产业政策的推动。此外，不少国家对我国低碳产业的投资往往是出于获取短期利益这一目的，而政策的制定者亟须对此作出有力的回应，这些政策性的抑制因素将对我国碳金融市场化以及可再生能源产业的发展造成不利影响，在碳金融市场化的进程中，相应的法律风险也将逐步加剧。

二、碳金融市场化进程中存在的法律问题

（一）促进碳金融市场化的长效法律机制不健全

《可再生能源法》《环境保护法》《碳排放权交易管理暂行条例》等法律规范中欠缺促进碳金融市场化的长效法律机制的相关规定。而实践中，能够促进可再生能源市场化发展的碳排放交易规模也较为有限，截至目前，位居国内现货交易量前列的上海碳市场现货成交量仅为1.2亿吨左右。然而，在可再生能源电力领域我国的大型基础设备制造能力较为薄弱，相较于美、英、德、日、法等发达国家，我国在风电、光伏、水电等可再生能源电力领域的科技创新力不足，《可再生能源法》等相关法律规范中有关碳金融市场化激励机制的相关规定有待完善，以及可持续发展长效机制尚未建立等问题对我国可再生能源电力产业与碳金融市场的协调发展带来不利影响。

综观现有法律体系，缺乏碳金融市场化长效机制的相关规定，也在一定程度上助长了“短视效应”。不少企业在碳金融市场领域的投融资“短视效应”较为明显，投机性质较强，如何对此类“短视效应”下的企业行为进行合理规制是立法中亟待解决的问题。

（二）碳金融市场竞争体制的法律保障不足

我国采取的是国有和私人所有权二元体制，国有产权与私人产权的发展极不平衡，这也在很大程度上制约了碳金融市场公平竞争机制的实现，从而不利于碳金融创新机制作用的充分发挥，进而影响到碳金融市场化效率的提升。市场公平是市场效率体制内的公平，离开了市场效率体制谈市场公平没有意义。[1]因而如何在竞争法律制度完善的框架下，对碳金融市场上的国有产权加以合理限制，在碳金融领域的体制内营造私人产权与国有产权之间公平竞争的市场环境，[2]将为在碳金融市场上进行交易的可再生能源企业竞争力的养成创造良好的条件。

在市场经济活动中，政府往往是作为经济人而存在的，既然是经济人，就具有经济人的有限理性，这往往会导致监管失灵、政策失灵等现象的屡有发生，因而政府在对碳金融市场履行监管职能时，“监管俘获”“寻租”等现象时有发生，我们应当思考如何在法律上对怠

〔1〕参见［美］阿瑟·奥肯：《平等与效率》，陈涛译，华夏出版社1999年版，第78~80页。

〔2〕参见刘明远、刘伟：《论资源配置中计划与市场实现有机结合的必然趋势与技术条件》，载《当代经济研究》2020年第7期。

于履行碳金融市场监管职责的公权力机关加以合理规制，使其在法律框架下行使政府部门职能，为碳金融市场化交易创造出良好的制度环境影响深远。事与愿违的是，随着碳金融市场化领域创新程度的不断加深，碳金融市场交易主体、交易方式等日趋多元化，《碳排放权交易管理暂行条例》等相关规范性法律文件仍在试点、试行中，如何对相关的交易规则加以完善仍待探索。依据中共中央办公厅、国务院办公厅印发的《关于深化生态保护补偿制度改革的意见》，在合理科学控制总量的前提下，碳排放权初始分配制度亟待建立，碳排放权交易市场亟待加快建设，市场交易机制亟待完善，可见，我国碳金融市场化体制有待健全。碳金融体制的不健全也使我国期货市场缺乏竞争性、市场化程度过低。因此，在国有和私人所有权二元体制固有缺陷的背景下，我国亟须实现碳金融市场效率体制内的公平，如何防范碳金融法律风险就成为业界普遍关注的日益紧迫的课题。

碳金融市场化体制的不健全也导致了如下问题：可再生能源金融市场化进程中跨业安全问题频发、信贷政策和能源产业难以协调、金融机构贷款过于集中、低水平重复建设领域信贷资金涌入过多，例如，前几年席卷全球的金融危机导致了世界各国的煤炭价格大幅下跌。上述问题可能导致大量法律风险催生于可再生能源产业与碳金融市场化的相互融合过程中，也可能通过产业关联机制传导风险。

（三）碳金融市场化法制环境有待改善

我国碳金融市场化投融资机制的不断完善、“低碳”经济的不断转型与升级、可再生能源产业的持续发展亟待投融资渠道的不断拓宽、多元化，以及融资市场规模的不断扩大，碳金融市场机制灵活性的不断增强等方面都离不开法律保障与法制环境的持续改善。

相较于传统的煤炭等化石能源，水电、光伏、风电等可再生能源产业仍然是新兴事物，相应的法律制度并不健全，随着可再生能源产业以及碳金融市场化的发展，制度与制度之间的不协调、制度挤出等现象或许会愈加明显。具体表现如下：（1）一些法律体系的漏洞还有待填补，相关的配套制度与技术规范体系、温室气体自愿减排交易机制仍然有待完善；（2）碳金融市场的管理有待强化，例如，如何加强碳排放数据质量管理还有待相关实施细则的出台与完善，如何使相关制度真正落地还有待探索；此外，如何对我国碳金融市场化各环节的监管规范加以完善也有待探索；（3）碳市场的范围还有待拓宽，一些高污染、高排放的发电行业仍旧没有被纳入碳市场的覆盖范围，碳市场的交易品种仍然有待丰富；此外，碳市场的交易主体、交易方式还需更加多元化，碳金融市场的活跃度仍然有待提升。

如前文所述，在较为脆弱的碳金融市场化的法制环境下，稳固的现货交易基础是我国匮乏的，原因在于：其一，实物交割的顺利进行难以得到保证；其二，期货交易法律规范的不完善使碳金融市场风险的规避功能也很难得以发挥，不利于我国期货交易市场的发展。

（四）“期货交易法”尚未出台

1. 不利于碳期货市场的发展

我国并没有完整统一的“期货交易法”，只有2015年年初施行的由国家发展和改革委员会制定的《碳排放权交易管理暂行办法》，一些和期货交易相关的规定主要体现在证监会的规范性文件和行业规定中。制度风险的外化形式为市场风险，除了碳金融市场失灵导致的风险外，表现为监管失灵、政策失灵的政府失灵也给可再生能源金融市场带来了不少法律风险。从金融监管角度分析，碳金融市场领域的监管体系尚不健全，期货市场监管法律、法规仍然相对滞后。在实践中，宏观层面的监管主要依靠证监会的行政手段，而又缺乏相应的法律依据，证监会的监管权往往“一家独大”，滥用行政监管手段过度干预我国期货业市场，长此以往，将不利于我国碳期货业市场的构建以及持续稳定的发展，并严重挫伤我国碳期货市场投资者信心。因此，我国期货市场监管法律规范的临时性和弱效力严重阻碍了我国碳期货交易市场的有序发展。

2. 不利于碳金融市场法律风险防范

碳金融市场化进程中存在的风险，既有可能是市场失灵导致的金融系统性风险，也有可能是政策失灵、政府失灵、监管失灵给我国碳金融市场带来的法律风险。我国主要提供低碳信贷业务，而较少涉及碳金融领域的资金结算业务、多种碳金融产品、碳金融衍生产品的利率以及汇率风险服务等；此外，我国目前匮乏碳金融期货产品，也缺乏碳金融产品的运营经验，这不利于我国在碳金融市场化领域与发达国家展开竞争，此外，我国仍然缺乏市场监管的相关法律规范，这不利于碳金融市场化进程中的法律风险防范。

三、我国碳金融市场化的法制促进

（一）碳金融市场化法制的理论依据

1. 鼓励创新：碳金融市场竞争力的形成

市场竞争力的强弱取决于创新力的大小，碳金融市场能否反哺于可再生能源产业发展，关键在于能否提升碳金融市场活力、市场竞争力、市场化程度，可见，金融创新是碳金融市场化发展的源动力，碳金融市场对于可再生能源产业发展的贡献度大小在很大程度上取决于碳金融市场创新机制的作用能否得以充分发挥。

制度创新与技术创新相辅相成，制度创新对技术创新起着决定性作用，而技术创新又能够在很大程度上拓宽制度创新的空间，可再生能源技术领域的创新能够拓宽碳金融市场化制度创新的空间，而碳金融制度创新力的大小又能够在相当程度上决定可再生能源技术创新程度的高低。任何技术创新都是制度的产物，技术创新开拓着人类活动的边际，制度创新则规范着人类活动的规则，因此真正决定增长与发展的是制度创新，实际上技术创新从来都是在制度内发生的，脱离制度体系而独立进行的技术创新从来没有发生过。因而碳金融市场化创新机制作用能否得以充分发挥，关键在于制度环境、制度理性的养成，好的制度环境、公平竞争的市场环境将有助于碳金融市场化创新力的提升。

2. 适度监管：碳金融市场秩序的维护

如今各界已有了较为清晰的认识，可再生能源产业的发展越来越离不开碳金融市场的融资“输血”。碳金融市场化需要的是“放松管制”“适度的管制”，在提升碳金融市场效率的同时，防止其无序发展，从而引起各种法律风险。“适度的管制”并非意味着放任碳金融市场化而任凭其自由发展，也并非对其过度管制而抑制碳金融市场的活力，关键在于政府需把握好对碳金融市场的管制力度，不能出现“一管就死，一放就死”的乱象。评判碳金融市场管制好与坏的一个重要标准是产权效率能否得以提升，在所有制度中，产权制度是核心，市场效率的提升源自产权效率的提升，因而对碳金融市场的管制需要实现能源产权效率，提升碳金融市场效率。

实际上将产权效率当作政治效率或者行政效率，降低交易成本是政府部门实现对碳金融市场适度管制的有效方案。要真正实现能源转型，有效控制化石能源的燃放，以可再生能源助力绿色发展，关键在于提升能源产权效率，仅仅依靠政府的管制、市场的管制，是难以真正实现能源效率，绿色低碳发展的，唯有依靠提升能源产权效率、经济效率、市场效率，才能真正实现“低碳转型”。

此外，基于产权效率是一切市场经济效率的根本，碳金融市场化效率的提升仰赖于产权效率的提升，而真正提升产权效率需要为国有产权和私人产权提供公平竞争的市场环境。不过，我国国有和私人二元所有权之间天然存在的矛盾是通向这二者在体制产权、技术产权、资本产权等领域公平竞争的屏障。此外，良好的制度设计需尊重市场上的行动者偏好。[1] 围绕碳金融市场化进行制度设计需着眼于有助于碳金融市场化交易的迅捷、碳金融市场化进程中的商事主体便利。要真正设计出良好的碳金融市场化法律制度，需考虑到各项法律制度相互之间的包容性，需克服碳金融市场的“信息偏在”，需体现激励的相容性。

（二）碳金融市场化的法律制度创新

1. 促进碳金融市场的发展

碳市场化的进程仰赖于金融创新，而金融创新急需制度的创新、法律的创新，法律制度大致可以分为外生性、强制性的与内生性、诱致性的法律制度，相较于前者，后者的实施效率、实施绩效更高。因而为了促进碳金融市场化，《企业所得税法》等相关法律可以规定，对参与碳金融市场化交易的风电、光电、水电等可再生能源电力企业以及积极履行节能减排

---

〔1〕 参见［美］利奥尼德·赫维茨：《经济机制设计》，田国强等译，上海格致出版社 2014 年版，第 134 页。

义务的发电企业，可以给予减税、免税等税收优惠措施，[1]此外，法律还可以规定，以补贴、政府贷款、政府采购等财政激励措施增进上述企业的节能环保意识。相对而言，对高排放、高能耗且怠于履行节能减排义务的企业处以罚款、吊销营业等处罚的法律规定属于强制性的法律规范，相较而言，在带有激励性质的法律规范下，参与碳金融市场化交易的企业容易自愿履行其应尽的社会责任，因而降低了法律的实施成本，提升了法律的实施绩效。《企业所得税法》《政府采购法》等相关法律所规定的政府补贴、税收激励、政府贷款、政府采购等措施不仅可以引导碳金融市场上的资本投向，还能够降低相应的市场风险、法律风险，带来较大的财产增量，对可再生能源产业发展以及投资者的刺激作用明显，风电、光伏等清洁能源的发展大多受益于此，与市场产权激励经过竞争风险博弈不同，财政激励风险为零，因而可能成为可再生能源产业利益的首选。

2. 促进碳金融衍生品的创新机制

完善碳金融衍生品的创新机制将有助于我国可再生能源产业、碳金融市场化领域的法律风险防范。如前文所述，创新是技术进步、产权效率及资本效率提升、全要素生产率提高的关键与灵魂，要真正完善我国碳金融市场化领域的法律规定，严控法律风险，碳金融衍生品创新机制的完善势在必行。

我国目前碳金融领域的融资开放程度不高，碳市场化金融衍生品的发展相对落后，因而碳金融领域的对冲机制仍然不完善，监管领域的不少漏洞等都在一定程度上抑制了我国碳金融市场化领域的价格发现功能，[2]也在一定程度上增加了可再生能源领域个体企业的经营风险。鉴于能源产业自身的规模大、体量大，相对容易成为我国宏观调控的目标，产业政策的变化在一定程度上又会给这些企业在碳金融市场上进行交易带来较大的法律风险，[3]引起碳金融市场化领域法律风险的众多因素可能相互叠加，从而可能引发金融市场上的系统性风险。针对这些问题，不少学者提出如下改革与创新的建议：其一，我国原证监会主席肖钢认为，可以建立多元化的融资渠道以对融资工具进行创新，从而为碳金融市场化发展提供资金支持，如票据融资、长短期债权融资、可转换贷款、资产证券化、信托租赁等；[4]其二，能源金融领域的专家张媛媛博士认为，我国亟须在能源项目保险建设方面加大力度；其三，建立煤炭储备银行及投资银行，设立国家煤炭专项发展基金，推动人民币逐步发展成为碳结算货币，我国需要对煤炭企业“走出去”的贸易融资工具进行不断创新。

熊彼特认为，创新风险与赢利是共存的，我国碳市场化领域的金融创新以及大量碳金融衍生品的出现给投资者带来投资机会的同时，也带来了相应的法律风险。制度的好坏是决定

---

[1] 参见刘田原：《环境保护税征管：现实困境、域外经验及完善进路》，载《地方财政研究》2019 年第 12 期。

[2] 参见顾洪梅、温秀玲、谢淑萍：《我国碳金融监管模式研究——基于制度经济学的视角》，载《经济体制改革》2015 年第 4 期。

[3] 参见张善明：《我国碳金融发展路径思考》，载《宏观经济管理》2013 年第 2 期。

[4] 参见杜莉、武俊松：《碳金融监管：银行业创新监管的路径和延伸》，载《华东经济管理》2016 年第 3 期。

市场效率的关键，要解决我国碳金融市场化进程中存在的风险问题、效率问题，亟须制度的变迁。贝克尔认为，强制性制度变迁的国家进行制度变迁的关键是自上而下的改革，而在制度变迁中，唯有理性人的偏好得到充分尊重，才可能产生有效的制度，[1]但实践中，制度的设计往往围绕制度设计者进行。因此，我国决策层是否能设计出好的制度对我国碳金融市场的变革起着至关重要的作用，这就需要充分考虑到碳金融市场上行动者的偏好，例如，企业、消费者等各类市场主体的风险偏好以及企业对利润的追求等，才能在对碳市场化领域金融衍生品的创新机制设计中，正确认识我国碳金融领域存在的法律风险，并理性地制定好的风险防范对策。

3. 促进投资渠道多元化

要真正实现碳金融市场化改革，亟须拓宽投融资渠道并在法律规范上加以具体明确，例如，可以体现在《碳排放权交易管理办法》等具体的、可操作性较强的法规中。过去我国主要依靠财政为风电、光伏等可再生能源的市场融资提供支持，现在混合融资的趋势日趋明显，银行逐步走向舞台中央。然而就现状而言，我国碳金融、可再生能源领域的投融资渠道比较单一，多元化的投融资模式仍处于起步阶段。在碳市场的投融资领域，通过自筹资金和银行贷款所占的融资比例接近八成，这不利于碳金融市场投资积极性的激发，不利于碳金融市场活力的提升，因而通过立法规定拓宽碳金融领域的投融资渠道确有必要。

4. 完善碳金融市场的产权制度

我国亟须在法律上完善碳金融市场化产权制度的相关规定，《可再生能源法》等相关法律中有关风电、光电、水电等可再生能源企业产权制度的规定亟待完善。

科斯定理告诉我们，市场存在的“信息偏在”使市场交易成本不可能为零，市场经济的运行不能仅仅依靠市场本身，还需要良好的制度去推动，制度的好与坏是决定市场效率高低的关键，产权制度则是一切制度中的根本制度，[2]在促进碳金融市场化的进程中意义重大。倘若要在碳金融领域更好地发挥投融资机制的作用，亟须给予可再生能源产权主体更好的产权保护。在一切制度中，产权制度是最根本的制度，产权是交易的产权，交易是产权的交易，脱离了交易，产权效率无从谈起。碳金融市场上发电企业交易效率的高低，根本上是由产权效率决定的，产权效率越高，发电企业也越能够获取合理的产权制度所带来的制度红利，对于这些发电企业而言，此时，法律针对产权交易所规定的合理的产权制度带来了正向的激励作用；反之，不合理的产权制度设计则会抑制可再生能源企业生产的积极性，不利于碳金融市场机制作用的发挥。因而完善可再生能源企业产权制度的相关法律规定能够鼓励企业在可再生能源技术、企业管理体制等方面进行技术创新、体制创新，从而提高技术进步

〔1〕参见［美］利奥尼德·赫维茨：《经济机制设计》，田国强等译，上海格致出版社 2009 年版，第 36 页。

〔2〕参见［美］罗纳德·科斯：《财产权利与制度变迁：产权学派与新制度学派译文集》，李慧泉译，上海三联书店 2014 年版，第 55 页。

率,[1]可再生能源产品的生产效率。由此可见，我国要真正提升可再生能源企业的经营效率以及碳金融市场化效率，使碳金融更好地服务于绿色低碳经济的发展，通过发挥金融机制的作用促进可再生能源产业的发展，实现从对化石能源的过度消费到低碳经济的路径依赖，亟须实现风电、光伏等可再生能源技术产权的立法完备，促进低碳资本产权效率的提升，而我国碳金融市场化投融资机制作用的充分发挥亟须法律上有关碳金融产权规定的进一步完善。

（三）完善碳金融市场风险控制制度

碳金融市场的安全是联动的，在碳金融市场各个层级风险的控制达到动态平衡时，才能实现碳市场的相对安全。基于碳市场安全的特殊性，以及发电行业为碳金融市场化所靶向的重点领域，一旦碳金融市场出现较大的波动，则相应的法律风险会从碳金融市场传递到电力行业。在中长期的碳金融市场化交易框架下，碳金融交易品种多元化是大势所趋。不仅如此，碳金融市场环境日趋复杂，参与碳金融市场化交易的风电、光伏、水电等不同可再生能源电力企业各具特殊性，不同的市场交易者往往怀揣着不同的投资目的，不同碳金融市场主体对风险的预期也往往各不相同，从而有碍于投资者作出正确、理性的判断，这些因素容易导致碳金融市场化制度设计的不合理。[2]因此，政府部门如何理性、综合、客观地评判可能对碳金融市场安全造成威胁的各类因素，自上而下地推行行之有效的法律、政策等各项制度是能否实现碳金融市场效率的关键所在。

通过减少不确定性和复杂性，防止和化解冲突，安排交易结构与激励结构，决定经济绩效，预期机会成本，提供博弈机会，进而增加利益。[3]基于碳金融法律风险的多样化、复杂性，碳金融市场化进程中存在的金融安全问题不能单单依靠政府有关部门、能源监管机构的监管加以解决，如依据《京津冀绿色电力市场化交易规则（试行）》（已失效）第 14 条第 8 款的相关规定，在特定情形下以及有关能源监管机构的授权下，电力交易机构可以对市场进行适当的干预。

在碳金融市场，通过多元化的法律制度设计完善风险监管机制，对防范和化解碳金融市场化进程中的法律风险具有十分重要的意义。碳金融在促进可再生能源产业实体价值增加的同时，碳排放交易等碳金融市场化交易的安全预警制度、跨行业以及碳金融市场“场外配资”的法律监管制度等可以通过价值发现对其中可能存在的法律风险进行及时预警、控制，也能够对碳金融市场今后可能遭受的损失，以及资本市场中游资短期投机行为对碳金融市场带来的长期伤害进行预先评估。[4]此外，通过《可再生能源法》等相关法律的完善实现对可

---

〔1〕 参见［美］迈克尔·波特：《国家竞争优势》，李明轩、邱如美译，华夏出版社 2002 年版，第 168 页。

〔2〕 参见张善明：《我国碳金融发展路径思考》，载《宏观经济管理》2013 年第 2 期。

〔3〕 参见［美］加里·S. 贝克尔：《人类行为的经济分析》，王业宇、陈琪译，上海格致出版社 2008 年版，第 75 页。

〔4〕 参见顾洪梅、温秀玲、谢淑萍：《我国碳金融监管模式研究——基于制度经济学的视角》，载《经济体制改革》2015 年第 4 期。

再生能源产业的合理调控以及可再生能源资源的合理配置，将有助于我国“低碳”经济的转型，也有助于绿色经济的持续发展。

加强对碳金融衍生品创新监管的研究。完善我国的碳金融市场体系，有助于完善我国碳市场化金融衍生品体系。因此，这样的研究可以使我国政府与企业对碳市场化金融衍生品存在的风险进行更好的防控。

（四）完善碳排放管理的法律规范

我国碳排放权交易的发展刚刚起步，相应的法律制度还有待完善。我国在对碳排放管理进行立法时，可以借鉴发达国家的成功经验，制定完备的碳排放管理法律规范。其作用体现于：其一，有助于构建完善的碳排放权交易市场；其二，有助于增强我国碳排放权交易的国际地位。我国对碳金融市场化领域的研究更多是从碳排放和国家经济增长的相关性角度进行展开的，较少涉及碳排放权交易和可再生能源产业领域的结合管理。

国外许多学者对碳排放权、碳减排的投融资管理进行了研究。他们通过大量的实证分析得出以下结论：我国碳排放的主要来源是化石能源消费，碳金融市场的波动对国际碳排放市场价格机制的形成也会造成一定的影响，其中碳价的波动受油价变化的影响最大。因此，我国也可以采取实证研究的方法对碳排放交易展开研究，立法者可以在参考该实证研究成果的基础上，将碳排放管理立法的重点靶向于碳排放交易领域；同时，借鉴一些国外学者作出的实证研究结论，例如，在碳排放的具体技术方面，拍卖方式相比免费发放方式更有优势，[1]但是免费发放在碳交易体制建立的初始阶段能相对减少来自企业的阻力。因此，对碳排放权的交易采取拍卖方式是大势所趋，但是立法时，需要在碳交易体制建立的初始阶段做好和免费发放的有效衔接。

此外，鉴于碳排放权抵销机制的基础为国家温室气体自愿减排交易机制，碳排放管理法律规范应当对具体的温室气体自愿减排项目予以明确，例如，可再生能源、具有生态环境保护功能的林业等，这不仅有利于碳金融融资渠道的多元化，也有利于我国碳排放权市场交易规则的进一步明晰。碳排放管理法律规范也应当对碳排放权等关乎环境利益、可再生能源产业发展的融资工具种类加以明确，如此，既有利于绿色股票指数的建立，也有利于碳金融市场化在法律规范框架下进行。

〔1〕参见杜莉、武俊松：《碳金融监管：银行业创新监管的路径和延伸》，载《华东经济管理》2016 年第 3 期。

长三角金融一体化法制保障

长三角区域性股权市场一体化发展的制度选择

孟　飞*

一、引言

《上海国际金融中心建设“十四五”规划》在列明加强对长三角地区更高质量一体化发展的金融支持时，把“加强长三角区域股权市场合作”作为主要任务措施之一。早在2019年12月1日，中共中央、国务院印发的《长江三角洲区域一体化发展规划纲要》中就已经明确提出“完善区域性股权市场”。市场一体化是区域一体化发展的微观基础。[1]在长江三角洲区域市场一体化发展的进程中，完善区域性股权市场成为创新一体化发展体制机制的重要任务，不仅能够推动长三角区域资本要素的跨区域自由流动，而且制度创新的探索也能够为其他区域性股权市场的发展提供经验借鉴。从市场化、法治化的推进路径来看，长三角区域性股权市场一体化发展必然依法合规，重塑政府和市场的理性关系。因此，制度设计成为长三角区域性股权市场一体化发展的核心要素。

在多层次资本市场体系中，区域性股权市场成为服务中小微企业的场所和设施。区域性股权市场在十余年的发展过程中，经历了多轮整顿清理后，形成了每一省级行政区域最多设置一家区域性股权交易市场的格局。但同时，区域性股权

---

* 孟飞，上海工程技术大学管理学院副教授。

〔1〕 参见刘志彪、孔令池：《长三角区域一体化发展特征、问题及基本策略》，载《安徽大学学报》（哲学社会科学版）2019年第3期。

市场陷入了迷茫的生存状态。2018 年全国区域性股权市场整体净利润降幅为 28.49%，超过 1/3 的区域性股权市场出现亏损。[1]因此，规范发展区域性股权市场成为亟待解决的问题。

推动长三角区域性股权市场一体化发展，首先要明确区域性股权市场的功能定位。在初创阶段，区域性股权市场在中央政策中没有得到明确、清晰的界定，从而造成各地区域性股权市场的膨胀式设立和组建，出现一个省级行政区域存在多个股权交易市场的情况，甚至出现了类似于沪深证券交易所的定价交易模式。《国务院关于清理整顿各类交易场所切实防范金融风险的决定》（国发〔2011〕38 号）和《国务院办公厅关于清理整顿各类交易场所的实施意见》（国办发〔2012〕37 号）设定了一系列的禁止性规则，明确中央和省级政府之间的权责边界，但没有对区域性股权市场的功能定位作出界定。证监会于 2012 年 8 月 23 日发布《关于规范证券公司参与区域性股权交易市场的指导意见（试行）》（证监会公告〔2012〕20 号），首次在中央政策层面明确其功能，即“区域性市场是为市场所在地省级行政区域内的企业特别是中小微企业提供股权、债券的转让和融资的私募市场”。至此，区域性股权市场作为多层次资本市场的重要组成部分在中央政策中得到了明确的界定。《国务院办公厅关于规范发展区域性股权市场的通知》（国办发〔2017〕11 号）进一步规定，区域性股权市场是主要服务于所在省级行政区域内中小微企业的私募股权市场，是多层次资本市场体系的重要组成部分，是地方人民政府扶持中小微企业政策措施的综合运用平台。这是对区域性股权市场功能定位的完整界定，其法律地位也在《证券法》中得到明确的规定。[2]换言之，长三角区域性股权市场一体化与其他资本要素的自由流动存在差异，区域性股权市场主要是服务处于不同生命周期的中小微企业，而中小微企业具有典型的地区性经营的特点，地方政府为其提供扶持政策，这将导致区域性股权市场一体化发展路径及其制度模式具有一定的特殊性。

二、现阶段长三角区域性股权市场的运行情况与制度特征

按照省、自治区、直辖市、计划单列市只设立一家运营机构的中央政策要求，长三角区域性股权市场共存在 5 家运营机构：上海股权托管交易中心股份有限公司、江苏股权交易中心有限责任公司、安徽省股权托管交易中心有限责任公司、浙江省股权交易中心有限责任公司、宁波股权交易中心有限责任公司。其中，宁波股权交易中心仅为宁波市范围的企业私募证券或股权的转让的融资、转让提供服务，其他 4 家股权交易中心则服务于省级区域的企业。

---

〔1〕 参见刘志彪：《长三角区域市场一体化与治理机制创新》，载《学术月刊》2019 年第 10 期。

〔2〕《证券法》第 98 条规定，按照国务院规定设立的区域性股权市场为非公开发行证券的发行、转让提供场所和设施，具体管理办法由国务院规定。

（一）5 家区域性股权市场运行情况

从全国范围来看，在区域性股权市场挂牌的企业主要集中在珠三角和长三角。根据 Wind 资讯的统计，截至 2020 年年底，长三角 5 家交易中心挂牌企业 3.2 万家，占全国挂牌企业总数的 27.1%，广东两家股权交易中心总挂牌企业为 1.6 万家。虽然长三角 5 家区域性股权市场在挂牌企业数量上居于全国前列，但在股份总量和资产规模方面却位于中等水平（见表 1）。

表 1　长三角区域股权交易市场一览[1]

交易所	上海股权托管交易中心	浙江省股权交易中心	宁波股权交易中心	江苏股权交易中心	安徽股权托管交易中心
挂牌家数/家	2751	12375		11892	5034
资产合计/万元	186272.7	5343190.4		4392609.7	65210.4
总资产均值/万元	4776.2	763312.9		2196304.9	13042.1
净资产合计/万元	92418.7	2266537.3		1643962.8	15302.0
净资产均值/万元	2369.7	377756.2		821981.4	3825.5
营业收入合计/万元	132458.4	71755.2	144989.6	43974.1	15255.6
营业收入均值/万元	3230.7	14351.0	144989.6	21987.1	3813.9
净利润合计/万元	11625.2	16928.4	15671.8	4911.8	-859.5
净利润均值/万元	290.6	3385.7	15671.8	2455.9	-171.9

长三角 5 家区域性股权市场的发展现状表明，定位于省级范围的区域性股权市场在现行制度约束下缺乏流动性和盈利能力。[2]具体来说，区域性股权市场挂牌企业和合格投资者仅限于本省行政区域内的主体，资产标的仅限于股票、可转换债券以及其他中央金融管理部门认定的金融资产。交易资产的市场价格是通过其流动性体现的，在缺乏流动性的条件下，其市场价格无法准确反映挂牌企业的内在价值。

长三角区域市场一体化意味着，金融资本要素能够根据市场供给和需求关系进行自由交易和流动，而区域性股权市场体现出的"行政区经济"不利于实现金融资本要素配置的经济效率，无法充分体现市场的定价功能。[3]当商品和服务能够按照价格机制进行市场化流动时，金融资本要素的供给方和需求方也必然要求按照市场机制配置金融资源，这对现行制度提出了直接的挑战。

---

〔1〕 资料来源：WIND 资讯。其中，上海、浙江、江苏、宁波 4 家股权交易中心的统计数据截至 2020 年年底，安徽股权交易中心的挂牌家数、资产合计、总资产均值、净资产合计、净资产均值 5 项指标统计数据截至 2020 年年底，其他数据截至 2019 年 6 月。

〔2〕 参见陈琪、刘卫：《发展我国区域性股权市场研究》，载《上海经济研究》2017 年第 1 期。

〔3〕 参见李丰也、孙丹：《区域股权市场发展路径》，载《中国金融》2015 年第 12 期。

（二）长三角区域性股权市场的制度特征

区域性股权市场在设立之初，中央政府确定了中央和省级政府之间的权限边界，区域性股权市场由省级政府负责实施监督，尤其是风险处置责任严格按照属地管理原则，秉承“谁家孩子谁抱走”的责任分配方式。换言之，对于区域性股权市场的监管，中央和地方进行了权限划分。但是，现行国家法律和中央政策并没有对中央和地方监管权限作出清晰的界定。从国务院及办公厅、证监会发布的政策文件来看，区域性股权市场的制度安排体现出了中央统一规则下的地方行政区域分割的特征。2017 年 7 月全国金融工作会议明确授权地方政府对区域性股权市场实施监管。沪苏浙皖省（市）政府还制定了专门的实施细则，规范发展各自所辖的区域性股权市场。现阶段，长三角区域性股权市场体现了以下两个方面的制度特征。

第一，制度生成模式：“边发展、边规范”与“先发展、后规范”。

在 2007 年秋季美国次贷危机爆发后，金融风险很快传染至欧洲，引发欧洲债务危机。国际金融危机对金融机构的冲击直接加剧了中小企业融资难问题。为应对中小企业陷入的发展困境，我国地方政府于 2008 年起陆续设立了一批区域性股权市场，并得到了中央政策的认可。2009 年 10 月，国务院同意批复《天津滨海新区综合配套改革实验金融创新专项方案》中明确提出，支持天津股权交易所不断完善运作机制……充分发挥市场功能，为中小企业和成长型企业提供高效便捷的股权投融资服务。至此，区域性股权市场上升为国家层面。[1]但由于缺乏国家立法和中央政策的规范，区域性股权市场呈现出膨胀式发展，并很快偏离了服务中小企业的市场定位，采取类似于上海和深圳证券交易所的交易技术和交易规则，加大了金融风险的扩散和积累。为此，中央政府开始于 2011 年对区域性股权市场进行清理整顿，转向规范化发展模式，即在中央政府主导下，省级政府不仅负责处置前期累积的存量风险，而且要防范化解发展中产生的增量风险。

区域性股权市场的成长路径体现了中央管理部门对新型资本市场所秉承的“先发展、后规范”和“边发展、边规范”的制度模式。“边发展、边规范”体现了根据实践总结制度经验的特点，但无法快速、有效地管理金融风险，最终也会产生“先发展、后规范”的顽疾。这种制度模式引发的市场效应为，为快速地管制金融风险，中央政府往往采取“一刀切”“快刀斩乱麻”的策略，通过属地责任的配置以及省级行政区域只有一家区域性股权交易的数量管制手段来防控金融风险。由于区域性股权运营平台多是在地方政府主导下设立的，清理整顿的进度较为缓慢，直至 2019 年 7 月，全国 34 家区域性股权市场运营机构完成向证监会的备案。在这一过程中，较为完整意义上的中央政策主要包括《关于规范证券公司参与区域性股权交易市场的指导意见（试行）》（证监会公告〔2012〕20 号，已失效）、《国务院办

〔1〕 参见开昌平、刘楠：《区域股权市场的定位》，载《中国金融》2015 年第 12 期。

公厅关于规范发展区域性股权市场的通知》（国办发〔2017〕11号）、2017年《区域性股权市场监督管理试行办法》（证监会令第132号），以及《关于规范发展区域性股权市场的指导意见》（清整办函〔2019〕131号）。

沪苏浙皖省级政府根据中央政策均制定了相应的实施细则和操作办法。浙江省政府早在2013年5月就颁布实施《浙江省交易场所管理办法（试行）》，授权省金融办对区域性股权市场实施全过程监管。上海市政府则于2019年1月颁布《上海市交易场所管理暂行办法》，通过市金融稳定发展联席会议工作机制，负责指导、协调交易场所规范管理工作。安徽省和江苏省政府办公厅分别于2018年7月和12月颁布《安徽省区域性股权市场监督管理实施细则（试行）》和《江苏省区域性股权市场监督管理实施细则（试行）》。

第二，制度运行模式：自我增强型的行政区域分割及其放松趋势。

在防范化解金融风险的压力下，地方政府首要的责任是处置所管辖行政区域的风险事件。然而在区域性股权市场的发展初期，中央政策并没有对挂牌企业和投资者的地域范围作出明确要求。因此，清理整顿的一个重要任务是清退非本省行政区域的挂牌企业和投资者。为了避免由此引发过大的市场波动，《关于规范证券公司参与区域性股权交易市场的指导意见（试行）》提供了变通规则，即区域性股权市场原则上不得跨区域设立营业性分支机构，不得接受跨区域公司挂牌，但确有必要跨区域开展业务的，则须经所在地省级政府及拟跨区域省级政府批准。但在实践中，没有一家区域性股权市场跨区域开展业务获得其他省级政府的批准。正因如此，《区域性股权市场监督管理试行办法》第32条明确要求区域性股权市场不得为其所在省级行政区域外企业证券的发行、转让或者登记存管提供服务。[1]

自2017年《国务院办公厅关于规范发展区域性股权市场的通知》和《区域性股权市场监督管理试行办法》实施以来，区域性股权市场的存量风险得到了有效的化解，逐步走上规范发展的道路，历史问题得到基本解决。但与此同时，区域性股权市场却出现了发展中的困境，即服务小微企业的能力下降，部分运营机构出现亏损，只能依赖地方政府补贴才能维持其运营。究其制度根源，中央监管规则在一定程度上限制了区域性股权市场的发展：首先，挂牌企业原则上只得发行股票、可转换为股票的公司债券，在区域性股权市场发行其他证券应当经中央金融监管部门许可。私募债在2017年之后也被禁止。单一化的证券种类在某种程度上限制了区域性股权市场的交易活跃度。其次，区域性股权市场推行投资者适当性制度，以保护投资者权益，但对单只证券持有人数量进行严格的管制，原则上累计不得超过200人。对投资者规模的数量化控制，在维护区域性股权市场稳定的同时，也降低了二级市场的交易规模和交易频次，中小微企业的价值很难通过市场交易价格被投资者发现并投资。最后，对于挂牌的中小微企业而言，在哪一家区域性股权市场发行股票和可转换债券并不是

---

〔1〕《区域性股权市场监督管理试行办法》（证监会令第132号）于2017年7月1日起施行，《关于规范证券公司参与区域性股权市场的指导意见（试行）》同时废止。

首要考虑的，最重要的是能够通过资本市场获得便利化的直接融资。换言之，资本需求方通过价格机制获得所需的资本应当是具有流动性的，否则会导致资本需求方的融资价格居高不下。与此同时，中小微企业本身所欠缺的担保物品和增信机制又提高了融资成本。

对于实践中出现的这些市场问题，中央政策进行了微调。《关于规范发展区域性股权市场的指导意见》进一步明确区域性股权市场定位为服务于所在省级行政区域内中小微企业的私募股权市场的同时，确定区域性股权市场为地方重要的金融基础设施，使其成为以股权融资为核心的综合金融服务平台，为中小微企业提供改制辅导、融资转让、财务顾问、信息咨询、管理培训、路演宣传、培育孵化等"一揽子"服务，成为地方政府扶持中小微企业政策措施的综合运用平台。换言之，区域性股权市场提供的业务种类和范围进一步得到扩大，除了为挂牌企业提供股权融资服务之外，还为企业提供展示、纯托管等服务。在这种制度安排下，地方政府可以通过区域性股权市场为中小微企业提供贴息、担保、投资等扶持措施。这意味着，在省级行政区域内，地方政府之间很可能出现政策竞争，最大限度地为本行政区域的中小微企业提供扶持措施。

多地省级政府均按照中央政策要求规范发展区域性股权市场，安徽还专门发布《安徽省人民政府办公厅关于规范发展区域性股权市场的通知》（皖政办〔2017〕45 号），进一步明确各类规范发展事项的责任单位，加大为挂牌或者托管企业提供扶持力度。上海市政府办公厅也发布《关于推进本市区域性股权市场规范健康发展的若干意见》（沪府办规〔2018〕9 号）。长三角 5 家区域性股权市场彼此之间已经出现了制度竞争，最大限度上为中小微企业提供融资服务。制度竞争的一个主要方面表现为，区域性股权交易中心设置专门的科技板块，以对接全国中小企业股份转让系统（新三板）和上海证券交易所科创板市场。区域性股权市场作为多层次资本市场的塔基意味着，挂牌企业在符合新三板和上海证券交易所科创板上市条件时，能够便捷地实现转板。中央政策也是鼓励挂牌企业在区域性股权市场规范培育后，到新三板或者证券交易所上市。

上海股权托管交易中心率先推行展示系统分层，突出科技创新板的功能定位，通过注册制的试行，为上海证券交易所科创板的建设运营提供经验储备。〔1〕浙江省股权交易中心于 2016 年 9 月联合长兴县政府设立"长兴科技板"，开启了"区域股交 + 县域经济"合作的新模式。〔2〕江苏省股权交易中心早在 2016 年 10 月设立并运行科技创新板。安徽省股权托管交易中心则于 2019 年 4 月设立科技创新专板。宁波市股权交易中心也设立了专门的科创板。各个区域性股权市场设置科创板的一个重要目标是推动挂牌科技企业到上海证券交易所科创板上市。为此，沪苏浙皖地方金融监管局于 2019 年 3 月 12 日在上海证券交易所召开长三角科

---

〔1〕 参见郑杨主编：《上海金融发展报告 2019》，上海人民出版社 2019 年版，第 58 ~62 页。

〔2〕 长兴科技板现更名为太湖科技板，主要为长兴当地主导产业和战略性新兴产业的科技型中小微企业提供各类融资、企业规范、股权交易、培训辅导等一体化服务。

创板企业金融服务一体合作会议，并签署《长三角科创板企业金融服务一体合作协议》，推进科创企业金融服务率先在长三角区域实现一体化。按照《长江三角洲区域一体化发展规划纲要》的要求，上海证券交易所在长三角设立服务基地，搭建企业上市服务平台。

在长三角区域一体化提升为国家战略之后，5 家区域性股权市场如何实现一体化发展成为亟待解决的议题。从地方金融监管机构的工作议程来看，挂牌企业通过区域性股权市场转至上海证券交易所科创板成为重要的发展路径。截至 2021 年 9 月，共有 27 个省市的 607 家企业（以注册地为标准）申请科创板上市，沪苏浙皖则有 285 家，占全部申请数量的 47%（见图 1）。在这种制度环境下，5 家区域性股权市场必然会根据市场发展情况作出适应性调整，从区域性股权交易中心的科创板企业及其在上海证券交易所科创板上市方面推动一体化进程。

单位：家

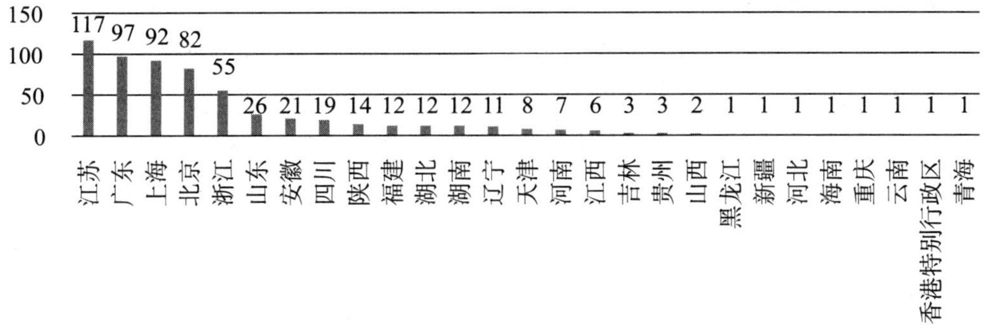

图 1　上海证券交易所科创板申请受理情况

三、长三角区域性股权市场一体化发展应当处理的 4 组关系

5 家区域性股权市场一体化发展当然不是合并组成一家或者两三家。5 家区域性股权市场是否应当在数量上减少是一个市场竞争的结果，行政力量主导的合并重组并不能提升其服务中小微企业的市场功能。换言之，长三角区域性股权市场一体化发展不是指数量上的变化，而是通过增强区域间的制度竞争，促进资本要素跨区域的自由流动，最终实现服务中小微企业的市场功能。但是，区域性股权市场一体化发展涉及多重关系，不仅包括三省一市之间的合作关系，而且涉及中央和地方之间的权限划分关系，这种不同主体之间的关系归根结底取决于区域性股权市场的定位以及政府和市场的关系。

（一）沪苏浙皖政府之间的关系

在区域性股权市场领域，沪苏浙皖三省一市之间是竞争关系，还是合作关系？这是一个看似简单的问题，但非常不容易回答，因为竞争关系和合作关系往往是交织在一起的。如果从制度模式的角度来看，竞争关系和合作关系在不同领域的体现是存在差异的。

其一，沪苏浙皖三省一市在挂牌企业监管规则上是否存在竞争关系？在省级政府及地方金融监管局对区域性股权市场实行监管的条件下，沪苏浙皖在一些监管规则上确实存在差异，但就基础性的监管规则而言，三省一市是相同的。对于区域性股权市场，我国实行中央和省级政府双层监管体制，省级政府及地方金融监管局根据国家立法和中央政策有权制定实施细则和操作办法，并负责市场准入、日常监督、市场退出及其风险处置。《关于规范证券公司参与区域性股权交易市场的指导意见（试行）》和《区域性股权市场监督管理试行办法》作为基本监管规则均是由证监会颁布并监督实施的。在这方面，我国与美国、德国、加拿大等联邦与州（省）的双层监管体制存在显著的不同。值得注意的是，沪苏浙皖三省一市之间不存在竞争关系是针对监管规则而言的，即对监管对象进行的规制，涉及利益关系的强制性调整，亦即对营业自由的合理限制。换言之，省级政府试图通过变更监管规则来发展区域性股权市场则会导致其行为不法。究其实质，即使是现阶段区域性股权市场体现出行政区域分割的特征，但在监管规则统一的条件下，也为资本跨区域的自由流动和交易秩序的形成提供了基础性制度准备。

其二，沪苏浙皖三省一市在挂牌企业扶持政策上是竞争关系，还是合作关系？与监管规则不同的是，沪苏浙皖政府在扶持挂牌企业和区域性股权市场发展方面存在一定的竞争关系。当然，这种竞争关系并不是直接体现在同一家挂牌企业，而是通过最大程度上的扶持措施推动本行政区域的企业在区域性股权市场挂牌或改板上市，并吸引民间资本流入本地组建企业。沪苏浙皖省级政府均颁布实施了扶持区域性股权市场发展的优惠政策，并根据本地实际情况提供多样化的扶持措施。从这方面来看，挂牌企业扶持政策之间存在一种竞争关系。

应当注意的是，挂牌企业扶持政策的竞争关系不仅体现在省级政府之间，而且体现在同一省级行政区域内的不同市县级政府之间，不同层级的市县级政府也是为注册在所辖行政区域的挂牌中小微企业提供一系列的扶持政策。相较之省级行政区域，同一省级行政区域内的市县级政府之间的竞争强度更高，因为资本在同一省级行政区域内的流动性更强。市县政府之间进行的招商引资竞争在吸引大企业入驻的同时，也推动了中小微企业扶持政策的多样化。而后者则是中央政府所偏好的。正因如此，中央政策明确要求界定区域性股权市场是地方政府扶持中小微企业政策措施的综合运用平台。

（二）中央与地方政府事权划分的边界

中央和省级政府的双层监管体制不仅要求中央和地方政府之间的权限边界清晰，而且要求中央对地方政府进行指导和监督。

其一，中央与地方监管权限的划分。在法治意义上，中央与地方监管权限划分应当体现出立法权限和行政权限的划分。基于单一制的宪制结构，即使是地方政府实施监管的事务，中央亦有权行使立法权。对于区域性股权市场而言，现行中央政策已经作出了明确的规定，纳入地方政府的监管范围。[1]但是，区域性股权市场的立法权和基本规则制定权仍由中央行使。具体而言，全国人大常委会在修订《证券法》时，通过专门的条款对区域性股权市场的法律地位进行明确的规定，并授权国务院制定相应的行政法规。在实践中，中国证监会已经颁布实施了区域性股权市场的基本业务规则和监管规则，尤其是禁止性规范和限制性规则成为省级政府实施监督的准则。省级政府在规则制定权方面仅有权实施细则和操作办法。值得注意的是，中央金融监管部门享有对区域性股权市场的行政许可权，仅限于交易证券种类中除股权、可转换债之外的其他证券，挂牌企业若发行特定类型的证券，则必须事先取得证监会的行政许可。

其二，中央对地方监管的指导监督。中央立法和基本规则的实施效果在很大程度上取决于省级政府及地方金融监管局的执法力度和强度。但对于省（市）地方金融监管局而言，区域性股权市场是一种新型的资本市场业态，需要对其实施动态性的监督。为此，中央金融监管部门对省级政府及其地方金融监管局承担着指导监督的责任，具体体现在两个层面：首先，在中央层面，清理整顿各类交易场所部际联席会议制度的职责包括对省级政府的指导和监督。《国务院关于同意建立清理整顿各类交易场所部际联席会议制度的批复》（国函〔2012〕3 号）及附件中界定的指导监督职责包括：省级政府在批设区域性股权市场时，应当事前征求联席会议的同意；联席会议对违法证券期货交易活动性质进行认定，省级政府根据认定意见进行案件查处和开展风险处置工作；联席会议对区域性股权市场重大风险隐患或者风险事件的预警。但从召开的 4 次联席会议和“回头看”后续专题工作会议来看，省级政府作为中央政策的执行主体，并没有参与政策制定的过程。其次，在省级层面，上海、浙江、江苏、安徽均设立了清理整顿各类交易场所联席会议制度，[2]证监会派出机构成为重要的成员之一，对区域性股权市场监管工作进行指导、协调、监督。中国证监会派出机构与地方金融监管局已经建立了畅通的监管合作和信息共享机制，共同对区域性股权市场进行风险预警和防范。

（三）政府承担的发展职能与监管职责之间的调和

区域性股权市场体现了发展与监管之间的紧张与调和的二重关系。在一般意义上，中央政府及金融监管部门更注重防范化解金融风险，而地方政府更偏重发展产业规模，二者在目标上并不完全一致。为此，中央政府将区域性股权市场的日常监督权限下放至省级政府，并同时将风险处置责任转移至省级政府，采取了打包转移的策略，以此缓解发展与监管之间的紧张关系。然而，二者关系的调和是有限的，原因如下。

首先，在省级行政区域内，为在区域性股权交易中心挂牌的中小微企业提供财政补贴和

---

〔1〕《中共中央国务院关于服务实体经济防控金融风险深化金融改革的若干意见》（中发〔2017〕23 号）。

〔2〕上海市清理整顿各类交易场所领导小组、浙江省清理整顿各类交易场所工作领导小组、江苏省清理整顿各类交易场所工作领导小组、安徽省清理整顿各类交易场所联席会议。

其他扶持措施的主要是市县级政府。市县级政府多为注册地和征税地在所辖行政区域内的挂牌企业提供优惠措施。对于省级政府及地方金融监管局而言，仍然需要考量市县级政府发展本地企业和产业规模的行为特征。

其次，区域性股权交易中心的自律角色在一定程度上加剧了发展和监管的紧张关系。沪苏浙皖 5 家股权交易中心是由地方国有企业或者国有控股的证券公司组建的，在体现其公共利益的同时，也面临着国有资产保值增值的预算约束。在区域性股权市场交易不活跃的条件下，股权交易中心无法通过现有的收取融资服务费、交易手续费、财务顾问费等模式实现盈利，且缺乏财务上的可持续性。[1] 尤其是区域性股权市场成为地方重要金融基础设施之后，股权交易中心按照传统商业模式更是难以维系，只得通过金融服务创新的方式拓宽盈利渠道，但这会在一定程度上弱化其自律监管的功能。

（四）发展型地方政府的角色定位

现阶段的政策分割导致资本只能在省级行政区域内流动，这不利于金融资本跨区域自由流动。增加资本流动性是提高市场资源配置效率的关键，而区域性股权市场已经到了加快市场化改革进程的关键时期。[2] 长三角区域性股权市场一体化发展则是为问题的解决提供探索性经验。因此，从这方面来说，诸种关系归根结底为政府和市场的本源关系。

长三角区域性股权市场一体化发展，首先，要降低中小微企业和投资者之间，以及其他参与主体之间的交易成本。中小微企业在获得信贷资金和其他金融服务时所发生的交易成本，不仅包括搜寻投资对象和披露财务信息的成本，而且包括保荐机构、专业服务机构、律师事务所、会计师事务所等发生的业务费用。后者的费用最终会体现在中小微企业的融资成本上。在实践中，中小微企业挂牌遇到的最大问题是财务不规范，[3] 导致其不愿意进行股份制改革，也缺乏转至新三板的经济激励。与此同时，同一市场中介在不同省级行政区域提供中介服务时，还必须分别向地方金融监管机构进行备案或者审批。其次，要降低证券登记结算的交易成本。区域性股权市场内发行、转让的证券，应当由登记结算机构实行集中存管和登记，并实行自律管理。长三角 5 家区域性股权市场实行了由运营机构或者专门的登记结算机构的模式，但发展水平并不均衡，上海股权托管交易中心在技术水平、运营模式上较为成熟。区域性股权市场金融产品和服务创新的基础是金融交易数据，而在资本跨区域自由流动的条件下，各省一家登记结算机构的模式必然会限制金融交易数据归集和分析的全面性和完整性。

---

〔1〕 参见国元证券和合肥工业大学联合课题组：《我国区域性股权市场的发展、问题和改革研究》，载《金融监管研究》2018 年第 4 期。

〔2〕 参见赵荣权、宋加山、王屿：《区域性股权市场的市场化改革与资源配置效率研究——理论模型与改革措施》，载《金融监管研究》2019 年第 1 期。

〔3〕 参见国元证券和合肥工业大学联合课题组：《我国区域性股权市场的发展、问题和改革研究》，载《金融监管研究》2018 年第 4 期。

四、长三角区域性股权市场一体化发展的制度模式

长三角区域性股权市场一体化发展必然打破现阶段的行政区域分割的状态。长三角区域性股权市场一体化发展当然不是将5家运营机构合并成为一家，通过行政力量进行运营机构的合并本身就与市场基础性作用相违背。因此，一体化发展要求5家区域性股权市场之间引入市场竞争机制，通过市场力量降低中小微企业的融资成本，增强金融服务的可获得性，以体现市场一体化机制建设的先导性。[1]至于存在几家运营机构，则是一个市场竞争的结果。从制度模式来看，应当在中央政策的框架下，通过市场竞争机制促进区域性股权市场的制度创新。

（一）制度创新的推进方式：中央授权下的长三角先行先试

我国已经建立了中央和地方双层金融监管体制，对区域性股权市场实施中央统一法制下的省级政府负责制。在这种框架下，长三角区域性股权市场一体化发展要求变通实施中央政策或者放松管制。为此，长三角区域性股权市场一体化推进方式的现实选择是争取中央授权，实行先行先试。

长三角区域性股权市场一体化发展采取先行先试的推进方式和策略具有坚实的现实基础。首先，中央政府已经提供了地方先行先试的政策依据。《国务院办公厅关于规范发展区域性股权市场的通知》明确提出：国务院有关部门出台相关政策措施，可选择运行安全规范、具有较强风险管理能力的区域性股权市场先行先试。毫无疑问的是，长三角5家区域性股权市场无论是在市场深度和广度以及风险管理水平上，均居于全国前列。其次，长三角一体化发展作为国家发展战略本身意味着地方可在一定范围内实施先行先试政策，并通过政策实施效果的评估，为其他区域发展提供制度经验。这表明，沪苏浙皖省市政府应当争取中央金融监管部门的支持，在若干关键性领域，实施创新性的监管规则，以此推进区域性股权市场的一体化进程。《长江三角洲区域一体化发展规划纲要》要求国务院长三角一体化发展领导小组办公室会同三省一市和有关部门出台有关金融的改革措施，这为区域性股权市场一体化发展提供了先行先试的契机。

（二）具体制度设计

理论界和实务界对推进长三角区域性股权市场一体化发展的具体制度设计在某些领域已经达成了共识，而在其他一些领域则存在很大的分歧。基于通过市场竞争机制推进一体化发展的策略，具体制度设计应当着重解决的重点问题如下。

---

〔1〕 参见张学良、林永然、孟美侠：《长三角区域一体化发展机制演进：经验总结与发展趋向》，载《安徽大学学报》（哲学社会科学版）2019年第1期。

其一，在允许资本跨区域自由流动方面，首要的是允许合格投资者的自由流动和跨区域投资，即在监管标准统一的前提下，任何一个投资者在某一家区域性股权交易中心注册之后，即自动地被其他 4 家区域性股权交易中心认定为合格投资者，并以此建立统一的投资者保护制度。这种从资金供给方的角度推动区域性股权市场一体化发展的难度较小，亦能达到活跃交易市场的目的。由于中央政策始终坚持区域性股权市场服务于所在省级行政区域中小微企业的功能定位，特别是《国务院办公厅关于规范发展区域性股权市场的通知》《区域性股权市场监督管理试行办法》均禁止为省级行政区域外的企业提供发行、转让、登记存管服务。基于政策的稳定性和可预期性，长三角先行先试政策不易在这一禁止性规则下有很大的突破。比较而言，合格投资者在 5 家区域性股权市场自动认可的情况下，能够增强交易市场的活跃度。另外，5 家区域性股权市场各自具有其他股权交易市场不具有的板块和特殊功能，通过合格投资者的自动认可亦会增加市场交易规模。

其二，5 家区域性股权市场的办理登记结算机构应当建立登记结算信息互通互联机制，实行信息共享。与此同时，登记结算系统应当与中国证监会指定的监管信息系统进行对接。在这种情形下，办理登记结算机构应当在省（市）地方金融监管局和中国证监会派出机关的监督下实施风险预警和监测。

其三，推进中介机构在长三角区域提供同城化服务。中介机构在一家区域性股权交易中心注册为会员、缴纳会员费用之后，应当自动地成为其他 4 家区域性股权交易中心的注册会员，避免多重会费的承担。中介机构提供同城化服务，一方面能够间接降低中小微企业的融资成本；另一方面能够利用其拥有的跨区域市场优势为挂牌企业和投资者提供有效信息，促成投融资供给需求双方的撮合。

其四，增强地方政府对挂牌企业财政补贴的精准度、普惠性。在合格投资者跨区域投资挂牌企业时，并没有改变地方政府为中小微企业提供财政补贴的激励。长三角一体化发展对地方政府财政补贴提出了新的要求：不仅降低财政补贴的条件限制为更多的挂牌企业提供扶持措施，而且改变单一或者主要对转板后的企业提供事后财政补贴的方式。较高的转板成本导致部分挂牌企业缺乏前期的财务支持达到转板条件，最终放弃转板的机会。

其五，在某些领域实施管制放松（deregulation）。基于企业成长的周期性特征，部分挂牌企业必然会在沪深证券交易所或者新三板市场进行规模化融资。国家立法和中央政策已经把区域性股权市场界定为多层次资本市场的组成部分，这意味着应当建立区域性股权市场与沪深证券交易所和新三板的对接机制。对于长三角试点政策而言，区域性股权市场和上海证券交易所科创板的对接，以及与新三板市场的对接成为现实选择。而这需要中央政策作出明确的规定。在完整意义上，区域性股权市场和沪深证券交易所、新三板的对接还包括后者上市的企业不再符合条件时亦可转板至区域性股权市场，以此增强多层次资本市场的流动性和市场效率。

长三角试点政策还应包括证券种类管制放松。现阶段区域性股权市场发行、交易的证券种类仅限于股票、可转换公司债券，以及国务院有关部门认可的其他证券。这意味着，长三角试点政策应当争取中央金融监管部门的同意和认可，丰富证券的种类，如恢复私募债的发行和交易等。

五、结论

在提升多层次资本市场体系的效率进程中，完善区域性股权市场成为亟待解决的改革任务之一。《长江三角洲区域一体化发展规划纲要》明确提出“加快金融领域协调改革和创新，促进资本跨区域有序自由流动”。而完善区域性股权市场成为首当其冲的改革任务。《上海市贯彻〈长江三角洲区域一体化发展规划纲要〉实施方案》也将“完善区域性股权市场”作为“建设统一开放市场体系，共创国际一流营商环境”的重要内容。而新近颁布实施的《上海国际金融中心建设“十四五”规划》进一步把长三角区域性股权市场发展纳入建设任务。在现行中央和地方双层金融监管体制下，长三角区域性股权市场一体化发展需要在国家立法和中央政策的统一规则下，通过地方政策的先行先试，引入市场竞争机制，以投资者跨区域流动为突破口，在现有 5 家区域性股权市场运营机构数量不变的条件下，通过登记结算系统的联接、中介服务的同城化实施风险监测并降低交易成本，协同推进长三角区域性股权市场一体化发展。在这一过程中，长三角区域性股权市场一体化发展的制度创新为其他区域性股权市场的协同发展提供了试验性经验。

长三角一体化专项债券的法制构建

方妹茜 *

作为我国经济发展最活跃、开放程度最高、创新能力最强的区域之一，长三角一体化发展具有重要的区域带动和示范作用，已被上升为国家战略。2019 年 12 月，中共中央、国务院印发《长江三角洲区域一体化发展规划纲要》，对长三角一体化发展的格局部署、产业体系建设、基础设施互联互通等做出了统一部署，重点要求协同建设一体化综合交通体系、新一代信息基础设施、跨区域能源基础设施、省际重大水利工程等。2020 年 4 月，国家发展和改革委员会同交通运输部印发了《长江三角洲地区交通运输更高质量一体化发展规划》，提出要构建长三角一体化交通基础设施网络。2020 年 10 月，十九届五中全会通过《中共中央关于制定国民经济和社会发展第十四个五年规划和二〇三五年远景目标的建议》，指出要推动区域协调发展，推进京津冀协同发展、长江经济带发展、粤港澳大湾区建设、长三角一体化发展。

值得注意的是，与仅服务于省域内公益性项目相比，服务于长三角一体化建设的交通体系、信息基础设施等项目在空间上涉及多个跨省区域，需要在多个省级政府之间进行协调，涉及多个省份的预算管理，在社会效益上也将不再局限于服务本省。以浙江和安徽两省共同推进的杭黄世界级自然生态和文化旅游廊道项目为例，涉及交通建设、区域公共服务一体化等项目资金需求，不存在明确的地理界限，受益群体也不再局限于单一省域。随着长三角一体化的纵深推进，将会有更多区域合作项目开建，需要投入大量资金。

---

* 方妹茜，华东政法大学经济法专业博士研究生。

一、现实需求：发行长三角一体化专项债券的必要性

（一）债券融资的作用

关于金融一体化对于长三角区域发展的支持作用，理论界和实务界已达成广泛共识。有学者指出，推动长三角地区金融协调发展，加大金融对经济发展的支持力度，有利于推动企业的跨区域投资经营，促进区域产业结构调整和升级，增强长三角地区作为一个区域的整体实力和综合竞争力。[1]目前，商业银行等已开始为长三角一体化项目建设提供融资渠道。银行理财子公司也开始尝试通过发行理财产品募集资金支持长三角一体化建设。但总体而言，商业银行支持长三角一体化的主要方式为投入信贷资源，依然是间接融资方式。

虽然间接融资方式在支持公益性项目建设方面发挥了重要的作用，但是也具有一定的局限性，最根本的原因在于银行一般倾向于面向本地区进行贷款，容易导致地区之间的资金流动补偿不畅，不能完全适应跨省域一体化项目建设的需要。有学者指出，在实践中，金融监管部门和商业银行对异地授信有一些或明或暗的限制，城商银行、农商银行等地方法人银行在异地设立分支机构也较为困难，金融机构和企业希望打破这些限制。而且由于贷款尤其是异地贷款审批需要层层上报，审批效率较低。[2]也有学者指出，商业银行的垂直管理体制使省际壁垒严重，跨省市合作和跨行合作困难重重。[3]

目前，中国人民银行实行大区分行制度，其中上海分行分管浙江地区，南京分行分管安徽地区。设立大区行的本意在于增强执行货币政策的权威性和金融监管的独立性，但从实践来看效果欠佳，根本原因在于金融改革的推进在很大程度上需要地方政府的支持与配合。近年来，“推进央行分省体制改革”的提法时有出现，浙江、福建等中心支行也已实行分省管理。但分省体制改革全面落地后有可能出现地区间的壁垒，如何避免信贷地方保护主义亟待破题。目前，人民银行已牵头组建长三角征信机构联盟，推动区域内征信体系一体化、信用信息共享。但信用信息共享机制并非一蹴而就，无法在短期内应对长三角一体化建设的大量融资需求。此外，过度依赖间接融资也可能影响融资质量。过度依赖于银行系统，容易产生银行体系的系统性低息贷款，从而刺激信贷过度增长，使信贷质量很难得以保障。[4]因此，有必要推进债券作为直接融资方式支持长三角一体化建设。《长江三角洲区域一体化发展规划纲要》也提出“在政府债务风险可控前提下，加大对地方政府债券发行的支持力度，中央

---

〔1〕 参见苏宁：《加快长三角金融协调发展　支持区域经济一体化进程》，载《中国金融》2008 年第 10 期。

〔2〕 参见贺静：《关于金融支持长三角高质量一体化的实践与思考》，载《现代营销》（经营版）2019 年第 11 期。

〔3〕 参见魏清：《金融资源流动与长三角金融一体化研究》，苏州大学 2009 年金融学博士学位论文。

〔4〕 参见赵锡军、刘炳辉、李悦：《亚洲统一债券市场的推出背景、效用及策略研究》，载《国际金融研究》2005 年第 7 期。

分配新增地方政府债券额度向示范区倾斜”。

（二）现有一体化债券发行模式检视

此前，已有市场机构提出，可以利用发行多币种（包括人民币、美元和欧元等）长三角一体化市政建设特别债券进行融资。事实上，一体化债券发行早有先例，债券品种包括信用债和利率债中的地方政府专项债券，发行人主要集中在粤港澳大湾区，京津冀地区和长三角地区也有尝试。

2015 年 4 月，首单地方政府专项债券随着《地方政府专项债券发行管理暂行办法》的发布而正式发行。截至 2020 年年底，我国共发行京津冀、长三角、粤港澳一体化相关地方政府专项债 58 单，合计发行规模 2319 亿元。其中，广东省人民政府发行 51 单、2130 亿元；深圳市人民政府发行 4 单、19 亿元；河北省人民政府发行 2 单、163 亿元；安徽省人民政府发行 1 单、7 亿元。

本文尝试对当前各种一体化债券发行模式进行分析，厘清其优势及不足，为更好地通过直接融资方式支持长三角一体化建设提供制度建议。

1. 一体化信用债券发行模式

2019 年 4 月 15 日，京津冀城际铁路投资有限公司发行 2019 年度第一期中期票据（以下简称 19 京津冀 MTN001）。发行人京津冀城际铁路投资有限公司为地方国有企业。公开资料显示，该公司于 2015 年 3 月在北京市注册，主要开展京津冀区域内诸多城际铁路项目的投资、铁路工程建设、资产管理、房地产开发、土地整理等业务，北京市基础设施投资有限公司、天津铁路建设投资控股（集团）有限公司、河北建投交通投资有限责任公司、中国铁路北京局集团有限公司分别持有其 30%、30%、30%、10% 的股份。在募集说明书中，明确募集资金为 10 亿元，拟用于城际铁路联络线（一期）、京唐铁路、京滨铁路项目建设。

从债券品种来看，19 京津冀 MTN001 实质上为地方国有企业发行的信用类债券。从发行模式来看，一体化信用债券发行人一般为国有企业，其股东多为地方政府、地方政府国资委、地方政府财政局或者城投公司。募集资金主要投向一体化区域内的公益性项目建设。发行人特殊的股权结构及主营业务是募集资金发挥一体化项目直接资金来源作用的保障。然而，在目前信用环境趋紧的大背景下，若大面积推广该种模式，可能会导致地方政府隐性债务的增加，会加大政府支出压力，不利于防范地方政府债务风险。

2. 一体化专项债券模式

（1）京津冀一体化专项债券案例。2020 年 5 月，河北省政府发行河北省京津冀协同发展专项债券（一期、二期）——2020 年河北省政府专项债券（二十期、二十一期）。该专项债券的发行规模在国务院批准的发债规模限额内，由河北省政府发行，发行总金额 162. 5 亿元。募集资金主要用于河北省所辖张家口、廊坊和沧州 3 个设区市京津冀协同发展专项项目建设，本次专项债券为其他自求平衡专项债券，偿债来源为项目收益。

从债券品种来看，该债券属于专项债券。从发行模式来看，发行人为地方政府。募集资金主要投向省内一体化公益性项目建设。该种发行模式仅适用于项目只在省域内建设的情形，其局限性在于部分一体化项目涉及跨省多地，仅由一省发行专项债并用于一体化省内项目建设难以满足一体化项目整体建设的需要，可能会影响整体项目的进展。

（2）粤港澳大湾区一体化专项债券案例。2020 年 8 月，广东省政府发行 2020 年粤港澳大湾区交通基础设施专项债券（九期）—2020 年广东省政府专项债券（六十二期）。募集资金用于粤港澳大湾区空铁联运枢纽——广州花都空铁融合发展都市区配套设施提升工程、广州北站综合交通枢纽、珠三角城际轨道交通穗莞深琶洲支线项目、广州东部交通枢纽中心湾区连接配套工程。

由于香港和澳门属于特别行政区，且项目仅位于广州市内，因此由广东省政府进行发行。与河北省政府发行河北省京津冀协同发展专项债券类似，由于公益性项目仅位于特定省域内，不涉及跨省联动，因此该一体化专项债券发行模式不具有普适性。

此外，2020 年 9 月，安徽省政府发行 2020 年安徽省长三角一体化发展专项债券—2020 年安徽省政府专项债券（二十四期）。募集资金用于安徽省内长三角一体化发展项目。发行安排与前述一体化专项债券案例无异。

值得注意的是，在长三角一体化建设过程中，存在大量涉及多个行政区域的公益性项目。以上海第三机场为例，其选址在江苏省南通市，承担上海公务商务用机的起降任务，将成为上海国际航空枢纽的重要组成部分。考虑到该项目的辐射范围，虽然其位于江苏省境内，但建设所需资金至少应当由上海市和江苏省共同承担，若发行专项债券，也将涉及多个行政主体。2020 年 6 月 6 日上午，长三角一体化发展重大合作事项签约仪式举行，重大合作事项包括南通新机场建设、大飞机制造、量子通信等 19 项。未来将有更多像上海第三机场一样，涉及多省市联动的项目需要融资。长三角一体化专项债券法治供给亟待完善。

二、制度反思：当前发行制度与一体化项目融资需求的不匹配性

我国地方政府债券包括一般债券和专项债券。一般债券由地方政府为了弥补一般公共财政赤字而发行，以地区财政收入还本付息。专项债券由地方政府为有一定收益的公益性项目发行，以一定期限内该公益性项目对应的政府性基金或专项收入还本付息，在引导社会资本投入市政项目，保障重点领域合理融资需求方面发挥了重要作用。针对长三角一体化建设涉及的大量跨省域公益性项目，由于项目本身具有一定收益，因此应当以专项债券的形式向社会进行融资。但是，由于长三角一体化公益性项目并不仅在某一特定省域内进行，因此与现有专项债发行模式在资金用途、偿债资金来源等方面均存在一定的不匹配性，有必要探讨一套适用于一体化特殊需要的专项债发行模式。

（一）发行主体存在限制

根据《地方政府专项债券发行管理暂行办法》的规定，地方政府专项债券的发行主体为省级政府，并未明确可否允许省级政府联合发行。

考虑到长三角一体化建设公益性项目在空间上、资金安排上均具有联动性，如城际铁路网、城际公路网、天然气管道联通、区域电网建设等项目均需要多省协同合作，建成后也将服务于所覆盖的全区域，促进沿线整体的经济高质量发展。如仅由单一的省级政府发行专项债券，就相关公益性项目在省内部分募集资金，则无法从根本上解决公益性项目省际部分的资金来源问题。因此，有必要对现有的专项债发行主体限制进行突破。

除单一省市发行外，一体化项目专项债的发行主体设计主要面临以下选择。

1. 三省一市联合发行集合专项债

由于一体化基础设施项目往往服务于一体化区域内所有的成员，因此，可考虑由受益省级政府共同发行集合债券。此前，我国债券市场已有中小企业集合债券发行先例，发行企业各自确定额度，分别负债，使用统一名称，统收统付，捆绑发债。以全国第一只中小企业集合债券“2007 年深圳市中小企业集合债券”为例，共募集资金 10 亿元，债券发行人为深圳市远望谷信息技术股份有限公司、深圳市三鑫特种玻璃技术股份有限公司、深圳市金立通信设备有限公司等 20 家企业。该债券牵头人为深圳市贸易工业局，负责债券发行、信息披露和兑付的统一组织、协调。

需要指出的是，中小企业集合债券的推出，意在解决中小企业偿债不确定性较大、获取担保能力较弱的问题，为发债资质较为薄弱的企业开辟直接融资新渠道，分散债券的总体风险。但是对于依托政府信用的专项债券而言，在发行端并不存在信用聚集的需求，借鉴意义恐有限。同时，目前集合债券的发行模式要求各发行人的募集资金投向项目之间具有明确的区分，不存在共用或混用资金的情况，以保证风险隔离，长三角一体化公益性项目并不能直接套用该模式。此外，由于发行主体的复杂性，发行集合债券需要有牵头机构，考虑到三省一市人民政府同属正部级单位，由四者任何之一牵头在组织法层面上均缺乏明确依据，需要进一步探讨设立牵头机构的可行性。

2. 由一体化专项债券发行机构负责发行

如前所述，由三省一市发行集合专项债仅适用于各省域内项目存在明确界限的情形。各自发行、各自还本付息的方式并不能适应一体化项目开展的整体需要。若在三省一市之上设置一个一体化债券发行机构，由该机构牵头负责一体化项目的资金预算、使用、监督等事宜，则可以在一定程度上提高项目的资金利用效率。

关于设置议事协调机构负责政府部门之间的事务协调，我国已有先例。在国家层面，国务院金融稳定发展委员会是国务院统筹协调金融稳定和改革发展重大问题的议事协调机构，负责“一行两会”间的金融监管协调。此外，在国家层面已设立推动长三角一体化发展领导小组。在地方层面，三省一市已组建长三角区域合作办公室，主要承担重要事项的沟通职能，并不具有直接决策权。

从跨国别的债券发行主体域外经验来看，2010 年 12 月，欧元集团主席、卢森堡首相容克以及意大利经济和财政部长特雷蒙蒂共同呼吁新设欧洲债务署，代表所有成员国政府发行欧洲主权债券，以应对欧洲债务危机。但德国政府否决了该提议，主要考虑在于欧元区内各国具有不同的财政状况以及信用状况，不愿承担巨大的风险。

考虑到长三角三省一市同属于我国域内省份，与欧盟国家间的区际利益冲突存在本质区别，因此可以探讨设置长三角一体化项目债务署的可行性，以该机构的名义发行专项债券。需要提出的是，以债务署的名义发行专项债与《地方政府专项债券发行管理暂行办法》对专项债发行主体的要求存在冲突，需要对部门规章进行修订。同时，专门设置长三角一体化项目债务署，也需要考虑避免在该模式下可能产生的地方政府的利益冲突。

（二）额度和预算管理制度待细化

《预算法》、《国务院关于加强地方政府性债务管理的意见》和《财政部关于试点发展项目收益与融资自求平衡的地方政府专项债券品种的通知》等文件明确了专项债券的发行程序。专项债券严格执行法定限额管理，分地区限额由财政部根据各地区债务风险、财力状况等因素测算并报国务院批准；省级政府财政部门负责制定分类发行专项债券试点工作实施方案，明确项目概况、预期收益和融资平衡方案、发行计划安排等。

在额度和预算管理方面，现行的专项债券发行程序与一体化专项债券耦合主要存在三点需要进一步明确的地方。

1. 待明确分地区专项债限额是否可以由财政部向非省级财政部门下达

为控制地方政府债务风险，专项债实行限额管理。地方政府申报后，发债额度由财政部在全国人大或其常委会批准的地方政府债务规模内进行测算，报国务院批准后下达地方。但目前，额度均以省域为单位，尚未出现过对除省级政府以外的其他机构批准额度的情形。主要原因在于限额分配管理需要综合考虑地方政府的财政收入、风险承担能力、融资需求、资金效益等，若对长三角三省一市额外批准一体化项目联合额度或对一个超省级政府机构批准专项债额度，则可能造成对其与省级政府额度批准考量因素的不一致性，与长三角三省一市各省域内的专项债额度也存在重复计算的可能。

2. 待明确长三角一体化专项债券额度与三省一市本身额度之间的协调、转化机制

如前所述，由于长三角一体化公益项目涉及多省联动，无论发行主体为长三角三省一市联合主体抑或长三角一体化项目债务署，额度计算问题均需厘清。为避免重复计算，对于向联合主体或特殊主体批准的专项债额度，其与长三角三省一市各省域内已开工建设的服务于一体化的公益性项目之间可能存在额度转化的需要。目前已有对于省域内一体化项目发行专项债券融资的先例，计入相关省级政府自身的发行额度。一体化项目专项债发行额度是否覆

盖省级政府已发行的一体化项目专项债券？若覆盖，当一体化项目专项债发行额度用尽或有结余时，可否与省级政府的专项债发行额度进行转换？上述问题事关一体化专项债券的制度建设，亟待明确。

3. 待明确省级政府的预算编制相关权力可否进行让渡

关于专项债券预算和工作实施方案的编制，其核心问题在于省级政府的预算编制、执行、调整、汇报权力以及专项债券工作实施方案编制权力可否让渡给其他省级政府或者一个非省级政府机构。

《预算法》对于地方政府的预算编制、执行、调整、汇报均以省级政府为最高单位。若允许长三角三省一市联合编制或以长三角一体化项目债务署的名义编制专项债券预算，则与《预算法》的现行规定存在冲突。此外，《财政部关于试点发展项目收益与融资自求平衡的地方政府专项债券品种的通知》明确分类发行专项债券建设的项目，应当能够产生持续稳定的现金流收入，能够完全覆盖专项债券还本付息的规模。在现行的以地方政府作为预算编制负责主体的情形下，由于项目相对单一，现金流收入测算相对清晰；若项目涉及多省域，则其现金流收入在财务报表上如何反映也是一个需要深入思考的问题。

此外，目前省级政府财政部门负责制定分类发行专项债券试点工作实施方案，并不存在联合制定实施方案或由特殊主体制定实施方案的先例，如何由后两者明确项目方案、发行计划安排等也需要探讨。

（三）偿债安排未明确

关于专项债券的资金偿还，以基础项目的收入作为偿债来源，相关收入需要及时足额缴入国库，确保还本付息资金安全。

《关于做好地方政府专项债券发行及项目配套融资工作的通知》明确专项债券债务的偿还主体为省级政府，项目对应的政府性基金收入和用于偿还专项债券的专项收入及时足额缴入国库，纳入政府性基金预算管理。《财政部关于试点发展项目收益与融资自求平衡的地方政府专项债券品种的通知》明确强化专项债券对应资产管理和项目偿债责任，严禁将专项债券对应的资产用于为融资平台公司等企业融资提供任何形式的担保，严禁通过其他项目对应的项目收益偿还到期债券本金。

一体化专项债券偿债安排的特殊性在于，若由三省一市联合发行，则由于长三角一体化公益性项目本身的不可分割性，偿债资金的比例分摊可能会在内部引起争议，从而影响效率；若由长三角一体化项目债务署负责发行，则突破了当前关于专项债券偿还主体的要求。同时，一体化专项债券募集资金在多省域之间的分配也需要议事协调机构进行统筹，资金运营需要强有力的内外部监督机制。

三、规制建议：以资金为中心的闭环管理思路

（一）设立专门机构，兼容单主体、多主体、专门机构三种发行模式

如前所述，由于长三角一体化公益性项目的特殊性，不能完全套用现行的专项债发行体制。即使是在长三角三省一市联合发行集合债券的模式下，也需要一个牵头机构。由于项目涉及巨大利益博弈，由三省一市任何一个地方政府负责牵头在程序上都欠缺公允。因此，建议研究设立长三角一体化项目专项债券发行机构，例如可参照欧洲债务署提案设置长三角一体化项目债务署，由其统一负责长三角一体化专项债券的项目申报、预算编制及调整、资金管理等事宜。

关于长三角一体化项目债务署的机构设置，可设在财政部，并应当赋予其对于长三角一体化项目专项债券发行的牵头、统筹及发行权力。为协调区域经济一体化发展，曾有学者建议，按经济区域设立中国人民银行一、二级分行。为发挥区域经济区分行的宏观调控和金融监管的职能作用，区域经济区分行在行政权限上应高于一般省级分行，并给予相应的特殊政策，按特区分行进行管理。[1]长三角一体化项目债务署的设置在一定程度上与该思路也是异曲同工的。长三角一体化项目债务署在债券发行及其他管理事项上的行政权限应高于一般的省级财政厅，可以对长三角三省一市的专项债发行事宜进行统筹协调。在这一点上，国务院金融委与“一行两会”的关系可以提供一些参考。

在试点初期，可考虑根据项目的具体情况，兼容单一省级人民政府发行、多个省级人民政府联合发行以及专门机构发行三种模式。

若长三角一体化公益性项目仅涉及某一省域，例如单一省域内的机场建设，则可允许所在省级政府单独发行专项债，该债券可冠名“长三角一体化项目”字样，现行专项债基础制度可以满足该种发行模式的需要。例如，浙江省2020年新增地方政府债券1538亿元，重点用于支持之江实验室、嘉兴机场等长三角一体化发展等重大项目建设。

若该公益性项目涉及两个或两个以上省域，且权利义务关系明确，例如两地或多地间的高速路段建设，则可考虑由所涉省级政府联合发行集合债券，但应当由长三角一体化项目债务署作为牵头机构，负责项目整合、文件起草、资金管理等事宜。在该种模式下，需要立法明确省级政府可以联合发行专项债。

若该公益性项目涉及两个或两个省域，且在资金、人员等方面边界不明晰，例如区域信息枢纽港建设，则由长三角一体化项目债务署作为专项债发行人并承担还本付息义务。在该种模式下，需要对《地方政府专项债券发行管理暂行办法》进行修改，允许其作为特殊主体

---

〔1〕 参见方林佑、张玉喜：《区域金融一体化研究》，载《海南金融》1998年第6期。

发行专项债。同时，还需立法明确长三角一体化项目债务署可承接专项债额度，作为特殊主体发行专项债。此外，还需配套对应的预算管理体系，从立法层面对于限制到省级政府的专项债预算编制、执行、调整、汇报，工作实施方案编制权力以及资金偿还义务主体进行适当突破，明确由长三角一体化项目债务署牵头上述事务，防止地方政府之间可能存在的权责不清问题。(见表 1)

表 1　长三角一体化专项债券发行模式

所涉省域	权责边界	牵头机构	发行人	对现行法突破
一个	—	所在省级政府	所在省级政府	—
两个以上	清晰	长三角一体化项目债务署	所涉省级政府	明确省级政府可以联合发行专项债
两个以上	不清晰	长三角一体化项目债务署	长三角一体化项目债务署	1. 明确长三角一体化项目债务署可编制预算、承接专项债额度，作为特殊主体发行专项债； 2. 明确长三角一体化项目债务署享有预算编制权、资金管理权

(二) 优化募集资金管理的监督机制

目前，境外一体化程度较高的区域为欧盟。关于处理欧盟层面的统一市场和各成员国内部金融监管之间的矛盾，欧盟的做法或许可以给长三角一体化专项债券监管提供参考。有学者对欧洲公司债券市场的监管模式进行了研究。在当今欧洲资本市场一体化发展的特征下，欧洲公司债券市场的监管大致可分为欧盟以及欧盟各成员国内部监管两个层面。在欧盟以及欧盟各成员国这两级监管层面之间，欧洲公司债券市场还有欧洲证券委员会、欧洲证券监管委员会以及国际证券市场协会等监管主体参与协调工作。[1]

对于长三角一体化专项债券的募集资金管理，也应实施内外部双重监管。一方面，由长三角一体化项目债务署，三省一市内部进行审计监督；另一方面，也要引入外部审计。此外，还应充分发挥长三角一体化专项债券发行场所、登记结算机构等的自律监管功能。在募集资金具体使用方面，需要加强审计的专业性和针对性，重点防范获批专项债额度后未及时投入项目建设，导致债券资金闲置。2018 年审计报告披露，审计署对 18 省本级、17 市本级和 17 县共 52 个地区政府债务审计发现，35 个地区有 290.4 亿元债务资金由于筹集与项目进度不衔接等原因闲置。专项债资金闲置，主要是由于项目未按照既定计划开工，考验专项债券项目收益的真实性和可持续性。由于地方政府的利己性，需要加大对于长三角一体化专项

〔1〕 参见张自力、刘苡丹、陈思蓉:《监管立法视角下欧洲公司债券市场的一体化发展》，载《金融理论与实践》2011 年第 11 期。

债券资金使用的监督力度，防范资金闲置现象。

由于长三角一体化专项债券募集资金体量相对较大，且目前缺乏针对性的资金使用监管机制，因此有必要对资金的募集和使用等信息进行公开，接受社会公众的监督。以美国市政债为例，发行人每个月会向公众披露募集资金使用进度、项目收益实现情况等信息，有利于投资人及时了解募投项目的最新情况。《长三角一体化示范区金融16条》也提出“重点侧重一体化金融合作、绿色金融发展以及推进金融信息共享三大领域”。《关于做好地方政府专项债券发行及项目配套融资工作的通知》要求加大地方政府债券信息公开力度，推进全国统一的地方政府债务信息公开平台建设。但相关规定尚未提高到法规层面。

目前，在实践层面已开始推动地方政府债券信息公开，但公开的范围仍有待进一步拓展。2019年12月31日，中国地方政府债券信息公开平台正式上线试运行。该平台定期公开地方政府债务限额、余额、经济财政状况、债务发行、存续期管理等信息。从试运行情况来看，该平台公布的信息仍待进一步优化。例如，在存续期资金使用情况方面，该平台主要披露资金支出的大类。后续还可考虑加大对专项债券存续期资金使用状况的披露力度，注重披露资金的具体使用信息。

此外，目前专项债券资金的专款专用仍缺乏全国性的制度确认，此前深圳市财政委员会曾就《深圳市财政委员会关于深圳市政府专项债券资金管理有关事项的指导意见（征求意见稿）》公开征求意见，提出对专项债券资金实行专户管理，同一发行人发行两个或两个以上专项债所募集的资金应当分别设立独立的债券资金账户，以确保债券募集资金安全。建议可参考深圳的相关做法，尽快在法律或者部门规章层面确认专项债券资金实行专户管理。

（三）构建诉讼专门管辖机制

目前，我国尚未发生地方政府债券违约事件。但考虑到地方政府债券市场化发行的大趋势，有必要构建起对违约纠纷的争议解决制度。以美国市政债为例，根据穆迪统计的口径，1970~2016年投资级市政债累计违约率为0.09%，而高收益市政债累计违约率达8.17%，全部市政债违约率为0.15%。除了发行、偿还、评级模式相较于普通专项债更为复杂外，在债券市场对外开放的大背景下，长三角一体化专项债券有可能迎来境外投资者，违约纠纷更为复杂。

上海金融法院专门管辖此前由上海市的中级人民法院管辖的金融民商事案件和涉金融行政案件，在构建法治化营商环境方面做出了重大贡献。此前，已有学者指出，在长三角一体化过程中要充分发挥上海金融法院的作用，发挥上海金融法院的专业优势，不断完善金融仲裁机制和金融纠纷案件多元化解决机制。[1]后续建议由上海金融法院集中管辖长三角一体化专项债券的相关诉讼，保障审判的专业化水平，以免由各地法院分别受理造成的管辖混淆以

〔1〕 参见郑杨：《金融合作推动长三角一体化发展》，载《中国金融》2018年第15期。

及类案裁判差异过大现象。

从我国境内区域一体化发展的情况来看，长三角在战略定位、资源配置、协同经验等方面均相较于京津冀、大湾区等区位具有优势，也成为目前广受关注的区域一体化研究对象。当前经济形势仍然复杂严峻，不稳定性不确定性较大，在新冠肺炎疫情防控常态化的大背景下，长三角一体化对于经济“双循环”模式的建立将具有重大助益。笔者期待，长三角一体化专项债券可以尽快落地，支持公益性项目的尽快建设，并为我国区域一体化提供可复制、可推广的一体化专项债券制度经验。

长三角一体化金融监管协同缺失与补正路径

夏文涛 *

长三角一体化、地方协调机制、上海国际金融中心建设都是长三角经济区域发展的重要战略，也对长三角区域内金融监管的协同提出了高要求。在现有金融监管体制下，地方层面形成了地方协调机制上通下达，对“一行二局”与地方金融监管部门指导与监督的格局。然而，现有机制对长三角三省一市的跨行政区域协同供给不足，各地方法制的差异与政府部门协同的障碍加剧了协同缺失的问题。对此，基于央地金融事权的划分与各层级法律文件的立法权限，长三角一体化背景下的金融监管协同应坚持政府推进，央地协调相结合，制定区域协同的法律文件或条款；赋予地方协调机制在长三角区域内的省际协调职责，并赋予上海协调机制以牵头地位，加强三省一市在金融监管、风险处置、信息共享和金融消费者保护等方面的协作。

一、区域协同与央地协调的战略背景

（一）长三角一体化的发展战略

区域一体化是我国经济体系现代化建设的重要布局。2019 年 12 月，中共中央、国务院印发《长江三角洲区域一体化法制规划纲要》，将区域一体化推向国家

---

* 夏文涛，华东政法大学经济法学院博士研究生。本文系华东政法大学 2021 年研究生创新能力培养专项资金项目“长三角一体化背景下金融监管协同研究”（编号：2021－2－008）部分成果。

战略新高度。

长三角一体化发展战略实施以来已两年有余。此前，中国人民银行、中国银保监会、中国证监会、国家外汇管理局和上海市政府于2020年2月14日联合发文《关于进一步加快推进上海国际金融中心建设和金融支持长三角一体化发展的意见》，就金融支持长三角一体化发展的监管和政策方面，提出要建立健全长三角金融政策协调和信息共享机制，包括建立金融稳定信息共享合作机制、搭建金融风险信息共享平台、加强金融消费纠纷非诉解决机制（ADR）合作、推动长三角金融统计信息共享等具体机制和措施。

此外，上海市人大常委会于2020年4月10日表决通过的《上海市地方金融监督管理条例》第8条强调："本市完善长江三角洲区域金融监管合作机制，建立健全风险监测预警和监管执法联动机制，强化信息共享和协同处置，推动金融服务长江三角洲区域高质量一体化发展。"

早在2008年，国务院就发布了《关于进一步推进长江三角洲地区改革开放和经济社会发展的指导意见》，但彼时定义的长江三角洲地区仅包括上海市、江苏省和浙江省。在2016年，国务院发布《关于长江三角洲城市群发展规划的批复》，同意了《长江三角洲城市群发展规划》，其中将长江三角洲城市群的范围扩大到了上海市、江苏省、浙江省和安徽省。长三角区域因地理、经济、社会、人文等因素形成了经济一体化的现象，[1]在区域政策的推动下，长三角一体化发展的步调不断加快。在当前全球市场萎缩的外部环境下，长三角区域更要发挥人才富集、科技水平高、制造业发达、产业链和供应链相对完备和市场潜力大等诸多优势，积极探索形成新发展格局。

（二）国务院金融稳定发展委员会办公室地方协调机制的建立

2020年1月，国务院金融稳定发展委员会办公室发布了《关于建立地方协调机制的意见》，明确在各省市建立金融委办公室地方协调机制（以下简称地方协调机制），此举旨在加强中央和地方在金融监管、风险处置、信息共享和消费者权益保护等方面的协作。[2]中央建立这一机制是基于中央经济工作会议于全国金融会议的部署，坚持金融管理主要是中央事权的基本原则，压实地方政府的属地责任和风险处置责任；地方协调机制设在人民银行省级分支机构。相应地，省级人民政府建立地方政府金融工作议事协调机制。按照上述文件精神，2020年3月16日，中国人民银行上海总部召集中央金融管理部门驻沪机构、上海市政府相关部门成立国务院金融稳定发展委员会办公室地方协调机制（上海市）（以下简称上海协调

---

〔1〕 参见王春业：《我国经济区域法制一体化研究》，人民出版社2010年版，第28~29页。

〔2〕《建立金融委办公室地方协调机制加强中央与地方金融协作》，载中国人民银行网，http://www.pbc.gov.cn/goutongjiaoliu/113456/113469/3958984/index.html，最后访问日期：2021年10月26日。

机制）。[1]

（三）上海国际金融中心的建设

建设上海国际金融中心是一项重大的国家战略。2009 年 4 月 14 日，国务院发布《关于推进上海加快发展现代服务业和先进制造业建设国际金融中心和国际航运中心的意见》，提出“到 2020 年基本建成与我国经济实力以及人民币国际地位相适应的国际金融中心”，并要求上海“加强金融法制建设，加快制定既切合我国实际又符合国际惯例的金融税收和法律制度”。为贯彻国家要求，上海市人大常委会于 2009 年 6 月 25 日表决通过《上海市推进国际金融中心建设条例》。其后，上海在立法方面多层次地推出金融市场规范，健全金融法制体系，在地方立法权限范围内积极探索制定了与国际金融中心和营商环境建设密切相关的规范，包括《上海市社会信用条例》《中国（上海）自由贸易试验区条例》《上海市优化营商环境条例》《上海市地方金融监督管理条例》《上海市推进科技创新中心建设条例》等。其中，《上海市地方金融监督管理条例》第 7 条还规定：“市人民政府应当完善上海国际金融中心建设规划，支持金融市场体系建设、金融要素资源集聚，推进金融对外开放，激发金融创新活力，优化金融发展环境，进一步强化全球金融资源配置功能，提升辐射力与影响力。”

二、金融监管体制的地方格局

（一）一行二局：金融监管的中央部门

国务院金融稳定发展委员会于 2017 年 7 月 14 ~ 15 日，在北京召开的全国金融工作会议上宣布设立，国务院金融稳定发展委员会办公室设在中国人民银行，旨在加强金融监管协调、补齐监管短板。2018 年《国务院机构改革方案》出炉，银监会和保监会合并，组建银保监会并由其统一监管银行业和保险业，维护银行业和保险业合法、稳健运行，防范和化解金融风险，保护金融消费者合法权益，维护金融稳定。与此同时，中国银监会和中国保监会拟订银行业、保险业重要法律法规草案和审慎监管基本制度的职责划入中国人民银行。职责重新划分后，中国人民银行将主要负责通过货币政策和宏观审慎政策的“双支柱”调控框架防范系统性金融风险，同时为整个金融业制定发展方向和规划；中国银保监会和中国证监会将在机构和市场层面贯彻微观审慎监管，从机构监管到行为监管，对金融机构统一建立金融监管标准。

自此，中国金融监管的新框架浮出水面：中央层面形成由国务院金融稳定发展委员会、中国人民银行、中国银保监会、中国证监会构成“一委一行二会”的金融监管框架；在地方

---

〔1〕 参见《金融委办公室地方协调机制（上海市）成立》，载央广网，http：//www. cnr. cn/shanghai/tt/20200316/t20200316_525018642. shtml，最后访问日期：2021 年 10 月 28 日。

层面，中央金融监管部门以派出机构的形式延伸到长三角的三省一市，体现为“一行二局”，即中国人民银行分行、银保监局和证监局。同时，国务院金融稳定发展委员会办公室在人民银行各省级分支机构设立地方协调机制，则长三角三省一市有各自的地方协调机制。其中，中国人民银行上海总部的职责范围还包括上海国际金融中心建设、长三角金融协调发展、区域金融运行、区域金融稳定、金融消费权益保护等内容。

（二）地方政府：属地监管与域内多部门协同

1. 风险处置第一责任

首先，2018 年全国各地省级层面的地方金融监管局相继挂牌成立。长三角三省一市中上海市、江苏省、浙江省的地方金融监管局，根据各自省市的“三定规定”[1]（俗称“三定规定”），主要承担以下职责：（1）承担金融风险防范处置属地责任；（2）对地方金融组织进行监督管理；（3）会同有关部门处置非法金融机构及非法金融活动；（4）协同配合中央金融管理部门派出机构，建立信息共享、风险处置、业务发展和消费者保护等协作机制，负责地方金融业综合统计相关工作；（5）联系、配合中央金融管理部门所在地的派出机构，加强与所在地金融机构的沟通等。

其次，在长三角的三省一市中，上海与浙江于同期推进了金融监管的地方立法，《上海市地方金融监督管理条例》与《浙江省金融条例》（以下简称《浙江条例》）均在 2020 年表决通过并正式生效。这些条例都明确了地方政府作为金融风险处置第一责任人的地位。《上海市地方金融监督管理条例》第 30 条规定：“市、区人民政府承担本行政区域内防范和处置非法集资工作第一责任人的责任……”《浙江条例》第 4 条规定，省人民政府应当……落实属地金融监督管理、金融风险防范与处置责任以及处置非法集资第一责任人的责任，并接受国务院金融稳定发展委员会的指导和监督。

2. 协调配合中央部门

上述两地的地方性立法中，也强调了地方政府应接受国务院金融稳定发展委员会的指导，强化了地方政府与中央金融监管部门派出机构的协调机制。《上海市地方金融监督管理条例》第 30 条规定，“地方金融管理部门应当会同有关部门、中央金融监管部门在沪派出机构，对擅自设立地方金融组织或者非法从事地方金融组织业务活动开展风险防范和处置”，并在第 31 条规定：“中央金融监管部门在沪派出机构、地方金融管理部门按照各自职责分工开展各自领域非法金融机构和非法地方金融组织、非法金融业务活动的风险识别和预警，做好案件性质认定、移送、防范和处置工作。”同样地，《浙江条例》第 23 条规定：“县级以上人民政府应当建立金融风险防范和化解工作机制，加强与中央金融管理部门派出机构的协调

---

〔1〕 参见《江苏省委办公厅、省政府办公厅〈关于印发江苏省地方金融监督管理局职能配置、内设机构和人员编制规定〉的通知》（苏办〔2019〕18 号），以及《中共上海市金融工作委员会、上海市地方金融监督管理局职能配置、内设机构和人员编制规定》《浙江省地方金融监督管理局职能配置、内设机构和人员编制规定》。

配合，牵头依法打击取缔非法集资、非法金融活动、非法金融机构等，及时稳妥处置金融风险。”

3. 纵横协同多部门

在省市、市区的纵向职责分工上，《上海市地方金融监督管理条例》与《浙江条例》均作出规定。《上海市地方金融监督管理条例》第 4 条第 1 款和第 3 款提出，市人民政府应当……完善地方金融监督管理体系，落实地方金融监督管理职责，统筹本市金融改革发展、金融风险防范等重大事项。区人民政府应当加强对本行政区域内地方金融相关工作的组织领导，建立健全地方金融监督管理机制，做好金融风险防范与处置等工作。第 5 条规定，市地方金融监管部门负责本市地方金融组织及其活动的监督管理，承担制定监督管理细则、开展调查统计、组织有关风险监测预警和防范处置等职责。区金融工作部门根据市地方金融监管部门的要求，对登记注册在本行政区域内的地方金融组织承担初步审查、信息统计等职责，组织风险监测预警和防范处置的有关工作，并采取相应的监督管理措施。《浙江条例》第 4 条规定，省人民政府应当建立健全地方金融监督管理体制，完善地方政府金融工作议事协调机制，统筹地方金融改革发展稳定重大事项，协调解决地方金融监督管理、金融风险防范与处置工作中的重大问题……设区的市、县（市、区）人民政府应当加强对地方金融工作的领导，加强地方金融监督管理能力建设，采取措施引导金融服务实体经济，推动金融产业发展，按照规定承担属地金融风险防范与处置责任。第 5 条规定，省地方金融监督管理部门负责全省地方金融组织监督管理工作，组织、协调、指导金融风险防范与处置工作。设区的市地方金融工作部门和县（市、区）人民政府确定的部门（以下统称地方金融工作部门）负责本行政区域内金融风险防范与处置的具体工作，并依照本条例规定承担地方金融组织监督管理的相关工作。

此外，在多部门协同上，两地条例都明确了各政府组成部门积极配合属地金融管理和风险防范处置的职责。《上海市地方金融监督管理条例》第 5 条规定，发展改革、经济信息化、商务、公安、市场监管、财政、国资、宣传、文化旅游、交通、农业农村、科技、教育、民政、城乡住房建设管理、网信、通信管理等部门按照各自职责，做好地方金融监督管理的相关工作。《浙江条例》第 5 条也作了类似规定，县级以上人民政府发展和改革、财政、公安、司法行政、人力资源和社会保障、市场监督管理、税务等部门，按照法定职责做好相关工作。

（三）地方协调机制：央地协调的新纽带

1. 地方协调机制的职能——以上海为例

根据前述文件精神，地方协调机制的职责主要可以归纳为：（1）加强金融监管协调，加强中央金融管理部门派出机构之间、中央金融管理部门派出机构与地方金融监管部门之间的监管协调和政策沟通与统筹协调，促进金融监管的全覆盖；（2）促进区域金融改革发展和稳定，分析研判本地区金融服务实体经济的形势，监测评估金融风险并提出防范风险的建议；（3）建立健全金融信息共享机制，协调推进本地区金融业综合统计工作，建立本地区金融数据、重大事件信息共享机制；（4）做好金融消费者权益保护工作等。[1]

以上海协调机制为例，上海协调机制设在人民银行上海总部，接受国务院金融稳定发展委员会办公室的领导和业务指导。上海人民银行上海总部副主任兼上海分行行长、外汇局上海市分局局长金鹏辉担任协调机制召集人，上海银保监局、上海证监局、上海市地方金融监管局主要负责同志以及上海市发展改革委、上海市财政局、人民银行上海总部有关负责同志担任成员。

上海协调机制定位于指导、协调，不改变各部门职责划分，不改变中央和地方事权安排，其主要职责包括：落实中央决策部署，加强金融监管协调，促进上海地区金融改革的发展和稳定，推动金融信息共享，协调做好金融消费者权益保护工作和金融生态环境建设。上海协调机制于 2020 年年初的重点工作包括：构建上海市重大金融风险排查常态化工作机制，通过强化监管协调和信息共享，加强对上海地区金融风险及处置情况的监测、跟踪和摸排，掌握风险“图谱”并持续更新，牢牢守住不发生系统性金融风险的底线；以及支持区域金融改革创新，加快推动上海国际金融中心建设和金融支持长三角一体化发展“30 条意见”落地实施，为加快推进上海国际金融中心建设和金融支持长三角一体化创造良好的金融生态环境。[2]

事实上，在地方协调机制设立之前，金融监管的既有体制使得地方在遵循中央统一指导落实属地责任时，难以实现高效的协同，主要原因在于地方金融监管部门（地方金融监管局或原金融办）此前在中央层面没有直接接受领导与指导的部门，而地方协调机制及时地弥补了这一问题。具体而言，中央金融监管部门派出机构仅与其所属的中央金融监管部门有直接的上下级关系，地方金融监管局的上级部门是地方人民政府，而中央金融监管部门的派出机构与地方人民政府并无隶属关系，因此不存在领导与被领导的关系，地方人民政府对于地方事务管理不能充分调动这些派出机构。同时，这些派出机构与地方金融监管局之间也无上下级的隶属关系，并不是“地方听中央的”。因此，在地方层面要协调金融监管涉及的各个层级与各个部门存在一定的障碍。地方协调机制由国务院金融稳定发展委员会办公室决定建立，该机制设立在人民银行省级分支机构，成为“一委一行两会”中“一委”在地方的延伸，对地方的金融监管工作进行直接的指导与监督，也便于统筹协调涉及金融的各个部门，化解了原有的难题。

---

〔1〕 参见邢毅、闫静文、张晓红：《地方金融监管协调机制建设》，载《中国金融》2018 年第 22 期。

〔2〕 参见《金融委办公室地方协调机制（上海市）成立》，载央广网，http：//www. cnr. cn/shanghai/tt/20200316/t20200316_525018642. shtml，最后访问日期：2021 年 10 月 28 日。

2. 地方政府与地方协调机制的对接

从地方立法来看，上海与浙江都遵循文件精神，对地方政府配合、对接地方协调机制、建立与地方协调机制对应的金融工作议事协调机制主动作出了规定。《上海市地方金融监督管理条例》第4条规定，市人民政府应当在国家金融稳定发展委员会的指导和监督下，建立金融工作议事协调机制……本市金融工作议事协调机制应当加强与国务院金融稳定发展委员会办公室地方协调机制在金融监管、风险处置、信息共享和消费者权益保护等方面的协作。《浙江条例》也有类似的规定，省人民政府应当……完善地方政府金融工作议事协调机制……地方政府金融工作议事协调机制应当就地方金融组织监督管理、金融风险防范与处置、金融消费者权益保护、信息共享等方面加强与国务院金融稳定发展委员会办公室地方协调机制的协作与配合。

三、金融监管区域协同的缺失

（一）金融监管体制的影响

在"一委一行二会"金融监管框架下，地方协调机制的建立及时、有效地解决了省、直辖市辖区内的协同问题。但是，如果放眼长三角一体化发展的战略，现有的体制机制对长三角经济区域的协同发展还未达到最优状态。具体而言，首先，在三省一市之间，"一行二局"各自内部可以较为畅通地完成跨省行政政策、行政措施、标准统一等方面的协同。其次，三省一市的地方金融监管局可以基于地方人民政府层面所签署的区际合作协议或备忘录等文件，完善跨省市的信息共享、标准统一与执法协同等事项。而较关键的是，地方协调机制设立在各省级分支机构，长三角三省一市的人民银行分行或中心支行，均设立了该省份或直辖市的地方协调机制。但是，地方协调机制的作用在于央地之间的协调，其是否能同时兼顾各省之间的横向协调？从地方协调机制目前的职责看，还不具备这样的职能。由此，如果说在一个省份内部，各中央金融监管部门的派出机构，以及地方政府及其各部门，包括地方金融监管局，在需要协调时应服从地方协调机制，那么在省际的协调需求出现时，本可以各自协调的各部门，应在哪一部门或机制的牵头下有序开展工作呢?

（二）地方法制的差异

从属地金融监管的地方立法看，长三角三省一市之间也缺乏协同。从有无金融监管区域协同的地方立法判断，《上海市地方金融监督管理条例》在第8条有相关规定，本市完善长江三角洲区域金融监管合作机制，建立健全风险监测预警和监管执法联动机制，强化信息共享和协同处置，推动金融服务长江三角洲区域高质量一体化发展。《浙江条例》在第34条提出"省人民政府应当加强金融对外开放和区域协同发展"，但此处未特指长三角一体化的协同，也可以理解为浙江省内的区域协同，因此并不能视为有相关规定。此外，江苏、安徽两省均没有与此相关的地方性立法。

从这些地方立法的条文之间的互补性可以看出，上海、浙江作为地方金融立法的先驱，考虑到了这一因素，但三省一市的地方金融监管部门或许仍然缺乏协同。例如，《上海市地方金融监督管理条例》第 9 条规定，在本市设立地方金融组织的，应当按照国家规定申请取得许可或者试点资格。同时，《上海市地方金融监督管理条例》第 10 条规定地方金融组织在本市或者外省市设立分支机构，应当向市地方金融监管部门或者区金融工作部门备案。这两则条款是具有包容性的，上海不仅负责监管本辖区内登记成立的地方金融组织，将外省市设立、来上海市展业的地方金融组织，也纳入了监管范畴，这就避免了监管真空。《浙江条例》也有类似功能的条款，其在第 14 条规定，省外注册设立的地方金融组织在本省行政区域内依法开展经营范围内业务的，应当定期向省地方金融监督管理部门报告业务开展情况。但是，江苏省和安徽省目前尚无相关立法内容，江苏省的相关立法处在进程中，监管真空还会存续一段时间。

（三）地方政府各部门协同的体制障碍

虽然从表面看，地方政府各部门的协同并非难事，但细细探究便能发现也非易事。以上海为例，前文已经提到，《上海市地方金融监督管理条例》明确了上海市的发改委、经信委、商务委、公安局、市场监管局等部门应当按照各自职责，做好地方金融监督管理的相关工作。在实践中，地方金融监管局如果通过监管手段发现监管对象存在风险，在必要时需由地方金融监管局的执法队伍进行现场检查、监督以及采取行政措施。各区金融工作部门（区金融办）承担了部分地方金融监督管理的职责，负责所辖区内的监督检查执法工作。金融监管的检查执法，为了保证执法时行政权力不受阻碍，公安局应给予配合与支持。但是，由于金融办改为地方金融监管局的机构改革仅限于省一级，因此上海市的各区仍保留了金融办，具体又有不同：有的金融办归于区发改委之下，有的属于区政府的组成部门，独立于区发改委，区金融办的地位决定了其获得公安部门支持的能力强弱。这一因素并不利于跨省的协同。

（四）区域协同的法制供给不足

地方事权的“协商条款”在诸多法律中都有规定，此类条款在环境保护领域尤其多见。这些“协商条款”主要有以下类型：第一类是对跨行政区域的事务，授权省、自治区、直辖市之间进行协商并建立相关机制的条款，例如《固体废物污染环境防治法》第 8 条第 2 款规定，省、自治区、直辖市之间可以协商建立跨行政区域固体废物污染环境的联防联控机制，统筹规划制定、设施建设、固体废物转移等工作。第二类是对跨行政区域的规划，授权省、自治区、直辖市之间协商型方案，例如《水法》第 45 条第 2 款规定……其他跨行政区域的水量分配方案和旱情紧急情况下的水量调度预案，由共同的上一级人民政府水行政主管部门商有关地方人民政府制订，报本级人民政府批准后执行。第三类是对产生跨行政区域影响的事务，授权相关地方人民政府协商解决，例如《水污染防治法》第 31 条规定，跨行政区域的水污染纠纷，由有关地方人民政府协商解决，或者由其共同的上级人民政府协调解决。《环境影响评价法》第 23 条第 3 款规定，建设项目可能造成跨行政区域的不良环境影响，有关生态环境主管部门对该项目的环境影响评价结论有争议的，其环境影响评价文件由共同的上一级生态环境主管部门审批。然而在金融监管领域，同级政府或部门之间，例如省级人民政府之间、区人民政府之间，缺乏应对跨行政区域问题的法律“协商条款”，即便是央地之间上下级的协调机制也正在建立与探索完善中，尚未形成法律的明文规定。

四、金融监管协同的法律基础

自新中国成立以来，我国建立了中央统一的金融管理体制。2017 年金融工作会议重申了这一点，并在此基础上提出地方政府要坚持金融管理主要是中央事权的基本原则，要遵循中央统一规则。金融管理主要是中央事权的基本原则与《立法法》保持一致。首先，《立法法》第 8 条第 9 项规定金融的基本制度属于法律保留事项，全国人大及其常委会对此有专属立法权。对属于特定国家机关专属立法权限的事项，其他任何机关非经授权不得进行立法。其次，从行政行为的角度看，规则可以粗略地类型化为行政许可、行政处罚、行政强制以及其他行为的规则，包括设定负担与设定权利的规则。地方人大常委会与地方政府尽管依据《行政许可法》有一定的设定行政许可、行政处罚、行政强制措施的权力，但仍不得与法律保留事项相抵触。

那么，地方人大常委会与地方政府究竟有多大立法空间？《立法法》第 72 条第 1 款规定：省、自治区、直辖市的人民代表大会及其常务委员会根据本行政区域的具体情况和实际需要，在不同宪法、法律、行政法规相抵触的前提下，可以制定地方性法规。同时，《立法法》第 73 条规定地方性法规可以制定执行性规则，可以制定属于地方性事务的规则。

因此，首当其冲要判断的金融监管协同中的哪些事务属于中央事权。在金融管理事务中，对市场主体自主经营权影响最大的，当属市场准入的设置，其本质上是设定行政许可、制定市场进入门槛。并且，全国金融市场的准入门槛历来由中央制定统一规则，从而能够避免地方政府的恶性竞争与监管套利。对此，2018 年国家发展和改革委员会和商务部印发的《市场准入负面清单（2018 年版）》（以下简称《负面清单》）也能够体现这一原则。《负面清单》规定，列入清单的市场准入管理措施，由法律、行政法规、国务院决定或地方性法规设定，省级人民政府规章可设定临时性市场准入管理措施。但是，个别设立依据效力层级不足且确需暂时列入清单的管理措施，应尽快完善立法程序，并通过加“★”的形式在清单中标明。在清单中，许可类事项的“金融业”分类中，许可准入的措施描述中包含以下加“★”标明的内容：小额贷款公司及其分支机构设立、变更、终止及业务范围审批；融资租赁公司设立与变更审批；商业保理公司设立与变更审批。《负面清单》对“金融业”的准入规定十分广泛，囊括了全部金融机构、地方金融组织以及各类金融活动的准入，前者包括银行、证券、保险、基金等金融机构的设立，融资担保、典当、小额贷款公司、征信机构等相关金融服务机构的设立等，后者包括证券期货服务及支付业务等。可见，《负面清单》对金融业准入规定遵循了法律保留的规定，可以从中得出这样的结论，金融业的准入规则不属于可以由地方先行立法的地方性事务。

不过，地方人大常委会与地方政府并非对金融监管协同的相关规则无从下手。在金融管理主要是中央事权的基本原则下，金融管理作为一个整体，相应的事权自然归属中央，金融管理的规则制定权也属中央，但是金融管理职权的部分内容，尤其是属地责任应由地方政府承担。如果大至全国、小至县市由中央制定全部的规则并予以执行，那么将是低效且难以实现的，金融监管的职责自然地落到地方，根据职责的不同，有的由中央金融监管部门的派出机构承担，有的由地方金融监管部门以及地方政府其他部门承担，金融监管的协同也必然涉及这些地方部门的职责。同时，地方政府应接受金融委的指导和监督，通过地方协调机制完成中央交办的事项。因此，在这些职责落实的过程中，地方人大常委会与地方政府可以在组织法层面，就地方政府执行中央规则、任务的职责，以及在其权限范围内能够采取的各项工作，在符合地方性法规与地方政府规章立法权限的范围内进行立法。

五、金融监管协同的法治路径

（一）政府推进型的协同

由于我国正处于经济社会的快速转型期，区域经济一体化的特征更加明显，这决定了法制一体化具有时间紧迫性和任务艰巨性，也决定了在这些经济区域实现法制一体化不可能走社会演进型的道路，必须走自上而下政府推进的道路，“这是代价最小、速度最快、成功系数最大的道路，也必将被历史证明是一条理性之路、智慧之路、前进之路”。[1]区域法制一体化的构建是需要“由政府倡导起来的，有时在一种明确的目标指导下，通过政府的力量来组织实施的”。[2]为此，金融监管协同的法治一体化路径需要政府作出总体设计，对法制的目标和实施作出宏观决策和自上而下的领导和推动，并通过各种措施保证目标的落实。

（二）中央协调与地方协调相结合

1. 中央协调的方式

中央协调的方式有两种，一是针对全国所有经济区域立法，二是针对长三角这一特定经

---

〔1〕 袁曙宏：《法治规律与中国国情创造性结合的蓝本——论〈全面推进依法行政实施纲要〉的理论精髓》，载《中国法学》2004 年第 4 期。

〔2〕 蒋立山：《论政府主导型的法制现代化》，载《法学杂志》1995 年第 3 期。

济区域立法。对于第一种，在各项机制通过一段时期的探索与实施，具有一定的长期性、通用性和有效性时，可以通过全国性的立法将其纳入法律。在立法层级上，首先，对于法律保留的事项可以先行制定行政法规，待规则成熟后再制定法律。这是因为，《立法法》第 9 条规定，本法第 8 条规定的事项尚未制定法律的，全国人民代表大会及其常务委员会有权作出决定，授权国务院可以根据实际需要，对其中的部分事项先制定行政法规，但是有关犯罪和刑罚、对公民政治权利的剥夺和限制人身自由的强制措施和处罚、司法制度等事项除外。其次，法律保留以外的事项，既可以在相应权限范围内制定行政法规、部门规章，也可以通过政策文件、行政文件等其他文件进行试点。在立法内容上，既可以对跨行政区划事务直接作出规定，也可以将跨行政区划事务的规划权授予相应的多个省级人民政府并规定省际协商机制。对于第二种，立法形式上可以延续国家对长三角等经济区域颁布针对性意见，内容上也同样可以涵盖“协商条款”。

2. 地方协调的方式

地方协调的方式有三种，一是就跨行政区划事务在省之间协商一致、达成共识的基础上，就地方性事务在相应权限范围内制定地方性法规和地方政府规章以及其他文件，规定与其他省市协同的具体行动。二是达成紧密型的立法协作，既可以是省级政府之间，也可以是具体部门之间。例如江苏、浙江、安徽和上海市商务部门负责人曾于 2014 年在上海共同签署了《推进长三角区域市场一体化发展合作协议》，该协议的签署有利于建立紧密的合作工作机制。三是建立有效的协作机制，其中较为重要的是立法信息交流互动机制。

关于立法信息交流互动机制，一是围绕年度立法计划的制定和实施，举行会议或进行工作对接；二是结合年度立法计划、国家重大立法活动、区域协调的问题进行专题研讨，共同商议立法的共性问题，探讨立法衔接、立法前瞻性，提高立法质量；三是建立各省级立法主体的立法动态通报制度，及时相互通报新制定的法规、规章。

（三）地方协调机制的协同

如本文第三部分所述，地方协调机制为中央对地方就金融监管的属地职责直接进行指导与监督架起了桥梁，但还未织起一张联结各地的网络。因此，在长三角一体化法制的战略下，如果国务院金融稳定发展委员会办公室能够赋予上海、浙江、江苏、安徽四地的地方协调机制相互沟通的职能，将地方协调机制现有的工作职能扩展到省际联通的维度，加强三省一市之间在金融监管、风险处置、信息共享和消费者权益保护等方面的协作，将更有效、更高效地解决金融监管协同缺失的问题，更好地服务长三角实体经济，防范金融风险，助力形成经济法制新格局。关于三省一市之间的牵头部门，鉴于地方协调机制设立在人民银行省级分支机构，可以沿袭人民银行上海总部的地位，及其既有的上海国际金融中心建设、长三角金融协调发展职能，赋予上海协调机制牵头地位。

（四）基于信息共享的协同

为了加强三省一市之间在金融监管、风险处置、信息共享和消费者权益保护等方面的协作，信息共享与信息平台的搭建与联结至关重要。现有地方人民政府与中央金融监管部门各自的信息系统并不完全联通，长三角金融监管的协同应在以下方面做到信息交流与共享：（1）加强四地中央金融管理部门派出机构之间、中央金融管理部门派出机构与地方金融监管部门之间的监管协调和政策沟通。（2）推进四地金融业综合统计和金融统计标准化建设工作，建立四地金融数据共享机制，推进金融机构信息、行业基础数据、市场运行情况、风险状况的及时、充分共享。建立健全四地金融业重大事项、突发事件的及时沟通交流机制。（3）根据四地金融服务实体经济的情况和形势，研判、防控风险。（4）协调四地政府与各部门，尤其是公安部门，做好金融消费者权益保护工作。

长三角一体化发展、地方协调机制的建立、上海国际金融中心的建设都是长三角经济区域发展的重要战略，也对长三角区域内金融监管的协同高效提出了高要求。在现有金融监管体制下，国务院金融稳定发展委员会办公室地方协调机制的建立，使得地方层面形成了地方协调机制连接中央与地方，对“一行二局”与地方金融监管部门进行指导与监督的格局。尽管地方协调机制的建立增强了央地金融监管的纽带，对长三角三省一市的跨行政区域协同供给不足，四地地方立法的差异以及政府部门协同的障碍加剧了协同缺失的问题。对此，基于央地金融事权的划分与各层级法律文件的立法权限，长三角一体化背景下的金融监管协同应坚持政府推进，中央协调与地方协调相结合，制定能够有效促进协同的法律文件；赋予地方协调机制在长三角区域内的省际协调职责，并赋予上海协调机制牵头地位，加强三省一市在金融监管、风险处置、信息共享和金融消费者保护等方面的协作，互通金融政策、共享金融信息、严防金融风险、通报重大事件、协同保护金融消费者，实现长三角区域内金融监管的协同，服务长三角实体经济。

上海国际金融中心法治环境

上海国际金融中心立法的绩效与提升

吴　弘　等*

营造良好的金融法治环境是建设国际金融中心的重要内容，也是衡量国际金融中心的必备要件，金融立法是金融法治环境的组成部分。上海国际金融中心建设过程中，十分注重立法的完善，努力健全与金融中心相适应的金融法律规范体系。在国家不断完善金融立法、为金融市场整体发展提供重要准则的同时，上海也“积极探索地方立法”，为国际金融中心建设特需的、先行先试的事项提供规范。此外，中国人民银行及其上海总部、中央金融监管机构及其驻沪派出机构，以及上海市政府及其有关部门颁行的有效规章或规范性文件，为完成在2020年基本建成国际金融中心的国家战略发挥了不可替代的作用。上海国际金融中心已进入了2020年后的深化建设时期，相应立法仍然肩负着促进保障建设具有全球影响力金融中心的重任。

一、国际金融中心的立法绩效显著

（一）积极完善金融中心法律规范

上海国际金融中心建设与法制环境建设同步进行，其中十分注重立法完善，努力健全金融法律规范体系。国务院和中国人民银行等国家金融管理部门专门为上海国际金融中心颁布了一系列规范性文件。（见表1）《国务院关于推进上海加快发展现代服务业和先进制造业建设国际金融中心和国际航运中心的意见》首次

---

* 本文系根据上海市立法研究所2020年度专项课题《“上海市推进国际金融中心建设条例”立法后评估》的成果改写。课题组长：吴弘；课题组成员：孟飞、俞燕、江翔宇、吕志强、阮昊、贾诗韵等。

明确提出：到 2020 年，基本建成与我国经济实力以及人民币国际地位相适应的国际金融中心。在上海的地方相关立法中，也努力为金融中心法制环境添砖加瓦，如《上海市地方金融监管条例》填补了地方金融监管法律规范的空白，《上海市社会信用条例》致力打造金融市场的信用基础，《中国（上海）自由贸易试验区条例》事关自贸区的金融制度创新，《上海市优化营商环境条例》涉及不断改善金融营商环境。

表 1　建设上海国际金融中心的主要规范

出台时间	发布主体	文件名称	主要要求
2009 年 6 月	国务院	《国务院关于推进上海加快发展现代服务业和先进制造业建设国际金融中心和国际航运中心的意见》	到 2020 年，基本建成与我国经济实力以及人民币国际地位相适应的国际金融中心；基本形成国内外投资者共同参与、国际化程度较高，交易、定价和信息功能齐备的多层次金融市场体系；基本形成以具有国际竞争力和行业影响力的金融机构为主体、各类金融机构共同发展的金融机构体系；基本形成门类齐全、结构合理、流动自由的金融人力资源体系；基本形成符合发展需要和国际惯例的税收、信用和监管等法律法规体系，以及具有国际竞争力的金融发展环境
2009 年 6 月	上海市人大	《上海市推进国际金融中心建设条例》	按照国家统一部署，以金融市场体系建设为核心，以改革创新和营造环境为重点，将上海建成与我国经济实力和人民币国际地位相适应的国际金融中心
2014 年 7 月	上海市人大	《中国（上海）自由贸易试验区条例》	围绕国家战略要求和上海国际金融中心、国际贸易中心、国际航运中心、国际经济中心建设，按照先行先试、风险可控、分步推进、逐步完善的原则，将扩大开放与体制改革相结合，将培育功能与政策创新相结合，加快转变政府职能，建立与国际投资、贸易通行规则相衔接的基本制度体系和监管模式，培育国际化、市场化、法治化的营商环境，建设具有国际水准的投资贸易便利、监管高效便捷、法治环境规范的自由贸易试验区
2015 年 10 月	中国人民银行等	《进一步推进中国（上海）自由贸易试验区金融开放创新试点加快上海国际金融中心建设方案》	加快推进资本项目可兑换、人民币跨境使用、金融服务业开放和建设面向国际的金融市场，不断完善金融监管，大力促进自贸试验区金融开放创新试点与上海国际金融中心建设的联动

续表

出台时间	发布主体	文件名称	主要要求
2017 年 6 月	上海市人大	《上海市社会信用条例》	创新社会治理机制，提高社会信用水平，增强诚信意识
2019 年 1 月	中国人民银行等	《上海国际金融中心建设行动计划（2018—2020 年）》	到 2020 年，上海基本确立以人民币产品为主导、具有较强金融资源配置能力和辐射能力的全球性金融市场地位，基本形成公平法治、创新高效、透明开放的金融服务体系，基本建成与我国经济实力以及人民币国际地位相适应的国际金融中心，迈入全球金融中心前列
2020 年 2 月	上海市政府、中国人民银行等	《关于进一步加快推进上海国际金融中心建设和金融支持长三角一体化发展的意见》	进一步推进上海国际金融中心建设，加大金融支持上海自贸试验区临港新片区建设和长三角一体化发展力度，深化金融供给侧结构性改革，推动金融更高水平开放创新
2020 年 4 月	上海市人大	《上海市优化营商环境条例》	持续优化营商环境，激发市场主体活力，维护市场主体合法权益，推动经济高质量发展，推进政府治理体系和治理能力现代化建设，将上海建设成为卓越的全球城市、具有世界影响力的社会主义现代化国际大都市
2020 年 5 月	上海市人大	《上海市地方金融监管条例》	规范地方金融组织及其活动，维护金融消费者和投资者合法权益，防范化解金融风险，促进本市金融健康发展，推动上海国际金融中心建设

特别是上海市人大于 2009 年出台的《上海市推进国际金融中心建设条例》（以下简称《条例》），作为唯一的国际金融中心专门立法，其确定了金融中心建设的指导思想、目标方向、体制机制、基本要求和基本制度，奠定了国际金融中心各项制度的基础，实际起到了金融中心建设基本法的作用。《条例》自实施十余年来，积极推动了金融中心建设各项工作的加快进行并取得了实效。

（二）专门立法——《条例》各项要求得到具体落实

1.《条例》中总则落实情况（见表 2）

表 2　总则落实情况

条例条文/总则	落实的文件名称	发布时间
第 4 条 领导体制	《关于成立上海市推进上海国际金融中心建设领导小组的通知》（沪府办〔2019〕50 号）	2019 年 6 月 7 日

续表

条例条文/总则	落实的文件名称	发布时间
第 5 条 建设规划	《上海国际金融中心建设行动计划（2018—2020 年）》（人民银行等八部门）	2019 年 1 月
	《上海国际金融中心建设“十一五”规划》（上海市政府）	2006 年 11 月
	《“十二五”时期上海国际金融中心建设规划》（国家发改委）	2012 年 1 月
	《上海市国民经济和社会发展第十一个五年规划纲要》	2006 年 1 月 20 日
	《上海市国民经济和社会发展第十二个五年规划纲要》	2011 年 1 月 21 日
	《上海市国民经济和社会发展第十三个五年规划纲要》	2016 年 1 月
第 6 条 人才与创新	《关于推进上海金才工程　加强金融人才队伍建设的实施意见》（沪金融工委〔2016〕15 号）（上海市委组织部等五部门）	2016 年 5 月 4 日
	《上海金融创新奖评审和组织实施办法》（沪府办发〔2017〕8 号）（上海市政府办公厅）	2017 年 1 月 10 日
第 7 条 区域合作	《关于进一步加快推进上海国际金融中心建设和金融支持长三角一体化发展的意见》（银发〔2020〕46 号）（人民银行、银保监会、证监会、外汇局上海市政府）	2020 年 2 月 14 日
	《长三角金融办主任杭州圆桌会议备忘录》	2016 年
	《长三角金融办主任南京圆桌会议备忘录》	2017 年 11 月 28 日
	《长三角金融办防范区域金融风险合作协议》	2018 年 7 月
	《长三角科创板企业金融服务一体合作协议》	2019 年 3 月 12 日
	《长三角地区地方金融组织监管合作公约》	2019 年 9 月 11 日
	《关于加强沪港金融合作的备忘录》（上海市金融办、香港财经事务及库务局）	2010 年 1 月 19 日
	《关于深化沪港金融合作的协议》（上海市金融办、香港财经事务及库务局）	2016 年 6 月 13 日
	《金融合作备忘录》（上海金融办、澳门金融管理局）	2012 年 7 月
	《上海市金融办与澳门金融管理局关于深化沪澳金融合作的备忘录》	2018 年 8 月 21 日

《条例》第 4 条规定上海国际金融中心建设议事协调机构应当接受国家有关部门的指导，上海在 2007 年成立上海市推进国际金融中心建设领导小组的基础上，在 2010 年就成立上海市推进国际金融中心和国际航运中心建设领导小组和上海市国际金融中心建设工作推进小组的相关工作，制定了工作制度。2019 年 6 月，成立新的由市长为首的、由市政府部门、市司

法机关、中国人民银行上海总部、上海银保监局、上海证监局等组成的上海市推进上海国际金融中心建设领导小组。

上海市推进国际金融中心建设领导小组于2008年设国际咨询委员会，作为领导小组的决策咨询机构，至2018年国际咨询委员会共举行6次会议；2019年成立上海国际金融中心专家咨询委员会。中共上海市金融工作委员会、上海市地方金融监督管理局于2020年启动了法律专家库，外聘法律顾问8名，研究金融法治环境建设重大问题，提出制度建设的意见。

《条例》第6条要求安排金融发展资金用于金融人才、金融创新、产业发展的奖励或者扶持，市政府相关部门发布《上海市海外金才、领军金才、青年金才专项资助实施办法》《上海金融创新奖评审和组织实施办法》等规范资金使用。区政府亦为发展金融产业提供财政和其他扶持措施，例如《虹口区支持金融企业发展的若干措施》《浦东新区促进金融业发展财政扶持办法》。

2.《条例》中“金融市场体系建设”落实情况（见表3）

表3 “金融市场体系建设”落实情况

条例条文	落实的文件名称	发布时间
第8~15条 金融市场体系、机构体系、产品体系、支持体系等	《进一步推进中国（上海）自由贸易试验区金融开放创新试点 加快上海国际金融中心建设方案》（人民银行等七部门）	2015年10月29日
	《关于促进金融服务创新 支持上海科技创新中心建设的实施方案》（沪府办〔2015〕76号）	2015年8月21日
	《加快推进上海金融科技中心建设实施方案》（沪府办规〔2020〕1号）	2020年1月8日
	《全面推进中国（上海）自由贸易试验区临港新片区金融开放与创新发展的若干措施》（沪自贸临管委〔2020〕300号）	2020年5月8日

支持金融市场深化改革。上海在全国范围内率先实现银行间同业拆借利率、贷款市场报价利率、外币存款利率的市场化。包括以人民币计价也在不断推进过程中，以上海金为基准的衍生品在芝加哥商品交易所推出。人民币跨境支付系统二期已经全面投产。

推进金融机构体系建设。上海金融机构框架已经搭建成立，金融市场类型比较丰富，市场基础设施建设也很快。金融市场规模也是快速增长。从中外资金融机构在上海集聚的情况来看，国际性、功能性金融机构不断落户上海。上海自贸区临港新片区管委会会同人民银行上海总部等联合发布的《全面推进中国（上海）自由贸易试验区临港新片区金融开放与创新发展的若干措施》，明确要求推动国际商事审判组织建设，并加快国际仲裁机构的业务机构集聚。按照立法推进组织机构建设的国际惯例。

3.《条例》中“区域布局和基础设施建设”落实情况（见表 4）

表 4　“区域布局和基础设施建设”落实情况

条例条文	落实的文件名称	发布时间
第 16 条 金融空间规划	《上海外滩金融集聚带建设发展纲要（2010—2020 年）》（黄浦区政府）	2010 年 7 月 5 日
	《黄浦滨江公共空间实施优化规划设计》（黄浦区政府）	2016 年 8 月 26 日
	《浦东新区关于加快推进上海国际金融中心核心功能区建设的实施意见》（浦东新区政府）	2009 年 6 月 30 日
	《临港新片区创新型产业规划》（上海市经信委等七部门）	2020 年 9 月 24 日
第 17 条 用地	《关于加快培育和发展本市住房租赁市场的实施意见》（沪府办〔2017〕49 号）	2017 年 9 月 15 日
第 18 条 公用基础设施	《上海市集聚金融资源加强金融服务促进金融业发展的若干规定》（沪府发〔2009〕40 号）	2009 年 8 月 4 日
	《外滩金融集聚带关于服务上海扩大金融业对外开放，支持外资金融发展的若干意见》（黄浦区政府）	2010 年 7 月 5 日
	《虹口区推进金融服务业发展的意见》（虹发改规〔2019〕8 号）（虹口区发展和改革委员会）	2019 年 1 月 30 日

4.《条例》中“金融人才环境建设”落实情况（见表 5）

表 5　“金融人才环境建设”落实情况

条例条文	落实的文件名称	发布时间
第 19 条 金融人才政策	《关于推进上海金才工程　加强金融人才队伍建设的实施意见》（沪金融工委〔2016〕15 号）（上海市委组织部等五部门）	2016 年 5 月 4 日
	《金融人才公寓联动服务试点工作合作备忘录》（黄浦区政府、市金融办）	2016 年 11 月 29 日
	《上海金融领域“十三五”人才发展规划》	2017 年
	《上海金融系统人才工作领导小组议事规则》	2017 年
	《上海金融系统人才工作领导小组办公室职责》	2017 年
	《上海金融领域“十三五”紧缺人才开发目录》	2017 年
	《上海市海外金才、领军金才、青年金才专项资助实施办法》（沪金融工委〔2017〕14 号）（市金融工作党委、市金融办、市财政局）	2017 年 4 月 24 日
	《中国（上海）自由贸易试验区临港新片区境外专业人才执业备案试行管理办法》（市人力资源局等五部门）（沪人社规〔2019〕39 号）	2019 年 12 月 31 日

续表

条例条文	落实的文件名称	发布时间
第 20 条 教育培训	《上海市集聚金融资源加强金融服务促进金融业发展的若干规定》（沪府发〔2009〕40 号）（上海市政府）	2009 年 8 月 4 日
第 21 条 吸引人才	《中国（上海）自由贸易试验区关于扩大金融服务业对外开放 进一步形成开发开放新优势的意见》［中（沪）自贸管〔2018〕66 号］	2018 年 9 月 8 日
	《鼓励留学人员来上海工作和创业的若干规定》（沪府发〔2016〕8 号）	2016 年 2 月
	《关于具有本市户籍留学人员其持外国护照子女享受优惠政策的通知》（上海市人力资源局）	2017 年 2 月 23 日
	《虹口区支持金融企业发展的若干措施》（虹发改规〔2020〕1 号）（区发展和改革委员会）	2020 年 1 月 1 日
第 22 条 人才奖励	《关于推进上海金才工程加强金融人才队伍建设的实施意见》（市委组织等五部门）	2016 年 5 月

上海把人才作为国际金融中心建设的第一要素，上海金才工程成为重要的工作抓手。上海为推进金融人才建设，《关于推进上海金才工程加强金融人才队伍建设的实施意见》《关于推进上海金才工程　加强金融人才队伍建设的实施意见》为此作出具体的规定，并成立了金融系统人才工作领导小组，统筹管理金融人才工作，明确其议事规则和办公室职责，并发布《上海金融领域“十三五”人才发展规划》《上海金融领域“十三五”紧缺人才开发目录》。上海还建立了由市金融工作党委、市金融办与市委组织部、市人力资源局、市财政局等参加的上海金才联合实施单位定期磋商机制。《全面推进中国（上海）自由贸易试验区临港新片区金融开放与创新发展的若干措施》为吸引、扶持特定金融人才，用多个条文对人才落户、人才公寓或者限价商品房、子女教育、医疗保障等政策予以规定。有些地区还出台了多样化的人扶持措施，如《浦东新区促进金融业发展财政扶持办法》《金融人才公寓联动服务试点工作合作备忘录》等。

5.《条例》中“信用环境建设”落实情况（见表 6）

表 6　“信用环境建设”落实情况

条例条文	落实的文件名称	发布时间
第 23 ~ 26 条 信用信息、信用产品	《关于加强本市社会诚信体系建设的意见》（沪府发〔2003〕49 号）	2003 年 8 月 6 日
	《上海市企业失信信息查询与使用办法》（沪府办发〔2013〕7 号）（上海市政府办公厅）	2013 年 2 月 16 日
	《上海市社会信用体系建设 2013—2015 三年行动计划》	2012 年 8 月 27 日
	《上海市公共信用信息归集和使用管理办法》（沪府令 38 号）	2015 年 12 月 30 日

《上海市社会信用条例》的颁布实施，标志着上海信用体系法制建设继续处于领先地位。

社会信用信息在市政府部门之间通过上海市大数据中心及上海市公共信用信息中心实现共享。国家发展和改革委员会设立了公共信用信息服务平台，由大数据中心收集公用事业等的信息，平台负责应用。数据在政府部门、银行等之间共享，推动小微企业的信贷。2019 年大数据开放以后，推广普惠金融的大数据应用，300 多项公共服务数据已经对相关银行机构开放。上海金融法院亦建立了金融司法案例库。

6.《条例》中“金融创新环境建设”落实情况（见表 7）

表 7　“金融创新环境建设”落实情况

条例条文	落实的文件名称	发布时间
第 27 条 鼓励金融创新	《关于促进金融服务创新支持上海科技创新中心建设的实施意见》（上海市政府办公厅）	2015 年 8 月 21 日
	《黄浦区深入对接中国（上海）自由贸易试验区建设工作方案》（黄浦区政府）	2017 年
	《虹口区推进金融服务业发展的意见》（虹发改规〔2019〕8 号）（区发展和改革委员会）	2019 年 1 月 30 日
	《加快推进上海金融科技中心建设实施方案》（上海市政府办公厅）	2020 年 1 月 8 日
第 29 条 知识产权	《关于进一步推进金融创新发展的若干意见》（浦东新区）	2015 年
第 30 条 创新奖励	《上海金融创新奖评审和组织实施办法》（沪府办发〔2017〕8 号）	2017 年 1 月 10 日

《条例》第 27、29、30 条明确鼓励金融创新，并对推广应用以及保护金融创新作出明确的规定，市政府进行了积极探索。为规范按年度举行的金融创新奖的评选，市政府根据于 2017 年 1 月发布《上海金融创新奖评审和组织实施办法》（沪府办发〔2017〕8 号）。浦东新区于 2015 年发布《关于进一步推进金融创新发展的若干意见》。

金融中心与科技创新中心建设联动，金融科技正在改变金融机构的商业模式和金融市场的结构功能，成为未来金融业的发展趋势。上海制定了鼓励金融创新的授信政策和引导机制，推进衍生品创新、金融科技创新，如保险业积极推进“科技贷”履约保险保证的项目。

7.《条例》中“金融风险防范与法治环境建设”落实情况（见表8）

表8　“金融风险防范与法治环境建设”落实情况

条例条文	落实的文件名称	发布时间
第31条 监管协调	国务院金融稳定发展委员会办公室地方协调机制（上海市）	2020年3月12日
第32条 金融安全	《上海市人民政府办公厅关于建立上海市金融稳定协调联席会议制度的通知》（沪府办〔2019〕101号）	2019年8月16日
	《发挥上海自贸试验区制度创新优势　开展综合监管试点　探索功能监管实施细则》（沪府办发〔2016〕26号）	2016年6月29日
	《上海市处置金融突发事件应急预案（2015版）》	2015年
	《上海市防范和打击非法集资工作社会治安综合治理考评实施细则》	2015年
	《关于上海新型金融业态监测分析平台使用管理办法（试行）》	2015年
	《关于近期本市防范和处置非法金融活动的工作方案》	2016年
	《上海市关于进一步做好防范和处置非法集资工作的实施意见》	2016年
	《上海市防范和处置非法集资工作综合治理考评细则》	2017年
	《上海市非法集资监测预警实施办法》	2018年
第33条 打击金融犯罪	上海市反洗钱工作联席会议	2006年
	《防范打击证券期货领域违法犯罪合作备忘录》（上海证监局、市公安局）	2019年4月
	《关于进一步加强金融广告监管工作的意见》（沪市监规范〔2020〕12号）（市场监管局等九部门）	2020年9月4日
第34条 依法行政	《中国（上海）自由贸易试验区金融服务业对外开放负面清单指引（2017年版）》（上海市金融办、自贸区管委会）	2017年6月26日
	《进一步深化中国（上海）自由贸易试验区和浦东新区事中事后监管体系建设总体方案》（沪府办发〔2016〕30号）（上海市政府办公厅）	2016年8月5日
第35条 金融诉讼	《关于进一步加强上海国际金融中心建设法治保障的合作备忘录》（上海市高级人民法院、人民银行上海分行）	2020年4月3日
	《关于合作推进企业重整优化营商环境的会商纪要》（上海市高级人民法院、人民银行上海分行）	2020年4月3日
	《上海法院服务保障中国（上海）自由贸易试验区临港新片区建设的实施意见》（上海市高级人民法院）	2019年12月30日
第37条 金融法律服务	《关于着力发挥资本市场作用促进本市科创企业高质量发展的实施意见》（沪府办规〔2019〕11号）	2019年7月30日

上海在对非法金融活动监测预警和处置方面进行了探索，率先组建了统一的上海市金融稳定协调联席会议制度，并发布了较为完整的《上海市处置金融突发事件应急预案（2015版）》《关于上海新型金融业态监测分析平台使用管理办法（试行）》《上海市非法集资监测预警实施办法》。

加强金融机构内控制度建设、完善合规管理。金融机构为贯彻监管机构的要求，制定实施合规管理、风险控制、防范和处置非法集资、反洗钱等规章制度。建立分工合理、职责明确的合规风险管理体制，在内控合规、风险、审计、巡视、党风廉政等监督主体切实履行自身监督职责的基础上，统筹监督资源，聚焦关键重点，提高监督质效。

《上海市地方金融监督管理条例》落实对“7 + 4”地方金融组织的监管，明确监管标准、检查程序。

《条例》第 34 条要求行政机关为金融中心建设提供政务服务，《上海市营商环境条例》对政务服务作出了较为详尽的规定。对“一网通办”平台、行政审批清单管理、告知承诺、政务服务“好差评”等作出了更为详细、具体的规定。上海市行政机关亦在官网发布相关政策或者提供政策搜索引擎，提高了透明度。《上海市优化营商环境条例》要求推动行政机关优化行政审批程序、简化行政审批环节。

（三）立法全面推进国际金融中心法制建设

1. 积极推进金融中心执法监管创新

第一，上海在自贸试验区进行了功能监管和综合监管实践。根据中央金融监管部门关于与自贸试验区建设联动，探索、推进功能监管和综合监管的要求，上海市政府办公厅 2016 年 7 月印发《发挥上海自贸试验区制度创新优势开展综合监管试点探索功能监管实施细则》，启动监管制度改革。功能监管包括：编制“分业监管机构清单”和“重点监测金融行为清单”；规范金融产品设计、宣传、营销行为；全面理顺监管分工，以合同法律关系和产品属性为基础明确管理部门，统筹配置监管资源。综合监管包括：建立金融综合监管联席会议，加强组织领导和统筹协调，提升协调效率和响应速度。联席会议由市政府分管金融工作的副市长和副秘书长分别作为第一召集人和召集人，成员单位包括中国人民银行上海总部（外汇局上海市分局）、上海银保监局、上海证监局、市金融办和市政府有关部门以及各区政府，并根据新情况和新问题邀请其他有关部门和在沪的金融市场、行业协会等参加。2018 年 6 月，上海自贸区管委会推出《中国（上海）自由贸易试验区关于扩大金融服务业对外开放进一步形成开发开放新优势的意见》，重申打造上海自贸试验区金融综合监管平台。

第二，建立金稳委上海协调机制。2002 年 3 月 12 日，按照《国务院金融稳定发展委员会办公室关于建立地方协调机制的意见》（金融委办发〔2020〕1 号）的精神，由人民银行上海总部召集，中央金融管理部门驻沪机构、上海市政府相关部门组成的国务院金融稳定发展委员会办公室地方协调机制（上海市）（以下简称上海协调机制）正式成立并召开第一次全体会议。

第三，上海地方金融监管体制建立。2018 年 11 月 22 日，按照党中央、国务院批准同意的《上海市机构改革方案》，在原市金融服务办公室基础上正式组建上海地方金融监管局。上海地方金融监管局是上海市政府的组成部门，履行 13 项主要职责。2020 年 4 月上海市第十五届人大常委会第二十次会议通过《上海市地方金融监督管理条例》，规定建立市、区两级政府及其金融部门的工作机制，要求市政府建立金融工作议事协调机制，完善地方金融监管体系，落实地方金融监管职责，统筹上海金融改革发展、金融风险防范等重大事项；区政府加强组织领导，建立健全地方金融监管机制，做好金融风险防范处置等工作。

第四，落实金融消费者权益保护。金融机构在保护金融消费者的合法权益、服务金融消费者方面积累了许多成熟的经验，如制定专门的规章制度，明确消费者保护工作的职责，建立消费者权益保护的决策执行和监督机制；完善投诉处理机制，明确投诉处理责任分工，畅通投诉渠道，理顺和优化投诉处理流程；积极开展公众宣传工作，提升消费者金融素养，向消费者发布金融诈骗防范提示等。

2. 积极发挥金融司法保障作用

第一，金融司法主动服务金融中心建设。金融司法通过制定和实施司法政策，为金融市场提供稳定的司法预期。上海市高级人民法院和上海金融法院在自贸试验区、科创版注册制等方面发布了多项政策文件，旨在明确司法任务、审判规则，司法服务上海国际金融中心建设。市检察机关先后出台了为加快国际金融中心和国际航运中心建设服务、充分发挥金融检察职能惩治金融犯罪防范金融风险的意见、关于服务保障中国（上海）自由贸易试验区临港新片区的工作意见；在科创板顺利运行一周年之际，出台深化服务保障科创板注册制改革 20 条举措。（见表 9）

表 9　上海法院发布的主要政策文件

序号	文件名称	发布时间
1	《上海法院服务保障中国（上海）自由贸易试验区建设的意见》	2014 年 1 月
2	上海市高级人民法院《上海法院服务保障中国（上海）自由贸易试验区临港新片区建设的实施意见》	2019 年 12 月 30 日
3	上海市高级人民法院《关于服务保障设立科创板并试点注册制的若干意见》	2019 年 6 月 17 日
4	《上海金融法院五年发展规划纲要（2019—2023）》	2019 年 2 月 21 日
5	《上海金融法院关于服务保障设立科创板并试点注册制改革的实施意见》	2019 年 7 月 23 日
6	《上海金融法院服务保障中国（上海）自由贸易试验区临港新片区金融开放与创新发展的若干举措》	2020 年 7 月 30 日

第二，积极防控化解金融风险。上海市高级人民法院于 2015 年率先对重大敏感金融案件实行预警报告制度，对全市法院存在金融风险隐患的案件实行动态跟踪，加强重大敏感案件的工作指导。2018 年，上海市高级人民法院出台《关于落实金融风险防范工作的实施意见》，明确了上海法院金融风险防范工作的总体目标、职责分工和工作要求，提出了 8 个方面共计 17 项具体措施，全市法院借鉴处置“钢贸纠纷”的成功经验，逐步缓释金融风险，妥善处置了一批涉及金融风险防范的重大敏感案件。上海市检察院出台了办理涉众型金融犯罪案件的风险防控意见，妥善处置案件已有矛盾和潜在风险，尽力减少被害投资人的损失。

第三，严厉惩治金融犯罪。上海检察系统不断加强对新类型案件和重大疑难复杂案件的研判，成功办理一批在全国有重大影响的金融案件，在此基础上出台了信用卡诈骗、涉互联网非法集资等类案办理指导意见，有效地维护了金融市场的秩序，捍卫了投资者的利益和安全。市检察院第三分院集中管辖本市涉科创板证券犯罪案件，完善刑事、民事、行政“三合一”专业化办案机制，与上海金融法院建立涉科创板刑事案件线索移送研判机制，以提高办案的精准度。2019 年，上海市公安局、上海市人民检察院、上海市高级人民法院会签《关于涉众型经济犯罪案件易贬值易损毁财物先行处置工作的指导意见（试行）》，建立和规范易贬值、易损毁财物先行处置工作机制。（见图 1）

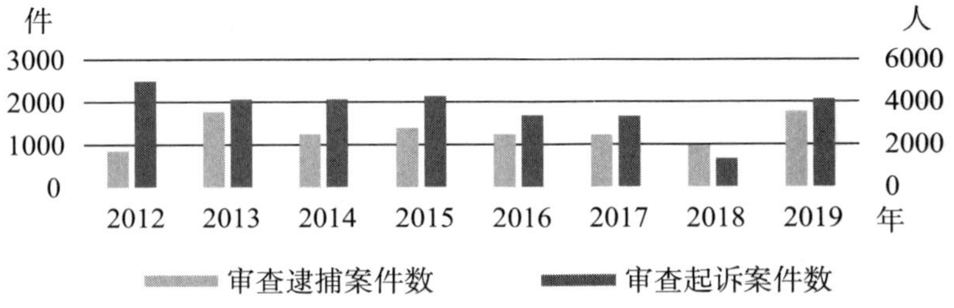

图 1　检察系统受理金融犯罪审查逮捕与审查起诉情况（2012～2019 年）

第四，加强与金融监管机关合作。如上海金融检察联席会议，有中国人民银行上海总部、上海银保监局、上海证监局、上海市金融局等参加，实现了检察司法办案与金融监管政策导向的有机衔接和双向联动。上海市高级人民法院与人民银行上海总部于 2020 年 4 月签署发布《关于进一步加强上海国际金融中心建设法治保障的合作备忘录》《关于合作推进企业重整优化营商环境的会商纪要》，进一步优化提升和上海法治化营商环境。

第五，打造专业化金融司法机构与团队。上海法院率先探索金融审判专业化机制建设，2008 年 11 月，浦东新区法院成立了全国法院首家金融审判庭；2018 年 8 月 20 日，上海金融法院挂牌成立，标志着上海法院金融审判体制机制改革进入了崭新的阶段。上海法院金融审判组织体系形成了“基层法院金融审判庭（专项审判团队）+上海金融法院+市高院金融审判庭”的基本格局。2009 年，上海检察机关开始了金融检察专业化办案机制建设和专业人才培养的探索，浦东新区院首先成立金融检察部门，2011 年上海市人民检察院成立金融检察处（现为第四检察部），并逐步建立三级院金融检察架构，组建了银行保险、证券期货等三支跨院团队。

第六，完善与创新金融司法程序。金融法院在全国首创证券案件支持诉讼机制，引入投资者保护机构助力中小投资者维权；首创证券示范判决。金融法院还发布全国首个关于证券纠纷代表人诉讼机制的规定，配合新《证券法》的实施，打造具有中国特色的集体诉讼模式。从 2010 年起，依托上海法院审判管理系统，金融法院率先研发金融审判管理系统，为金融审判的趋势研判提供充分的数据支撑；2018 年成功将信用卡纠纷、融资租赁合同纠纷第一批两类案件纳入上海法院民事、行政智能辅助办案系统。

第七，加强金融司法国际化。2016 年，上海市高级人民法院与迪拜国际金融中心法院签署《上海市高级人民法院与迪拜国际金融中心法院关于加强交流与合作的谅解备忘录》。2020 年 6 月，最高人民法院批准在上海市高级人民法院设立“中国法院金融审判国际交流（上海）基地”，并在 2020 年陆家嘴论坛中举行“金融司法环境与国际金融中心发展”国际研讨活动，提升中国和上海金融审判的国际影响力。

第八，健全金融纠纷多元化解体系。上海率先探索金融行业诉调对接机制，强化金融纠纷“一站式”多元解纷机制建设，拓展委托、委派调解案件范围，探索网络司法确认方式以及电子证据效力的认定规范，实现金融纠纷多元化解机制的体系化、全覆盖，公正高效化解金融纠纷。2007 年 12 月由上海仲裁委员会设立上海金融仲裁院，在分流金融纠纷中发挥了积极的作用，金融仲裁院对仲裁规则进行了多次修订，引入国际商事仲裁通行的做法，包括临时措施、紧急仲裁员等。上海自贸试验区临港新片区将建成“面向全球的亚太仲裁中心”。

3. 重大任务的落实

2018 年 11 月，中央在首届中国国际进口博览会开幕式上指出，为了更好发挥上海等地区在对外开放中的重要作用，我们决定，一是将增设中国上海自由贸易试验区的新片区，鼓励和支持上海在推进投资和贸易自由化便利化方面大胆创新探索，为全国积累更多可复制可推广经验。二是将在上海证券交易所设立科创板并试点注册制，支持上海国际金融中心和科技创新中心建设，不断完善资本市场的基础制度。三是将支持长江三角洲区域一体化发展并上升为国家战略，着力落实新发展理念，构建现代化经济体系，推进更高起点的深化改革和更高层次的对外开放，完善中国改革开放的空间布局。《条例》的落实在主动与完成中央交给上海三项新的重大任务对接方面发挥积极作用。

一是自贸区金融制度创新。2014 年《中国（上海）自由贸易试验区条例》对金融服务作出规定，上海自由贸易试验区进入了快速发展阶段，金融开放创新的深度和广度发生了较大的变化，尤其是临港新片区金融开放和创新发展，对上海国际金融中心建设是有力推动。上海自贸区临港新片区管委会会同中国人民银行上海总部等联合发布的《全面推进中国（上海）自由贸易试验区临港新片区金融开放与创新发展的若干措施》，规定了银行业和保险业的简政放权、保险业高管人员的资格审批改备案、监管沙盒的模式、航运保险产品的注册制、业务和风险的监测体制、中外金融机构的开放合作等。

二是科创板与科创中心建设。2019 年年初中央作出设立科创板实行注册制后，上海当即表态将深化重点领域的改革攻坚，全力支持、全面配合在上海证券交易所设立科创板并试点注册制方案的制订和落地，培育优质上市资源，优化金融生态环境，进一步加强金融中心和科技创新中心的联动发展。上海市人民政府办公厅于当年 9 月发布《关于着力发挥资本市场作用促进本市科创企业高质量发展的实施意见》。2020 年《上海市推进科技创新中心建设条例》对金融环境建设作出了明确规定。

三是金融支持长三角一体化。2020 年 2 月上海市政府联合人民银行等发布《关于进一步加快推进上海国际金融中心建设和金融支持长三角一体化发展的意见》，就进一步推进上海国际金融中心建设，加大金融支持上海自贸试验区临港新片区建设和长三角一体化发展力度，深化金融供给侧结构性改革，推动金融更高水平的开放创新，提出一系列意见。上海探索在长三角区域推广应收账款票据化的试点推广贴现相关的业务。上海成立科创中心股权投资基金的重点投资区域是上海的主要高新园区如张江、紫竹、杨浦、漕河泾、嘉定、临港等，以及上海股交中心的“科技创新板”，并向周边区域辐射，目前任务主要集中为长三角征信体系的一体化、市场化，绿色金融服务平台一体化、普惠金融发展的协同。

二、上海国际金融中心立法仍有较大提升空间

（一）立法与金融中心需求尚有差距

一是上海国际金融中心建设缺乏基础制度。基础性制度尚无法律和行政法规予以规范，即便是《条例》能够起到基本法的作用但仍是地方法规外，其他涉及金融中心建设的现有规范大多层级不高、效力较低，数量较多的是规范性文件。虽规范性文件也发挥了重要作用，但其部门性较强、时效性较突出、特定性较明显、普适性较差。一些制度空白如金融税制改革等亟须填补。

二是民商基本法律中尚未体现金融市场的一些特殊需要。如信托财产独立性的制度基础不够严密，我国也未设置财团法人制度，信托财产无法取得类似国外主体化的地位，以至于

信托、基金、资管计划等虽可开设证券交易账户，但不可以自己名义开设银行账户；其诉讼地位由谁代表，也常常成为救济程序中纠结的问题。

三是支持和保障金融创新的法律需求尚未满足。国际金融中心需要有更多的金融创新，既需要有灵活的法律制度与之相适应和匹配，鼓励创新、包容试错；又需要有效的监管制度防风险和守底线，适时引导、制止违法。如在促进金融科技为核心的新一轮金融创新时，要防止类似 P2P 乱象重演，更好保护金融消费者和维护金融秩序。各方对有关创新备案制度的认识尚有较大分歧，需要进一步厘清其性质和权责。

四是监管规则的及时性、体系化和具体化尚需跟进。为因应金融市场的改革深化、创新发展，金融监管机构有政策但缺法规、有要求但不具体、有宣示但少措施，市场主体实施时有一定困难。如一些先行先试项目、细分市场的定位与分工，以及机构内控与反洗钱等均有此问题，基层金融机构为了快速有效地开展业务及细化管理，对可操作性规则的需求十分强烈。

五是金融中心与国内其他地区间的法制协调还未实质性开展。资金流动往往是跨地域的，相应的制度规范也需要跨地域适用。有些具体业务或司法执法细节问题，虽然上海做了先行先试的努力也创出了成果，但涉及其他地区的因素时往往无能为力。如上海的法院与相关部门统一认识，就金融机构可依据破产管理人提供的人民法院受理破产申请裁定书等文件查询企业的账户流水明细等作出约定；但其他地区仍执行原规定，银行同样做法就构成违规提供客户账户信息的风险。另外，在信用信息系统的共享共治、长三角一体化法制协调等方面，也都需要顶层设计，尽快出台相应制度。

六是专门立法即《条例》的文本存在不足。受当时立法条件的限制，《条例》文本本身存在一些问题：（1）宣示性、号召性条款过多。文本中大量使用“支持”“鼓励”“应当”“有关部门”等富有弹性的法律概念，虽然可以根据逻辑文义解释、体系解释来确定，但对于市场主体，尤其是外国企业和境外投资者而言，降低了法律内容的确定性和可预期性。（2）行政机关实施法律的工作机制与组织规程有待细化。无论是授益性行政行为，还是规制性行政行为，条例本身均没有作出明确的规定，无法提供作出行政作为合理性的充分依据。（3）尚缺乏金融管理部门与市场之间有效的交流机制。对金融市场专业管理的有效性，集中体现在如何与金融机构进行畅通的沟通，未建立推进金融市场创新和及时采取管理措施的制度。（4）部分内容的阶段性色彩明显。条例确定的上海国际金融中心基本建成的目标已经于 2020 年完成，如何进一步明确更长期的建设目标，需要在条例中进行调适。已在金融中心建设过程中实施的新任务，如自贸区临港新片区金融改革开放、金融科技、长三角金融一体化等，尚未在《条例》中得到确认。

（二）立法短板导致的执法司法短板

一是金融监管协调机制需强化。现有的上海地方金融监管及其协调机制，与其他地方的规定与做法基本相同，金融中心的特色与特殊需求并不突出。由于制度供给不足，中央与地方、各部门间的监管资源、信息共享的渠道还不畅通，临时性的协同居多，常态化工作机制尚需推进，跨部门、跨区域的协同监管机制，特别是金融监管与司法在解决新类型的金融纠纷或新型违法犯罪时的协调机制仍需强化。

二是征信平台的应用需推进。信用是金融活动的基础，信用信息是监管方式转变的重要支撑。金融中心的信用体系需要国家金融信用信息基础数据库的支持，但本地数据库如何与全国数据库进行联通尚缺乏法律依据，公共信用信息和金融信用信息如何联通亦为难点，相应的信息采集、验证、录入、储存、保管、查询、利用等亦有种种不便。金融信息有偿使用、异议投诉、信息安全等问题也缺乏具体规则。

三是金融机构内控要持续督促。金融业存在资本逐利的天然特性，业务发展与内控合规之间存在一定的矛盾，监管层要继续加强金融机构内控合规的管理，促使其自觉自律，而不是一味地加强他律措施。保护消费者金融数据，涉及隐私保护与财产安全，以及吸引外国投资者等问题，需要相应的数据保护规则。

四是司法资源配置问题。现行立法对金融司法资源的配置缺乏清晰原则，由于金融机构集聚地较集中，司法资源与金融机构配置不匹配，及时立案、保全、高效推进案件处置的供求矛盾日益突出。如众多金融机构的住所地在浦东新区，发生诉讼一般需要提交至浦东法院进行处理，在当前经济下行的背景下，争议或诉讼使浦东法院的案件审理负荷较大，疲于应付，不利于提高质量。

五是涉外司法管辖问题。部分境内金融机构在开展跨境金融活动中约定由外国法院或外国仲裁机构管辖并适用外国法律，增加了跨境诉讼的成本和不确定性。部分国有企业在涉外基础设施建设项目中，选择适用独立保函作为履约保证，但对独立保函的风险认识不足，诉讼能力明显不强，诉讼准备显著不足。需要对涉外金融活动约定管辖的合理引导,. 强化对涉外建设项目的风险评估和风险控制，避免我国企业在司法案件中面临不利局面。对于境外金融交易活动扰乱境内金融市场秩序，损害境内金融消费者、投资者合法权益所引发的纠纷，依法行使司法管辖权（“长臂管辖”），还欠缺相应的制度规则支撑。

六是打击新型金融犯罪问题。如跨境金融犯罪的查处，存在法律制度的差异、侦查合作不完善、司法协助不足等问题。又如反洗钱犯罪，面临反洗钱国际标准与任务要求不断提高，而相应政策多、操作指引少，执行较为困难的问题。

（三）2020 年后金融中心新目标决定了立法新高度

2020 年 9 月，英国智库 Z/Yen 集团发布第 28 期全球金融中心指数（GFCI 28），上海首次跻身全球三甲，排名仅次于纽约和伦敦，标志着上海“基本建成与我国经济实力和人民币国际地位相适应的国际金融中心”这一国家战略目标基本实现。当前，上海金融中心建设开启了承上启下的新征程，目标是把上海打造成比肩纽约、伦敦的全球金融中心。（见表 10）

表 10　GFCI 28 排名前十位的金融中心

金融中心	GFCI 28		GFCI 27	
	排名	评分	排名	评分
纽约	1	770	1	769
伦敦	2	766	2	742
上海	3	748	6	740
东京	4	747	5	741
中国香港	5	743	4	737
新加坡	6	742	3	738
北京	7	741	7	734
旧金山	8	738	8	732
深圳	9	732	9	722
苏黎世	10	724	10	719

上海国际金融中心承载着国家使命，金融中心的立法同样面临着新挑战，需承担新任务，要根据国际国内深刻变化和我国金融改革开放的新形势，深入分析金融中心法律制度供应上存在的短板，积极弥补金融市场现有法律制度与实际需求之间的差距。

金融市场瞬息万变、金融创新不断涌现，国际金融中心建设在深化，需要进一步先行先试，如果仅适用全国统一的法律制度，仅依靠中央金融监管部门集中的监管规则，就难以实现金融中心发展与动态监管，也不能满足金融改革开放最前沿的特别需求。从有利于金融制度创新，有利于防范金融风险的角度考虑，强化金融中心的金融立法势在必然。上海国际金融中心立法的提升，不仅是数量与广度的提升，也是质量与深度的提升。

根据国家的要求，上海国际金融中心要形成切合市场实际又符合国际惯例的金融法律规范体系。金融中心立法需要率先国际化，金融法律制度是吸引资金、人才、机构最重要的因素，法律法规、制度规则需要与国际先进制度对接，国际金融中心法律制度要成为全球最具有吸引力的制度。如沪伦通开通后情况不理想，我国公司去的极少，尚无英国公司过来，原因之一就是法律制度的差异阻碍，尤其是外方对中国的法律制度不太了解或了解后对法律环境不太认可。因此，上海国际金融中心立法提升，实质是下更大的功夫对标国际先进金融制度。

三、上海国际金融中心立法提升的思考

（一）金融中心立法完善的指导思想

1. 与国际金融中心发展目标相适应

上海国际金融中心建设正面临新目标，即在初步建成国际金融中心的基础上，致力于提

升人民币定值金融市场的广度、深度、弹性和包容性，巩固并发展与全球关键货币、主金融市场和主要金融中心的联系，逐步提升人民币在全球金融运行和发展中的定价能力和话语权，完善基于人民币的全球资源配置和风险管理机制，为形成以国内大循环为主体、国内国际双循环相互促进的新发展格局，提供有效的金融支持。2020～2035 年，我国要基本实现社会主义现代化，上海国际金融中心建设将完成中级目标，成为以中国为腹地、覆盖亚太经济板块的开放的国际金融中心。[1]

"十四五"期间，上海将打造"两中心"即全球资产管理中心和有全球竞争力的金融科技中心，"两枢纽"即国际绿色金融枢纽和人民币跨境使用枢纽，"两高地"即国际金融人才高地和金融营商环境高地，提升上海国际金融中心建设能级，增强国际化、市场化、数字化、绿色化、法治化。[2]"十四五"规划对国际金融中心及其金融法治环境提出了明确目标，金融立法理应为此提供法律保障。

2. 与国家战略部署相衔接

2015 年国务院发布《进一步深化中国（上海）自由贸易试验区改革开放方案》，人民银行等同时发布《进一步推进中国（上海）自由贸易试验区金融开放创新试点 加快上海国际金融中心建设方案》，2020 年人民银行等发布《关于进一步加快推进上海国际金融中心建设和金融支持长三角一体化发展的意见》《全面推进中国（上海）自由贸易试验区临港新片区金融开放与创新发展的若干措施》等，这些都给上海国际金融中心建设提出了新的任务，也提供了新的实施措施。其中明确要求健全金融法治环境，对接国际高标准规则，包括探索一定范围的地方金融立法，推动国际商事审判组织建设，加快国际仲裁机构的业务机构集聚，以及在临港新片区实行监管沙盒机制、长三角征信体系的一体化、绿色金融服务平台一体化、普惠金融协同发展等，这些都需要金融中心立法进一步应对。

3. 与优化金融营商环境相协调

政府管理服务是营商环境的重要组成部分，《上海市营商环境条例》规定了政务服务的一些措施，如"一网通办"平台、行政审批清单管理、告知承诺、政务服务评价等，金融中心立法需要结合金融市场、金融机构、行业协会等具体情况，总结已有经验，作出相应规定。

管理透明度的一个重要指标是管理规则的易得性，即市场主体可以通过官网获得行政机关制定的管理规则文本及监管手册，市场主体也有权以较便利方式获取、知晓行政机关的管理要求、程序，以及异议处理等。

4. 与浦东新区法规制定相结合

2021 年 6 月 10 日，第十三届全国人大常委会第二十九次会议表决通过了《关于授权上

〔1〕 参见郑杨：《风好正扬帆——上海国际金融中心创新实践》，上海人民出版社 2020 年版，第 11 页。

〔2〕 参见上海市人民政府印发《上海国际金融中心建设"十四五"规划》。

海市人民代表大会及其常务委员会制定浦东新区法规的决定》（以下简称《授权决定》），授权上海市人民代表大会及其常务委员会根据浦东改革创新实践需要，遵循宪法规定以及法律和行政基本规则，制定浦东新区法规，在浦东新区实施。制定的浦东新区法规，应当依照《立法法》的有关规定分别报全国人大常委会和国务院备案。报送备案时，应当说明对法律、行政法规、部门规章作出变通规定的情况。浦东新区法规在法律定位上比照经济特区法规，建立完善与支持浦东大胆试、大胆闯、自主改相适应的法治保障体系。《授权决定》为多年呼吁的金融中心特殊立法创设了条件，有关金融中心的金融立法应该成为浦东法规制定的先行者。

（二）充分借鉴域外金融中心金融立法的新鲜经验

1. 伦敦

20 世纪末 21 世纪初以来，英国根据金融市场改革发展和伦敦金融中心建设的需要，出台并不断修订金融基本法。[1]

在英国实行金融改革之时，议会通过了 1986 年《金融服务法》，该法改变了英国传统的自律管理模式，建立了自律管理与立法监管相结合，即在法律框架下的自律管理模式。[2]根据该法，财政部被授予对金融体系全权监督的权威和权力，财政部又对证券和投资委员会（SIB）授权，SIB 又将责任赋予不同的自律管理组织执行，如证券和期货局（SFA）、投资监管局（IMRO）和私人投资监管局（PLA）等。在该法下，伦敦股权资本市场呈现三层结构：（1）主板市场：由英国上市管理署（UKLA）负责（经批准可以在伦敦证券交易所的主板市场交易）；（2）创业板投资市场（AIM 板）：为小型、成长性的公司提供的国际市场，由伦敦证券交易所运营；（3）普拉斯（PLUS）报价市场：一个独立的英国股票市场，由普拉斯市场股份有限公司运营，致力于满足小型公司的需要。

2012 年《金融服务法案》（Financial Services Act 2012）于 2013 年 4 月 1 日正式生效，该法案为英国金融服务提供了新的监管框架。该法案废除了金融服务管理局（Financial Services Authority），使英格兰银行承担起维护金融稳定的责任，统一了宏观和微观的审慎监管，推出了由英格兰银行金融政策委员会、审慎监管局（PRA）及金融行为监管局（FCA）组成的新的监管架构。[3]PRA 作为英格兰银行的下设机构并负责对商业银行、保险公司和投资公司的监管；而 FCA 则对所有公司的商业行为进行监管，侧重于对消费者的保护，即英格兰银行在金融方面拥有宏观监管和微观监管的双重职能。

---

〔1〕 参见 http：//www. mofcom. gov. cn/dl/gbdqzn/uplond/yingguo，最后访问日期：2021 年 7 月 9 日。

〔2〕 参见啜佳佳：《英国〈2000 年金融服务与市场法〉研究——以金融混业和金融监管为视角》，载《金融服务法评论》2011 年第 1 卷。

〔3〕 李玫、马建威：《英国金融消费者保护立法改革的最新发展及其启示》，载《国际商务》（对外经济贸易大学学报）2014 年第 1 期。

2016 年 5 月 4 日，英国议会颁布《2016 年英格兰银行与金融服务法案》，由货币政策委员会、金融政策委员会和审慎监管委员会共同组成的英格兰银行组织架构正式形成，这标志着英国之前形成的审慎监管局和金融行为管理局的双峰监管在 2016 年又发生了新的变化。由于英格兰银行监管职责的不断加重，使英国议会加强了对英格兰银行的监督与问责，并通过对《1998 年英格兰银行法案》《2000 年金融服务与市场法案》的相关内容进行的修改，明确了英格兰银行作为英国的中央银行在英国的经济与市场金融体系中的核心地位。[1] 此轮的改革重点主要体现在加强银行的治理与问责、国家审计署对央行的治理与问责、追究高级管理人员在企业破产中的监管责任等方面，实现英格兰银行的三大委员会在法律上处于平等地位，以进一步加强对英格兰银行的治理、提升英格兰银行的透明度，确保英格兰银行作为一个整体维护货币和金融的稳定。[2]

2. 纽约

美国在近几十年的时间里着力为纽约金融中心增强影响力而加大制度供应。

首先，从立法上对外资金融机构采取开放策略，吸引主要跨国金融机构集聚纽约。美国国会在 1978 年通过《国际银行法》，其主要精神是给予外国银行国民待遇。1994 年又通过了《州际银行法》，允许外国银行在一个以上的州并购美国银行作为子行，也赋予外国银行及其美国子行与美国银行同样的权力——在母行之外建立分行，并通过与其他州银行合并建立州际分行。根据该法，各州不得制定在美国银行和外国银行之间具有歧视性的立法，不得给予其中任一方特殊待遇。1999 年国会通过的《金融现代化法》则允许美国银行及外国银行以金融控股公司的形式从事混业经营。2001 年美联储发布了 K 条例最终规则，进一步简化了外国银行在美国从业的申请程序，以减轻外国银行的监管负担。[3] 但 2002 年《萨班斯 - 奥克斯利法》的颁布，加强了对公司内部控制的监管，增加了外国公司到美国上市的成本，有人认为受该因素影响，纽约的国际金融中心的优势地位在 21 世纪逐渐被伦敦超越。

金融中心所在地的纽约州，在税收等地方立法上也做出努力。如根据 1969 年制定的《纽约投资减税法》，纽约州的公司所得税有许多优惠和抵免措施，起到了吸引投资的作用。纽约州的个人所得税率并不高，富人的税负也有所降低，而纽约州富裕阶层中近 1/4 是金融证券从业人士，个人所得税的降低促使金融知识水平高、国际经验丰富的专业人才汇集纽约，使国际金融中心的人才储备条件得以保证。

其次，美国在金融法的长臂管辖上也早有动作，以扩张纽约金融中心的影响力。美国 2010 年的《华尔街改革和消费者保护法案》重新肯定了美国证券法的域外效力，再次纳入“效果标准”和“行为标准”。“效果标准”指不当行为虽然发生在美国境外，但是对美国具

---

〔1〕 参见余建川、常健：《英国金融监管：缘起、法律变革及其启示》，载《商业研究》2018 年第 8 期。
〔2〕 参见 http://www.mofcom.gov.cn/dl/gbdqzn/upload/yingguo.pdf，最后访问日期：2020 年 7 月 9 日。
〔3〕 参见宗良、温彬、陆晓明：《纽约金融中心建设的经验与启示》，载《国际金融》2013 年第 9 期。

有明确可预见的实质性损害后果，美国法院拥有管辖权；“行为标准”指不当行为发生在美国境内，且该行为对于损害后果有重要推动，此时即便证券交易行为发生在美国境外，美国法院同样拥有管辖权。

21 世纪初，纽约州的跨境美元清算系统 CHIPS 在全球引领银行间大额支付清算系统的改造，将实时总额系统 RTGS 与延迟净额系统 DNS 混合，建立了新的实时净额清算系统（RTNS）。这种双轨制创新系统逐渐成为发达国家银行间支付清算的主流模式。

3. 东京

日本经济有政府主导型的特点，20 世纪 80 年代后，日政府积极推动日元国际化和金融自由化，有力地促进了金融市场的繁荣发展，为东京国际金融中心的稳固和提升做出了重要贡献。特别是 1998 年前后出台一系列改革法，实施了以金融自由化、国际化为核心内容的“大爆炸式”金融改革，日本的金融制度、金融政策、金融市场操作都发生巨大变化，在一定程度上使东京复苏并增强了国际金融中心的地位。

第一，积极以金融法推动东京金融中心建设。2006 年日本制定了《金融商品交易法》，彻底修改了《证券交易法》，吸收合并了《金融期货交易法》《投资顾问业法》等法律，将“证券”的定义扩展为“金融商品”的概念，[1]最大限度地将具有投资性的金融商品、投资服务作为该法的规制对象，避免产生法律的真空地带，构筑了从销售……到资产管理、投资顾问的监管框架，从以往的纵向行业监管法转变为以保护投资者为目的的横向金融监管法。日本金融厅也颁布了一系列对所有金融行业和金融产品全面监管的规范。2008 年以后，根据金融市场的发展需要，《金融商品交易法》持续进行修订。2008 年着重于专业导向市场架构的创设、ETF（上市投资信托）的多样化，以及重构证券、银行、保险公司间的防火墙、构筑利益冲突防范体制等。2009 年引入对信用评级行业的行政管制，调整专业投资人与一般投资人变动程序、金融商品交易所与商品交易所的营业互通，以及创设金融纷争解决制度。2010 年的修订关注店头衍生性金融商品交易的清算机关、扩大由主管机关申请破产的金融商品交易机构范围、增加违反法院禁令的处罚对象。2011 年修订涉及一些业务的解禁松绑，同时又强化信息披露要求。2012 年扩大行政处罚制度规范，如将合谋者及所有涉案之非金融从业人员都纳入内幕交易的处罚对象；又如对通过虚报投资收益与客户签约的基金经理的处罚从 3 年以下有期徒刑提高至 5 年以下。2013 年的微调，包括加强内线交易规范、加重诈欺等惩罚措施以及根据 G20 高峰会协议建立金融机构防火墙以防止类似金融海啸所带来的冲击。2014 年将重点放在振兴市场措施上，包括建立新的未上市公司股票交易系统以及可让企业自由选择会计年度。

第二，不断完善与金融中心建设相关的制度。如逐步推进外汇开放：日本于 20 世纪 60

〔1〕 参见宣晓影、全先银：《日本金融监管体制对全球金融危机的反应及原因》，载《中国金融》2009 年第 17 期。

年代开始资本项目开放，并且在六七十年代完成了绝大部分的资本项目开放。1980 年，日本颁布实施了新的《外汇与外贸管理法》，对外国投资由“原则上禁止”改为“原则上自由”，使外国对日直接投资发展很快。[1] 1984 年，日本宣布资本项目可兑换，同年再次对《外汇与外贸管理法》进行修订，国外投资者可以对日本的房地产投资，可以自由进行远期外汇交易，对涉外日元贷款实行自由化措施，[2] 但当时仍存在管制和报告义务。根据目前的《外汇及外贸管理法》等法律规定，任何公司或个人均可自由买卖外汇，但在每个月买卖外汇超过 100 万日元时，下一个月 15 日之前有义务向日本银行报告其用途和去向。[3] 又如“特别区域”制度的推行：目前日本的“特别区域”制度有不同党派执政时代设置的“结构改革特别区域”、“综合特别区域”和“国家战略特别区域”，在东京都区域内，上述三类特别区域并存。设立特别区域的目的就是放松管制，并给予预算与税收方面的支持。[4]

4. 迪拜

迪拜国际金融中心（DIFC）是一个法律特区，拥有基于国际标准和普通法原则的独立立法框架，其法律法规由迪拜国际金融中心管理局（DIFCA）、迪拜金融服务管理局（DFSA）制定。

DIFCA 拥有比较广泛的法律法规制定权，特别是不同于阿联酋和迪拜酋长国的、DIFC 民商事法律，并由迪拜酋长颁行。DIFC 法院将适用 DIFC 的法律法规，除非当事人明确约定其争议由其他法律管辖。DIFCA 制定的法律，包括公司法（2018）、普通合伙法（2004）、有限合伙法（2006）、有限责任合伙法（2004）、营业法（2018）、非营利法人组织法（2012）、破产法（2019）、合同法（2004）、合同默示条款和不公平条款法（2005）、分层所有权法（2007）、房地产法（2018）、个人财产法（2005）、义务法（2005）、损害赔偿和补偿法（2005）、知识产权法（2019）、基金法（2018）、信托法（2018）、租赁法（2020）、净额结算法（2014）、支付系统结算终结法（2009）、DIFC 法律应用法（2005）、民商法适用法（2004）、仲裁法（2008）等。[5]

DFSA 负责监管金融中心的金融活动，有权制定与 DIFC 中所有金融和与辅助服务有关的法规规则。由 DFSA 管理的法规包括：2004 年管制法、2012 年市场法、2004 年伊斯兰金融业务法、2010 年集体投资法、2006 年投资信托法。DFSA 制定的规则手册包括：反洗钱、

[1] 参见赵英杰：《东京离岸市场对上海自贸区建设的启示——以金融制度设计为视角》，载《债券》2015 年第 3 期。

[2] 参见赵英杰：《东京离岸市场对上海自贸区建设的启示——以金融制度设计为视角》，载《债券》2015 年第 3 期。

[3] 参见 http：//www. mofcom. gov. cn/dl/gbdqzn/upload/riben. pdf，最后访问日期：2019 年 7 月 9 日。

[4] 参见 https：//www. investtokyo. metro. tokyo. lg. jp/jp/about/deregulation. php，最后访问日期：2021 年 7 月 9 日。

[5] 参见 https：//www. difc. ae/business/laws - regulations/legal - database/#federal，最后访问日期：2021 年 6 月 8 日。

反恐怖主义融资和制裁规则，授权市场机构规则，审计规则，商业行为规则，集体投资规则，费用规则，基金协议规则，伊斯兰金融规则，市场规则，价格稳定规则，审慎—保险业务规则，审慎—投资，保险中介和银行规则，收购规则等。[1]

迪拜金融中心近年着力推进金融科技，[2]相应立法及时跟进。2017 年颁行《数据保护法》，2017 年制定《电子交易法》；2020 年 6 月 1 日，正式颁布了新的《DIFC 数据保护法》，该法结合欧盟《通用数据保护条例》《加利福尼亚消费者隐私法》等当前世界一流数据保护法的最佳做法，于 2020 年 7 月 1 日生效。DIFCA 还发布了新的《数据保护条例》，规定数据保护专员的通知程序、问责制、记录保存、罚款和跨境转移个人数据的适当管辖权。数据保护法律法规框架支持 DIFC 争取获得欧盟、英国和其他司法管辖区的充分认可，从而减轻了 DIFC 业务对数据传输合规性的要求。

5. 小结

以上可见，域外金融中心十分重视法律制度供应。迪拜金融中心拥有独立的立法权，可以根据自身发展需要及时供应法律制度；日本政府全力支撑东京金融中心，根据金融中心兴衰起伏而及时、持续地对相应法律立改废，起到了改革金融市场、振兴金融中心的作用；英美两国都频繁地制定和修订金融法律，虽然并未直接以金融中心的名义，但目的都是扩大其金融市场的影响力，争夺全球最大金融中心的地位。在这些国家的立法中，既有金融改革创新的促进法，也有维护金融主体权益的保障法；既有放松管制加强开放的措施，也有防范风险惩治金融犯罪的规则；既有包含监管要素的传统内容，又有推动金融科技发展的前沿议题，证明金融中心需要全方位的法律制度供应。

总之，立法即法律制度的及时供应是金融中心兴起与发展过程中不可或缺、也不可迟延的必备条件。

（三）创新金融中心多元化立法模式

协调金融中心建设中制度需求与金融立法权高度集中的矛盾，以制度创新的思路、多元化的方法解决上海国际金融中心法律制度供应的难题，补立法的短板。

一是以浦东法规制定为切入点落实金融中心立法权，金融基本制度的立法权是中央事权，决定权归中央掌握，但在金融中心先行先试过程中，会遇到现有制度障碍或制度空白而无法推进的情形，但不能等全国性的立法出台再试再改，需要就金融中心相关事务赋予中央有关部门和地方一定的立法权。赋予浦东新区以一定的金融立法权，有利于快速有效地对市场需求作出回应。

二是调法适用，即《立法法》第 13 条规定，全国人民代表大会及其常务委员会可以根

---

〔1〕 参见 https：//www. dfsa. ae/，最后访问日期：2021 年 6 月 8 日。

〔2〕 参见 http：//www. mofcom. gov. cn/dl/gbdqzn/upload，最后访问日期：2021 年 6 月 8 日。

据改革发展的需要，决定就行政管理等领域的特定事项授权，或在一定期限内在部分地方暂时调整或者暂时停止适用法律的部分规定。在金融中心建设深化过程中，仍然需改革创新、先行先试，也必然涉及突破现行法律框架、不宜马上在全国实施的事项，也需要国家明晰界定，以利于金融改革深化并释放更多的改革红利，可由全国人大授权金融中心调法适用、暂不执行。

三是用好既有的地方立法权，准确解读《立法法》第 8 条第 9 项关于基本经济制度以及财政、海关、金融和外贸的基本制度只能制定法律的规定，对非基本制度由地方或部门制定相应法规进行探索。上海要根据国家的规定，用好已有的地方立法权，对不涉及金融基本制度的内容，抓紧制定条例规范。

四是争取中央金融管理部门为金融中心量身定制更多的专门规范。

五是重视司法裁判的指导作用，包括涉国际金融中心的司法解释，以及金融中心的案例指导。

六是充分运用好金融惯例和交易规则。

另外，根据 2021 年 6 月 23 日上海市人大常委会通过的《上海市人民代表大会常务委员会关于加强浦东新区高水平改革开放法治保障制定浦东新区法规的决定》，浦东有制定管理措施的优势，即对暂无法律、法规或者明确规定的领域，浦东新区人民代表大会及其常务委员会和浦东新区人民政府可先行制定相关管理措施，并按程序报备实施；同时建立健全管理措施的执行评估机制，及时提出管理措施转化为法规的建议。金融中心的改革创新过程有一定的不确定性和多变性，有时尚难以用体现稳定性的法律法规进行规范，因此，采用管理措施不失为有效的过渡性规范手段。

（四）修订《条例》完善金融中心执法司法

1. 修订《条例》完善金融中心监管模式

上海国际金融中心的金融监管任务有：借鉴域外金融中心监管发展的经验，发挥际金融中心建设与自贸试验区发展联动监管作用，探索功能监管模式，加强跨部门、跨行业、跨市场监管协作，落实分层监管体制，创新监管规则，改革监管方式，为国家层面金融监管的优化探索路径、积累经验。

一是构建国际金融中心的分层式监管体制。上海国际金融中心建设是国家战略，国际金融中心的监管体制要区别于通常中央与地方在金融监管职责和风险处置责任分工的一般做法，而按照金融中心的特殊要求实行分层式金融监管体制。首先分层配置监管权。上海国际金融中心是国家金融中心，除了中央层面和地方层面外，应该有代表国家的金融中心层面，这个层面应由中国人民银行上海总部及其牵头组织的由其他金融监管部门、上海市政府参与的协调机制为代表。其次在中央和地方的监管权分配上，仍应坚持按照传统金融与新形态金融进行划分，即传统持牌经营的金融活动由中央监管，新形态金融活动由地方监管；也可按金融风险防范的需要进行划分，凡是可能引起系统性风险的金融业态仍属于中央监管，而风险较小、辐射影响较低的金融业态归地方监管。特别是金融创新的加快，对金融稳定、安全提出了巨大的挑战，要求金融监管权向市场一线、基层下移。再次推动非官方监管机制创新。仅凭借国家和地方监管机构无法全部负担起金融监管体制的重任，应该发挥金融行业、金融市场和金融机构自我监管作用及社会监督功能，包括有效发挥交易所的自律监管功能，发挥金融行业组织的自律监管职能、提高行业自律意识与自律水平，探索金融消费者组织、媒体舆论、人民团体等对金融服务的监督。

二是适应金融科技创新金融中心监管模式。（1）功能性监管试点实质性启动。较之传统的机构监管，功能性监管能够实施跨产品、跨机构、跨市场的协调，且更具连续性和一致性，更有利于促进金融创新。功能性监管能在分业经营与分业监管体制未进行根本改革之前，适应金融日益融合经营趋势下维护金融安全、防范风险的需要。上海自贸区已获得功能性监管的先行先试权，应该加速启动。上海不可能在国家体制不变的情况下自建一个大而全的监管机构，但率先实施功能型监管或许能避免分业监管的利益冲突。除自贸区外，选择部分业务进行试点，地方金融监管的机构亦纳入其中。（2）监管规则创制可预期。过于追求法律的稳定性无法满足金融中心快速发展创新的法律需求，而依据情形的变化不断进行更新完善监管规则，能较快地适应改革和发展的需要。为此要形成与国际接轨的指导思想与共识、作出与改革开放呼应的规则创制规划，使规则的出台实施具有可预期性。

三是引入“激励相容”的金融监管理念。金融监管要将金融机构的内部管理和市场约束纳入监管的范畴，引导这两种力量支持监管目标的实现。在提供适当激励机制的情况下，被监管者能够更有效地管理风险。因此，全球金融监管框架的发展越来越重视激励的内容，强调金融机构的商业目标与监管机构的监管目标相一致。一个好的激励机制，不仅包括经济激励，还要包括对事业的满足感、认同感这些目标价值的肯定。好的激励机制会使监管政策执行成本最低，决策时滞缩短，决策信息更完备、协调，增加金融监管的成效。所以，一套完整的监管者的激励机制是有效的金融监管的重要保障。

2. 修订《条例》完善金融中心司法

一是打造国际化金融审判机构。上海已通过设立上海金融法院，迈入司法精细化、专业化、国际化的轨道，专业性的金融审判组织能够有效促进金融司法的效率，进而提升区域金融的政治和经济地位。[1]（1）对标国际标准设立金融司法机构。除了继续扩大金融法院功能、加快设立金融检察院外，还要抓紧设立国际化的专业金融审判机构。（2）扩大国际金融审判机构的司法管辖权。考虑到国际金融中心频繁的资金、资本跨境活动，各国监管者存在相互竞争，因此，国际金融中心建设在很大程度上就是同全球其他金融中心的监管规则相竞

〔1〕 参见黄韬：《专业性金融审判组织的理论剖析》，载《上海金融》2012 年第 1 期。

争的过程，[1]相应的也是各国争取司法管辖权的竞争。上海国际金融审判机构对于跨境金融活动的司法管辖问题应持开放姿态，可以考虑采用“最低联系”基础上的积极管辖权原则。对跨境金融活动产生的纠纷诉讼，无论当事人在境内有无住所，只要该纠纷与中国存在一定法律上的联系或当事人自愿选择，甚至当事人协议将纯属外国间的金融争议提交上海审理，就可以由上海金融法院管辖。（3）外国法律的适用。从尊重国际金融活动参与者的习惯与自由意志的角度，金融司法过程中适用外国法必然成为一种选择。2015 年最高人民法院在《关于人民法院为“一带一路”建设提供司法服务和保障的若干意见》中要求“准确查明和适用外国法律，增强裁判的国际公信力”。金融审判机关可以与国外机构合作成立联合查明机构，或聘请外国专家担任查明顾问，提高外国法查明的效率。

二是打造国际化的金融调解机制。高效多元的金融纠纷解决机制是金融司法的有益补充，能够有效提高司法效率，降低司法成本。世界上有许多金融中心如纽约、伦敦、东京、香港特别行政区等已经发展出一套完整的替代性争端解决体系。上海在金融纠纷非讼解决方式方面先行先试，努力完善调解、仲裁结果的司法确认和执行机制，多渠道、多元化解决金融纠纷，切实维护金融消费者的合法权益。[2]但目前上海的金融纠纷多元化解决机制在快速发展中存在结构性问题，如仲裁、调解机构重复设立、数量较多但受案量不多，影响不够大、权威性不够强；行政干预过多会影响仲裁调解的中立性，对仲裁、调解员行使权力监督不足也影响了仲裁的公正性；仲裁、调解机构隶属于政府导致其独立性受到境外当事人的质疑，阻碍了其成为跨境金融纠纷解决的首选方式。解决这些问题的最好办法是构建更国际化的纠纷解决机制，用国际通行做法倒逼制度完善，打造国际金融中心的纠纷解决重镇。

3. 修订《条例》设立临港金融法律试验区

一直有专家建议上海金融中心要建法律特区，处理纠纷适用国际商事惯例规则、国际监管协议，以及市场自律规则。[3]按国家有关规定，临港新片区按特区管理，在制度制定、国际商事审判组织、国际仲裁、法律服务、监管方式等方面均已获得先行先试的政策，所以临港新片区有条件建设国际金融法律试验区。试验区实际按特区运行，作为金融制度创新的压力测试区。

上海未来的定位是全球金融中心，需要积极着手为之创设一个比肩伦敦、纽约的法律环境。试验区即可探索浦东法规制定与金融中心立法结合，还可依当事人意愿适用外国法，真正对标国际先进的金融商事法律规则。

2019 年国务院发布《中国（上海）自由贸易试验区临港新片区总体方案》要求新片区

---

〔1〕 参见郭华春：《上海国际金融中心监管规则创制路径简析：以跨国监管为视角》，载《上海金融》2010 年第 7 期。

〔2〕 参见郑杨：《锻造上海国际金融中心软实力》，载《中国金融》2018 年第 17 期。

〔3〕 参见刘丰名：《论创设上海国际金融中心的法律环境》，载《武大国际法评论》2009 年第 11 卷。

加强国际商事纠纷审判组织建设。由于临港新片区对开放度要求高，是其他地区尚不具备条件实施的，因此探索设立专业独立的争议解决机构十分必要。由于自贸区的金融开放和资金自由流动与国内其他地区有较大差异，因此必须打造独特的集民商、刑事、行政为一体的涉外金融司法机制，在深化司法改革方面先行先试，为国家金融立法与司法完善进行压力测试。根据最高人民法院《关于人民法院为中国（上海）自由贸易试验区临港新片区建设提供司法服务和保障的意见》的精神，将在新片区建设国际商事审判组织，建议新片区设立的国际审判组织内设金融审判机构，专门负责区内外的跨境金融纠纷的审理。

金融犯罪惩治

新类型金融机构人员违法犯罪情况分析

上海市人民检察院课题组 *

目前，对我国金融从业人员犯罪的研究主要集中于传统金融行业从业人员的犯罪研究，较少对新类型金融从业人员犯罪问题进行全面系统的分析。本课题以司法实践中从业人员犯罪案例为实证分析素材，突出问题导向，对三大新类型金融机构从业人员的犯罪特征、刑事风险以及防范对策进行重点研究。

一、新类型金融机构范围

金融从业人员因为均具有独特的职业领域、身份情况及相关从业指导，其对于社会的危害性也显得尤为特殊。我国《刑法》仅在分则中将相关罪名明确为“金融从业人员”犯罪，但对纳入“金融从业人员”的范围并没有明确规定，对于“新类型金融从业人员”亦缺乏明确的定义。在金融市场不断发展的今天，新的金融业态不断衍生，若要进一步研究金融从业人员的犯罪行为就必须先明确其内涵以及外延。根据《刑法》第 174 条关于擅自设立金融机构罪的规定，未经国家有关主管部门批准，擅自设立期货交易所、证券交易所、商业银行、保险公司、证券公司、期货经纪公司或者其他金融机构的，处以相应刑罚。由于前两种交易所的实质是金融市场基础设施，因此目前刑法意义上典型的传统金融机构只有后 4 种：商业银行、保险公司、证券公司、期货经纪公司。

---

* 本文为上海金融法制研究会 2019 年度重点调研课题成果。

本课题组认为，除上述 4 类传统金融机构之外，其他持牌金融机构、金融控股集团以及未持牌但实际从事金融业务的机构（以下统称未持牌金融机构）都属于新类型金融机构，机构中的相应工作人员均属于新类型金融机构的从业人员。

（一）其他持牌金融机构

持牌金融机构，是指持有金融牌照的机构，而金融牌照是由相关部门颁发给各机构批准其开展业务的正式文件，也就是经营许可证，这类许可证主要由中央金融监管部门（人民银行、银保监会、证监会）和地方金融监管部门颁发。目前，在我国持牌金融机构主要有两类。一是中央金融监管部门管理的其他持牌金融机构。其中包括中国人民银行管理的第三方支付公司，银保监会管理的信托公司、金融租赁公司、货币经纪公司、贷款公司、保险代理、保险经纪公司、证监会管理的基金销售公司、基金销售支付公司、公募基金公司、基金子公司等。二是地方金融监管部门管理的其他持牌金融机构。根据 2017 年全国金融工作会议要求，各地金融监管局的监管对象分为 7 + 4 类机构（7 类组织和 4 类行业）：7 类组织主要为：小额贷款公司、融资担保公司、区域性股权市场、典当行、融资租赁公司、商业保理公司、地方资产管理公司等金融机构；4 类行业主要为：投资公司、农民专业合作社、社会众筹机构、地方各类交易所等行业。目前，小额贷款公司、融资租赁公司、商业保理公司、地方资产管理公司、区域性股权市场等行业均有部门规章和文件对其进行零散的规定，相关部委有原银监会、商务部、公安部和证监会等，规则体系比较繁杂，所涉及的范围有些有重合，有些有空白，而且也有规则相互不一致的情形，存在监管套利空间。

（二）金融控股集团

目前，国内市场拥有全牌照的金融集团正在逐渐形成，其价值也多体现在渠道或通道上。但部分此类集团违法操控相应的机构，存在巨大隐患。在我国金融业不断健康发展的背景下，对两个或者两个以上的持牌金融机构有实质控制权的新类型金融机构——金融控股集团应运而生。相对于单体金融机构而言，金融控股集团资产规模较大、综合实力较强，拥有多类金融牌照，可以综合利用债权、股权、基金等多种方式提供金融产品。

金融控股集团主要分为两大类。一类是金融企业控股的集团，即金融机构在开展本行业主营业务的同时，投资或设立其他行业金融机构，形成综合化的金融集团，有的还控制了两种或两种以上类型的金融机构，母公司成为控股公司，其他行业金融机构作为子公司。另一类是非金融企业投资控股两种或两种以上类型的金融机构，事实上形成了金融控股公司，具体包括 5 种：大型企业集团、地方金控集团、央企金控集团、民营金控集团，以及互联网金控集团。

以分业监管和机构监管为主的金融监管格局极易出现金融控股公司的监管空白，因此金融控股集团的各种风险不断暴露，监管层对金控集团的关注越来越多，资本巨头在多个场合屡次被监管点名，补齐监管制度“短板”、加强金融控股公司的整体监管势在必行。一些民营金融控股集团已经出现快速生长、盲目扩张的态势，利用金融控股集团对下属金融机构的控制力进行大肆“抽血”，风险不断积累和暴露。因此，这类机构也应该纳入新类型金融机构加以治理。

（三）未持牌金融机构

未持牌金融机构，是指实质从事着金融相关活动，但并未获取有关部门颁发的金融牌照的机构，主要包括两类：一类是向行业协会备案获得经营许可的机构，如经过中国基金业协会备案的私募投资基金公司；另一类是未经许可擅自经营金融业务的机构，主要包括 P2P 网络借贷等互联网金融平台、第四方交易平台、非法金融交易场所等。

1. 获得经营许可的未持牌金融机构

近年来，私募领域非法集资案件频发，犯罪主体逐渐泛化，其中既包括未经中国基金业协会备案的“无照驾驶”的私募公司，虽然有“私募”的名头，实际上却存在违法犯罪的非法集资、合同诈骗活动；也包括已经备案的私募公司，虽是“有照行车”，但却屡屡触犯甚至突破此行业中的重要底线，利用公开宣传，进行违法犯罪的非法集资、组织领导传销活动。2019 年，上海检察机关办理了私募投资基金案件共 99 件 416 人，其中涉登记备案私募基金案件有 71 件 317 人。案件反映出部分私募基金管理人公司内部构架混乱，内控措施缺失，高管人员不符合基金法从业人员的任职要求，不具备管理相应资金的能力等问题。此外，部分私募基金从业人员法律意识淡漠，甚至刻意规避法律，认为以私募名义募集资金，表面合规即可规避相关法律规定，逃避相应的法律责任。

2. 未经许可擅自经营金融业务的机构

（1）P2P 网贷平台。众所周知，全国范围内涌现出一大批网贷平台打着“互联网金融”的旗号，宣传采用普惠金融、区块链、ICO、数字货币、融资租赁、商业保理、慈善互助等各种“高大上”的包装模式，行庞氏骗局、非法集资之实的违法犯罪案件。这类非法集资案件，涉案数额动辄数亿、数十亿元。甚至是数百亿元，既造成了严重的经济损失，又带来社会稳定隐患和巨大的维稳压力。这些“互联网金融”从业人员规避法律惩罚，巧妙设置犯罪手法，但是无论其交易形式如何创新、犯罪手段如何特殊、是否持有金融牌照，实际上都是在从事金融活动，都必须按照《商业银行法》《证券法》等基本金融法律法规受国家监管。未经许可擅自从事金融活动的 P2P 网贷平台，也要按照金融监管法规予以规制。

（2）第四方支付结算公司。第四方支付，也称为聚合支付，是介于商户和第三方支付之间，通过工具、APP 以及网站等渠道聚合相关银行、第三方支付平台和相应服务商的新型支付方式，从而为交易双方或多方提供高效便捷的在线支付综合解决方案。第四方支付是一种新型的支付方式，不属于传统的金融和支付机构。2017 年中国人民银行发布《关于开展违规“聚合支付”服务清理整治工作的通知》，明确规定其不得从事资质审核、协议签订、资金结算等核心业务；不得以任何形式经手特约商户的结算资金，从事或变相从事资金结算。也就意味着，在不违反相关规定的情况下，如果没有涉及上述核心业务，资金不在第四方支付平台停留，直接转到商户的行为并不违法。但某些第四方支付平台在收到资金之后，并不会直接结算给商户，而是涉及“二清”，资金会先到平台账户，再由平台结算给商户，即涉及资金的非法清算。凡是未经有关金融监管部门批准进行公开融资、支付结算等金融活动的，均属非法金融活动。

二、新类型金融机构从业人员犯罪的特点

（一）犯罪成本低，犯罪手法隐蔽，反侦查能力较强

新类型金融机构从业人员的犯罪成本低，其实施的犯罪主要借助于职务便利和资源信息优势，人力投入、物质准备等犯罪成本相对较低。此外，不少犯罪分子的教育背景良好，从业经历丰富，熟悉金融活动的流程和规定，对业务中可能出现漏洞的环节了如指掌，其犯罪手法隐蔽，反侦查能力和自我保护意识较高。如浦东新区检察院办理的一起诈骗案件，孙某在经营某资产管理公司期间，虚构从事银行承兑汇票受益权转让业务，以此设立 38 只票据分级私募基金对外发售，累计募集资金 90 亿余元，后其伙同他人使用虚假的银行承兑汇票信息及贸易流水从基金托管账户套取资金，并将所套取资金主要用于伪造劣后级投资份额资金流水、个人对外借款、还本付息及个人挥霍等用途，造成 23 亿余元本金逾期无法兑付，涉及投资人 750 余名。

（二）行业入职门槛设置偏低，“事中事后”监管乏力

随着金融领域“放管服”改革的推进，部分新类型金融机构的从业准入资格要求下降，部分从业资格考试要求较低，甚至取消资格考试，给部分不能恪守信义义务、缺乏诚信意识的从业人员以浑水摸鱼的可乘之机。

未持牌金融机构，更是放宽入职要求，入职门槛几乎形同虚设。如在多起新类型金融机构从业人员参与的案件中，他们的职务和工作使其更加便利地掌握众多客户资源，便打着正规理财产品的名义，实施非法集资犯罪，造成严重的社会危害。与此同时，未持牌金融机构、金融控股集团的从业人员或未受监管规制，或钻营监管漏洞，往往“事中事后”并未受到任何实际监管。

（三）从业人员欠缺公民信息保护意识，职业操守严重缺失

2019 年，上海检察机关共办理了 11 起金融从业人员利用公民信息进行犯罪的案件，其中参与犯罪的新类型金融机构从业人员有 16 名，约占金融从业人员全部案件数的四成。与往年的案件量相比，呈现增长迅速、占比高等特点。涉案从业人员甚至无须利用职务便利，只要利用其从业人员身份或执业活动中掌握的客户信息资源就可以轻易实施信用卡诈骗、诈骗、非法集资等跨界犯罪。

这类未直接利用职务便利实施的犯罪，往往脱离新类型金融机构的日常业务管理，甚至发生在“八小时”之外，难以有效控制。如在多起新类型金融机构从业人员非法集资案中，私募机构、网贷平台从业人员利用执业活动中掌握的大量客户信息，打着销售理财产品的名

号，实施非法集资犯罪活动。在多起信用卡诈骗、诈骗案中，个别小贷公司的从业人员利用身份优势，冒用客户身份信息，骗领信用卡套取资金；个别从业人员甚至骗取客户的账户信息，大肆骗划账户资金，职业操守严重缺失。

（四）管理机制不健全，新类型金融机构离职公告制度不完善

金融市场专业性强，合法合规要求高，利益诱惑亦极强，从业人员思想防线稍有放松，执业行为稍有不慎，就会引发较高的职业风险，因此更应坚持专业、审慎、忠诚、勤勉的履职要求。

然而，有部分新类型金融机构从业人员全然无视风险后果，甚至有离职人员冒充原金融机构员工实施犯罪，迷惑性较强，普通群众极易上当受骗，容易引发严重的危害后果。如在一起诈骗案中，蔡某在已经跳槽至某小贷公司的情况下，利用其原银行工作人员身份，用看似高利润实际为虚构的存储业务，让客户至银行营业网点开户及存款。储户存入资金后，该从业人员骗取储户名下的银行账户绑定的U盾，冒充储户登录网上银行，骗划账户资金人民币3300万余元。又如在施某的案件中，施某在已经跳槽至某网贷平台的情况下，利用其原保险公司从业人员身份，以帮助客户提升保单回报率为名，骗取客户信任后申领信用卡，再利用POS机刷卡套现方式骗取人民币21万余元。

三、新类型金融机构从业人员的刑事风险

（一）传统与非传统金融机构从业人员刑事风险比较

金融从业人员犯罪主要是指金融从业人员在参与金融活动时违反了相关的法律法规，使该行业失去原来的平衡，并造成了严重后果的行为。本课题组认为，金融从业人员犯罪必须是违反相应金融法规，实施非法金融活动的行为，但若是一般的违法犯罪行为，如盗窃、抢劫或者故意伤害等，并不属于金融从业人员犯罪。另外，不同于一般的金融违纪行为，这种行为必须要达到受刑法规制的“情节严重”程度，才能判定为犯罪。

从我国的《刑法》来看，金融从业人员犯罪的罪名主要涵盖以下三类：一是身份犯罪，即《刑法》分则中明确规定包括但不仅限于以金融从业人员的特定身份作为构成要件的犯罪。这些罪名主要有：金融工作人员购买假币、以假币换取货币罪，内幕交易、泄露内幕信息罪，利用未公开信息交易罪，诱骗投资者买卖证券、期货合约罪，操纵证券、期货市场罪，背信运用受托财产罪，违法运用资金罪，违法发放贷款罪，吸收客户资金不入账罪，违规出具金融票证罪，对违法票据承兑、付款、保证罪等。二是渎职类金融犯罪，即金融从业人员触犯的职务类犯罪行为，规定于《刑法》分则第四节“破坏金融管理秩序罪”第183～185条的金融从业人员职务犯罪，包括职务侵占罪、贪污罪、非国家工作人员受贿罪、受贿罪、挪用资金罪和挪用公款罪。三是其他犯罪，主要是金融从业人员在从事金融业务工作中

触犯的除上述行为以外的一些常发易发的犯罪行为，包括因在工作中知悉客户信息并违法泄露、买卖，构成侵犯公民个人信息罪；还有可能触犯洗钱犯罪，构成洗钱罪等。

目前，传统金融机构对其工作人员的规范相对比较重视，例如在 2020 年 2 月 20 日，中国银保监会制定了《关于预防银行业保险业从业人员金融违法犯罪的指导意见》（以下简称《指导意见》）。《指导意见》提出，要严防信贷业务、同业业务、资产处置、资产管理、信用卡业务、现金管理、洗钱和恐怖融资、保险业务、金融市场、第三方合作、信息科技等领域的违法犯罪行为。5 月 22 日，银保监会为进一步规范和加强银行保险机构涉刑案件管理工作，建立责任明确、协调有序的工作机制，依法、及时、稳妥处置案件，依据《银行业监督管理法》《商业银行法》《保险法》等法律法规，制定了《银行保险机构涉刑案件管理办法（试行）》。

中国银保监会将涉刑案件分成业内和业外两种。其中，业内案件专门指的是银行保险机构及其从业人员独立实施或参与实施，侵犯银行保险机构或客户合法权益，已由公安、司法、监察等机关立案查处的刑事犯罪案件。银行保险机构及其从业人员在案件中不涉嫌刑事犯罪，但存在违法违规行为且该行为与案件发生存在直接因果关系，已由公安、司法、监察等机关立案查处的刑事犯罪案件，按照业内案件管理。银行保险机构从业人员违规使用银行保险机构重要空白凭证、印章、营业场所等，套取银行保险机构信用参与非法集资活动，以及保险机构从业人员虚构保险合同实施非法集资活动，已由公安、司法、监察等机关立案查处的刑事犯罪案件，按照业内案件管理。

在传统金融机构从业人员犯罪中，罪名主要集中于纯正金融身份犯，主要包括《刑法》分则第三章第四节“破坏金融管理秩序罪”中第 180 ~ 189 条所规定的 10 个罪名，分别是：内幕交易、泄露内幕信息罪与利用未公开信息交易罪，诱骗投资者买卖证券、期货合约罪，操纵证券、期货市场罪，背信运用受托财产罪与违法运用资金罪，违法发放贷款罪，吸收客户资金不入账罪，违规出具金融票证罪与对违法票据承兑、付款、保证罪。根据近 5 年上海检察机关办理案件的数据，本课题组发现金融从业人员犯罪案件在银行、保险、证券三大传统行业的罪名适用情况存在严重的不平衡。涉及保险、证券行业的从业人员犯罪数量不多，而涉及银行业的占比较大，这与银行业金融机构总的体量较大有直接关系。

在新类型金融机构从业人员犯罪中，非传统金融机构虽然具有金融牌照且受到相应地方金融监管部门的管理，但是存在一定的监管套利空间，并且地方金融监管部门规范此类从业人员的法律文件尚缺乏。而未持牌金融机构、金融控股集团两者要么处于监管空白，要么钻营监管漏洞，往往在没有金融监管的情况下，直接受到刑事处罚。

（二）新类型金融机构从业人员的刑事风险点

其他持牌金融机构、金融控股集团以及未持牌但实际从事金融业务的机构（以下统称未持牌金融机构）三大新类型金融机构领域产生的经营风险、从业风险与传统金融机构相比更为突出。非传统金融机构、金融控股集团从业人员会涉及身份犯罪以及职务类犯罪，而未持牌金融机构因不具有相关的许可证，其从业人员犯罪主要集中在除身份犯罪以及渎职类金融犯罪以外的一些常发易发的犯罪行为，亟须引起重视。上述三大类新类型金融机构所呈现的刑事风险点各有不同。

1. 其他持牌金融机构从业人员

其他持牌金融机构因为具有金融牌照，且受到相应金融监管部门的管理，其组织架构稳定、人员素质相对较高，但仍有不少属于地方金融监管部门管理的“7+4”类其他持牌金融机构从业人员，存在较大的风险隐患。该类从业人员刑事风险主要集中在5个方面：一是“空壳”“失联”“僵尸”的融资租赁、商业保理企业容易被借壳使用，最终沦为从业人员实施违法犯罪的工具。二是一些融资租赁、商业保理从业人员披着“合法合规”金融机构的马甲，实施违法犯罪行为。如在史某合同诈骗案中，其作为某商业保理公司的负责人，让保险公司承保与增信捏造的虚假标的，进而欺骗证券公司发行资管计划，骗取某银行认购款高达人民币2.8亿元。三是部分小额贷款公司的从业人员从事高利贷、现金贷、套路贷等违法业务或者专门从事以及受托开展催讨业务。如在贾某、林某诈骗案中，二人作为小额贷款公司的从业人员，在执业期间提供出借资金，伙同其他社会人员对借款人实施“套路贷”等行为，危害他人的人身健康和财产安全，性质恶劣。四是不少信托公司从业人员违法违规经营“场外配资”业务，信托公司不参与实际的财产投资运作，证券投资账户实际被配资公司操控，以“委托人指令权人”“投资顾问”“账户出借”等形式规避监管规定。还有一些信托公司托管非法集资案件中的资金，成为行为人对外宣传的“噱头”。五是地方各类交易所由于其法律地位只是民事主体而非行政管理主体，以会员制或者其他形式对会员进行管理的行为是基于合同产生的权利义务关系，其从业人员容易因利益诱惑而导致对交易所会员疏于管理，甚至出现利益输送。

2. 金融控股集团从业人员

金融控股集团拥有多个金融牌照，其从业人员可以通过在集团内部架设通道的方式非法从事金融活动，进而规避监管。从我国目前“金控集团”的发展现状来看，一些“金控集团”野蛮生长、盲目扩张，导致系统性风险不断积累，最终暴露出不容忽视的严重问题和无法挽回的经济损失。需要重点关注的是民营企业和上市公司通过投资、并购形成的金控集团。以安邦系为例，安邦集团选择保险公司作为最初的输血来源，因为保险机构的平均综合偿付能力充足率以及平均核心偿付能力充足率远高于银行机构的资本充足率标准。以明天系为例，明天集团通过大量的不正当关联交易、资金担保及资金占用等手段进行利益输送，掏空包商银行，直接侵害其他股东及存款人的利益。包商银行的公司治理框架形同虚设，“内部人”内外勾结，风险管理和内控管理机制严重失灵，为从业人员违法违规行为提供了滋生土壤和宽松环境。

“金控集团”从业人员往往会涉及以下几个罪名：一是非法吸收公众存罪、集资诈骗罪，这类罪名主要涉及保险产品违规超售的行为。二是骗取贷款罪，这类罪名主要因为金控集团形成过程中会逐步控制银行，一些地方性银行被控制以后，金控集团从业人员会利用职务便利通过信贷的方式从中抽取资金，从而骗取贷款。三是职务侵占和挪用资金罪，这类罪名主要涉及金控集团从业人员的个人背信行为，因为内控管理机制失灵，导致职务犯罪不断出现。

3. 未持牌金融机构类型从业人员

（1）获得行业协会经营许可的机构从业人员

近年来，上海检察机关陆续受理了多起涉登记备案的私募投资基金刑事案件。仅 2019 年共办理私募基金案件 99 件 416 人，其中涉已登记备案的案件有 71 件 317 人。案件反映出部分私募基金管理人公司内部构架混乱，内控措施缺失，高管人员不符合基金法从业人员的任职要求，不具备管理相应资金的能力。此外，部分私募基金从业人员的法律意识淡漠，甚至刻意规避法律，认为以私募名义募集资金，表面合规即可规避相关法律规定，逃避相应的法律责任。案件反映出私募基金领域在资金募集、运作管理、资金投向、退出机制等方面均存在诸多问题。事实上，不少私募基金公司虽然经过了正规流程的备案，且有银行为其资金进行托管，资金安全理应有保障，但是在实际运行中仍然出现了从业人员虚构投资项目、资金未按募资用途使用而是流入其他公司甚至个人账户的情况。部分私募机构发行基金产品后未按合同投向约定项目，任意改变资金用途，或用于关联企业、或用于放贷、借新还旧，甚至用于操控证券市场，造成投资人的重大损失。

私募基金从业人员案件可分成两类。一类是非法集资犯罪，犯罪手段的主要特点如下：违反投资人数限制的规定，公开进行推广宣传；向非合格投资者募集资金，人数超过法律规定限制；直接或变相承诺固定收益或保本收益；向投资者隐瞒潜在的利益冲突或者危害其利益的信息等。另一类是职务犯罪，由于资金运营管理缺乏监督机制，私募基金管理人肆意侵占、挪用基金资产，甚至用于违法犯罪的情形频频发生。上海检察机关办理的部分案件反映出，相关工作人员在私募基金的设立、募集、投资人洽谈和引进、基金运行和管理的过程中，存在利用自身职业的便利性，收取相关人员的贿赂款，为其从中获利的情况。如在一起涉私募基金案件中，私募基金管理人委派代表不仅未根据相关监管法规的要求，对以合伙企业形式投资于基金的投资者履行穿透核查的职责，反而为相关企业关联自然人提供壳、通道，为谋取不法贿赂，帮助该关联自然人掩盖资金来源，规避日后的信息披露监管等事项。

（2）未经许可擅自从事金融业务的机构从业人员，主要有 P2P 网络借贷平台和第四方支付平台从业人员

关于 P2P 网络借贷平台从业人员。自互联网金融监管元年开始，在 P2P 网贷平台上发生的非法集资犯罪情况日趋严重。从 2015 年 1 月起，上海检察机关受理审查起诉非法吸收公众存款、集资诈骗案件 4355 件，其中非法吸收公众存款案 3956 件，集资诈骗案 399 件，吸收

金额超过人民币10亿元的案件共计100件。在媒体特别是新媒体蓬勃发展的热潮下，非法P2P网贷平台从业人员的宣传手段正在向各领域、全方位渗透。如在某热播电视剧中仍有多家网贷公司的广告植入，存在巨大的潜在风险。除了传统意义上的宣传方式外，还有利用技术手段非法获取公民个人信息，再向其进行宣传的案例。又如，某涉案网贷平台公司技术部通过自制含有欺诈内容的钓鱼网页，在百度、360等搜索网站上进行竞价排名，诱使客户填写姓名、通信通讯联系方式，在获得公民信息后，导入电话呼叫系统，业务员直接在该系统内联系被害人。另外，传销型非法集资依旧活跃，侵害范围广。“传销＋非法集资”的复合手段使犯罪活动扩散速度快，如“某客网”非法集资案中，行为人注册成立“某客网”等多家公司，搭建“某客商城”网站、手机APP及微信公众号，以所谓“2＋3”模式，吸引会员投资并发展下线。会员充值后可获得高额返利，以下线人数和投资金额各占的百分比分发提成为诱惑，鼓励其积极发展下线。通过上述方式，累计发展会员7万余个，分属25个层级，累计收取会员费30亿余元，至案发尚有9亿余元未予兑付。

关于第四方支付平台从业人员。第四方支付是一种新型的支付方式，其主要连接第三方支付平台和用户，不属于传统的金融和支付机构。根据中国人民银行《关于开展违规“聚合支付”服务清理整治工作的通知》的要求，第四方支付平台不得从事资质审核、协议签订、资金结算等核心业务，不得以任何形式经手特约商户结算资金，不得从事或变相从事资金结算。但一些第四方支付平台仍从事非法“二清”业务，常见的手段主要有5种：通过虚设商家主体收款，虚构大量普通商品交易掩饰其非法结算行为，假借话费充值进行资金流转，通过发卡类平台进行支付结算，虚设个人账户、组织利用个人账户进行收款等。上述在第四方支付平台上进行公开融资、支付结算等非法金融活动的从业人员往往会成为行政监管部门、司法机关的重点监管和打击对象。

其一，涉嫌非法经营类犯罪。2017年中国人民银行发布《关于开展违规“聚合支付”服务清理整治工作的通知》，明确规定第四方支付服务商“不得从事商户资质审核、受理协议签订、资金结算、收单业务交易处理、风险监测、受理终端主密钥生成和管理、差错和争议处理等核心业务；不得以任何形式经手特约商户结算资金，从事或变相从事特约商户资金结算”。但在现实中，非法第四方支付机构为追求利益，利用监管漏洞越过收单机构外包服务机构的定位，从事或变相从事业务风控、资金结算、核心数据等非法经营行为，容易导致支付风险，扰乱金融秩序，具有明显的社会危害性。

其二，涉嫌侵犯公民个人信息犯罪。2017年，中国人民银行发布的《关于开展违规“聚合支付”服务清理整治工作的通知》明确规定，聚合支付不得采集、留存特约商户和消费者的敏感信息。有的第四方支付服务商技术能力、安全能力、风控能力有限，大量敏感信息处于“裸奔”当中；有的服务商利用微信公众号“扫码自动关注”功能在高频交易流量中囤积大量“粉丝”进行非法变现；更有服务商采取注册返现形式吸引用户主动上传各项信息并加以打包、加工和贩卖。可见，第四方支付服务商既有由于内部管理、技术标准、业务流程等原因无意间泄露公民个人信息；也有以牟利为目的向他人出售或者提供公民的个人信息，造成包括身份、账户、照片、金额等在内的个人信息处于弱保护乃至受侵害状态。

其三，帮助实施上游犯罪。部分第四方支付服务商在第三方支付平台的基础上“挂羊头”“卖狗肉”，为网络诈骗、网络赌博、网络色情、炒汇、洗钱等犯罪提供资金结算通道，沦为犯罪分子的“金融结算中心”和“资金绿色通道”。为了规避第三方支付日益严格的资金监管机制，不法第四方支付服务商往往在上游环节购买银行卡、身份证、手机卡、U盾“四件套”或成立相关用以掩护的公司，作为违法犯罪的工具或手段；在中游环节采取自行编译或外部购买第四方支付平台的源代码，组建包含维护研发平台、审查提现申请、发展客户和下级代理等分工的稳定团队；在下游环节对接或拓展具有资金支付结算需求的不法客户并收取高额佣金。

四、新类型金融机构从业人员风险防范对策

建议从5个方面的对策入手，切实加强预防和打击新类型金融从业人员犯罪工作。

第一，对金融行业实行牌照化的全业态、全链条、全员化管理。提高金融行业准入门槛，严厉打击未经许可擅自经营金融业务的机构从业人员，重点规范非传统持牌金融从业人员，提升非传统持牌金融机构规范的立法层级，出台更具实践操作意义的监管法律法规。

第二，完善新类型金融机构内控机制，提升风险管理水平。新类型金融机构自身应健全有效的内控机制，强化风险防控理念。优化职权配置，加强监督制衡，增强防控水平，完善公民个人信息的保护措施，严格规范管理客户信息的岗位条件及工作流程。

第三，加强新类型金融机构从业人员管控。强化信息互通共享，完善新类型金融从业人员征信系统，建立违法失信“黑名单”制度，促进新类型金融从业人员合的理有序流动，推动金融市场实现自我净化。同时，及时公布从业人员的离职名单，惩治虚报虚挂人员、人员离职未公开的违规做法。

第四，健全新类型金融机构从业人员犯罪惩防协作机制。加大法治宣传力度，通过制作公益宣传片、普法宣传进社区，进一步扩大犯罪预防宣传的覆盖面，增强从业人员的法治意识。创新运用新媒体，选取有典型教育意义的案件，以案释法让从业人员警钟长鸣。同时，加强金融监管部门、新类型金融机构与监察机关、公安机关、司法机关在案件线索移送、信息共享等方面的双向互动，健全行政执法与刑事司法衔接机制。

第五，明确新类型金融机构营销宣传资质，规范金融广告发布行为。建议金融监管部门以问题导向为原则，按照法定职责分工督促金融产品或金融服务经营者落实主体责任，加强对金融广告的监管，对涉嫌违法的金融广告依法进行甄别和处置。

以金融检察视角反观地方金融监管

吴菊萍　付红梅 *

金融是现代经济的核心。随着社会发展和经济变迁，金融业在传统金融与创新金融中交替变化。一方面传统金融的经营方式、监管理念、监管方式等面临着极大的挑战；另一方面金融监管的角色、职能定位不清，监管真空和监管重叠现象明显，一定程度上加剧了金融风险的叠加。金融犯罪案件是金融风险的集中体现。从纷繁复杂的金融犯罪案件中窥见金融监管的问题，是检察机关作为宪法明确的法律监督机关，参与社会综合治理的当然之意。

上海国际金融中心建设正处在由内向外的开放创新期、由扩大规模到更加注重质量的机构转型期、由聚集资源到提升功能的发展升级期。上海国际金融中心建设在上海自贸区金融监管创新的基础上，加快推动功能监管和综合监管，加强金融监管科技的深入研究和应用，通过提升金融信息化和网络安全水平，健全社会信用体系，提升金融法治建设水平，加强金融消费者权益保护，完善金融监管体系，防范化解金融风险，已经取得了喜人的成绩。但同时必须清醒地认识到，金融犯罪与金融创新并存，金融区域性风险依然存在，亟须通过不断优化地方金融监管，深化金融改革，真正实现金融脱虚向实、服务实体经济的目的。

---

* 吴菊萍，上海市人民检察院第二分院检察官；付红梅，上海市浦东新区人民检察院检察官。

一、样本界定：上海金融监管及金融检察

（一）上海地方金融监管发展概况

2000 年、2014 年及 2016 年 7 月，上海先后出台了《上海市推进国际金融中心建设条例》《中国（上海）自由贸易试验区条例》《发挥上海自贸试验区制度创新优势开展综合监管试点探索功能监管实施细则》，在现有的金融监管体制内对功能性监管和地方金融监管进行了积极探索，发挥地方政府对新兴金融业态的扶持和管理作用。2020 年“一行两会一局”与上海市人民政府联合发布《关于进一步加快推进上海国际金融中心建设和金融支持长三角一体化发展的意见》，为上海量身定制了“金融 30 条”，首次将上海国际金融中心建设与自贸区临港新片区、长三角一体化发展放在一文中阐述，充分体现了上海服务长三角、服务全中国，金融服务实体经济、区域经济、以制度创新促进金融创新、以金融创新服务科技和产业创新的战略意图。上海地方金融立法将更侧重于“强监管、防风险、促发展”的立法目标，探索“以监管促行业规范、以监管防金融风险、以监管优营商环境”的地方金融管理方式，保障国家赋予上海的金融改革创新任务实现，营造更加优良的金融法治环境，全面提升城市能级和核心竞争力。

从上海地方监管机构的发展看，2002 年 9 月，上海市率先成立了金融服务办公室，与市金融工作党委合署办公，作为市政府负责金融管理和服务工作的直属机构，肩负着推进上海国际金融中心建设，推动金融服务经济社会发展、推进市属金融国资国企改革发展、加强金融机构金融人才服务，促进新型金融行业发展，加强区域金融合作交流，维护金融安全稳定等重要职责。2010 年上海地方金融办增挂市属金融国资监管处的牌子，市金融办正式对市属金融国资进行监督管理。2016 年，市金融办又将市属金融国资监管处整建制转至上海市国有资产监督管理委员会。2019 年 2 月根据《中共上海市金融工作委员会、上海市地方金融监督管理局职能配置、内设机构和人员编制规定》，中共上海市金融工作委员会是市委派出机关，上海市地方金融监督管理局是市政府组成部分，市金融办与地方金融监管局合署办公。《上海市地方金融监督管理条例》明确了市地方金融监管部门和区金融工作部门对地方金融组织的监管职责。

从上海地方监管机构的职责看，《中共上海市金融工作委员会、上海市地方金融监督管理局职能配置、内设机构和人员编制规定》明确了上海金融办的 10 项职责，上海市地方金融监管局的 13 项职责，归结起来主要包括三大项内容：一是金融监督。防范地方金融风险，营造良好的地方金融生态，既要配合好中央金融监管部门防控好系统性金融风险，又要兜底监控属地管理的其他金融机构的金融风险。二是协调。协助配合中央金融监管部门，建立与中央金融监管部门的双向协同治理机制，共同推进金融行业的健康稳定发展。三是服务。拟

订推进上海国际金融中心建设规划、金融业发展的中长期规划和年度工作计划，并组织实施，引导金融服务实体经济发展，严控地方金融组织“脱实向虚”的现象发生，引导金融高效服务实体经济，推动普惠金融发展。

（二）上海金融检察概述

金融犯罪是严重破坏社会主义市场经济秩序的犯罪，从金融风险反映最激烈的一面来看金融监管的状况既有可能，也确有必要。金融犯罪包括破坏金融管理秩序犯罪和金融诈骗犯罪两大类型：前者涵盖了伪造货币罪、非法吸收公众存款罪、内幕交易罪、操纵证券期货罪、洗钱罪等30个具体罪名，后者涵盖了集资诈骗罪、贷款诈骗罪、信用卡诈骗罪、保险诈骗罪等8个具体罪名。从立法状况看，我国涉金融刑法规范以保护国家的金融管理制度和金融管理秩序为主，更注重从市场准入的角度管理金融市场。作为社会的最后一道防线的刑法，用之过当，会影响市场功能；过于松散，又不能起到规范市场的作用。如何在发挥刑法的防线作用，守护不发生系统性金融风险的同时，引导金融服务实体经济，需要司法人员准确拿捏办案尺度。

从上海市金融犯罪案件的数量上看，[1]2014～2018年，数量总量持平，涉案人数逐年增加（见图1）。

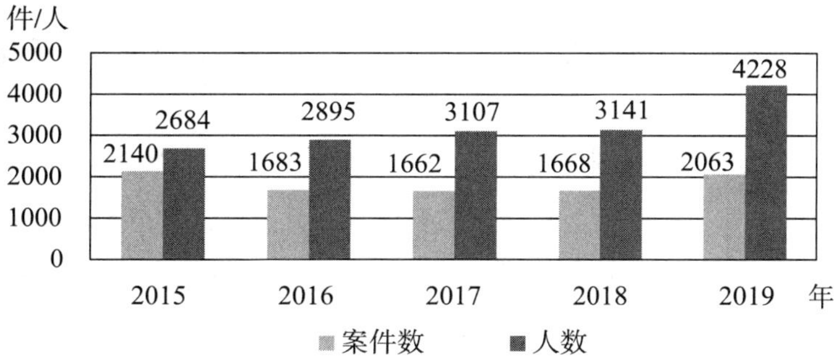

图1 2019～2015年上海金融犯罪案件变化情况

从案件类型上看，案件罪名变化明显（见表1），恶意透支型信用卡案件大幅下降，非法集资犯罪急剧上升，大案要案集中爆发。2016年全市检察机关共受理非法吸收公众存款案309件1189人，案件数量和涉案人数相较于2015年的101件390人分别上升206%和205%，受理集资诈骗案37件105人，案件量与2015年持平，涉案人数小幅上升17%。涉案人数众多的非法集资案件多发，占用了大量司法资源。信用卡类犯罪在全市金融案件量占比7成有余后开始下降，非法吸收公众存款罪上升至第二位；2017年以非法集资为主的破坏金融管理秩序类犯罪骤升，信用卡诈骗等金融诈骗类犯罪案件数量下降明显。2018年非法集资类案件

〔1〕以下关于上海金融犯罪的相关数据均来源于上海市人民检察院历年发布的“金融犯罪情况通报”。

数量再创新高，上海检察机关受理非法吸收公共存款案件 1065 件，集资诈骗案件 75 件，共占 67.54%，2019 年上海检察机关受理非法吸收公众存款罪审查起诉案件 1407 件 2929 人，集资诈骗审查起诉案件 136 件 281 人，且大案要案频发，涉案数额不断攀升，而信用卡诈骗案件的数量则持续下降。值得注意的是，2019 年以往较少出现的罪名案件亦有发生，其中涉银行领域案件中，外汇类犯罪案件 7 件 25 人，洗钱案件 5 件 5 人，涉证券领域犯罪案件中，违规披露重要信息案 4 件 16 人，背信损害上市公司利益案 1 件 2 人。

表 1　2015 ~ 2019 年金融犯罪案件类型分布

年份	金融诈骗类	破坏金融管理秩序类	扰乱市场秩序类	金融从业人员职务犯罪
2015	1793 件/1933 人	296 件/684 人	31 件/46 人	29 件/52 人
2016	1137 件/1313 人	504 件/1498 人	25 件/66 人	32 件/39 人
2017	878 件/1031 人	737 件/1986 人	13 件/51 人	34 件/39 人
2018	457 件/544 人	1173 件/2439 人	27 件/211 人	31 件/37 人
2019	460 件/738 人	1489 件/3108 人	80 件/320 人	28 件/43 人

从案件总体上看，犯罪行为蔓延各个金融领域，案件不仅涉及银行、证券、保险、信托、基金等金融行业的各种金融业务，而且金融新产品、新业务蔓延的理财产品、保险融资，保险业的医疗保险和政策性农业保险以及 P2P 互联网金融等金融市场和业务领域均出现新类型案件。假借违法犯罪的名目不断更新换代，以非法集资案件为例，呈现从线下到线上，融资项目从养蚂蚁到卖林地到房产售后回租，从股权出售、基金份额转让、发售理财产品，到 2016 年、2017 年出现的债券转让、私募基金，目前已涉及金融科技中的区块链概念、以虚拟货币募集的 ICO 等，金融创新为被告人提供了更多的名目、手段，非法金融平台作用凸显，金融违法犯罪的帮助型、后续型犯罪突出，金融犯罪随着金融业的发展呈现技术化、隐蔽性的特点。

二、实然分析：基于金融检察办案视角

（一）现象揭示：金融犯罪反映的问题

1. 假借金融创新、打政策“擦边球”，利用信息不对称非法集资多发

部分业态和模式缺乏必要的准入标准和门槛。一是虚拟货币发行与交易监控不力。二是滥用金融科技之名进行自我包装和业务经营，忽视和简化了操作行为和产品提供中的风险提示和管理。三是 P2P 网贷突破信息中介的定位，从事变相的非法集资。

部分金融控股公司集团化运作猫腻多。相对于单体金融机构，金融控股集团资产规模较大、综合实力较强，拥有多类金融牌照，可以综合利用债权、股权、基金等多种方式提供金

融产品。但也存在部分民营金融控股集团盲目向金融业扩张，把金融机构当作“提款机”，存在监管真空，风险不断累积和暴露。

“特定合格投资人”不合格。一是虚设资金通道，采取与合格投资人合作的方式规避限定。随着期权市场的升温，从业者越过樊篱，将场外期权门槛降低，使得原本仅限于机构的金融衍生品，普通投资者也触手可及。二是合格投资人审查流于形式。不少私募借互联网平台将场外期权推广至普通投资者，甚至部分私募在经营场外个股期权业务的同时还兼营股票配资业务。

2. 场外重点领域违法犯罪屡禁不止，场内备案制管理机构和市场风险聚集

非法经营个股期权或以经营个股期权为幌子实施诈骗行为依然猖獗。尽管《关于进一步加强证券公司场外期权业务监管的通知》，要求不具备相应资质的单位在2018年8月之前自行清理场外期权业务，但依然有不法分子大肆实施非法经营个股期权业务或实施以经营个股期权为幌子实施诈骗的行为。

场内采取备案制管理发行机构和市场风险亟须关注。一是已经备案的私募公司，未按照私募募集基金的基本要求，采取公开宣传的方式，从事非法集资活动。二是个别私募机构没有按照合同约定从事基金运作，甚至虚构投资项目或者操纵空壳公司转移、侵吞基金资产和投资人募集款。三是中小企业私募债刑事案件频现，严重危害了债券市场运行秩序和投资人的合法权益。中小企业私募债发行门槛很低，无须行政许可，且对债券评级和担保亦无要求，只需向上提交申请备案，且只是对该备案进行程序审查。

3. 传统金融机构在业务拓展中风险把控不力，给犯罪分子以可乘之机

银担合作尚未构建有效的风险传递“防火墙”。银担合作已经成为银行业金融机构缓解中小企业贷款难、担保难的重要举措，因业务特性在客观上存在风险传递问题，当前银担业务合作的风险有所显露：一方面银行未审慎选择合作担保机构，无法掌握担保机构对外担保总额的信息。目前银行主要通过人民银行信贷征信系统完成对担保机构的审查，但该系统对担保机构情况的管理尚不完善，银行无法有效掌握担保机构代偿、赔付及不良资产信息的了解。另一方面银行过度依赖担保机构的担保而放松了对借款人信贷风险的管控，重第二还款来源、轻第一还款来源，使对贷款“三查”执行不到位，风险传导给银行的节点前移。如在部分汽车贷款业务中，银行虽要求担保经销商设立专户提供保证金担保，但如不进行车辆抵押登记，仍无法有效规避骗贷和重复抵押。

4. 非法集资类的周边犯罪频发，形成灰色产业链

金融消费者个人信息滥用与泄露。一是一些新型金融服务提供商以“大数据”为名对金融消费者个人信息过度采集、滥用，有的发生严重泄露。二是一些知名搜索平台对竞价网页内容不做审查，给被告人非法获取金融消费者个人信息提供便利。三是未经消费者同意，通过网络记录抓取和存储消费者的行为数据的做法，可能严重侵犯了消费者的个人隐私，危害

个人信息安全。从宏观上看，随着金融科技巨头产品线的汇集，客观上可能会产生数据寡头的现象，可能会带来数据垄断的问题，数据垄断比技术垄断更难突破，容易产生所谓的“数字鸿沟”问题，形成“信息孤岛”，金融数据以至于大数据信息孤岛的形成，不利于行业形成良好的生态。[1]

5. 违法金融广告屡禁不止，为金融犯罪推波助澜

利用传统媒体发布金融广告，涉众面广。传统媒体能辐射各个地区和各类人群，具有宣传力大、涉众面广的特点。行为人利用上述特点，开展非法金融广告的宣传。利用知名主持人的影响力，公开评价、推荐股票，在热门电视剧中植入金融广告。名人站台、商业赞助的违规为非法平台背书。

警惕精准的金融“二跳广告”。金融理财“二跳广告”恶意规避广告发布者对广告主的审查，衍生规避监管新手法，尤其是在类期货、期权案件中时有发生。在孙某等人诈骗案中，行为人通过广播黄金时段频繁播放广告——“发送 858 到 12114，即可获取一份免费的投资指南”。听众按照广告要求发送短信后，相关人员会回电告知其通过微信入群、前往公司办公地等方式获取所谓的“理财宝典”。

6. 第三方服务机构的不规范助长了金融犯罪

部分律师事务所执业能力不足、职业道德欠缺，以所谓债权转让、有限合伙等形式掩盖非法集资实质，迷惑金融消费者，助长了非法集资犯罪。某些律师利用专业知识直接参与保险诈骗，行业培训和监管有待加强。部分会计师事务所不顾职业道德，未经核实出具审计报告。部分公证机构被当作平台自我包装的营销手段，以取得投资人的信任。部分第三方支付通道服务存在安全风险。第三方支付通道面临技术风险，操作风险和法律风险威胁交易的安全性。如第三方支付通道非面对面的远程交易模式和并非严格的用户身份审查程序，为犯罪分子得以实施洗钱活动创造了前提条件。第三方交易平台因客户隐私要求，使监管部门无法准确定位，因为对密钥证书，数字签名等进行认证，同时对非法交易主体的身份信息也进行技术屏蔽。

（二）原因剖析：因与果的必然选择

1. 多重因素叠加，致监管空白与监管重叠并存

法律法规供给不足。现行的地方金融监管法律规则位阶不高，且分散。目前，地方金融监管领域没有统一的上位金融立法，相关法律规则不仅较为分散，而且市场准入、监管要求等差别较大。[2]部分金融监管政策缺乏相互之间的规范协调，对同类业务的不同认定带来了监管适用时的摩擦。如中国银监会发布的《网络借贷资金存管业务指引》《网络借贷信息中

---

〔1〕 参见刘世平、马新：《大数据在地方金融监管中的应用》，载《清华金融评论》2018 年第 3 期。

〔2〕 参见郑杨：《地方金融监管制度供给短缺、亟需地方立法高质量出台》，载《金融时报》2019 年 7 月 6 日版。

介机构业务活动信息披露指引》等只适用于网络借贷信息中介机构，且这些文件属于规范性文件，法律位阶较低，罚则太轻，在落地实施执行的过程中存在难度。又如根据已有的金融运行模式确定的互联网金融产品的监管政策，针对性虽比较强，但监管分散，由于这些条款往往都具有补充性质，尽可能考虑到政策的搭配协调问题，但是难以具有前瞻性。《消费者权益保护法》仅就消费者保护原则予以规定，缺乏金融消费者保护专门性法律法规，虽然在部分金融法规政策中散见金融消费者保护的规定，呈现明显的部门化、条块化。对境内第三方支付行为监管较为明确，但对第三方跨境支付的法律法规并不完善，也无法完全套用现有法规。

重审慎监管、准入监管，轻日常管理。鉴于监管能力和力量不足的问题，地方金融机构的监管往往既存在监管真空也存在重复监管。如各地金融办注重对小贷公司融资担保公司的审批，但在日常监管方面则作为不多；又如农商行受到重复监管，市县级的证券机构和保险机构存在监管真空。[1]

2. 金融科技强势发展与监管科技基础薄弱的矛盾，给监管带来挑战

从金融犯罪案件反映的问题看，金融监管科技存在人力、物力等基础实力不足的问题：一是金融科技去物理网点化，加剧了地域金融监管协调不力、央地信息不对称的矛盾。鉴于金融科技实现了跨区域经营，呈现收益本地化、风险外部化的特点，极大增加了中央政府监督的成本和难度，加之中央和地方之间存在比较严重的信息不对称现象，在一定程度上加大了中央政府和地方政府行为监督的难度。二是金融科技的发展，加剧了金融监管能力与监管体量的矛盾。金融科技催生了一大批类型多样、具备不同功能的非传统金融机构，金融监管对非传统金融机构的监管资源分配不均，导致监管能力不足。而地方金融监管往往体现在事前的行政审批和事后的风险处置，对事中管控、事后监督等持续性工作，以及日常信息的获取和风险评估，难以投入更大的人力物力。三是监管科技水平的底线缺乏监管实时性，直接影响监管的有效性。能否获得海量的计时数据，对于监管机构、监测金融机构个体风险和金融体系系统具有重大的意义。[2]目前，监测一家金融机构是否稳健安全运行，除来自监管机构的现场监管外，主要来自金融机构提供的月报、季报、年报，这些静态的、缺乏实时性的金融数据，仅反映该金融机构过去的运行状况，且往往会根据监管机构的提问做出人为的修正和加工，直接影响了监管的有效性。

3. 相关配套不完善，致金融监管有心无力

金融监管手段不足。一是技术手段难以适应金融科技发展需求，一方面地方政府金融监管部门监管对象的资金流特征，对非传统金融机构来说，小微金融往往没有大规模的资本金，这导致金融监管即使消耗相当大的精力也难以查实；另一方面监管规则仅要求金融科技

---

〔1〕 参见张承惠、陈道富等：《我国金融监管架构重构研究》，中国发展出版社2016年版，第117页。
〔2〕 参见周仲飞、李敬伟：《金融科技背景下金融监管范式的转变》，载《法学研究》2018年第5期。

公司及时统计报送数据，监管效果依赖于其自身的诚信程度，监管手段的效果已经大打折扣。二是缺乏对数据和风险的主动挖掘和分析。消费者投诉分析和现场检查是发现问题的重要手段，但目前没有建立全国性的投诉分类标准、标准化的金融消费者投诉数据库，未能对投诉数据进行深度挖掘、分析和使用，也没有建立有效识别金融消费者行为偏差的监测体系。[1]三是现场检查与行政处置等监管手段极为有限。行政监管部门在履职过程中，执法权限受到较大限制，导致执法窘境。根据《上海市地方金融监督管理条例》，地方监管部门仅具有查阅资料、封存文件、问询当事人等有限的执法权限，对现场发现的涉嫌违法违规被告人并没有进行搜查，划拨存款、汇款，限制人员离境等的权限。

“数据孤岛”客观存在。政企、企业间数据不共享，“信息孤岛”现象客观存在。充分汇集共享金融市场信息是有效监管的基础，画地为牢的监管体系导致金融监管机构之间的衔接不足，形成了大量的空白地带和灰色地带。中国人民银行拥有全国最大的信用信息数据库，但却未将互联网金融交易征信纳入。一方面采取互联网金融模式进行融资的主体，一般实力较弱，其中不乏部分是传统金融机构无法提供服务的群体，甚至是被拒之门外的群体本身的信用度不高，互联网金融行为主观上存在恶意逃避金融债务的倾向。该部分人员在互联网上的行为无法纳入征信系统。另一方面小额贷款公司难以充分获取借款人信用信息及资金使用情况，直接导致一些小额贷款公司风险防控不足，交易运营成本偏高。

数据安全体系不健全。虽然数据的价值不言而喻，但如何寻找在数据共享与信息安全之间的平衡点，打破“数据孤岛”的同时建立数据安全保障机制，更是金融监管面临的挑战。一是个人信息保护法律体系不完善，缺乏精而细的实施细则和认定标准。《民法典》《刑法》等均有关于个人信息保护的内容，《网络安全法》《征信业管理条例》对个人信息保护涉及主体的权利义务作出了规定，但对执法操作的指导意义不够强、不够实。二是个人信息保护仍以事后处罚为主，前瞻性、主动性的事前干预不足，难以适应大数据背景下个人信息生成、流转和应用的方式，也无法有效实现促进大数据良性发展和加强个人信息保护之间的平衡。三是个人信息保护监管体系缺乏统一指导，协调成本较高。如虽在规则制定和日常检查中都涉及个人信息保护的相关内容，但金融消费权益保护部门并不具备机构监管职责，在具体工作中必须主要依靠相应的机构监管部门工作协调，协调难度增加。

三、应然状态：基于上海国际金融中心建设

上海国际金融中心建设坚持稳中求进的工作基调，遵循金融发展规律，紧紧围绕服务实体经济、防控金融风险、深化金融改革三项任务，显著提升上海国际金融中心配置全球金融

---

[1] 参见孙天琦等：《金融秩序与行为监管——构建金融业行为监管与消费者保护体系》，中国金融出版社 2019 年版，第 95 页。

资源的功能、服务我国经济发展的能力、推动长三角区域一体化发展的龙头带动作用，不断增强上海国际金融中心的辐射力和全球影响力。

（一）探索功能监管的自贸区金融监管体系

《关于进一步扩展自贸区跨境金融服务功能支持科技创新和实体经济的通知》，提出了“加强自贸区金融监管协调，探索功能监管”；《发挥上海自贸试验区制度创新优势开展综合监管试点探索功能监管实施细则》提出了“发挥上海自贸试验区制度创新优势，以市场全覆盖为目标、以信息互联共享为基础、以监管合作为保障、以综合监管联席会为平台、以业界自律共治为补充，坚持市场化和法治化原则，坚持机构监管与功能监管相结合，坚持行业监管和部门联动相结合，规范金融市场秩序，防范和化解金融风险，促进上海金融业持续健康发展”。《中国（上海）自由贸易试验区临港片区总体方案》要求“以风险防控为底线，以分类监管、协同监管、智能监管为基础，全面提升风险防范水平和安全监管水平”。以上几个重要文件奠定了上海自贸区金融监管体系改革的主基调。

1. 金融行为全覆盖，探索功能监管

全球综合化经营、跨领域金融创新、金融互联网化、金融国际化等金融环境的重大变化，混业经营逐渐成为世界金融业的发展趋势，这给金融体系监管提出重大挑战。在上海国际金融中心建设的目标背景下，自贸区金融改革探索要对标国际最高标准，就需尽快适应当前金融形势。从法律层面而言，监管机构不审批某一金融产品并不等于没有监管责任。根据“分业监管机构清单”和“重点监测金融行为清单”，明确各监管机构的责任；坚持从事金融业务或变相从事金融业务的行为，并重点列出包括P2P网络借贷、股权众筹融资、私募股权投资或私募证券投资、通过互联网开展资产管理和跨界从事金融业务等活动、以投资理财名义从事金融活动、非融资性担保以及其他疑似金融活动为监测金融行为清单。金融科技下多样复杂的金融衍生品，混淆了以往泾渭分明的金融业务界限，传统金融机构和金融市场已发生结构性变化，在此背景下如果继续采用严格的分业金融监管模式，不仅会使监管失效，还可能会阻碍金融业的发展。但目前我国的金融监管体系仍然是分业监管体系，上海在此情况下也不可能彻底颠覆分业监管模式，但率先实施功能型监管，或许能避免分业监管的利益冲突，一定程度上避免监管机构职权重叠或监管未覆盖的盲区。

2. 金融产品全覆盖，力求金融监管无死角

金融行为包括一系列的金融活动，包括但不限于金融产品设计、宣传、营销行为，通过加强金融广告信息监测和自动预警，对接广告监测、网络舆情监测、城市网格化综合管理、金融风险舆情监测等各类信息，支持行业协会建立理财产品登记和信息披露制度，重点推进互联网金融产品信息披露平台建设，完善产品信息披露和风险提示制度等。良好的制度设想，还需搭配强有力的技术和制度的保障，至少上海自贸区金融监管改革已经从理念上实现了金融行为全过程持续的监管。

3. 监管分工明晰，提高综合监管能力

上海自贸区金融监管以合同法律关系和产品属性为基础明确管理部门，统筹配置监管资源，强化综合监管和功能监管。建立金融综合监管联席会议，[1]进一步加强国家在沪金融管理部门和地方政府部门之间的协调合作，提升协调效率和响应速度，确保各项政策措施的有效落实。在推进互联网金融风险专项整治、交易场所清理整顿、防范化解非法集资风险的过程中，上海市已逐步形成央地联动、条块结合、行刑衔接、全面覆盖的风险防控化解机制，尤其是法治化、市场化防范处置区域重大金融风险个案的实证经验得到了各方的高度肯定。在机构监管很容易被金融创新突破的情况下，上海金融监管机构可考虑将监管重点聚焦在金融机构行为监管和金融消费者保护方面。

（二）金融科技背景下多层次智能监管体系

2020 年 1 月，上海市人民政府印发了《加快推进上海金融科技中心建设实施方案》，提出要加强金融和科技的联动发展，用 5 年时间，把上海打造成为金融科技的技术研发高地、创新应用高地、产业集聚高地、人才汇集高地、标准形成高地和监管创新试验区，把上海建成具有全球竞争力的金融科技中心。2 月上海市人民政府与“一行两会一局”又共同出台了《关于进一步加快推进上海国际金融中心建设和金融支持长三角一体化发展的意见》，提出在临港新片区内支持金融机构和大型科技企业设立金融科技公司，加强人工智能、大数据、云计算、区块链等新技术在金融领域的应用。

上海国际金融中心已经将金融科技作为支撑金融科技快速发展的基本底色，与之对应的监管科技继续加快探索脚步。中国人民银行金融研究所所长孙国峰认为，监管科技就是基于大数据、云计算、人工智能、区块链等技术为代表的新兴技术。金融科技给监管带来的机遇：加强金融科技建设，从微观看，有利于金融机构建立起良好的客户关系、提升金融服务功能；从中观看，有利于促进金融业的稳定经营，实现可持续发展；从宏观看，有利于防范系统性风险，提升金融体系的稳定性。[2]金融科技于金融监管的运用主要涵盖但不限于以下两大方面。

1. 监管端采用监管科技，对金融风险进行实时甄别

一是通过云计算等技术和嵌入式监管系统的应用，及时准确进行合规数据报送。同时在调整和更改监管规则和标准时，能够更大地发挥软件系统的迭代优势，提高合规监管和风险管理的灵活性，自动生成实时化报告。二是采用大数据技术和软件集成工具，将事中事后的

---

〔1〕 联席会议由市政府分管金融工作的副市长和副秘书长分别作为第一召集人和召集人，成员单位包括市金融办、人民银行上海总部（外汇局上海市分局）、上海银监局、上海证监局、上海保监局、市发展改革委、市经济信息化委、市商务委、市工商局、市财政局、市地税局等部门以及各区（县）政府，并根据新情况和新问题邀请其他有关部门和在沪金融市场、行业协会等参加。

〔2〕 参见陈辉：《监管科技框架与实践》，中国经济出版社 2019 年版，第 169 页。

交易行为监控海量数据及文本数据挖掘出来，还需要对数据进行进一步清理，通过对金融犯罪风险客户的行为风险进行监测分析，有效提高了监管报告的准确性和及时性。交易后，通过可视化工具对多维度数据做图表化处理，简明有效地呈现数据改善人机交互体验，同时基于实施传送的风险监测分析，金融机构可获得更为有效快捷的监管建议和指导。三是通过数据模拟，进行金融压力测试。借助人工智能、大数据等手段，更加精准地模拟真实情境下的金融状况，如对金融机构进行极端条件情况下的压力测试，在多元化的模拟环境中进行金融模拟、新产品的创新实验。

2. 合规端降低合规成本，实现监管共赢

通过跟踪法律法规，提高合规效率。随着监管法规条文的增加，监管形势趋严，传统应用专业合规人员的成本上升，金融机构端与监管端以数据化的方式互相联通，机构端可以从监管端获取数据化的监管要求，并准确转化为内部约束机制，减少人工成本，也提高准度。利用监管资源，合规端进行有效客户身份识别。金融机关和监管机构可以成立基于区块链联盟的监管平台，合规端通过区块链技术实现分布式存储和认证共享，不仅监管机构可以对交易行为进行事中或事后监管，也可以有效避免重复的客户身份认证，降低监管合规成本。

金融市场法治年度报告

2020年中国金融科技法制报告

曾大鹏　曹庆贺　唐杰儿　占宜婷*

一、金融科技概述

（一）金融科技的内涵

金融稳定理事会（FSB）将金融科技定义为：由技术带来的，能够产生新的商业模式、应用、流程或产品，并能够对金融服务提供方式产生重大影响的金融创新。中国人民银行在参考上述定义的基础上，赋予金融科技更为丰富的内涵，并指出“金融科技是技术驱动的金融创新，旨在运用现代科技成果改造或创新金融产品、经营模式、业务流程等，推动金融发展提质增效”。[1]金融科技以人工智能、大数据、云计算及区块链技术为依托，渗透到银行、保险、证券等传统金融行业的各个领域。伴随数字经济时代的到来，金融服务与数字经济时代海量客户、海量场景及海量数据的高度融合，逐渐演绎为银行科技、信贷科技和理财科技等新型金融模式，金融科技日益成为各大金融机构谋求业务创新、实现业务新发展的新型竞争优势所在。现如今，金融科技与金融市场正逐步迈向深度融合，金融的发展史已然转变为金融科技的发展史。

---

* 曾大鹏，华东政法大学经济法学院教授；曹庆贺、唐杰儿、占宜婷，华东政法大学经济法学硕士研究生。

〔1〕 参见中国人民银行：《金融科技（FinTech）发展规划（2019—2021年）》（银发〔2019〕209号）。

（二）中国金融科技的发展历程及现状

1. 金融信息化阶段

受经济全球化及金融自由化影响，20 世纪 80 年代金融市场产生了大量复杂的金融服务需求，世界各国金融机构纷纷设立 IT 部门，将 IT 技术应用到金融产品服务中，银行卡、ATM、无纸化证券等迅速普及，金融服务与电子信息技术完成初步融合。为适应国际金融行业发展新趋势，实现与国际金融接轨目标，1993 年国务院在《有关金融体制改革的决定》中明确提出“加快金融电子化建设”任务，自此中国金融信息化被正式提上日程。

2. 互联网金融阶段

20 世纪初期，随着互联网技术的兴起，P2P、网银支付等新型互联网金融业务呈星火燎原之势，一夜之间遍地开花。一方面，互联网金融使得金融业务领域不断创新，最大限度满足了客户的多样化需求；另一方面又可以降低交易成本，提升资金配置效率和服务质量，受到金融机构及金融消费者的广泛青睐。我国互联网金融从诞生到发展壮大仅用了不到 10 年时间。2001～2010 年，我国各大金融机构纷纷把目光投到互联网领域，网上银行、互联网保险、互联网投资公司等纷纷设立。

3. 金融科技深度融合阶段

2010 年以来金融科技与金融业务实现了更深层次的融合，诸如人工智能、大数据、云计算及区块链等新型互联网技术逐渐渗透到银行、保险、证券等领域，在投资决策、产品定价、风险评估等方面具有举足轻重的意义，传统金融的服务方式和逻辑迎来深刻变革。由于人口基数大，科研投入比重高，移动通信、物流基础设施健全，中国在世界金融科技竞争格局中一直处于领先地位。

4. 金融科技投资现状

2020 年受新冠疫情影响，中国金融科技融资局面继续呈低迷态势，2020 年第二季度仅有 32 笔融资交易，融资金额不到 40 亿元。不过，这一趋势在 2020 年下半年有所改观，2020 年第三季度金融科技融资达 45 笔，第四季度继续上升至 54 笔，开始回暖。[1]

截至 2020 年，中国金融科技的主要投资业态包括支付科技、保险科技、资产管理、互联网金融安全等，其中比重最高的是支付科技。支付科技，即将移动互联、人工智能、区块链等技术融合于支付功能，并以此提升支付便利性的一项技术。支付科技的运用，提高了资金的流转效率，积累了大量业务数据并以此形成客户行为画像，有利于金融机构创新多元化金融产品及服务。2020 年中国第三方支付体系发展成熟和完善，支付交易量和用户数量均已处于全球领先水平，支付行业增长已然进入常态阶段，支付科技的差异化细分及专业化发展

〔1〕 资料来源：《中国金融科技年度报告（2020）：65% 专利来自中国》，载零壹财经，https：//baijiahao.baidu.com/s? id =1690314611080424293 & wfr =spider & for =pc，最后访问日期：2021 年 9 月 7 日。

将成为主特点。

（三）金融科技的主要核心技术

1. 人工智能技术

人工智能（AI）技术是研究、开发用于模拟、延伸和扩展人的智能的理论、方法、技术及应用系统的一门新的技术科学。AI技术在金融市场上有着广泛的应用，2020年中国典型的AI应用场景包括：（1）人脸识别技术，应用于账户远程开户、业务签约等；（2）语音识别及处理技术，应用于职能客服、营业网点机器人服务等场景；（3）OCR自动化视觉处理技术，适用于发票、合同、单据等信息结构化处理方面；（4）机器学习技术，适用于智能顾投等领域。

2. 大数据技术

大数据（bigdata）是具备更强决策力、洞察力和流程优化能力的生产资料，大数据技术即对这类生产资料进行全面搜集、科学分析及综合运用，将潜在的数据价值转化为收益的技术。2020年大数据技术在中国金融市场的主要应用包括：（1）形成客户画像：通过对客户人口统计学特征、消费能力数据、兴趣数据等数据资料进行搜集分析，从而捕捉潜在需求，实现精准营销的目的；（2）大数据征信：基于金融大数据开发的授信评估、信用报告、贷中预警等服务，降低金融机构信用评估成本，提高审核效率。

3. 云计算技术

云计算（cloud computing）技术，将原本在本地服务器进行的计算转移到云端，从而实现"按需使用"的目标，具有计算高效、成本低廉等优势。云计算在金融市场的典型应用包括：（1）云+大数据：以分布式处理架构为核心，高度契合大数据处理，实现海量数据云端存储；（2）拓展系统处理能力：通过自行开发或购买云服务，弥补基础软硬件的不足，满足系统高性能和容灾备份的要求。[1]

4. 区块链技术

区块链（blockchain）技术本质上是一种分布式共享记账机制，具有去中心化、不可篡改、匿名性的特点，与金融行业对数据安全、交易真实、隐私保密等业务需求不谋而合，因而其在金融业务领域的重要性与日俱增。[2]区块链技术在金融市场的应用领域包括：（1）物联网：区块链是物联网底层万物互联的基础，确保底层资产交易真实可靠，从而提升交易的安全性，降低信息的不对称；（2）支付结算：保障支付收单机构间基于联盟链和智能合约实时自动对账，避免数据被篡改，全业务流程可追溯可审计。

---

[1] 传统金融解决方案市场由IOE主导，包括以IBM、Oracle、EMC为代表的小型机、集中式数据库和高端存储的技术架构，由于规模较小，难以应对数据量级和计算复杂程度增长的需求。

[2] 截至2020年7月，国内五大行中的建设银行、交通银行均开展了区块链平台上线。与此同时，以蚂蚁集团、京东科技、腾讯金融科技等为首的互联网巨头均在区块链技术的开发和应用中取得初步成果。

二、金融科技与银行

（一）发展现状：央行引领行业发展，各银行全方位转型

近年来，银行固有业务遭受互联网金融的冲击，“金融脱媒”成为政府推动金融市场创新发展的必然趋势。在数字经济时代，无论是具备先发优势的国有大行和股份制银行，还是力图实现突破发展的城商行及民营银行，都积极抢滩金融科技市场，全方位实践数字化转型和经营，向着数字化、智能化和生态化的方向整体发展。〔1〕目前银行业金融科技形成的格局是：央行发起设立金融科技公司引领行业发展，商业银行与科技公司合作完善业务生态布局，大中型银行成立金融科技子公司发力转型。央行主导成立金融科技公司，涉及数字货币、区块链等，按计划成立数字货币研究所、深圳金融科技有限公司、长三角金融科技有限公司，完善金融科技建设工作。大多数银行都制定了规划并进行实践，积极与第三方互联网公司和科技公司合作优势互补，推动组织转型和架构升级。〔2〕

（二）业务模式：涵盖银行各业务面

依托于较为成熟的大数据和人工智能技术，金融科技在信贷业务领域应用广泛，包括零售金融业务、小微融资和供应链金融服务。对于零售金融业务和小微企业融资业务，银行利用智能营销体系分析海量客户数据，勾勒用户画像，实现“线上 + 线下”的全渠道营销，营销主体由传统的营销人员转变为人和人工智能合作，实现“点对点”式“因人制宜”的精准营销。以大数据和 AI 技术为核心的智能风控系统填补了央行征信系统外的客群信息，面对下沉客户群体能有效防控风险，缓解了融资难、融资贵的问题，使小额贷款成为传统银行贷款的重要补充。〔3〕供应链金融服务则利用区块链技术实现了信用共享、模型分析、智能风控管理和大数据图谱的构建。此外，非信贷业务的数字化升级也如火如荼地展开，在手机银行、网点建设、跨境交易等场景利用大数据和人工智能提高了用户的体验。

（三）法治实践：以银行间密押传送方式审核信用证的真实性

2020 年由最高人民法院裁判的“苏州美恩多贸易有限公司与中国银行股份有限公司张家港分行、奥地利奥合国际银行股份有限公司北京分行信用证纠纷案”［案号：（2020）最高法民申 4450 号］诠释了银行科技的司法实践。

2016 年 3 月 31 日，美恩多公司与波兰公司通过网络订立买卖合同一份，由波兰公司向

〔1〕 参见陆宇航：《金融科技塑造银行新业态》，载《金融时报》2021 年 6 月 25 日版。

〔2〕 参见中国支付清算协会金融科技专业委员会：《商业银行及非银行支付机构金融科技业务发展情况调查报告》，载 https：//www. mpaypass. com. cn/news/202003/17161205. html，最后访问日期：2021 年 9 月 14 日。

〔3〕 参见董贞良、谢宗晓、安佰万、林润辉：《金融科技脉络梳理、研究述评及未来展望——一个基于社会组织视角的文献综述》，载《金融理论与实践》2020 年第 9 期。

美恩多公司购买多种型号的不锈钢焊接管，使用60天远期信用证结算。4月13日，北京奥合银行通过SWIFT系统收到由第一通知行俄罗斯莫斯科LLCLLOYDSTSB（SWIFT码为LDTSRUMMXXX）发送的密押报文，并通过SWIFT系统将信用证报文转通知给张家港中行。4月15日，张家港中行向美恩多公司发出信用证通知书一份，并载明："我行无法核实信用证的真实性，我行已进行查询，结果另告。"美恩多公司收到上述通知书后遂发货并将相关单据证明交付于张家港中行，后张家港中行将上述单据寄予波兰银行。但货物被提取后，开证行波兰银行并未付款。9月8日，张家港中行收到北京奥合银行通过SWIFT系统发出的第一通知行俄罗斯莫斯科LLCLLOYDSTSB已停用其SWIFT连接的报文，并查询到银行识别码LDTSRUMM已于8月6日停用。随后，美恩多公司诉至法院，由张家港中行和北京奥合银行承担赔偿责任。

另查明，环球同业银行金融电讯协会（Society for Worldwide Interbank Financial Telecommunication S. C，SWIFT）是一个国际银行同业间非营利性的国际合作组织，提供数据传输服务、标准报文和接口服务、信息加工服务及软件技术服务。该组织的银行成员可以使用独立于电传密押之外、在代理行之间交换、仅供双方收发SWIFT电报的SWIFT密押收发报文。SWIFT平台收发报文采用统一的VPN技术进行网络通信层面的加密，以及PKI机制进行报文内容、收发双方身份的加密和认证，以保证报文在SWIFT平台的安全传输，同时提供报文传输的不可否认性。

案件的争议焦点是张家港中行作为案涉信用证的通知行是否应对美恩多公司的损失承担赔偿责任，其中关键在于张家港中行是否完成了审查义务。最高人民法院在2020年作出的民事裁定书中认为，根据《最高人民法院关于审理信用证纠纷案件若干问题的规定》第2条的规定，本案审理应按照案涉信用证载明的内容适用UCP600，而UCP600第9条规定通知行的义务为审核信用证的表面真实性，而非审核信用证的实质真实性。[1]基于SWIFT密押自动核押、不可篡改、保密性和安全性强、自动化程度高的特点，通知行经过SWIFT自动核押接收信用证报文，可以推定其已经完成审核信用证表面真实性的合理注意义务。

SWIFT密押和平台属于银行业和科技结合的先锋，是全球金融基础设施的重要组成部分。案涉的跨国交易使用电子信用证并以密押报文的方式递送信用证，运用银行科技的手段保证报文的安全传输。这本是提高银行审核效率，降低安全风险的有效方式，但因与现行法律的衔接问题，UCP600第9条规定的表面真实性审查义务是否可以由SWIFT密押这一银行科技完成产生争议。在法院的认定中，基于SWIFT密押的特性，通知行收到加押报文即表明表面真实性已由系统审核完成，通知行不再有额外的审查义务。事实上，没有任何法律规

---

〔1〕《最高人民法院关于审理信用证纠纷案件若干问题的规定》第2条规定，人民法院审理信用证纠纷案件时，当事人约定适用相关国际惯例或者其他规定的，从其约定；当事人没有约定的，适用国际商会《跟单信用证统一惯例》或者其他相关国际惯例。

定 SWIFT 系统自动核押的效力，法院仅以对银行科技系统的合理信赖推定 SWIFT 系统自动核押具有完成表面真实性审查的效果。但采用推定的方式并非长久之计，缺乏直接的法律依据仍然是银行科技发展过程中亟待解决的问题。银行科技系统并不是万无一失的，以人工智能和大数据的智能审核代替人工审核，可能带来系统出错的责任承担问题，给原有的法律制度带来新的挑战。

（四）问题与挑战

1. 数据利用不当，监管错位

分业监管框架导致部分银行科技企业游离于监管体系之外并形成制度套利空间，[1]规章制度的空白以及行业标准和安全规范的模糊，也滋生了行业乱象，打击了金融创新的积极性。对数据利用而言，科技创新了挖掘和使用数据的方式，在造福银行金融业务的同时也带来了“数据孤岛”和隐私保护方面的问题。

2. 行业内部存在诸多问题

作为银行科技基础的关键科技和系统衔接有待优化，银行与科技的深度合作尚欠火候，具有技术识别精度差、系统漏洞较多、存储空间不足等问题。银行自身也存在缺乏具备专业知识的高素质复合型人才，产品缺乏技术创新造成同质化竞争的问题。同时，银行科技的投入成本较高，具有风险难测和回报期长的特点，这些都制约了中小银行的发展。

三、金融科技与保险

（一）发展现状：产业规模急剧扩张，融资渠道逐渐打开

近年来，资本逐鹿市场，保险科技领域投融资持续升温，产业规模迅速扩大，保险科技（InsurTech）从金融科技的讨论范畴脱颖而出，成为理论界和实务界共同关注的重要话题。保险科技涵盖了人工智能、区块链、云计算、大数据等底层技术，契合了保险行业应用场景和数据驱动的需要，促进了保险业全方位和多维度的变革。[2]从保险科技融资方面来看，中国保险科技投融资有相当大的可挖掘空间。[3]相比海外，国内保险科技投融资在数量、金额、领域等方面尚处于起步阶段，全行业的融资轨迹呈现 Gartner 曲线的形态是一种规律性的表现，市场回调是布局保险科技行业的机会。[4]保险科技经历了由互联网获客到管理型总代理（MGA），再到赋能传统业务流程的投资热点转变，车联网技术服务、网络互助平台、

〔1〕参见周代数：《金融科技监管：一个探索性框架》，载《金融理论与实践》2020 年第 5 期。

〔2〕参见周雷、邱勋、王艳梅、刘婧：《新时代保险科技赋能保险业高质量发展研究》，载《西南金融》2020 年第 2 期。

〔3〕参见北京金融科技研究院：《2020 中国保险科技洞察报告：从火星次第到多元繁荣》，载 https://www.vzkoo.com/doc/11521.html?a=2&label=，最后访问日期：2021 年 9 月 14 日。

〔4〕参见张蔚：《从“相互保”更名事件看保险科技的创新发展及监管问题》，载《甘肃金融》2019 年第 7 期。

场景定制等细分领域也在逐步打开融资渠道。保险科技的广泛应用将是中国保险业飞跃的核心动力，保险与科技的正在加速融合，将积极赋能保险科技的多维度发展。

（二）业务模式：覆盖保险业全链条

从保险产品的设计开始，区块链、人工智能、大数据等技术就提供了全面深入的数据支持。保险科技通过各种场景获得数据上链储存，保证了数据的安全性和真实性，并在此基础上建立客户数据库辅助精算师进行产品开发，以提升风险定价能力。在产品营销阶段，保险科技通过网页、手机应用软件、小程序等线上互动平台为客户提供产品宣传、推广、咨询等线上服务。同时，借助大数据和机器学习对客户进行画像，在匹配客群及渠道的基础上进行定向投放，以提高转化率。对于保险理赔，科技也改变了保险公司面对风险事故时的态度，由被动应对转向主动管理，实现了理赔的自动化，提高了理赔效率。另外，智能风控系统借助大数据手段可以有效辨别保险的理赔欺诈，减少理赔风险。

（三）法治实践：电子投保强制搭售与保险人说明义务认定问题

案例一："毛某与上海维信荟智金融科技有限公司、永安财产保险股份有限公司上海分公司等其他合同纠纷案"，案号为（2020）沪 74 民终 240 号。

"维信卡卡贷"系维信公司旗下的移动互联网消费金融服务平台，通过"维信卡卡贷"手机应用程序和官方微信公众号提交申请信息、验证个人资料、在线完成授信审批，成功获取授信额度后，用户即可代还信用卡。维信公司与阳光保险经纪公司签订《互联网平台合作协议》，维信公司同意向阳光保险经纪公司提供互联网信息技术支持辅助与平台服务，除维信公司获得保险业务的经营资格外，互联网保险业务中保险经营行为将由阳光保险经纪公司和保险人管理和负责。

2019 年 2 月 19 日，毛某通过"维信卡卡贷"手机应用程序申请代偿 6000 元招商银行信用卡债务。毛某勾选借款后，跳出投保界面，如未勾选购买借款人意外伤害保险，则无法继续下一步操作。毛某遂勾选确认，同意授权。2 月 23 日，毛某的银行账户发生一笔 699 元的扣款，永安保险公司出具的借款人保险单证明毛某已经购买了保险费为 699 元的普通意外伤害险。毛某遂诉至法院，要求退还保费和赔偿其他因诉讼发生的费用，并确认维信公司为本案现金贷平台强制搭售保险中的违法主体，永安保险公司、阳光保险经纪公司为附随违法主体。

上海金融法院认为，保险合同在毛某与永安保险公司之间订立，阳光保险经纪公司及维信公司为订立合同的中介和辅助机构。根据中国保险监督管理委员会于 2015 年 7 月 22 日公布的《互联网保险业务监管暂行办法》第 1、3 条和第 13 条的规定，涉及保险业务的保险经营行为与网络平台无关，由保险机构直接负责，网络平台也不得代收保险费，根据《保险法》第 4 条保险业务专营的规定，毛某与维信公司是因信用卡代偿而产生的借贷法律关系，非保险关系。保险合同权利义务的承担者为毛某及永安保险公司。对于保险搭售行为，法院认为搭售行为虽被《互联网保险业务监管办法（草稿）》禁止，[1]但该监管办法草稿仅为意见征求稿，即使正式实施其效力亦并非法律和行政法规，保险合同依据原《合同法》第 52 条（现为《民法典》第 153 条吸收）“违反法律、行政法规的强制性规定”的规定仍属有效。

本案中，阳光保险经纪公司在维信公司的技术支持下搭建保险平台服务，通过该平台展示永安保险公司借款人意外保险产品，投保人直接通过该平台向保险机构发出投保申请，缴纳保险费，完成保险购买。技术手段拓宽了保险的销售渠道，同时技术手段的滥用也危害了投保人的合法利益。保险经纪公司利用技术手段强行搭售保险产品的行为虽然因《互联网保险业务监管办法》未能正式施行继而适用原《合同法》的相关规定而有效，但其行为实质属于不正当竞争，理应被法律禁止。然而法律的健全速度与保险科技的发展节奏脱节，迟滞的法律更新和低层级的监管规则给了保险行业投机者可乘之机，金融产品消费者的合法利益无法得到保护。

案例二：“中国平安财产保险股份有限公司济南第二中心支公司与崔某、高某等机动车交通事故责任纠纷案”，案号为（2020）鲁 01 民终 7799 号。

高某通过手机，在中国平安财产保险股份有限公司济南第二中心支公司（以下简称平安财保支公司）为登记在自己名下的小型普通客车投保商业三者险，手机投保材料中免除保险人责任的条款与投保单附在一起，无明显标注，高某在投保人处签名。2019 年 11 月 9 日，高某驾驶被投保的小型普通客车与崔某驾驶的小型轿车发生道路交通事故，造成两车损坏。公安局出具的道路交通事故认定书认定高某违规驾驶，潜逃藏匿，应承担事故的全部责任，崔某无责任。事故发生后，高某及平安财保支公司未向崔某进行赔偿。崔某诉至法院，请求高某和平安财保支公司赔偿损失。

本案的争议焦点为平安财保支公司是否应在商业三者险内承担赔偿责任，其关键在于平安财保支公司对保险合同中的逃逸免责条款是否已尽相应的提示说明义务。对此法院认为，案涉手机投保材料的保险合同中免除保险人责任的条款与其他条款无形式差别，且投保人声明处仅有高某签字，无高某书写的确认收到条款、免责事项说明书，保险人已明确说明免除保险人责任条款的内容及法律后果的字样。依据《保险法》第 17 条第 2 款和《最高人民法院关于适用〈中华人民共和国保险法〉若干问题的解释（二）》第 11 条第 1 款的规定，[2]不能认定平安财保支公司已就保险合同中免除保险人责任的条款尽到提示说明义务，故该免责条款不产生效力，平安财保支公司应当承担赔偿责任。

---

[1] 中国银行保险监督管理委员会于 2020 年 9 月 28 日发布《互联网保险业务监管办法（征求意见稿）》，同年 12 月 7 日正式颁布《互联网保险业务监管办法》，2021 年 2 月 1 日起施行。

[2] 《保险法》第 17 条第 2 款规定，对保险合同中免除保险人责任的条款，保险人在订立合同时应当在投保单、保险单或者其他保险凭证上作出足以引起投保人注意的提示，并对该条款的内容以书面或者口头形式向投保人作出明确说明；未作提示或者明确说明的，该条款不产生效力。

近年来，电子投保因其方便快捷的特点逐渐成为许多人关注的投保渠道。与传统纸质投保方式不同，电子投保过程中投保人面对的不再是保险销售人员而是人工智能系统，保单的交付方式和保险人履行提示说明义务的方式也有所改变。本案因电子投保中免责条款的生效问题产生纠纷，平安财保支公司认为涉案保单项下的保险条款、免责事项说明书已通过电子交付完成，不能以传统的实物交付形态作为本案交付的判断标准；法院则认为，投保人并未签字确认收到条款、免责事项说明书，无法确认所谓“电子交付”的有效性。另外，电子投保主要以书面形式完成，保险人和投保人达成合意主要依靠文字交流，而保险人在合同文书上未将免责条款与其他条款相区别，可以推定保险人未尽提示说明义务。可见，电子投保不能脱离《保险法》的原则性要求，比如对免责条款的特别提示，不因线上投保的形式而降低提示要求。而电子投保甚至会因为缺少保险营销人员的介入，增加了保险人和投保人之间因沟通不充分而导致的风险，这也对保险公司提示说明义务的履行提出了新的要求。

（四）问题与挑战

1. 保险科技监管规范和行业标准有待完善

我国《保险法》受制定背景的影响更加适合线下的保险业务，对保险科技的监管尚处于法律盲区。保险科技表现出的跨领域、跨系统、数字化特征和“去中心化”模式也与目前分业监管的体制错位，原有的监管机制难以发挥作用，监管主体触及具体业务存在难度。同时，现阶段我国保险科技尚处于丰富基础设施的阶段，欠缺较为成熟的行业标准。

2. 保险科技专利保护问题和数据安全流动问题突出

技术的持续探索带动专利申请的热潮，保险公司虽然已经着手专利保护工作，但就全行业而言专利保护意识依旧不足，技术外流问题依然严峻，部分缺乏有效数据管理规范的保险企业成为数据隐私安全问题的重灾地，全流程数据化进程建设并不完备，对客户行为和交易数据的大量囤积也存在“数据孤岛”化、分割化问题，数据安全性程度难以保障。此外，非法行为成为网络安全风险的主要威胁，人为的网络攻击影响扩大，甚至有导致金融危机的风险。[1]

3. 新技术运用不成熟、创新能力不足

区块链、人工智能等技术受限于科技成熟度，以及理论向实践转换的问题，其应用速度难以满足市场需求，保险科技在行业内的应用仍然有很大提升空间。保险科技创新以技术的发展为动力源，以充分的数据供给为基础，在源头阻隔数据链条建设是对技术进步的严重打击，也阻挡了保险科技的创新。

---

〔1〕 参见张永亮：《金融科技监管的原则立场、模式选择与法制革新》，载《法学评论》2020年第5期。

四、金融科技与证券

（一）发展现状：资产规模稳步提升，监管全面升级

金融科技投入是衡量证券业行业发展的一个重要指标。根据中国证券业协会的统计数据，2017～2020 年证券业金融科技累计投入金额 550. 42 亿元，从 159. 86 亿元增长至 262. 87 亿元，年均增速达 18. 03%。[1]随着证券金融科技的持续性投入，2020 年中国证券业在经营业绩方面继续维持快速增长上升趋势。证券行业 2020 年实现投资银行业务净收入 672. 11 亿元，同比大幅增长 39. 26%，实现资产管理业务净收入 299. 60 亿元，同比增长 8. 88%，实现营业总收入 4484. 79 亿元，同比增长 24. 41%，实现净利润 1575. 34 亿元，同比增长 27. 98%，共 127 家证券公司实现盈利。[2]2020 年，证券行业业绩保持持续增长的态势，资产规模稳步提升。

金融科技是把“双刃剑”，给证券行业带来的不仅有机遇，还有风险。2020 年金融科技监管全面升级，强调创新与风控两手抓。2020 年监管层出台了一系列政策，致力于治理金融乱象、防范系统风险、补齐行业“短板”。新《证券法》协同沪深交易所相关规则，从重大事项披露、权益变动披露、短线交易等多个方面提高上市公司信息披露要求，同时构建投资者保护专章，通过投资者适当性管理、先行赔付等手段加大对投资者的保护力度。此外，证券服务机构的监管方式也随之调整，从资格审批模式变更为备案模式，配套《证券服务机构从事证券服务业务备案管理规定》，根据不同类别证券服务机构的差别做出针对性安排。在证券违法犯罪责任追究方面，2020 年末通过的《刑法修正案（十一）》大幅度提高了证券违法犯罪的惩戒力度，具有里程碑意义。金融科技监管不断强化是 2020 年中国金融监管体系不断完善的标志之一。

（二）业务模式：集中于标准化业务

证券金融科技的投入主要集中于对证券经纪交易等标准化业务，在营运决策、合规审查、投行等依靠人力和经验等业务方面尚未有大规模投入。证券金融科技的主要应用场景也集中于证券经纪交易业务方面。以人工智能技术为例，人工智能在证券行业主要应用场景包括智能客户与智能投顾、风险监控、人脸识别或指纹识别等标准化业务。人工智能技术的运用帮助证券业节省了大量的人力物力，提高了服务效率，同时又能为客户及公司提供风险预警及决策建议，保障券交易安全。除人工智能外，2020 年中国开展大数据应用的 76 家证券

---

〔1〕 参见《关于推进证券行业数字化转型发展的研究报告》，载中国证券业协会 https：//www. sac. net. cn/ljxh/xhgzdt/202008/t20200821_143668. html，最后访问日期：2021 年 9 月 10 日。

〔2〕 参见《证券公司 2020 年年度经营数据》，载中国证券业协会网 https：//www. sac. net. cn/hysj/zqgsjysj/202102/t20210223_145587. html，最后访问日期：2021 年 9 月 10 日。

公司中，大数据技术的具体应用也主要集中在证券经纪业务、合规风险、运营决策及系统运维等业务方面。[1]不仅如此，虽然区块链尚处于探索和局部试点阶段，但2020年开展区块链应用的12家证券公司，其应用同样集中在证券经纪服务业、固定收益、合规风险等这类标准化业务领域。[2]

（三）法治实践：利用算法模型确定赔偿金额

2020年，虽然遭到新冠疫情冲击，但证券市场案件仍具有代表性，案件辐射面继续扩大，其中一起名为“许某等诉上海普天邮通科技股份有限公司证券虚假陈述责任纠纷案”，案号为（2020）沪民终294号的案件与证券金融科技有关，该案也是上海金融法院发布的2020年度十大典型案例之一，基本案情如下。

2017年1月19日，上海普天邮通科技股份有限公司（以下简称普天公司）发布公告称收到中国证券业监督管理委员会立案调查通知书。2018年1月10日，普天公司发布公告称收到中国证券业监督管理委员会上海监管局（以下简称上海证监局）《行政处罚事先告知书》。告知书载明，普天公司为弥补2014年度利润缺口，通过虚假贸易，虚增利润总额占普天公司2014年度合并财务报表利润总额的73.68%，其在2015年3月21日发布的2014年年度报告中虚假披露的行为构成证券虚假陈述行为。2019年5月23日普天公司被正式摘牌，股票在上海证券交易所终止上市。许某等投资者于2015年3月21日后买入普天公司股票，其根据《行政处罚决定书》认定的相关事实起诉普天公司，要求其赔偿因信息披露违规行为所造成的损失。

本案争议的焦点之一在于，如何确定投资者投资差额损失的赔偿金额，包括采用何种计算方法、如何确定证券市场风险因素的影响程度及相应的扣除金额等问题。对此，一审法院依职权委托上海交通大学中国金融研究院进行核定，并出具《损失核定意见书》。根据《损失核定意见书》，一审法院采取“多因子量化模型”的算法模型，通过“收益率曲线同步对比法”，精准核定了每名投资者因虚假陈述行为导致的投资损失金额。

关于投资差额损失的计算方式，《损失核定意见书》中采用第一笔有效买入后的移动加权平均法计算买入均价，[3]该种计算方法对于持股单价的计算能够更全面、客观地反映投资者真实的投资成本，也为司法实践认可。关于证券市场系统风险等其他因素导致的损失的计

[1] 2020年76家证券公司开展的大数据应用中共涉及案例238个，应用范围主要集中在证券经纪业务（约占28.57%）、合规风险（约占17.65%）、运营决策（约占14.71%）、系统运维（约占13.03%）。

[2] 12家证券公司开展的区块链应用共涉及案例15个。应用领域主要集中在证券经纪业务（约占40%）、固定收益（约占20%）、合规风险（约占13.32%）。参见《我国证券行业金融科技应用现状：广泛应用于标准化业务，面临更规范的监管环境》，载http：//www.leadingir.com/trend/view/5310.html，最后访问日期：2021年9月10日。

[3] 自投资者第一笔有效买入之日起，每次买入证券后，以新买入的证券成本加上原来的持仓成本，除以当前持仓数量。

算问题，《损失核定意见书》采取的计算方式为：市场系统风险等其他因素导致的损失 = 投资者买入成本 × 模拟损益比例，即剔除虚假陈述因素，投资者投入相同的成本可以获得的损益金额。关于模拟损益比例的计算，《损失核定意见书》采用了多因子模型法计算大盘、行业以及各种风格因素所导致的普天公司 A 股股票的日收益率，在此基础上，通过 A 股和 B 股关联关系计算普天公司 B 股股票的日收益率，由此得出普天公司 A 股、B 股的模拟价格，进而计算无虚假陈述影响下普天公司股票的模拟损益比例。

一审法院认为，《损失核定意见书》采用的上述计算方法全面考量了各种会对股价持续性造成影响的共性因素，不仅包括大盘因素、行业因素，还涵盖了公司规模因素、价值因素、B 因素、盈利因素、杠杆因素、成长因素、动量因素、波动率因素、流动性因素，以及因普天公司经历 ST、*ST 和充电桩概念热度而加入的 ST 因素和充电桩因素，克服了无法将虚假陈述因素与其他股价变动因素予以有效分离的弊端，更具有科学性和精确性，也更加符合虚假陈述案件中损失计算的立法本义与司法实践需求。据此宣判后，普天公司提出上诉，认为一审损失认定存在错误，请求改判驳回投资者的原审全部诉讼请求。

上海市高级人民法院认为，《最高人民法院关于审理证券市场因虚假陈述引发的民事赔偿案件的若干规定》第 18、19 条对虚假陈述与损害结果之间因果关系作出了具体、明确的规定。[1] 该司法解释第 18 条规定了推定存在因果关系的具体情形。普天公司未提出相反证据，不能推翻上述推定。关于损失认定，证券领域具有高度专业性，证券虚假陈述损失的计算涉及经济学、金融学、会计学、数学和计算机编程等多个学科和技术领域。一审法院将之交由专业、中立的第三方出具《损失核定意见书》，符合程序正义和实体正义。遂判决：驳回上诉，维持原判。

从本案中不难发现，随着证券金融科技的应用，证券市场上影响股票价格形成的因素越来越多样化、复杂化，如何甄别导致投资者损失的证券市场系统性风险和其他因素、确定违法行为带来的损失与赔偿数额，将会是证券责任纠纷案件中难以攻克的重点和难点。目前，各地实践对于证券市场系统性风险以及上市公司个股经营风险的认定标准和扣除方法尚未形成共识。本案中，上海金融法院通过引入上海交通大学中国金融研究院技术方面的支持，在全国首次开创性地采用“多因子量化模型”的算法模型，精准地核定了每名投资者因虚假陈述行为导致的投资损失金额。作为探索推动证券民事赔偿纠纷案件科学化和精细化审理的一

---

[1] 《最高人民法院关于审理证券市场因虚假陈述引发的民事赔偿案件的若干规定》第 18 条规定：“投资人具有以下情形的，人民法院应当认定虚假陈述与损害结果之间存在因果关系：（一）投资人所投资的是与虚假陈述直接关联的证券；（二）投资人在虚假陈述实施日及以后，至揭露日或者更正日之前买入该证券；（三）投资人在虚假陈述揭露日或者更正日及以后，因卖出该证券发生亏损，或者因持续持有该证券而产生亏损。”第 19 条规定：“被告举证证明原告具有以下情形的，人民法院应当认定虚假陈述与损害结果之间不存在因果关系：（一）在虚假陈述揭露日或者更正日之前已经卖出证券；（二）在虚假陈述揭露日或者更正日及以后进行的投资；（三）明知虚假陈述存在而进行的投资；（四）损失或者部分损失是由证券市场系统风险等其他因素所导致；（五）属于恶意投资、操纵证券价格的。”

次有益尝试，本案确定的损失计算方法，对今后同类案件的审理具有很强的借鉴意义，也给整个证券市场及证券司法带来启发，即除用于经营盈利之外，金融科技还可以应用到金融监管、金融司法等实务纠纷解决领域，借助复杂的算法模型确定违法数额或赔偿金额，这符合金融科技的发展优势。

（四）问题与挑战

（1）证券科技投入深度不够。2020年证券金融科技投入虽有所增长，但在整体投入方面存在不足，不仅落后于银行业、保险业，而且与国际投行相差甚远。

（2）证券科技应用深度、广度不足，同质化严重。目前证券业处于数字化探索转型期，线上化、智能化虽然已经渗透到各个业务链条，但其中大部分还处于信息系统建设、移动终端平台搭建等基础层面，前沿金融科技投入和应用方面存在诸多待完善之处，金融与科技如何深度融合发展尚未形成统一共识。

（3）面临更严格的监管要求。证券业前中后台种类较多，业务之间数据共享、系统串联和防火墙要求严格，金融科技基础设施牵一发而动全身，证券行业技术创新受到严格监管。由此一来，证券监管能否突破系统壁垒、打通数据孤岛，需要在顶层设计层面予以统一明确。

总的来说，依靠金融科技实现证券业的差异化发展仍任重道远。

五、金融科技与资产管理

（一）发展现状：行业格局顺势而变，金融科技初露锋芒

截至2020年年末，基金管理公司及其子公司、证券公司、期货公司、私募基金管理机构资产管理业务总规模约58.99万亿元。[1]商业银行、保险公司、信托公司等金融机构也在开展各种类型的理财或客户资产管理业务，加剧了行业竞争。2020年6月，“跨境理财通”正式在粤港澳大湾区开始试点，8月，首家外资独资公募基金管理公司在国内设立，中国金融市场持续向国际开放，资管行业将与全球机构进行竞争。

2020年各类型资产管理产品数量达138,475只，较2019年增长15.76%。[2]互联网资管产品以其较低的代销费率展现出明显的成本优势，大大降低了投资成本。理财门槛降低使得理财业务走出传统的高端客群，下沉市场得到了极大程度的开发，更多的大众人群通过互联

---

〔1〕参见《资产管理业务统计数据（2020年四季度）》，载 https：//www.amac.org.cn/researchstatistics/datastatistics/comprehensive/202103/P020210318500184044224.pdf，最后访问日期：2021年9月7日。

〔2〕参见《中国证券投资基金业协会资产管理行业概览》，载 https：//www.amac.org.cn/researchstatistics/datastatistics/comprehensive/，最后访问日期：2021年9月7日。

网资管产品实现了财富的保值和增值。

金融科技在智能搜索、情况分析等方面发挥重要作用。例如，在合规管理和反洗钱审查中，大数据人工智能在合规和销售部门之中开辟出一条道路，虽然应用尚不广泛，但已在部分机构中显示出潜能；为了提升大数据场景下支持人工智能的运算能力，除了自建数据中心外，一些机构也开始租赁数据中心、部署私有云、使用公有云，加速产品投资的数据化、精准化和科学化。

（二）业务模式：理财科技重塑商业模型

1. 资金端：提高产品的营销效率

发挥金融科技的力量可以在拓展客户群体的同时实现精准营销。互联网公司凭借自身数据和流量优势，投放产品信息广泛吸引基础客户，并借助互联网产品—金融产品—资产管理产品实现流量变现和资金流动，达到了互联网用户向存量理财客户转变的目的。当然，想要真正地发展客群、维持客群就必须有适当的产品推荐作为业务开展的支柱。通过金融科技分析用户收入情况、消费喜好、抗风险能力等，互联网公司可以提供差异化销售服务，满足客户的投资需求，提高销售质量。

2. 资产端：提升资产配置能力

金融科技在资产端应用的核心是通过数据分析寻找适合投资的资产，从而优化投资选择，实现稳定的收益。一是在投资决策中发挥辅助作用。人工智能的快速发展令财务数据统计、新闻资讯获取、市场情绪捕捉、研究报告分析更为便利，由此形成的投资观点更为科学高效。二是筛选资管产品。大数据和人工智能通过形成标准化、标签化、全面化的产品评价体系，结合预测算法，学习产品交易的方式，提高资管产品筛选的效率，完成大类资产配置。三是完善风险控制体系。金融机构可以利用机器算法建构信用评级和风险量化模型，追踪宏观环境、政策更新、资产情况，增强风险控制的能力。

（三）法治实践：严惩借互联网融资平台非法集资行为

近年来，随着互联网理财的普及，以互联网公众投资为名，行非法集资之实的案件多发。2020年各地法院多有相关裁判，例如王某军集资诈骗罪二审刑事裁定书（2020）粤刑终514号，许某升等集资诈骗二审刑事判决书（2020）粤刑终519号、520号、521号，胡某、王某平、王某旭等集资诈骗罪二审刑事判决书（2020）浙刑终88号，王某航、胡某周、沈某卿等集资诈骗罪一审刑事判决书等。现选取一案进行分析。

2017年7月，吴某军与胡某等人共谋，利用杭州鼎柱网络科技有限公司（以下简称鼎柱公司）以运营线上APP“叮叮理财”的方式面向社会不特定公众进行非法集资，王某旭担任法定代表人。同时，胡某指使他人注册大量网络科技公司作为“皮包公司”。吴某军、王某旭等人以其实际控制的公司需要融资借款为名，与鼎柱公司签订虚假的借款合同，将虚假的借款合同上传至“叮叮理财”APP，以年化利息6.8%~15%的高息为诱饵，吸引社会不特定公众投资。吴某军将鼎柱公司吸收的托管于第三方支付平台的资金归其个人支配、使用。2017年8月，邱某担任鼎柱公司首席执行官，主管“叮叮理财”的运营推广工作。2018年3月，王某平受让鼎柱公司机器运营的“叮叮理财”平台，胡某、吴某军等人负责运营推广工作。王某平以同样的手段通过“叮叮理财”APP非法吸收大量资金，将鼎柱公司托管于第三方支付平台的资金归其个人支配、使用，并根据约定向胡某、吴某军支付高额提成费用。2018年7月25日，胡某、王某平等人指示邱某等人在“叮叮理财”APP发布清盘公告，欲与投资人协商延期兑付投资款，最终因无法协商一致案发。2017年8月至案发，胡某、王某旭等人参与非法集资约17亿元，王某平等人参与非法集资约11.59亿元，造成6300余名集资参与人的损失共计约3.3亿元。

按照《刑法》以及相关司法解释的要求，非法吸收公众存款罪名的成立一般应同时具备“非法性、公开性、利诱性和社会性”等4个特性，如果行为人具有非法占有的主观故意，则可以进一步结合案件证据认定是否构成集资诈骗罪。判定具有非法占有的主观故意主要从以下几个方面考量：（1）虚构债权标的。本案被告人没有真实的投融资项目，注册多个“皮包公司”用于虚假借款和设立平台公司资金池、将理财平台伪装成具有国资背景骗取集资参与人的信任、“皮包公司”与平台签订虚假借款合同等证实缺少真实的融资债权，不是正常的经营活动，采取了诈骗的方式非法集资。（2）非法占有目的。从资金的使用和去向来看，募集资金并未投入商业项目，而是转入他人名下账户用于购置房屋土地等，再转移至被告人个人控制之下，最终通过高额变现偿还债务。平台推广和运营费用达非法吸收资金的23%～33%，加上成本年息，费用、成本总计达到非法吸收资金的29.8%～48%。从损失后果来看，集资参与人连续催讨未果，理财平台不得不决定清盘，造成6300余名集资参与人损失共计约3.3亿元。（3）个人占有或挥霍。经被告人供述，理财平台的建立目的是转让牟利，没有打算通过筹集资金进行正常的经营盈利来归还集资款。最终资金用于债务偿还等个人使用挥霍。

非法集资犯罪被誉为悬在融资平台头顶而随时掉落的“达摩克利斯之剑”。金融科技公司和互联网金融产品打破了金融业原本子行业之间的隔阂，推动金融业朝着更加混业的方向发展，为既有分业监管模式带来挑战。[1]对于网络理财平台的监管，应当根据国家金融管理的要求，厘清民间借贷和不法融资的界限，以市场为导向对金融创新进行同步和适度监管，防止其滑向犯罪。[2]

（四）问题与挑战

（1）金融科技投入不足。从整体投入的角度来看，资管行业的科技投入明显不足，基金

---

〔1〕参见中国人民大学课题组、吴晓求：《“十四五”时期中国金融改革发展监管研究》，载《管理世界》2020年第7期。

〔2〕参见郭华：《非法集资犯罪的司法扩张与刑法修正案的省察——基于〈刑法修正案（十一）（草案）〉对非法吸收公众存款罪、集资诈骗罪修改的展开》，载《法治研究》2020年第6期。

和信托的金融科技投入量级不能与银行、保险和证券业的科技投入相提并论。资管行业代客理财的轻资产运营模式决定了行业资金体量有限，高度依赖人才、经验的业务处理方式也使得科技完全取代人力难以实现。但金融科技的应用是金融行业转型、金融结构调整的突破点，重视金融科技投入是资管行业进入新时代的必由之路，因此仍然需要加大投入，坚持科技创新。

（2）前沿技术渗透度不高。尽管数字化、网络化技术正在与资管行业相互融合，但仍主要集中应用于信息系统的升级、互联网平台引流和互动，人工智能、云计算、大数据等尖端技术尚未深入普及至风控、投研等核心领域，核心环节的工作仍依赖于人力开展。利用大数据构建风险管理平台市场广阔，通过区块链技术重构监测控制环节前景光明，探索金融核心的环节科技化值得长期关注。

（3）监管环境影响行业整合和转型。虽然国家已颁布了大量的行业规则，但一方面，规则的体系化和互相的衔接有待加强。另一方面，某些方面的实操问题尚无具体规范，金融科技业务发展方式还存在诸多不确定性。例如，金融机构与第三方互联网科技公司的合作规范、信息与数据安全保障、投资者保护机制的建立等问题，无不影响着资管市场主体的发展路径，资管机构如何在资管新规、开放政策面前创新转型是必须回答的问题。

六、互联网金融科技

（一）发展现状：进入互联网金融新时代

1. 数字货币问世

2020 年，中国人民银行数字货币 DC/EP（中文全称“数字货币电子支付”，对应的英文名“Digital Currency/Electronic Payment”）经过 6 年多的研究、测试与顶层设计，最终于 2020 年 10 月和 12 月分别在深圳、苏州两地完成红包试点，标志着中国数字货币的正式问世，数字货币新时代即将正式开启。

2. 数字支付重要性进一步提升

目前，中国移动支付普及率和规模位居全球首位，互联网存款、取款和汇款几乎都能实现一秒到账，这一优势促使中国数字经济蓬勃发展。除了传统的互联网公司外，截至 2020 年年底已有多家科技硬件公司加入数字支付领域。小米公司是中国第一家获得支付牌照的科技公司，当下的小米集团，以整合支付业务为入口，成立以天星金融（原小米金融）为主体的金融业务版图，业务覆盖了小微贷、三方支付、互联网理财、虚拟银行等金融业务。作为互联网金融最重要的通行证，数字支付对 2020 年众多互联网新兴“后浪”有着巨大的吸引力,[1]成为传统互联网公司及新兴科技公司发展数字经济，获取流量优势增强自身实力的有力保障。

3. 互联网基金加速“入局”

2020年，除了天天基金和BATJ（百度、阿里、腾讯、京东）等传统互联网平台拥有早期申请的基金销售业务资格开展线上财富管理业务外，互联网新兴“后浪”也在努力探寻市场结合点入场新互联网财富时代。2020年，安基金、蚂蚁基金、盈米基金三家代销机构获得了基金买方投顾业务资格；传统的第三方销售机构，如诺亚财富、宜信财富等公司，也加大资源投入从事公募基金业务的推动与销售工作。传统与新兴互联网平台毫无疑问在2020年都将手上的流量、资源倾斜到以公募基金为主的财富管理领域。2020年8月，随着证监会最新《公开募集证券投资基金销售机构管理办法》及配套规则的发布与施行，不看重尾佣分成而是更在乎流量与客户体验的互联网新平台，将会获得基金销售的入场券，新互联网财富管理机构将开始重新洗牌。

（二）业务模式：技术与流量双重加持，渗透行业众多

互联网金融科技具有技术和流量的双重优势，适用场景覆盖了电商、安全、搜索、社交、出行等各个行业，现阶段实现人工智能、5G、物联网等关键核心技术的创新突破逐渐成为国际竞争的焦点。目前，我国互联网金融科技已经涌现出一大批具有代表性的平台，如蚂蚁集团、京东数科、360科技、苏宁金融、美团金融、嘉银金科等，除此之外字节跳动、拼多多、滴滴、快手等平台的金融业务板块也存有一席之地。

2020年，中国互联网金融科技业务发展“更上一层楼”，“ABCD+”技术生态正在逐步完善，银行数字化转型进入快车道，互联网保险业务得到飞速发展，智能投顾、供应链金融等行业均实现稳步发展。中国共有蚂蚁集团、京东数科、度小满金融等7家互联网金融科技平台位列世界五十强，上述7家互联网金融科技平台成为我国互联网金融科技平台类企业的典型代表。不仅如此，互联网金融科技平台在2020年还迎来了“上市潮”。蚂蚁集团、京东数科率先开启上市之路，随后微众信科、银联商务、连连数字、收钱吧等平台也试图开启上市之路，互联网金融科技平台成为我国金融市场不可或缺的重要组成部分。

（三）法治实践：虚拟货币投资交易不受保护

在中国裁判文书网上以“互联网金融”“互联网银行”“互联网保险”“数字经济”为关键词进行搜索分别获得案例30841个、249236个、74个、255个（搜索时间为2021年9月

---

[1] 除了小米公司外，2020年还有多家科技公司进军数字支付领域。例如，2020年1月，拼多多收购获得“付费通”的支付牌照。2020年9月，字节跳动收购合众支付、携程收购东方汇融、小米100%控股了捷付睿通支付。2020年11月，快手收购易联支付获得支付牌照。2020年11月，B站开始在其官网以及多家招聘网站上招募支付业务相关岗位，并对“bliblipay. com”“bliblipay. cn”等多个域名备案。除互联网公司外，科技硬件公司也纷纷入局。

14 日），案例之多足以见得互联网与金融业务之间的密切融合。其中，与互联网金融科技相关的一则典型案例为“卢某某、何某某不当得利纠纷二审民事判决书”［案号：（2020）川07 民终 3001 号］，具体案情及判决如下。

2019 年 12 月 15 日，何某以 1∶2.85 的兑换比例，将其在 cwios 平台拥有的 3510 个虚拟币出售给卢某，价款共计 1 万元人民币；12 月 17 日，卢某通过微信转账向何某支付 1 万元。2020 年 5 月，卢某发现 Cwios 平台虚拟币无法提现，要求何某返还无果后，遂诉至法院。

一审法院审理认为，案涉 Cwios 平台虚拟币是一种类似于比特币的网络虚拟货币，虚拟货币不是货币当局发行，不具有法偿性和强制性等货币属性，不具有与货币等同的法律地位，不能作为货币在市场上流通使用，公民的投资和交易虚拟货币亦不能受法律保护。本案原告、被告之间交易的 Cwios 虚拟货币，属从事非法金融活动，扰乱了国家的金融秩序，其交易行为不应当受到法律保护，由此造成的后果应当由原告自行承担，故一审法院判决驳回诉讼请求。卢某不服，提起上诉。

二审法院认为，《中国人民银行、中央网信办、工业和信息化部、工商总局、银监会、证监会、保监会关于防范代币发行融资风险的公告》第 1 条明确规定：“准确认识代币发行融资活动的本质属性。代币发行融资是指融资主体通过代币的违规发售、流通，向投资者筹集比特币、以太币等所谓‘虚拟货币’，本质上是一种未经批准非法公开融资的行为，涉嫌非法发售代币票券、非法发行证券以及非法集资、金融诈骗、传销等违法犯罪活动。”案涉 Cwios 平台虚拟币是一种类似于比特币的网络虚拟货币，不能且不应作为货币在市场上流通使用，公民的投资和交易虚拟货币亦不能受到法律保护。故 Cwios 平台虚拟币的交易流通行为属于违反法律、法规规定的行为，不具有合法性。原《民法总则》第 153 条规定：“违反法律、行政法规的强制性规定的民事法律行为无效。”〔1〕因此，上诉人卢某与被上诉人何某之间交易 Cwios 平台虚拟币的行为应当属于法律规定的无效民事法律行为，其自始不具有法律约束力。本案因为标的物的特殊性，也不能进行返还。公民投资和交易 Cwios 币这种不合法物的行为虽系个人自由，但不能受到法律保护，遂作出维持原判的判决。

由此可见，互联网金融科技虽然创新出诸多理财模式和投资渠道，但其带来高收益的同时也加剧了金融市场的投资风险。就本案而言，原告卢某因其购买的虚拟货币不具有法定地位而不受法律保护，从而承担了投资损失，这给金融市场的盲目投资者敲响了警钟，也从侧面反映出我国金融法律对待金融市场的审慎监管态度。2020 年，随着互联网金融科技应用场景的逐渐增加，在巨大利益的诱惑面前，不法分子会滋生新的非法融资、网上骗贷、套路贷等违法犯罪行为。对此，金融消费者须加强风险识别能力，学习金融法律法规与专业知识，避免盲目投资遭受损失；监管者应继续推行“审慎监管”，在保证金融创新的同时兼顾金融

---

〔1〕 在《民法典》2021 年 1 月 1 日正式实施后，该条已被《民法典》第 153 条吸收。

秩序与效益。现如今，互联网金融科技不仅是技术优势与资本实力的较量，更是各个参与主体专业知识与法律素养的博弈。

（四）问题与挑战

（1）数据确权与隐私保护之矛盾。数据资产可以转化为生产材料，为公司产品开发、精准营销、业务拓展等奠定基础，互联网金融科技公司实际上拥有数据的控制权。然而，有些互联网公司凭借优势地位，过度采集、使用企业、个人信息，甚至发生盗卖用户数据、严重侵犯个人隐私等恶性事件，带来诸多负面效应。目前，如何实现数据利用与隐私保护之间的恰当平衡是互联网金融数字经济亟待解决的主要问题。

（2）容易滋生垄断行为。与传统垄断行为的形成过程相比，互联网金融在金融科技和大规模资金成本的双重加持下，垄断形成的速度更快，涉及范围更广，危害性也更强。近年来，由平台垄断造成的破坏市场竞争秩序，侵害金融投资者合法权益等滥用市场支配地位的行为屡见不鲜，“会员之上再收费”“大数据杀熟”“捆绑销售”等侵权行为成为业内常态，亟须整治。

（3）高杠杆放贷加剧系统性风险。互联网金融科技平台大多以 ABS、信托计划、联合贷款等形式将信贷资产转移到表外，通过将坏账风险转嫁至出资的金融机构这一方式固然可以避免自身承担违约风险，但整个金融市场的风险却没有得到实质性防范。目前，虽然有技术、数据和外部监管为互联网借贷提供“并驾齐驱式”的保驾护航，但如此大体量的信贷存量一旦出现极端环境、风控模型失灵，由此带来的系统性风险及社会隐性成本将不可估量。

七、金融科技监管制度

我国早期对金融创新持包容态度，但 P2P 等风险事件挑战了国家监管底线，有鉴于此，从预防角度出发提前预判金融科技发展的潜在风险，强调监管的全面性，实属必要之举。

（一）顶层设计：鼓励创新与规范发展并重

自央行印发《金融科技（FinTech）发展规划（2019—2021 年）》以来，国家层面的全局规划统领金融科技的战略部署和监管强化。该规划以“守正创新”“安全可控”“普惠民生”“开放共赢”为基本原则，强调监管基本规则体系的构建、创新管理机制的加强，促进专业监管、统一监管和穿透监管。2020 年 4 月，中国人民银行发布《关于开展金融科技应用风险专项摸排工作的通知》，摸排移动金融客户端应用软件、应用程序编程接口、信息系统等，排查个人金融信息保护、交易安全、仿冒漏洞、技术使用安全、内控管理等方面的风险情况，作为制定新监管政策的依据。2020 年 10 月，中国人民银行发布并实施《金融科技创新应用测试规范》（JR/T 0198—2020）、《金融科技创新安全通用规范》（JR/T 0199—2020）、

《金融科技创新风险监控规范》（JR/T 0120—2020）等多项金融行业标准，从不同的角度对金融科技创新进行管控，金融科技今后有了科学监管的顶层设计。2020 年 12 月，中央经济工作会议将“强化反垄断和防止资本无序扩张”作为 2021 年八项重点工作之一。明确提出要完善数据收集使用管理等方面的法律规范，以加强规制、审慎监管为前提鼓励金融创新。通过金融机构的规范运营、保持创新活力，促进金融市场的健康发展，但又要防止打着“金融创新”旗号损害投资者利益的行为。

（二）监管主体：多部门共同介入

国务院金融稳定发展委员会、中国人民银行、行业监管机构、市场监督管理总局都在监管中发挥重要作用，各监管主体从金融业务、数据安全、互联网建设等多维度出发，多管齐下在金融科技规范上发挥出监管合力。

国务院金融稳定发展委员会明确了持牌经营监管方向，统筹协调监管工作。刘鹤副总理在主持金融委会议时强调，“当前金融科技与金融创新快速发展，必须处理好金融发展、金融稳定和金融安全的关系”，“对同类业务、同类主体一视同仁”。[1] 中国人民银行于 2020 年 9 月颁布《金融控股公司监督管理试行办法》，规定金融控股公司必须持牌经营，从制度上隔离实体板块和金融板块，有效梳理和防范金融风险。银保监会、证监会则在细分领域出台监管办法，例如《商业银行互联网贷款管理暂行办法》《网络小额贷款业务管理暂行办法（征求意见稿）》《互联网保险业务监管办法》等，根据细分领域的业务特点针对性介入，金融科技逐渐进入监管新阶段。

非金融监管机构也从各个方面进行规范工作。最高人民法院于 2020 年 8 月、2020 年 12 月两次修订《最高人民法院关于审理民间借贷案件适用法律若干问题的规定》，调整了民间借贷利率的司法保护上限，以中国人民银行授权全国银行间同业拆借中心每月 20 日发布的一年期贷款市场报价利率（LPR）的 4 倍为标准，取代原规定中“以 24% 和 36% 为基准的两线三区”的规定。市场监督管理总局发布《关于平台经济领域的反垄断指南》，向外界传递了互联网平台经济反垄断的强烈信号，表达了维护消费者和中小企业利益的决心。

（三）监管方式：向“功能监管”转变，防范第三方合作风险

2020 年金融科技步入监管元年，从“机构监管”、“行为监管”向“功能监管”转变。“功能监管”理念下，不再区分形式上的“金融”和“科技”牌照，而将同类金融业务的经营纳入统一规范中，执行同样的市场准入标准，遵循同等的业务规则、牌照要求和风险管理要求，加强了监管力度。2020 年 9 月，中国银保监会指出，网络互助平台本质上具有商业保险的特征，要求及时查处取缔擅自设立保险机构、非法商业保险业务，杜绝与各类非持牌机

[1] 参见《刘鹤主持召开国务院金融稳定发展委员会专题会议》，载中国政府网，http://www.gov.cn/guowuyuan/2020-10/31/content_5556394.htm。

构或个人合作开展任何保险业务。12月进一步颁布《互联网保险业务监管办法》，明确互联网保险业务的经营主体限制为依法设立的保险机构，禁止其他机构和个人展业。11月中国银保监会发布《网络小额贷款业务管理暂行办法（征求意见稿）》，将利用技术手段和互联网平台的网络小额贷款业务纳入银保监会的监管体系，制定了业务准入的具体要求，明确该类企业的业务范围和贷款限制，大幅提高了对其自身运营和监管的要求。这标志着网络小额贷款业务在监管主体、监管强度上基本与银行监管同步，开启了强监管时代。

在金融机构与第三方合作的情况下，金融机构始终是风险管理的第一责任人，信息科技管理责任不得外包，要求金融机构加强与第三方合作的风险管理与控制。2020年7月，中国银保监会制定《商业银行互联网贷款管理暂行办法》，要求商业银行针对互联网贷款业务建立全面风险管理体系，自主拥有风控决策模型，防范和管控信息科技风险，落实商业银行的风险管理主体责任。8月，中国证监会就《证券公司租用第三方网络平台开展证券业务活动管理规定（试行）》向社会公开征求意见，明确证券公司是向投资者提供证券服务的责任主体，其责任不因与第三方机构合作而免除，划清了证券公司与第三方机构的服务界限和责任边界。10月，中国银保监会完成了《银行保险机构信息科技外包风险监管办法（征求意见稿）》内部起草工作，将银行保险机构的信息外包行为纳入管理，正视信息科技外包活动带来的风险，进一步加强监管约束，并将促进银行保险业信息科技外包监管规则与国际规则的接轨。

（四）监管思路："监管沙盒"培育创新与规范长效机制

2019年年末，中国人民银行在北京率先启动"监管沙盒"试点，探索构建符合我国国情的金融科技创新监管工具。据不完全统计，一年以来包括北京、上海、成渝、苏杭在内的多地已有9个"监管沙盒"试点城市落地公示了60项试点应用名单。[1]例如，大湾区研究建立跨境金融创新的"监管沙盒"、开展数字人民币试点等多项新政，引领了金融领域市场化改革的方向。

金融科技试点在"监管沙盒"的快速推进，表现出监管对技术创新带来的风险的一定容忍度以及探索柔性监管规范创新行为的决心。金融服务类科技创新层出不穷，大数据技术、分布式账本技术、云计算技术项目广泛在创新试点应用中提及。"监管沙盒"入围项目陆续投产并运营的同时，风险防范机制根据试点情况不断优化。目前，只有持牌金融机构可以申请"入盒"，金融科技企业只能"搭伴入盒"。随着"监管沙盒"的进一步发展，这一要求或许有放宽的可能性，符合一定资质、具备优秀技术产品的非持牌机构也有单独申请"入

---

〔1〕 参见方达律师事务所金融机构组《金融法律监管年度报告2021》，载 https://www.fangdalaw.com/wp-content/uploads/2021/02/%E9%87%91%E8%9E%8D%E6%B3%95%E5%BE%8B%E7%9B%91%E7%AE%A1%E5%B9%B4%E5%BA%A6%E6%8A%A5%E5%91%8A2021-CN-web.pdf，最后访问日期：2021年9月7日。

盒”的机会。

“监管沙盒”是平衡金融创新与风险的有效监管手段。其不仅营造了稳定而宽松的经营环境，为企业提供了大量创新机会，保证真正的科技创新进入金融市场，还让政府提前了解潜在风险，为优化监管政策积累有益经验，降低监管成本，为金融科技企业和监管机构提供了充分沟通的平台。[1]在“监管沙盒”中，金融创新与金融监管之间的关系清晰可控，有利于金融监管的进一步完善和监管机制的进一步健全。

（五）监管主旋律：维护金融消费者合法权益

金融机构与金融消费者之间信息不对称，我国金融消费者普遍缺乏金融知识和维权意识，次级金融产品需要更高的风险承受能力要求金融科技监管需配合更强的金融消费者保护。[2]2020 年，多款涉及银行、基金等类型金融机构的金融 APP 因侵犯用户信息权益被工信部点名批评，违规调用通讯录和地理位置权限引发了对个人信息保护的担忧。规制个人金融信息收集和使用、保护金融消费者合法权益是现阶段的监管趋势。金融科技时代背景下，金融消费者保护覆盖面更广，监管范式更加注重金融创新产品监管、科技驱动型监管。[3]

在规范层面，金融数据保护相关立法体系正在走向完善。《民法典》站在人格尊严的高度明确了个人信息保护的基本原则、个人信息处理者的义务和责任，并回应了新技术对个人信息带来的挑战。《数据安全法》着力规范电子数据活动，通过建立健全国家数据安全管理制度，完善国家数据安全治理体系，落实开展数据活动的组织、个人的主体责任。《个人信息保护法》立足于个人信息安全，协调个人信息保护与促进信息自由流动的关系，金融账户等敏感个人信息应取得个人的单独同意。2020 年，《金融消费者权益保护实施办法》作出修订，“法律责任”自成一章，对违法机构和人员实行“双罚制”，加重了处罚力度，提高了违法成本。

此外，行业标准和技术规范也得到细化。支持、引导行业组织加强行业规章、行业标准规则的制定，鼓励行业自律监管，可以有效弥补监管规则的刚性与不适应性。[4]全国金融标准化技术委员会于 2020 年 2 月 13 日发布了《个人金融信息保护技术规范》（JR/T 0171—2020），规定提供金融产品和服务的金融业机构应在个人金融信息收集、传输、存储、使用、删除、销毁等各环节中遵循安全防护要求，规范安全技术和安全管理，也为安全评估机构开展安全检查和评估工作提供参考。新版标准《信息安全技术个人信息安全规范》（GB/T 35273—2020）于 2020 年 3 月发布，该标准将《网络安全法》的原则性内容落到实处，更为关注信息主体的权利。《信息安全技术远程人脸识别系统技术要求》（GB/T38671—2020）由国家市场监督管理总局、国家标准化管理委员会于 2020 年 4 月 28 日正式发布，从登记、传

---

〔1〕 参见李晓楠：《夯实金融科技发展的法治根基》，载《人民论坛》2020 年第 9 期。

〔2〕 参见沈伟、张焱：《普惠金融视阈下的金融科技监管悖论及其克服进路》，载《比较法研究》2020 年第 5 期。

〔3〕 参见唐峰：《金融科技应用中金融消费者保护的现实挑战与制度回应》，载《西南金融》2020 年第 11 期。

〔4〕 参见侯东德、田少帅：《金融科技包容审慎监管制度研究》，载《南京社会科学》2020 年第 10 期。

输、存储、身份确认、身份识别、终止等人脸识别生命周期对其提出安全技术要求，通过人体身份鉴别维护信息系统安全保护以及社会安全保护。2020年10月19日，国家标准《信息安全技术区块链信息服务安全规范》研制启动会成功召开，《信息安全技术区块链信息服务安全规范》提出了对区块链的安全要求和测试评估方法，规范了区块链信息收集和使用活动。

八、展望与建议

从未来发展趋势来看，金融科技前景广阔。随着5G、芯片等基础技术的不断进步，大数据、云计算、人工智能、区块链技术逐渐成熟，在金融领域的应用进入发展新阶段。互联网科技公司在政策引导下，有望进一步利用技术和流量优势，通过推进科技创新，深耕金融服务领域，积极参与金融行业的转型升级。传统金融机构将依靠牌照和充足资金，通过自行设立金融科技子公司或者加强与第三方科技公司的合作，创新业务模式，服务实体经济，加大对普惠金融的支持力度。金融科技的发展在提高金融服务质量的同时，也因行业跨度大、事后监管难，对金融监管提出挑战。2021年是《金融科技（FinTech）发展规划（2019—2021年）》的最后一年，沿着2020年的强监管路径，2021年将继续坚持持牌经营的要求，完善监管体系，巩固监管框架。

一是持续加强功能监管，坚持将所有金融活动纳入监管。金融与科技的融合将更为深入，穿透行为外在形式、甄别业务活动实质将是精准监管的关键。2021年将继续落实穿透式监管，打击规避监管行为，防范潜在的系统性风险，推动金融科技进一步向金融回归。二是关注第三方合作风险，相关调控监管措施将持续出台。金融机构通过与第三方科技企业合作进行数字化转型是大势所趋，除了明确金融机构的主体责任外，也要识别双方合作创新中可能产生的不确定因素，由此引发的风险将是未来监管工作的重要组成部分。《证券公司租用第三方网络平台开展证券业务活动管理规定（试行）》及《银行保险机构信息科技外包风险监管办法》有望于2021年正式出台。三是构建监管科技框架，推动监管平台建设。金融监管必须由传统的人力型监管转化为以技术为核心的科技型监管，[1]监管科技在落实国家金融战略上起决定性作用。各地证监会和金融监管局将进一步推动信息系统建设；行业自律组织在建立、升级科技监管体系的同时，持续对行业的信息系统建设提出指导意见；金融基础设施和信息技术服务机构也将不断研究和投入推进科技监管。继续探索使用“监管沙盒”，鼓励优质机构对监管科技有利的创新，在风险可控的情况下推进创新和新行业标准的形成。四是在保障信息安全的同时探索数据权利制度的建立。金融信息系统存储了大量金融数据，开

---

〔1〕 参见陈星宇：《构建智能环路监管机制——基于数字金融监管的新挑战》，载《法学杂志》2020年第2期。

放的互联网环境中，数据的输入、传输、存储、使用等各环节均存在数据风险；区块链技术的应用使得网络节点难以直接管控、信任机制转变，监管主体不清、监管对象不明导致数据保护风险加剧。〔1〕目前有关信息保护、信息处理标准的规则并不完备，个人信息安全与隐私保护的法律法规将陆续完善。此外，信息数据保护和流通是一个问题的两个方面，数据产业和数据交易的规范亦应加以明确。深圳于 2020 年 7 月探索性地提出“数据权”概念,〔2〕有关数据所有权、使用权、管理权的规则需要尽快制定。五是互联网金融科技反垄断。一方面金融科技帮助市场充分释放金融数据的价值；另一方面相关企业依托科技力量跨越金融行业分业经营的严格限制，金融科技行业的数据垄断可能会引发数据流通障碍、信息泄露和融资成本提高等诸多问题，导致市场失序,〔3〕这与国家金融战略背道而驰。强调金融科技反垄断，平衡技术平台优势与金融信息使用公平是未来监管重点，2021 年将更加重视监管数据驱动的垄断协议、滥用数据市场支配地位和数据驱动的经营者集中行为。

鉴于金融科技现状和未来发展趋势，我们在此提出以下建议。

（一）守住监管底线，创新与风险预防并重

金融领域应用数据信息应比其他行业更为谨慎，金融科技的创新只有在审慎监管的背景下进行，才能更好地激发行业创新发展的积极性。守住金融科技监管底线，强化金融数据保护，遵循风险管理要求，避免以金融创新为名，行监管套利、违法犯罪之实，为金融科技稳步有序的发展营造良好的环境。

（二）尊重市场需求，健全金融科技行业标准

金融科技的应用是金融和科技发展合力的结果。从科技层面来看，技术更新速度加快、应用领域拓宽，需要更广阔的空间和更深度的应用；从金融层面来看，业务的转型升级受到金融安全的制约，金融市场发展有其自身的要求和规律。在金融科技持续推进的世界浪潮中，需要从市场配置资源的基本机制出发，明确市场预期，完善产业规范和技术标准，发挥行业自治规范在提高创新质量、维护市场秩序中的作用。

（三）完善数据规则，平衡数据流动与数据保护的关系

我国目前的立法主要从保护国家安全、维持社会秩序的角度进行数据立法，数据交易规则有待出台。对于数据的流转和交易问题，立法和司法需要进行明确，以便为相关企业的运营合规提供确定的标准。同时，数据权利特别是金融数据权利的保护机制，乃数据市场有序运行的必要基础，界定金融数据权利的所有权、使用权以及其他权利边界，重视数据安全与

---

〔1〕 参见顾功耘、邱燕飞：《区块链技术下金融监管的困境及法制进路》，载《南昌大学学报》（人文社会科学版）2020 年第 2 期。

〔2〕 2020 年 7 月 15 日，深圳市司法局发布《深圳经济特区数据条例（征求意见稿）》并公开征求意见。2021 年 6 月 29 日正式通过，并于 2022 年 1 月 1 日起施行。

〔3〕 参见周辉、张露予：《金融数据垄断规制研究》，载《网络信息法学研究》2020 年第 2 期。

信息保护，才能更好地规范金融科技的发展和应用。

（四）落实反垄断监管，防范新型科技风险

大型科技公司跨金融和科技领域经营，既推动了技术创新和内循环，也可能增加金融风险的复杂性和外溢性，要关注新型“大而不能倒”风险。自《反垄断法》生效以来，反垄断工作虽然取得了一些成果，但在互联网平台经济留下了空白，而以金融为代表的一些领域的垄断现象已经对我国的整体经济运行产生了影响。因此必须重视金融科技领域的反垄断执法，强化公平竞争审查，避免资本的无序扩张。

2015～2020 年银行业监管处罚报告

京衡律师事务所课题组 *

银行业受到的行政处罚中，来自中国银保监会的处罚占有较大比重。本文基于中国银保监会机关及北京、上海、广东、江苏、浙江五地区银保监局及分局在 2015～2020 年 12 月针对银行业主体作出的 2657 个行政处罚作出统计分析。

一、总体情况

2015 年至 2020 年 12 月 31 日，本文收集到中国银保监会机关及以上地区银保监局针对银行业主体开出的罚单共计 2657 个，处罚金额达到 374,481.654 万元。其中 2017 年开出的罚单的处罚金额最大，达到 168,326.597 万元，2019 年罚单数量最多，共计 599 个，罚单数量基本呈现逐年递增趋势。各地区处罚数量和金额变化为，银保监会机关开出的罚单金额最大，达到 193,010.560 万元，北京银保监局其次，金额达到 74,451.127 万元，其余 4 个地区处罚金额相差较小，且中国银保监会机关处罚金额只略低于北京、上海、广东、浙江及江苏五地区累计处罚总金额。处罚数量上，江苏、浙江和广东位列前三，开出的罚单数量分别为和 1005 个、897 个、662 个。

根据统计数据，中国银保监会及各地区银保监局处罚的案由主要为以下几个方面：（1）银行自有资金运营和投资业务；（2）银行理财和代销业务；（3）银行同业业务；（4）贷款相关业务；（5）银行存款相关业务；（6）银行房地产业务；（7）银行票据业务；（8）银行服务收费业务；（9）银行高管及责任人（如图 1、图 2 所示）。

---

* 本文系浙江京衡律师事务所年度课题，课题组由金融法律事务部邬晓东、王立等组成。

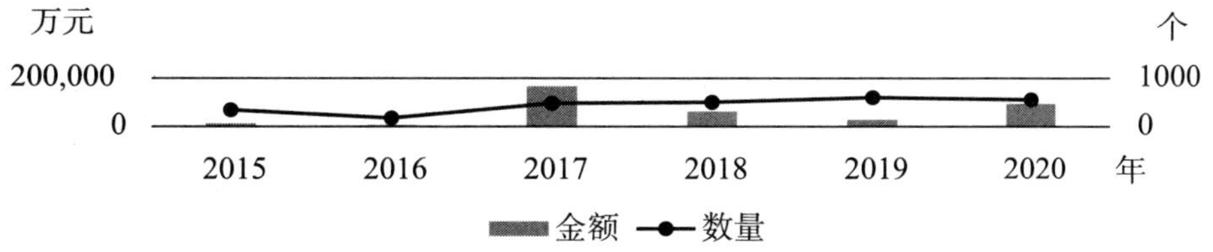

图1　2015～2020年银保监会机关及以上五地区处罚数量及金额

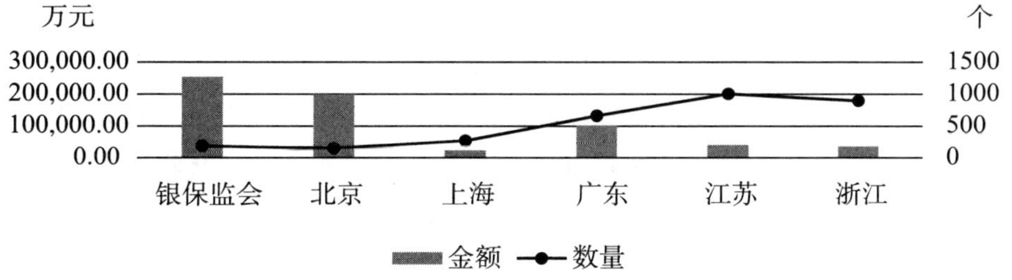

图2　2015～2020年各级银保监处罚数量及金额

二、自有资金运营和投资业务

自有资金运营和投资业务是银行的主要业务之一。中国银保监会及各地区银保监局对于银行自有资金运营和投资业务的处罚，主要具体案由为：投资审核/调查未尽职、自有资金违规缴纳土地款、投资违规接受担保以及其他违规投资等兜底性案由。对该类业务各级银保监局开出的罚单数量共有35个，金额达到105，175.071万元。其中，其他违规投资类处罚数量和金额均居第一，数量为15个，金额达到69，336.121万元；投资审核/调查未尽职类处罚在数量上位居第二位，数量为13个，其他两个类型罚单数量均在10个以下。处罚金额方面，违规接受担保类为17，973.240万元，居第二，投资审核/调查未尽职类为17，835.927万元，位居第三。

银行自有资金和投资业务中，处罚金额最大的罚单来自北京银监局开出的针对中国邮政储蓄银行及行内党某章、董某辉、何某春的京银监罚决字〔2017〕31号罚单，案由为违反国家规定从事投资活动，业务管理违反审慎经营规则，北京银监局决定对其违反国家规定从事投资活动的行为给予没收违法所得26，006.953万元，并处违法所得一倍罚款的行政处罚。

根据统计数据，自有资金运营和投资业务中各类银行机构处罚数量在4类主要案由中，全国性股份制银行受到的处罚数量占比均为最大。

三、理财和代销业务

银行的理财和代销业务同样是银行的主要业务之一，近些年各级银保监机构对此类业务的监管关注度也在逐步增加。银行的理财和代销业处罚中，主要集中在理财销售/代销管理、理财资金投资管理、风险管理和违规保本承诺几个方面。该类处罚数量共计 52 个，金额达到 96, 588. 441 万元。浙商银行在银保监银罚决字〔2018〕11 号处罚中，因理财业务违规，被银保监会开出了 5550 万元的巨额罚单。案由包括：（1）投资同业理财产品未尽职审查；（2）为客户缴交土地出让金提供理财资金融资；（3）投资非保本理财产品违规接受回购承诺；（4）理财产品销售文本使用误导性语言；（5）个人理财资金违规投资；（6）理财产品相互交易，业务风险隔离不到位；（7）为非保本理财产品提供保本承诺。

其中，理财资金投资管理类受到的处罚数量和金额均为最多，数量为 24 个，金额达到 75, 504. 971 万元；罚单数量方面，理财销售/代销管理类数量为 12 张，位居其次；处罚金额方面，违规保本承诺类金额达到了 38, 853. 441 万元，位居其次。

根据统计数据，就理财和代销业务中各类银行机构处罚数量在 4 类主要案由中的占比情况而言，全国性股份制银行受到的处罚数量占比均为最大。

（一）理财销售/代销管理

1. 代客操作购买理财产品

根据中国银保监会出台的《商业银行理财产品销售管理办法》（银监会令〔2011〕5 号）第 54 条的规定，销售人员从事理财产品销售活动，不得违规接受客户全权委托，私自代理客户进行理财产品认购、申购、赎回等交易。在实际中，银行的理财产品销售都与工作人员的业绩挂钩，存在较多的代客操作行为。

根据统计数据，该类案由下，共开出 7 张罚单，江苏银保监局、浙江银保监局及其分局对此类案由开出 6 张罚单，其中 4 单是在 2019 年开出的，较为重视此类违规行为。典型案例见表 1。

表 1　代客操作购买理财产品典型案例

序号	地区	处罚日期	被处罚人名称（姓名）	处罚文书文号	处罚单位	主要违法违规事实（案由）
1	浙江	2018 年 11 月 28 日	中国邮政储蓄银行龙游县支行	衢银监罚决字〔2018〕13 号	衢州监管分局	理财销售过程存在代客操作行为
2	江苏	2020 年 3 月 30 日	张某（上海浦东发展银行南通分行）	通银保监罚决字〔2020〕10 号	南通监管分局	对上海浦东发展银行南通分行借贷搭售、代客操作、违规销售行为负直接管理责任

续表

序号	地区	处罚日期	被处罚人名称（姓名）	处罚文书文号	处罚单位	主要违法违规事实（案由）
3	浙江	2019年12月30日	杭州银行丽水分行	丽银保监罚决字〔2019〕8号	丽水监管分局	销售人员在自助终端上代客操作购买理财产品
4	浙江	2019年12月31日	杭州银行台州分行	台银保监罚决字〔2019〕26号	台州监管分局	理财销售行为不合规，存在代客操作情况
5	浙江	2019年12月30日	稠州银行台州分行	台银保监罚决字〔2019〕25号	台州监管分局	理财销售行为不合规，存在代客操作情况
6	浙江	2019年9月30日	浙江玉环农村商业银行	台银保监罚决字〔2019〕11号	台州监管分局	理财销售行为不合规，存在代客操作情况

2. 违规修改理财合同

根据中国银保监会《商业银行理财业务监督管理办法》（银保监会令〔2018〕6号）的规定，银行理财合同文本应当由商业银行总行统一管理和授权，分支机构未经总行授权不得擅自制作和分发宣传销售文本，同时根据《商业银行理财产品销售管理办法》的规定，商业银行销售理财产品，应当遵循公平、公开、公正原则，不得对客户进行误导销售。

根据统计数据，此类罚单数量较少，中国银保监会机关在2018年针对两家全国性股份制银行分别开出2张罚单。典型案例见表2。

表2 违规修改理财合同典型案例

序号	部门	处罚日期	被处罚人名称	处罚文书文号	处罚单位	主要违法违规事实（案由）
1	银保监会	2018年11月9日	中国光大银行股份有限公司	银保监银罚决字〔2018〕10号	中国银行保险监督管理委员会	以修改理财合同文本或误导方式违规销售理财产品
2	银保监会	2018年2月12日	上海浦东发展银行股份有限公司	银监罚决字〔2018〕4号	中国银行保险监督管理委员会	修改总行理财合同标准文本，导致理财资金实际投向与合同约定不符

3. 违规销售/代销

以违规销售/代销为兜底性案由，具体表现为各银行违反审慎经营原则。各级银保监局作出的处罚共10个，分别由中国银保监会机关、浙江、北京、广东、上海银保监局及其分局作出。从处罚对象角度，国有大型银行受处罚比例最大。典型案例见表3。

表3 违规销售/代销典型案例

序号	地区	处罚日期	被处罚人名称(姓名)	处罚文书文号	处罚单位	主要违法违规事实(案由)
1	浙江	2019年10月14日	中国建设银行浙江省分行	浙银保监罚决字〔2019〕46号	中国银保监会浙江监管局	理财产品销售行为不审慎
2	北京	2017年11月22日	中国农业银行北京市分行/王某、关某、陈某顺	京银监罚决字〔2017〕23号	北京银监局	中国农业银行北京市分行违规代销第三方产品严重违反审慎经营规则。王某、关某、陈某顺为责任人
3	广东	2019年1月18日	中国农业银行股份有限公司阳江分行	阳银保监罚决字〔2019〕2号	中国银保监会阳江监管分局	代销业务严重违反审慎经营规则
4	广东	2018年11月19日	广州农村商业银行股份有限公司河源分行/杨某勇、叶某、陈某文	河银监罚决字〔2018〕3号	中国银监会河源监管分局	广州农商行河源分行代销业务严重违反审慎经营规则;杨某勇负领导责任;叶某负管理责任;陈某文负承办责任

(二)理财资金投资管理

中国银保监会出台的《商业银行理财业务监督管理办法》第35、36条对商业银行理财产品投资的资产范围作出了明确限定。

根据规定,银行面向机构和非机构投资者的理财产品,可以投资的种类为:国债、地方政府债券、中央银行票据、政府机构债券、金融债券、银行存款、大额存单、同业存单、公司信用类债券、在银行间市场和证券交易所市场发行的资产支持证券、公募证券投资基金、其他债权类资产、权益类资产以及国务院银行业监督管理机构认可的其他资产。

银行面向机构和非机构投资者的理财产品,不得投资的种类为:信贷资产、本行信贷资产、本行或其他银行业金融机构发行的理财产品、本行发行的次级档信贷资产支持证券。面向非机构投资者的理财产品,不得投资于不良资产、不良资产支持证券。

根据统计数据,各级银保监局共开出24张罚单,其中中国银保监会机关开出14张罚单,主要集中在2017~2018年,北京银保监局也开出4张罚单。从处罚对象来看,全国性股份制银行占比最大,比例达到75%。典型案例见表4。

表4 理财资金投资管理典型案例

序号	部门/地区	处罚日期	被处罚人名称	处罚文书文号	处罚单位	主要违法违规事实（案由）
1	中国银保监会	2017年3月29日	恒丰银行股份有限公司	银监罚决字〔2017〕15号	中国银监会	将代客理财资金违规用于本行自营业务，减少加权风险资产计提
2	中国银保监会	2018年11月19日	中信银行股份有限公司	银保监银罚决字〔2018〕14号	中国银行保险监督管理委员会	理财资金违规缴纳土地款
3	中国银保监会	2018年11月9日	交通银行股份有限公司	银保监银罚决字〔2018〕12号	中国银行保险监督管理委员会	理财资金违规投资项目资本金
4	中国银保监会	2018年11月9日	浙商银行股份有限公司	银保监银罚决字〔2018〕11号	中国银行保险监督管理委员会	1. 为客户缴交土地出让金提供理财资金融资；2. 个人理财资金违规投资
5	中国银保监会	2018年11月9日	中国民生银行股份有限公司	银保监银罚决字〔2018〕8号	中国银行保险监督管理委员会	个人理财资金违规投资
6	中国银保监会	2018年4月19日	兴业银行股份有限公司	银保监银罚决字〔2018〕1号	中国银行保险监督管理委员会	个人理财资金违规投资
7	中国银保监会	2018年2月12日	上海浦东发展银行股份有限公司	银监罚决字〔2018〕4号	中国银行保险监督管理委员会	理财资金投资非标准化债权资产比例超监管要求
8	中国银保监会	2017年12月29日	恒丰银行股份有限公司	银监罚决字〔2017〕30号	中国银监会	理财资金投资非标准化债权资产余额超比例
9	中国银保监会	2017年3月29日	恒丰银行股份有限公司	银监罚决字〔2017〕15号	中国银监会	将代客理财资金违规用于本行自营业务，减少加权风险资产计提
10	上海	2019年10月30日	渤海银行股份有限公司上海分行	沪银保监银罚决字〔2019〕83号	中国银行保险监督管理委员会上海监管局	该分行对某理财资金违规投向“四证”不全的房地产项目风险管理未尽职

续表

序号	部门/地区	处罚日期	被处罚人名称	处罚文书文号	处罚单位	主要违法违规事实（案由）
11	北京	2020 年 2 月 20 日	中信银行股份有限公司	京银保监罚决字〔2020〕10 号	北京银保监局	理财资金违规投向未上市房地产企业股权；理财资金实际用于置换项目前期股东支付的土地出让金
12	北京	2019 年 10 月 8 日	上海浦东发展银行北京分行	京银保监罚决字〔2019〕40 号	北京银保监局	理财资金违规用于借款人支付土地出让金、理财资金违规通过信托通道投向批准文件不全的建设项目
13	北京	2019 年 9 月 2 日	渤海银行北京分行	京银保监罚决字〔2019〕27 号	北京银保监局	理财资金违规用于房地产开发企业缴交土地出让价款、违规投向“四证”不全的房地产项目
14	北京	2019 年 3 月 25 日	大连银行北京丰台支行	京银保监罚决字〔2019〕8 号	北京银保监局	理财资金对接四证不全的房地产开发贷款严重违反审慎经营规则
15	上海	2018 年 1 月 4 日	上海银行股份有限公司	沪银监罚决字〔2018〕1 号	中国银行业监督管理委员会上海监管局	部分理财资金用于增资和缴交土地出让金，与合同约定用途不一致
16	浙江	2018 年 12 月 26 日	浙江稠州商业银行	金银保监罚决字〔2018〕1 号	中国银保监会金华监管分局	理财投资非标资产未严格比照自营贷款管理；个人理财资金违规投资

（三）风险管理

中国银保监会对银行理财的风险管理有相应监管要求，根据《关于规范商业银行理财业务投资运作有关问题的通知》（银监发〔2013〕8 号），商业银行应比照自营贷款管理流程，对非标准化债权资产投资进行投前尽职调查、风险审查和投后风险管理。

此类具体处罚案由主要是风险隔离不到位、投后管理不尽职、通过违规发售理财产品实现本行资产虚假出表。根据统计数据，该类罚单数量较少，共 18 张。其中，中国银保监会机关开出 9 张，浙江银保监局开出 2 张罚单，上海银保监局开出 2 张罚单，江苏银保监局开出 3 张罚单。银保监会机关监管更重视风险隔离是否到位，浙江银保监局则着重于投后管理是否尽职。典型案例见表5。

表5　风险管理典型案例

序号	部门/地区	处罚日期	被处罚人名称	处罚文书文号	处罚单位	主要违法违规事实（案由）
1	中国银保监会	2018年11月9日	浙商银行股份有限公司	银保监银罚决字〔2018〕11号	中国银行保险监督管理委员会	理财产品相互交易，业务风险隔离不到位
2	中国银保监会	2018年11月9日	中国民生银行股份有限公司	银保监银罚决字〔2018〕8号	中国银行保险监督管理委员会	本行理财产品之间风险隔离不到位
3	上海	2019年10月30日	渤海银行股份有限公司上海分行	沪银保监银罚决字〔2019〕83号	中国银行保险监督管理委员会上海监管局	该分行对某底层资产为非标准化债权资产的理财投资业务风险管理未尽职
4	浙江	2019年12月23日	中国工商银行浙江省分行	浙银保监罚决字〔2019〕63号	中国银保监会浙江监管局	投后管理不到位
5	浙江	2019年10月14日	中国建设银行浙江省分行	浙银保监罚决字〔2019〕46号	中国银保监会浙江监管局	理财投后管理不尽职

（四）理财违规保本承诺

中国人民银行、中国银保监会、中国证监会以及外汇管理局联合发布的《关于规范金融机构资产管理业务的指导意见》（银发〔2018〕106号，以下简称《资管新规》）出台后，要求银行理财产品要打破刚兑、禁止保本承诺。因此，此类违规行为将受到各级银保监的监管处罚。根据统计数据，共有9张罚单，均由银保监会机关开出，主要处罚对象集中于全国性股份制银行，且多在2018年作出。典型案例见表6。

表6　理财违规保本承诺典型案例

序号	部门	处罚日期	被处罚人名称	处罚文书文号	处罚单位	主要违法违规事实（案由）
1	中国银保监会	2018年11月19日	中信银行股份有限公司	银保监银罚决字〔2018〕14号	中国银行保险监督管理委员会	为非保本理财产品提供保本承诺

续表

序号	部门	处罚日期	被处罚人名称	处罚文书文号	处罚单位	主要违法违规事实（案由）
2	中国银保监会	2018 年 11 月 9 日	浙商银行股份有限公司	银保监银罚决字〔2018〕11 号	中国银行保险监督管理委员会	投资非保本理财产品违规接受回购承诺
3	中国银保监会	2018 年 11 月 9 日	中国民生银行股份有限公司	银保监银罚决字〔2018〕8 号	中国银行保险监督管理委员会	为非保本理财产品提供保本承诺
4	中国银保监会	2018 年 2 月 12 日	上海浦东发展银行股份有限公司	银监罚决字〔2018〕4 号	中国银行保险监督管理委员会	为非保本理财产品出具保本承诺函
5	中国银保监会	2017 年 12 月 29 日	恒丰银行股份有限公司	银监罚决字〔2017〕30 号	中国银监会	违规对非保本浮动收益理财产品出具担保函

四、同业业务

2014 年中国银监会出台的《关于规范金融机构同业业务的通知》（银发〔2014〕127 号）对银行的同业业务经营行为作出深入规定。2017 年银监会“三三四十”系列文件中，又进一步对银行开展同业业务进行了规范。2018 年银监会发布的《关于进一步深化整治银行业市场乱象的通知》（银监发〔2018〕4 号）将银行违规开展同业业务作为整治工作要点。

根据统计数据，2015～2020 年 12 月，中国银保监会和各级银保监局针对同业业务违规开出 84 张罚单，金额共计 89,551.621 万元，具体案由为：同业投资违规、提供/接受担保违规、同业授信违规、同业通道违规、同业内控违规、违反监管指标及其他同业业务违规兜底性案由。其中，罚单数量方面，同业内控违规罚单数量最多，共计 50 张罚单，同业投资违规第二，共计 31 张罚单。金额方面，提供/接受担保违规、同业投资违规和违反监管指标处罚金额依次递减，分别为 48,673.024 万元、39,667.397 万元和 20,334.127 万元，位列前三。见图 3。

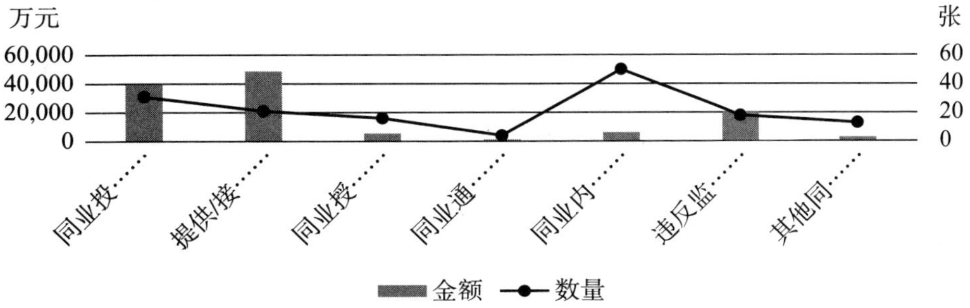

图3　2015～2020年银行同业业务处罚数量及金额

根据统计数据，同业业务中各类银行机构处罚数量在7类主要案由中的占比情况为：第一，同业投资违规类别中，城市商业银行占比最大，占比38.71%，罚单数量为12张；第二，提供/接受担保违规类别中，全国性股份制银行占比最大，为57.14%，罚单数量为12张；第三，同业授信违规类别中，农商行占比最大，为43.75%，罚单数量为7张；第四，同业通道违规类别中，全国性股份制银行占比最大，为75%，罚单数量为3张；第五，同业内控违规类别中，农商行占比最大，为38%，罚单数量为19张；第六，违反监管指标类别中，国有大型银行占比最大，为50%，罚单数量为9张；第七，同业业务违规类别中，国有大型银行占比最大，为46.15%，罚单数量为6张。

（一）同业投资违规

根据统计数据，上海银保监局开出的罚单数量最多，罚单数量为12张，浙江银保监局及其分局开出9张罚单，位居其次。具体案由为：同业投资投向不合规、违规流向房地产、调查未尽职等。典型案例见表7。

表7　同业投资违规典型案例

序号	部门/地区	处罚日期	被处罚人名称	处罚文书文号	处罚单位	主要违法违规事实（案由）
1	中国银保监会	2018年11月9日	渤海银行股份有限公司	银保监银罚决字〔2018〕9号	中国银行保险监督管理委员会	同业投资他行非保本理财产品审查不到位
2	中国银保监会	2018年11月9日	中国民生银行股份有限公司	银保监银罚决字〔2018〕8号	中国银行保险监督管理委员会	同业投资、理财资金违规投资房地产，用于缴交或置换土地出让金及土地储备融资

续表

序号	部门/地区	处罚日期	被处罚人名称	处罚文书文号	处罚单位	主要违法违规事实（案由）
3	北京	2019 年 10 月 8 日	兴业银行北京分行	京银保监罚决字〔2019〕41 号	北京银保监局	违规通过同业投资规避监管指标
4	中国银保监会	2018 年 2 月 12 日	上海浦东发展银行股份有限公司	银监罚决字〔2018〕4 号	中国银行保险监督管理委员会	1. 以存放同业业务名义开办委托定向投资业务，并少计风险资产；2. 投资多款同业理财产品未尽职审查，涉及金额较大
5	上海	2018 年 1 月 18 日	平安银行股份有限公司上海分行	沪银监罚决字〔2018〕8 号	中国银行业监督管理委员会上海监管局	2015～2016 年，该分行违规对外签署同业投资合同
6	浙江	2020 年 1 月 7 日	广发银行杭州分行	浙银保监罚决字〔2020〕8 号	中国银保监会浙江监管局	同业投资资金部分对接本行理财非标投资
7	中国银保监会	2018 年 11 月 9 日	浙商银行股份有限公司	银保监银罚决字〔2018〕11	中国银行保险监督管理委员会	投资同业理财产品未尽职审查
8	上海	2019 年 10 月 30 日	渤海银行股份有限公司上海分行	沪银保监银罚决字〔2019〕83 号	中国银行保险监督管理委员会上海监管局	2016 年 1 月至 2017 年 2 月，该分行对某同业资金违规投向“四证”不全的房地产项目合规性审查未尽职
9	上海	2018 年 9 月 5 日	大连银行股份有限公司上海分行	沪银监罚决字〔2018〕36 号	中国银行业监督管理委员会上海监管	2017 年 9 月，该分行对外签署某同业投资非标合同，加盖分行公章，实质对外承担风险责任

续表

序号	部门/地区	处罚日期	被处罚人名称	处罚文书文号	处罚单位	主要违法违规事实（案由）
10	上海	2018年1月23日	北京银行股份有限公司上海分行	沪银监罚决字〔2018〕9号	中国银行业监督管理委员会上海监管局	该分行对同业投资资金投向未尽合规性审查义务，2014年12月至2017年7月，某同业投资资金投向项目资本金不到位的房地产开发项目
11	上海	2018年1月4日	天津银行上海分行	沪银监罚决字〔2018〕5号	中国银行业监督管理委员会上海监管局	该分行对外签署同业非标投资合同并加盖分行公章； 该分行对同业投资资金投向未尽合规性审查义务，同业资金投向未经审批的道路施工项目
12	浙江	2020年1月14日	杭州银行	浙银保监罚决字〔2020〕12号	中国银保监会浙江监管局	同业投资资金违规投向股权投资领域
13	浙江	2019年8月20日	湖州银行	湖银保监罚决字〔2019〕3号	中国银保监会湖州监管分局	同业投资未严格比照自营贷款管理
14	浙江	2017年12月20日	嘉兴银行	嘉银监罚决字〔2017〕12号	中国银监会嘉兴监管分局	同业投资非标资产未严格比照自营贷款管理
15	北京	2019年3月1日	大连银行北京海淀支行	京银保监罚决字〔2019〕4号	北京银保监局	个别贷款及同业投资业务严重违反审慎经营规则
16	上海	2018年10月18日	上海银行股份有限公司	沪银监罚决字〔2018〕54号	中国银行业监督管理委员会上海监管局	该行对某同业资金违规投向资本金不足的房地产项目合规性审查未尽职

续表

序号	部门/地区	处罚日期	被处罚人名称	处罚文书文号	处罚单位	主要违法违规事实（案由）
17	浙江	2019 年 6 月 5 日	金城（浙江稠州商业银行金融市场部）	金银保监罚决字〔2019〕9 号	中国银保监会金华监管分局	对浙江稠州商业银行同业资金投向违规的违法违规行为负直接责任
18	浙江	2019 年 6 月 5 日	王中（浙江稠州商业银行义乌管理部）	金银保监罚决字〔2019〕8 号	中国银保监会金华监管分局	对浙江稠州商业银行同业资金投向违规的违法违规行为负直接责任
19	浙江	2019 年 6 月 5 日	张雷（浙江稠州商业银行嘉兴分行）	金银保监罚决字〔2019〕7 号	中国银保监会金华监管分局	对浙江稠州商业银行同业资金投向违规的违法违规行为负直接责任
20	浙江	2018 年 12 月 26 日	浙江稠州商业银行	金银保监罚决字〔2018〕1 号	中国银保监会金华监管分局	同业资金投向违规
21	上海	2019 年 5 月 14 日	上海农村商业银行股份有限公司徐汇支行	沪银保监银罚决字〔2019〕42 号	中国银行保险监督管理委员会上海监管局	2017 年 4 月，该支行对某笔同业投资业务投前调查不尽职，实际用途与合同约定不一致
22	上海	2018 年 3 月 19 日	上海农村商业银行股份有限公司	沪银监罚决字〔2018〕17 号	中国银行业监督管理委员会上海监管局	1. 2016～2017 年，该行对某同业投资资金违规投向“四证”不全的房地产项目未尽合规性审查义务。 2. 2015 年 8 月，该行对某同业资金违规投向资本金不足的房地产项目未尽合规性审查义务。 3. 2015 年 6～7 月，该行部分同业资金被违规用于证券交易。 4. 2017 年，该行某同业资金被违规用于股权投资
23	上海	2019 年 5 月 7 日	上海农村商业银行股份有限公司	沪银保监银罚决字〔2019〕16 号	中国银行保险监督管理委员会上海监管局	2017 年 5 月，该行对某同业资金投前调查不尽职，严重违反审慎经营规则

续表

序号	部门/地区	处罚日期	被处罚人名称	处罚文书文号	处罚单位	主要违法违规事实（案由）
24	上海	2018年3月16日	南洋商业银行（中国）有限公司	沪银监罚决字〔2018〕14号	中国银行业监督管理委员会上海监管局	1. 2016年9月，该行某同业投资资金违规投向"四证"不全的房地产项目。 2. 2016年8～9月，该行违规同意某分支机构开展同业业务
25	上海	2019年5月10日	上海华瑞银行股份有限公司	沪银保监银罚决字〔2019〕33号	中国银行保险监督管理委员会上海监管局	2016年8月、10月，该行部分同业投资资金违规用于股权增资

（二）提供/接受担保违规

中国银保监会《关于进一步深化整治银行业市场乱象的通知》（银监发〔2018〕4号）文件禁止同业业务提供，接受直接或间接、显性或隐性的第三方金融机构信用担保。根据统计数据，中国银保监会机关开出的罚单数量最多，共有11张，占到57.89%，全国性股份制银行受到处罚数量占比较高。典型案例见表8。

表8　提供/接受担保违规典型案例

序号	部门/地区	处罚日期	被处罚人名称（姓名）	处罚文书文号	处罚单位	主要违法违规事实（案由）
1	浙江	2015年8月7日	中国银行浙江省分行	浙银监罚决字〔2015〕8号	中国银监会浙江监管局	同业新规实施后，仍然违规为买入返售和同业投资提供显性或隐性担保，承担实质性风险，且未在资产负债表内或表外反映
2	上海	2016年1月8日	中国银行股份有限公司上海市南汇支行	沪银监罚决字〔2016〕6号	中国银行业监督管理委员会上海监管局	该支行在开展同业业务时，违规为第三方金融机构提供隐性担保，承担实质性风险，却未在资产负债表内或表外记载和反映

续表

序号	部门/地区	处罚日期	被处罚人名称（姓名）	处罚文书文号	处罚单位	主要违法违规事实（案由）
3	中国银保监会	2018 年 11 月 9 日	中国光大银行股份有限公司	银保监银罚决字〔2018〕10 号	中国银行保险监督管理委员会	同业投资违规接受担保
4	中国银保监会	2018 年 11 月 9 日	渤海银行股份有限公司	银保监银罚决字〔2018〕9 号	中国银行保险监督管理委员会	同业投资他行非保本理财产品审查不到位
5	中国银保监会	2018 年 11 月 9 日	中国民生银行股份有限公司	银保监银罚决字〔2018〕8 号	中国银行保险监督管理委员会	同业投资违规接受担保
6	中国银保监会	2018 年 4 月 19 日	兴业银行股份有限公司	银保监银罚决字〔2018〕1 号	中国银行保险监督管理委员会	同业投资接受隐性的第三方金融机构信用担保
7	北京	2016 年 11 月 17 日	兴业银行北京分行/门某	京银监发〔2016〕161 号	北京银监局	兴业银行北京分行办理的 7 项同业投资业务，接受了间接的第三方金融机构的信用担保门某属于直接责任人员
8	中国银保监会	2018 年 2 月 12 日	招商银行股份有限公司	银监罚决字〔2018〕1 号	中国银行保险监督管理委员会	同业投资业务违规接受第三方金融机构信用担保；为同业投资业务违规提供第三方金融机构信用担保
9	中国银保监会	2017 年 3 月 29 日	平安银行股份有限公司	银监罚决字〔2017〕14 号	中国银监会	为同业投资业务提供第三方信用担保
10	浙江	2017 年 1 月 22 日	温州银行	温银监罚决字〔2017〕7 号	中国银监会温州监管分局	违规为同业投资提供担保，承担实质性风险，且未在资产负债表内或表外反映
11	北京	2019 年 9 月 25 日	北京银行	京银保监罚决字〔2019〕38 号	北京银保监局	同业业务专营部门制改革不到位、同业投资违规接受第三方金融机构信用担保

续表

序号	部门/地区	处罚日期	被处罚人名称（姓名）	处罚文书文号	处罚单位	主要违法违规事实（案由）
12	浙江	2017 年 9 月 6 日	浙江稠州商业银行	金银监罚决字〔2017〕4 号	中国银监会金华监管分局	同业投资业务接受隐性担保

（三）同业授信违规

中国银监会发布的《中国银监会办公厅关于规范商业银行同业业务治理的通知》（银监办发〔2014〕140 号）规定，商业银行应建立健全同业业务授信管理政策，由法人总部对表内外同业业务进行集中统一授信，不得进行多头授信，不得办理无授信额度或超授信额度的同业业务。

根据统计数据，江苏银保监局及其分局开出的罚单数量最多，共计 8 张，浙江银保监局及其分局开出的罚单数量为 5 张，银保监会机关开出的罚单数量为 2 张，广东银保监局及其分局开出的罚单数量为 4 张，上海银保监局及其分局开出的罚单数量为 1 张。主要案由为同业授信不审慎、未实施统一授信、违规提供授信等。典型案例见表 9。

表 9　同业授信违规典型案例

序号	地区	处罚日期	被处罚人名称（姓名）	处罚文书文号	处罚单位	主要违法违规事实（案由）
1	浙江	2017 年 11 月 29 日	高某（浙江稠州商业银行）	金银监罚决字〔2017〕11 号	中国银监会金华监管分局	对浙江稠州商业银行同业业务交易未实施授信、对同业业务专营部门实施了转授权负有直接责任
2	浙江	2017 年 11 月 29 日	罗某舟（浙江稠州商业银行）	金银监罚决字〔2017〕10 号	中国银监会金华监管分局	对浙江稠州商业银行同业业务交易未实施授信、对同业业务专营部门实施了转授权负有直接责任
3	浙江	2017 年 11 月 29 日	吴某海（浙江稠州商业银行）	金银监罚决字〔2017〕9 号	中国银监会金华监管分局	对浙江稠州商业银行同业业务交易未实施授信、对同业业务专营部门实施了转授权负有直接责任

续表

序号	地区	处罚日期	被处罚人名称（姓名）	处罚文书文号	处罚单位	主要违法违规事实（案由）
4	浙江	2017 年 11 月 29 日	浙江稠州商业银行	金银监罚决字〔2017〕8 号	中国银监会金华监管分局	同业业务交易未实施授信、对同业业务专营部门实施了转授权
5	江苏	2019 年 12 月 30 日	钱某	常银保监罚决字〔2019〕20 号	中国银行保险监督管理委员会常州监管分局	对江苏江南农村商业银行股份有限公司同业授信不审慎致使业务形成风险负直接管理责任
6	江苏	2019 年 12 月 30 日	江苏江南农村商业银行股份有限公司	常银保监罚决字〔2019〕18 号	中国银行保险监督管理委员会常州监管分局	同业授信不审慎致使业务形成风险
7	浙江	2019 年 12 月 30 日	解某波	常银保监罚决字〔2019〕17 号	中国银行保险监督管理委员会常州监管分局	对江苏江南农村商业银行股份有限公司同业授信不审慎致使业务形成风险负主要领导责任
8	江苏	2018 年 11 月 29 日	浙江武义农村商业银行	金银监罚决字〔2018〕3 号	中国银监会金华监管分局	信贷资金挪用于支付购房首付款、办理未经授信的同业业务
9	江苏	2015 年 8 月 3 日	江苏滨海农村商业银行股份有限公司	盐银监罚〔2015〕8 号	中国银行保险监督管理委员会盐城监管分局	超授信额度办理同业业务，严重违反审慎经营规则
10	江苏	2019 年 11 月 1 日	左某如	盐银保监罚决字〔2019〕12 号	中国银行保险监督管理委员会盐城监管分局	对江苏东台稠州村镇银行股份有限公司未对同业客户实施统一授信管理负直接管理责任和领导责任
11	江苏	2019 年 11 月 1 日	江苏东台稠州村镇银行股份有限公司	盐银保监罚决字〔2019〕11 号	中国银行保险监督管理委员会盐城监管分局	未对同业客户实施统一授信管理

（四）同业通道违规

中国银保监会《关于进一步深化整治银行业市场乱象的通知》禁止违规通过同业业务充当他行资金管理的“通道”，未履行风险管理职责，不掌握底层基础资产信息和实际风险承担情况等。

根据统计数据，该类处罚数量较少，北京银保监局开出2张罚单，中国银保监会机关和广东银保监局及其分局分别开出1张罚单。主要案由是以同业业务为通道违规提供融资、同业投资违规通过信托/保险资管通道。典型案例见表10。

表10　同业通道违规典型案例

序号	部门/地区	处罚日期	被处罚人名称	处罚文书文号	处罚单位	主要违法违规事实（案由）
1	中国银保监会	2017年3月29日	恒丰银行股份有限公司	银监罚决字〔2017〕15号	中国银监会	以保险类资产管理公司为通道，违规将同业存款变相纳入一般性存款核算
2	北京	2019年10月8日	上海浦东发展银行北京分行	京银保监罚决字〔2019〕40号	北京银保监局	同业投资违规通过信托通道发放土地储备贷款
3	广东	2017年9月1日	招商银行股份有限公司广州分行	粤银监罚决字〔2017〕30号	中国银监会广东监管局	以同业业务为通道违规提供融资
4	北京	2019年9月3日	北京银行	京银保监罚决字〔2019〕28号	北京银保监局	同业投资通过信托通道违规发放土地储备贷款

（五）同业内控违规

根据统计数据，同业内控罚单数量居于首位，共有50张罚单。主要案由为：同业业务管理不尽职，严重违反审慎经营规则、同业业务管理失控以及同业业务交易对手管理不到位。其中广东银保监局及其分局罚单数量最多，开出21张罚单，江苏银保监局及其分局其次，开出15张罚单。典型案例见表11。

表11　同业内控违规典型案例

序号	地区	处罚日期	被处罚人名称（姓名）	处罚文书文号	处罚单位	主要违法违规事实（案由）
1	广东	2015年9月21日	中国工商银行股份有限公司清远分行	清银监罚决〔2015〕1号	中国银监会清远监管分局	同业业务严重违反审慎经营规则

续表

序号	地区	处罚日期	被处罚人名称（姓名）	处罚文书文号	处罚单位	主要违法违规事实（案由）
2	北京	2017 年 5 月 8 日/2017 年 9 月 18 日	中国农业银行北京市分行/姚某延、张某、王某、刘某梅、龙某、胡某刚、吴某强、殷某、辛某	京银监罚决字〔2017〕1 号、京银监罚决字〔2017〕19 号	北京银监局	中国农业银行北京市分行同业票据业务严重违反审慎经营规则。姚某延、张某、王某、刘某梅、龙某、胡某刚、吴某强、殷某、辛某为责任人
3	广东	2017 年 6 月 14 日	中国银行股份有限公司广州珠江支行	粤银监罚决字〔2017〕13 号	中国银监会广东监管局	同业业务严重违反审慎经营规则
4	广东	2015 年 11 月 12 日	中国银行股份有限公司广州番禺支行	粤银监罚决字〔2015〕1 号	中国银监会广东监管局	同业业务严重违反审慎经营规则
5	广东	2017 年 9 月 12 日	中国建设银行股份有限公司广州白云支行	粤银监罚决字〔2017〕34 号	中国银监会广东监管局	同业业务严重违反审慎经营原则
6	广东	2017 年 9 月 12 日	中国建设银行股份有限公司广州白云支行	粤银监罚决字〔2017〕34 号	中国银监会广东监管局	同业业务严重违反审慎经营原则
7	广东	2015 年 11 月 20 日	招商银行股份有限公司佛山分行	佛银监罚决字〔2015〕3 号	中国银监会佛山监管分局	同业业务严重违反审慎经营规则
8	广东	2015 年 12 月 14 日	招商银行股份有限公司东莞分行	东银监罚决字〔2015〕5 号	中国银保监会东莞监管分局	同业业务严重违反审慎经营规则
9	广东	2017 年 7 月 6 日	上海浦东发展银行股份有限公司广州分行	粤银监罚决字〔2017〕25 号	中国银监会广东监管局	同业业务严重违反审慎经营规则
10	广东	2016 年 1 月 15 日	中国光大银行股份有限公司广州分行	粤银监罚决字〔2016〕1 号	中国银监会广东监管局	同业业务严重违反审慎经营规则

续表

序号	地区	处罚日期	被处罚人名称（姓名）	处罚文书文号	处罚单位	主要违法违规事实（案由）
11	北京	2017年6月13日	中国民生银行北京分行/王某、姜某国	京银监罚决字〔2017〕6号	北京银监局	中国民生银行北京分行违规虚增存款14笔，违规办理同业票据业务严重违反审慎经营规则，王某、姜某国为责任人
12	上海	2018年1月18日	平安银行股份有限公司上海分行	沪银监罚决字〔2018〕8号	中国银行业监督管理委员会上海监管局	2015～2016年，该分行违规对外签署同业投资合同
13	北京	2016年12月30日	恒丰银行北京分行/王某非	京银监发〔2016〕244号	北京银监局	恒丰银行北京分行的同业票据业务交易资金划转、票据资产管理计划业务办理等行为严重违反审慎经营规则。王某非属于直接责任人员
14	北京	2019年12月14日	中国民生银行股份有限公司/顾某辉	京银保监罚决字〔2019〕56号	北京银保监局	民生银行总行同业票据业务管理失控
15	江苏	2019年12月31日	任某光	苏州银保监罚决字〔2019〕60号	中国银行保险监督管理委员会苏州监管分局	对苏州银行同业业务交易对手管理不到位负有管理责任
16	江苏	2019年12月31日	苏州银行股份有限公司	苏州银保监罚决字〔2019〕58号	中国银行保险监督管理委员会苏州监管分局	同业业务交易对手管理不到位
17	北京	2019年5月27日	大连银行北京经济技术开发区支行/税某舟	京银保监罚决字〔2019〕20号	北京银保监局	同业业务严重违反审慎经营规则；税某舟为责任人
18	北京	2019年3月1日	大连银行北京海淀支行	京银保监罚决字〔2019〕4号	北京银保监局	个别贷款及同业投资业务严重违反审慎经营规则

续表

序号	地区	处罚日期	被处罚人名称（姓名）	处罚文书文号	处罚单位	主要违法违规事实（案由）
19	北京	2017 年 8 月 8 日	北京银行/张某珍	京银监罚决字〔2017〕12 号	北京银监局	北京银行同业业务严重违反审慎经营规则，张某珍为责任人
20	北京	2016 年 12 月 30 日	宁波银行北京分行/段某	京银监发〔2016〕245 号	北京银监局	宁波银行北京分行同业票据资产违规出表，严重违反审慎经营规则；段某属于直接责任人员
21	广东	2015 年 12 月 14 日	东莞银行股份有限公司	东银监罚决字〔2015〕3 号	中国银保监会东莞监管分局	银信理财业务、同业业务严重违反审慎经营规则
22	上海	2018 年 9 月 5 日	大连银行股份有限公司上海分行	沪银监罚决字〔2018〕36 号	中国银行业监督管理委员会上海监管局	2017 年 9 月，该分行对外签署某同业投资非标合同，加盖分行公章，实质对外承担风险责任
23	广东	2017 年 6 月 21 日	广东南粤银行股份有限公司广州分行	粤银监罚决字〔2017〕20 号	中国银监会广东监管局	同业业务严重违反审慎经营规则
24	江苏	2019 年 12 月 3 日	谢某	宿银保监罚决字〔2019〕12 号	中国银行保险监督管理委员会宿迁监管分局	对江苏泗洪农村商业银行股份有限公司同业业务管理不尽职，严重违反审慎经营规则负领导责任
25	江苏	2019 年 11 月 29 日	张某龙	宿银保监罚决字〔2019〕11 号	中国银行保险监督管理委员会宿迁监管分局	对江苏泗阳农村商业银行股份有限公司同业业务管理不尽职，严重违反审慎经营规则负领导责任
26	江苏	2019 年 11 月 29 日	方某	宿银保监罚决字〔2019〕10 号	中国银行保险监督管理委员会宿迁监管分局	对江苏泗阳农村商业银行股份有限公司同业业务管理不尽职，严重违反审慎经营规则负直接管理责任

续表

序号	地区	处罚日期	被处罚人名称（姓名）	处罚文书文号	处罚单位	主要违法违规事实（案由）
27	江苏	2019年11月29日	江苏泗阳农村商业银行股份有限公司	宿银保监罚决字〔2019〕9号	中国银行保险监督管理委员会宿迁监管分局	同业业务管理不尽职，严重违反审慎经营规则
28	江苏	2019年11月29日	洪某	宿银保监罚决字〔2019〕8号	中国银行保险监督管理委员会宿迁监管分局	对江苏泗洪农村商业银行股份有限公司同业业务管理不尽职，严重违反审慎经营规则负直接管理责任
29	江苏	2019年11月29日	江苏泗洪农村商业银行股份有限公司	宿银保监罚决字〔2019〕7号	中国银行保险监督管理委员会宿迁监管分局	同业业务管理不尽职，严重违反审慎经营规则
30	江苏	2019年12月27日	江苏淮安农村商业银行股份有限公司	淮银保监罚决字〔2019〕14号	中国银行保险监督管理委员会淮安监管分局	对江苏淮安农村商业银行股份有限公司同业资产投后管理不尽职，严重违反审慎经营规则负直接责任
31	江苏	2019年12月27日	江苏淮安农村商业银行股份有限公司	淮银保监罚决字〔2019〕13号	中国银行保险监督管理委员会淮安监管分局	同业资产投后管理不尽职，严重违反审慎经营规则
32	广东	2018年11月13日	广州农村商业银行股份有限公司/杨某林、……	粤银保监（筹）罚决字〔2018〕11号	广东银保监局筹备组	杨某林对违规同业业务负管理责任
33	广东	2015年11月12日	肇庆端州农村商业银行股份有限公司	肇银监罚决字〔2015〕2号	中国银监会肇庆监管分局	同业业务严重违反审慎经营规则
34	广东	2019年5月21日	广东高明农村商业银行股份有限公司	佛银保监罚决字〔2019〕1号	中国银保监会佛山监管分局	同业业务严重违反审慎经营规则

续表

序号	地区	处罚日期	被处罚人名称（姓名）	处罚文书文号	处罚单位	主要违法违规事实（案由）
35	江苏	2019 年 10 月 23 日	戴某镛	盐银保监罚决字〔2019〕10 号	中国银行保险监督管理委员会盐城监管分局	对江苏射阳农村商业银行股份有限公司同业资产投后管理不尽责，严重违反审慎经营规则负有管理责任
36	江苏	2019 年 10 月 23 日	闻某	盐银保监罚决字〔2019〕9 号	中国银行保险监督管理委员会盐城监管分局	对江苏射阳农村商业银行股份有限公司同业资产投后管理不尽责，严重违反审慎经营规则负有直接责任
37	江苏	2019 年 10 月 23 日	江苏射阳农村商业银行股份有限公司	盐银保监罚决字〔2019〕8 号	中国银行保险监督管理委员会盐城监管分局	同业资产投后管理不尽责，严重违反审慎经营规则
38	江苏	2015 年 9 月 9 日	江苏阜宁农村商业银行股份有限公司	盐银监罚〔2015〕13 号	中国银行保险监督管理委员会盐城监管分局	严重违反审慎经营规则
39	广东	2017 年 9 月 25 日	汕尾农村商业银行股份有限公司	汕银监罚决字〔2017〕11 号	中国银保监会汕尾监管分局	同业业务严重违反审慎经营规则
40	北京	2017 年 6 月 21 日	蒙特利尔银行（中国）有限公司	京银监罚决字〔2017〕11 号	北京银监局	蒙特利尔银行（中国）有限公司贸易融资按照同业业务管理和核算严重违反审慎经营规则
41	上海	2019 年 5 月 10 日	上海华瑞银行股份有限公司	沪银保监银罚决字〔2019〕33 号	中国银行保险监督管理委员会上海监管局	2016 年，该行同业业务某交易对手未按名单制管理

（六）违反监管指标

根据统计数据，此类主要案由为：开展同业业务时，违规承诺在产品到期时支付全部本金和收益，承担实质性风险，却未在资产负债表内或表外记载和反映；将同业存款纳入单位存款科目核算，虚增一般性存款；在同业新规实施后，新发生的“委托定向投资”业务仍然放在“存放同业”科目核算等。

各级银保监共开出 18 张罚单，浙江和江苏银保监局及其分局占比为前两位，分别是 5 张和 4 张。典型案例见表 12。

表 12 违反监管指标典型案例

序号	部门/地区	处罚日期	被处罚人名称（姓名）	处罚文书文号	处罚单位	主要违法违规事实（案由）
1	上海	2016 年 1 月 8 日	中国工商银行股份有限公司上海市浦东分行	沪银监罚决字〔2016〕7 号	中国银行业监督管理委员会上海监管局	该分行在开展同业业务时，承诺在产品到期时支付全部本金和收益，承担实质性风险，却未在资产负债表内或表外记载和反映
2	上海	2016 年 1 月 4 日	中国工商银行股份有限公司上海市松江支行	沪银监罚决字〔2016〕5 号	中国银行业监督管理委员会上海监管局	该支行在开展同业业务时，违规承诺在产品到期时支付全部本金和收益，承担实质性风险，却未在资产负债表内或表外记载和反映
3	上海	2016 年 1 月 4 日	中国工商银行股份有限公司上海市分行营业部	沪银监罚决字〔2016〕4 号	中国银行业监督管理委员会上海监管局	该营业部在开展同业业务时，承诺在产品到期时支付全部本金和收益，承担实质性风险，却未在资产负债表内或表外记载和反映
4	江苏	2015 年 9 月 2 日	中国农业银行镇江分行	镇银监罚〔2015〕14 号	中国银行保险监督管理委员会镇江监管分局	将同业存款纳入单位存款科目核算，虚增一般性存款
5	江苏	2015 年 7 月 13 日	交通银行股份有限公司扬州分行	扬银监罚〔2015〕11 号	中国银行保险监督管理委员会扬州监管分局	同业业务或有负债未计入表外并计提拨备

续表

序号	部门/地区	处罚日期	被处罚人名称（姓名）	处罚文书文号	处罚单位	主要违法违规事实（案由）
6	江苏	2015 年 7 月 24 日	中国银行苏州分行	苏州银监罚〔2015〕22 号	中国银行保险监督管理委员会苏州监管分局	在同业新规实施后，新发生的“委托定向投资”业务仍然放在“存放同业”科目核算
7	浙江	2015 年 8 月 7 日	中国银行浙江省分行	浙银监罚〔2015〕8 号	中国银监会浙江监管局	同业新规实施后，新发生的委托定向投资业务仍然放在存放同业科目核算
8	中国银保监会	2018 年 11 月 9 日	中国光大银行股份有限公司	银保监银罚决字〔2018〕10 号	中国银行保险监督管理委员会	通过同业投资或贷款虚增存款规模
9	中国银保监会	2018 年 2 月 12 日	上海浦东发展银行股份有限公司	银监罚决字〔2018〕4 号	中国银行保险监督管理委员会	违规通过同业投资转存款方式，虚增存款；以存放同业业务名义开办委托定向投资业务，并少计风险资产
10	北京	2019 年 10 月 8 日	兴业银行北京分行	京银保监罚决字〔2019〕41 号	北京银保监局	违规通过同业投资规避监管指标
11	浙江	2019 年 8 月 20 日	湖州银行	湖银保监罚决字〔2019〕3 号	中国银保监会湖州监管分局	同业投资未严格比照自营贷款管理
12	浙江	2017 年 12 月 20 日	嘉兴银行	嘉银监罚决字〔2017〕12 号	中国银监会嘉兴监管分局	同业投资非标资产未严格比照自营贷款管理
13	江苏	2019 年 1 月 16 日	江苏镇江农村商业银行股份有限公司	镇银保监罚决字〔2019〕2 号	中国银行保险监督管理委员会镇江监管分局	同业融出超比例
14	浙江	2018 年 12 月 17 日	张某军	舟银监罚决字〔2018〕8 号	中国银监会舟山监管分局	对原岱山县农村信用合作联社（2018 年 2 月改制为岱山农商银行）同业融出超过监管指标负有直接责任

续表

序号	部门/地区	处罚日期	被处罚人名称（姓名）	处罚文书文号	处罚单位	主要违法违规事实（案由）
15	浙江	2018年12月17日	岱山农商银行（原岱山县农村信用合作联社）	舟银监罚决字〔2018〕7号	中国银监会舟山监管分局	同业融出超过监管指标
16	广东	2018年6月13日	广东省农村信用社联合社/王某平、周某雄、曾某、吴某民、张某寿、刘某华、梁某元、陈某白	粤银监罚决字〔2018〕16号	中国银监会肇庆监管分局	同业融出资金超出监管比例规定，违规形成账外资产，未足额计提减值准备并违规分配利润

（七）其他同业业务违规

兜底性案由，主要为“违规开展同业业务”“违规开展同业存款业务”。其中，江苏银保监局及其分局开出罚单数量最多，共计8张。典型案例见表13。

表13　其他同业业务违规典型案例

序号	地区	处罚日期	被处罚人名称（姓名）	处罚文书文号	处罚单位	主要违法违规事实（案由）
1	江苏	2015年9月16日	中国建设银行股份有限公司江苏省分行	苏银监罚〔2015〕42号	中国银行保险监督管理委员会江苏监管局	违规开展同业存款业务
2	江苏	2015年9月11日	中国工商银行股份有限公司江苏省分行	苏银监罚〔2015〕39号	中国银行保险监督管理委员会江苏监管局	违规开展同业存款业务
3	江苏	2015年9月11日	中国农业银行股份有限公司江苏省分行	苏银监罚〔2015〕41号	中国银行保险监督管理委员会江苏监管局	违规开展同业存款业务

续表

序号	地区	处罚日期	被处罚人名称（姓名）	处罚文书文号	处罚单位	主要违法违规事实（案由）
4	江苏	2015 年 4 月 30 日	中国银行股份有限公司江苏省分行	苏银监罚〔2015〕7 号	中国银行保险监督管理委员会江苏监管局	违规办理同业委托定向投资业务
5	江苏	2017 年 6 月 6 日	夏某利	苏州银监罚决字〔2017〕1 号	中国银行保险监督管理委员会苏州监管分局	对中国民生银行苏州分行违规开展同业票据交易等违法违规行为负领导责任和管理责任
6	江苏	2017 年 2 月 21 日	中国民生银行苏州分行	苏州银监罚〔2017〕5 号	中国银行保险监督管理委员会苏州监管分局	票据发托后仍开展同业票据交易
7	浙江	2018 年 12 月 19 日	宁波银行绍兴分行	绍银监罚决字〔2018〕24 号	中国银监会绍兴监管分局	违规开展同业业务
8	江苏	2019 年 12 月 25 日	江苏姜堰农村商业银行股份有限公司	泰银保监罚决字〔2019〕15 号	中国银行保险监督管理委员会泰州监管分局	违规开展同业业务
9	上海	2018 年 3 月 16 日	南洋商业银行（中国）有限公司	沪银监罚决字〔2018〕14 号	中国银行业监督管理委员会上海监管局	该行违规同意某分支机构开展同业业务

五、贷款相关业务

贷款业务是银行业务中最重要的部分。本文收集到中国银保监会及各地区银保监局对于银行贷款相关业务的罚单共 1500 张，处罚金额达到了 116,427.21 万元。主要案由为贷款“三查”不尽职、五级分类不准确、不良贷款处置违规、贷款资金用途违规、违反审慎经营原则以及其他违规发放贷款。其中贷款资金用途违规类别中又包括贷款资金挪用至房地产、股市、票据业务、理财产品、固定资产以及兜底性贷款资金用途违规 6 个方向。

如图 4 所示，从处罚金额角度，各级银保监局针对违反审慎经营原则开出的罚单处罚金额最大，达到 62,927.47 万元。其次是其他违规发放贷款，达到 41,693.33 万元。从罚单数量角度，违反审慎经营原则类的罚单数量最多，共计 1088 张，其次为贷款资金用途违规，达到 411 张。

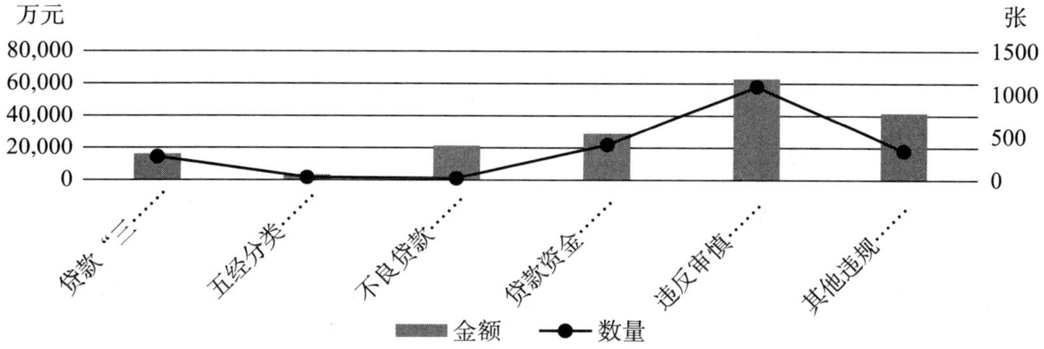

图 4　2015～2020 年银行贷款相关业务处罚数量及金额

（一）贷款“三查”不尽职

贷款“三查”主要是指贷前调查、贷时审查和贷后检查。贷款“三查”工作是银行防范信贷风险永恒不变的主题，也是银保监会监管的重点。银保监会《关于进一步深化整治银行业市场乱象的通知》（银监发〔2018〕4 号）文件中指出，2018 年整治银行业市场乱象工作要点包括贷款三查严重不尽职。严格执行贷款“三查”制度，能有效防范信贷风险。

根据统计数据，各级银保监局对贷款“三查”不尽职的罚单共计 275 张。各个主体占比情况为：全国性股份制银行在该案由中受到的处罚数量占比为最大，占比为 46%，其次是国有大型银行，占比为 24%，处于第三位的是农商行，占比均为 13%。江苏银保监局及其分局对此类行为比较重视，开出 108 张罚单，属于罚单数量最多的地区。

（二）五级分类不准确

根据中国银监会《关于印发〈贷款风险分类指引〉的通知》（银监发〔2007〕54 号），商业银行至少应将贷款划分为正常、关注、次级、可疑、损失五类，后三类合称为不良贷款。银行贷款五级分类不准确会给银行发放信贷带来巨大风险，因此该类也是银保监局监管重点。

根据数据统计，对五级分类不准确的罚单中共计 31 张。各个银行主体占比情况为：镇银行和农商行在该案由中受到的处罚数量占比最大，占比为 29.03%，其次是城商行，占比为 25.81%。广东银保监局及其分局对此类行为比较重视，开出 15 张关于贷款三查的罚单，属于数量最多的地区。

（三）不良贷款处置违规

近些年在银行不良贷款率飙升的同时，各监管机构对不良贷款的认定标准趋严。有信号表示监管机构鼓励有条件的银行可以更加审慎地把逾期 60 天以上贷款纳入不良。该类下的具体案由主要为“违规处置不良贷款”“贷款资金转借他人代偿不良贷款”“不良贷款转让不真实”“办理借新还旧掩盖不良贷款”等。

根据统计数据，针对不良贷款违规处置的罚单数量为 25 张，各个银行主体占比情况为：国有大型银行在该案由中受到的处罚数量占比最大，达到 44%，其次是全国性股份制银行，占比为 24%。处于第三位的是村镇银行，均占比为 16%。同时，江苏银保监局及其分局对此类行为比较重视，开出 10 张不良贷款罚单，属于数量最多的地区。

（四）贷款资金用途违规

中国银保监会明令禁止个人信贷资金挪用至股市和房市，客户未按合同用途使用信贷等一直是监管重点。

在贷款业务中，各级银保监局开出罚单累计处罚金额最大的是贷款资金用途违规这一类，该类别下的资金用途可分为以下 6 个方向：挪用至房地产、股市、票据业务、理财产品、固定资产以及兜底性其他贷款用途违规。（1）贷款资金挪用至其他贷款资金用途的处罚数量最多，涉及罚单共计 151 张，占比为 36%；（2）挪用至房地产用途违规的罚单数量排第二位，涉及罚单共计 130 张，占比为 31%；（3）贷款资金挪用至股市的罚单数量居第三位，所涉罚单及共计 78 张，占比为 18.98%。

贷款资金用途违规类别中各类银行机构处罚数量在 6 类主要案由中的占比情况为：国有大型银行在六类主要案由中受到的处罚数量占比均最大，罚单共计 85 张。农商行受处罚数量居于第二位，达到 71 张。

其中贷款资金挪用至票据业务受处罚最多的是国有大型银行，罚单数量达到 15 张，其次是农商行，罚单数量达到 10 张；贷款资金挪用至房地产领域的受处罚最多的是国有大型银行，罚单数量达到 38 张，其次是农商行，罚单数量达到 41 张；贷款资金挪用至固定资产受处罚最多的是全国性股份制银行和农商行，罚单数量均达到 4 张；贷款资金挪用至股市受处罚最多的是全国性股份制银行，罚单数量达到 25 张，其次是国有大型银行，罚单数量均达到 18 张，贷款资金挪用至理财业务受处罚最多的是国有大型银行，罚单数量达到 10 张；其他贷款资金用途违规受处罚最多的是全国性股份制银行，罚单数量达到 62 张。

（五）违反审慎经营原则以及其他违规发放贷款

违反审慎经营原则以及其他违规发放贷款案由作为兜底性案由，罚单数量占比最大。银行违反审慎经营原则受处罚的银行主体分类为：因违反审慎经营原则受处罚最多的是农村信用社，罚单数量达到 142 张，占比 26%。其次是国有大型银行，罚单数量达到 138 张，占比为 25%。

其他违规发放贷款受处罚的银行主体分类为：因其他违规发放贷款受到处罚最多的是全国性股份制银行，罚单数量达到 57 张，占比为 34%。其次是农商行，罚单数量达到 45 张，占比为 26.62%。

六、存款相关业务

银行的存款业务是其立行之本，作为传统业务一直以来都是各级银保监局的监管重点。中国人民银行、中国银保监会联合发布的《关于完善商业银行存款偏离度管理有关事项的通知》（银监办发〔2014〕236号）文件中，禁止商业银行违规吸收和虚假增加存款。

此类处罚中，主要集中在违规返利吸存、以贷转存吸存、以贷开票吸存、迟延支付吸存、其他违规吸收存款几个方面。该类处罚数量共计84个，金额达到15,242.785万元。

其中，从罚单数量角度看，其他违规吸收存款类和以贷转存吸收存类数量较多，分别为28张和23张；从处罚金额角度看，以贷转存吸收存类金额达到7,279.927万元，远远超过其余4类处罚金额。

根据统计数据，存款业务中各类银行机构处罚数量在五类主要案由中的占比情况为国有大型银行和全国性股份制银行在各类案由中受到的处罚占比较大。

（一）违规返利吸存

违规返利吸存是指通过返还现金或有价证券、赠送实物等不正当手段吸收存款，银保监会严禁此类行为。根据统计数据，此类罚单共8张，其中浙江银保监局及其分局开出7张。典型案例见表14。

表14　违规返利吸存典型案例

序号	地区	处罚日期	被处罚人名称	处罚文书文号	处罚单位	主要违法违规事实（案由）
1	浙江	2018年11月13日	湖州吴兴农村商业银行股份有限公司	湖银监罚决字〔2018〕13号	中国银监会湖州监管分局	违规返利吸存
2	浙江	2018年11月13日	中国邮政储蓄银行长兴县洪桥镇营业所	湖银监罚决字〔2018〕12号	中国银监会湖州监管分局	违规返利吸存
3	浙江	2018年12月6日	中国邮政储蓄银行衢州市廿里镇营业所	衢银监罚决字〔2018〕19号	中国银监会衢州监管分局	违规返利吸存
4	广东	2016年3月31日	广州从化柳银村镇银行股份有限公司	粤银监罚决字〔2016〕3号	中国银监会广东监管局	违反规定提高存款利率

（二）以贷转存吸存

以贷转存吸存是指强制设定条款或协商约定将贷款资金转为存款或者向“空户”虚假放贷、虚假增存。根据统计数据，各级银保监局共计开出 15 张罚单，其中江苏银保监局及其分局对此类违规行为开出的罚单数量最多，达到 8 张。典型案例见表 15。

表 15　以贷转存吸存典型案例

序号	地区	处罚日期	被处罚人名称	处罚文书文号	处罚单位	主要违法违规事实（案由）
1	上海	2018 年 2 月 12 日	上海浦东发展银行股份有限公司	银监罚决字〔2018〕4 号	中国银行保险监督管理委员会	以贷转存，虚增存贷款
2	浙江	2015 年 10 月 21 日	杭州联合农村商业银行	浙银监罚〔2015〕18 号	中国银监会浙江监管局	以贷转存、虚增存贷款等
3	浙江	2015 年 10 月 19 日	工商银行绍兴分行	绍银监罚〔2015〕7 号	中国银监会绍兴监管分局	以贷转存，共 1 笔、违规金额 1100 万元
4	浙江	2015 年 11 月 26 日	浙江温州瓯海农村商业银行股份有限公司	温银监罚〔2015〕11 号	中国银监会温州监管分局	以贷转存，虚增存款
5	江苏	2018 年 12 月 25 日	上海银行股份有限公司苏州分行	苏州银监罚决字〔2018〕16 号	中国银行保险监督管理委员会苏州监管分局	以贷转存
6	江苏	2017 年 2 月 21 日	南京银行苏州分行	苏州银监罚〔2017〕4 号	中国银行保险监督管理委员会苏州监管分局	以贷转存虚增保证金存款
7	江苏	2019 年 12 月 19 日	中国民生银行股份有限公司镇江支行	镇银保监罚决字〔2019〕7 号	中国银行保险监督管理委员会镇江监管分局	以贷转存虚增存款
8	江苏	2019 年 12 月 4 日	恒丰银行股份有限公司连云港分行	连银保监罚决字〔2019〕3 号	中国银行保险监督管理委员会连云港监管分局	以贷转存

续表

序号	地区	处罚日期	被处罚人名称	处罚文书文号	处罚单位	主要违法违规事实（案由）
9	江苏	2015年9月21日	中国民生银行股份有限公司常州支行	常银监罚〔2015〕10号	中国银行保险监督管理委员会常州监管分局	违规以贷转存
10	江苏	2015年9月21日	江苏银行股份有限公司常州分行	常银监罚〔2015〕9号	中国银行保险监督管理委员会常州监管分局	违规以贷转存
11	江苏	2017年12月22日	交通银行股份有限公司无锡分行	锡银监罚决字〔2017〕8号	中国银行保险监督管理委员会无锡监管分局	以贷转存、滚动发放存单质押贷款
12	江苏	2018年12月27日	广发银行股份有限公司南通分行	通银保监罚决字〔2018〕2号	中国银行保险监督管理委员会南通监管分局	以贷转存
13	广东	2015年11月12日	广发银行股份有限公司肇庆分行	肇银监罚决字〔2015〕1号	中国银监会肇庆监管分局	存贷挂钩、以贷转存
14	广东	2017年12月28日	交通银行股份有限公司江门分行	江银监罚决字〔2017〕12号	中国银监会江门监管分局	以贷转存
15	浙江	2015年12月30日	兴业银行股份有限公司嘉兴分行	嘉银监罚〔2015〕17号	中国银监会嘉兴监管分局	信贷资金转存单位定期存款

（三）以贷开票吸存

以贷开票吸存是指将贷款资金作为保证金循环开立银行承兑汇票并贴现，虚增存贷款。根据统计数据，此类案由下共19张罚单，江苏银保监局及其分局开出14张。可见，江苏银保监局及其分局对此类违规行为较为重视。典型案例见表16。

表 16　以贷开票吸存典型案例

序号	地区	处罚日期	被处罚人名称（姓名）	处罚文书文号	处罚单位	主要违法违规事实（案由）
1	江苏	2016 年 8 月 4 日	江苏扬中农村商业银行股份有限公司	镇银监罚决字〔2016〕3 号	中国银行保险监督管理委员会镇江监管分局	以贷开票吸存
2	江苏	2016 年 8 月 3 日	江苏镇江农村商业银行股份有限公司	镇银监罚决字〔2016〕2 号	中国银行保险监督管理委员会镇江监管分局	以贷开票吸存
3	江苏	2018 年 12 月 21 日	中国银行股份有限公司江阴支行	苏银保监罚决字〔2018〕2 号	中国银行保险监督管理委员会江苏监管局	违规以贴现资金为质押开立银行承兑汇票虚增存款
4	江苏	2018 年 12 月 21 日	陈某	苏银保监罚决字〔2018〕1 号	中国银行保险监督管理委员会江苏监管局	对中国银行股份有限公司江阴支行违规以贴现资金为质押开立银行承兑汇票虚增存款行为负直接责任
5	江苏	2018 年 7 月 13 日	中国光大银行股份有限公司镇江分行	镇银监罚决字〔2018〕12 号	中国银行保险监督管理委员会镇江监管分局	滚动签发银行承兑汇票虚增存款
6	江苏	2018 年 12 月 25 日	华某艳	镇银监罚决字〔2018〕12 号	中国银行保险监督管理委员会苏州监管分局	对上海银行股份有限公司苏州分行利用银行承兑汇票贴现业务虚增存款规模行为负管理责任
7	江苏	2018 年 12 月 25 日	徐某华	苏州银监罚决字〔2018〕13 号	中国银行保险监督管理委员会苏州监管分局	对南京银行股份有限公司苏州分行利用银行承兑汇票贴现业务虚增存款规模行为负管理责任
8	江苏	2018 年 12 月 25 日	南京银行股份有限公司苏州分行	苏州银监罚决字〔2018〕12 号	中国银行保险监督管理委员会苏州监管分局	利用银行承兑汇票贴现业务虚增存款规模

续表

序号	地区	处罚日期	被处罚人名称（姓名）	处罚文书文号	处罚单位	主要违法违规事实（案由）
9	浙江	2019 年 8 月 27 日	王某军（招商银行金华义乌支行）	金银保监罚决字〔2019〕14 号	中国银保监会金华监管分局	对招商银行金华义乌支行利用承兑汇票业务虚增存款规模的违法违规行为负直接责任
10	浙江	2019 年 8 月 27 日	招商银行股份有限公司金华义乌支行	金银保监罚决字〔2019〕13 号	中国银保监会金华监管分局	利用承兑汇票业务虚增存款规模
11	浙江	2017 年 12 月 20 日	中信银行嘉兴分行	嘉银监罚决字〔2017〕13 号	中国银监会嘉兴监管分局	利用承兑汇票业务虚增存款规模

（四）迟延支付吸存

延迟支付吸存是指通过设定不合理的取款用款限制、关闭网上银行、压票退票等方式拖延、拒绝支付存款本金和利息。该类案由下，共计 1 张罚单，由广东银保监局下面的江门分局开出，处罚对象是国有大型银行。典型案例见表 17。

表 17 迟延支付吸存典型案例

地区	处罚日期	被处罚人名称	处罚文书文号	处罚单位	主要违法违规事实（案由）
广东	2017 年 12 月 27 日	中国工商银行股份有限公司台山支行	江银监罚决字〔2017〕13 号	中国银监会江门监管分局	违规止付个人、单位存款

（五）其他违规吸收存款

其他违规吸收存款主要为兜底性案由，主要具体案由为利用不正当手段吸收存款。各级银保监局共开出 28 张罚单，其中江苏银保监局及其分局开出 11 张，浙江银保监局共 11 张。从处罚对象来看，国有大型银行占比最大，且处罚集中在 2019 年。典型案例见表 18。

表 18　其他违规吸收存款典型案例

序号	地区	处罚日期	被处罚人名称（姓名）	处罚文书文号	处罚单位	主要违法违规事实（案由）
1	浙江	2020 年 1 月 15 日	临海农商银行杜桥支行	台银保监罚决字〔2020〕4 号	中国银保监会台州监管分局	违规吸收存款
2	浙江	2018 年 2 月 2 日	浙江泰顺温银村镇银行	温银监罚决字〔2018〕3 号	中国银监会温州监管分局	违规吸收存款
3	上海	2018 年 8 月 8 日	朱某蓉	沪银监罚决字〔2018〕32 号	中国银行业监督管理委员会上海监管局	2013 年 6 月至 2014 年 9 月，朱某蓉作为光大银行上海真新支行员工，参与非法集资活动，构成非法吸收公众存款罪。该行员工行为管理严重违反审慎经营规则，朱某蓉对此负有直接责任
4	上海	2017 年 7 月 11 日	张某	沪银监罚决字〔2017〕25 号	中国银行业监督管理委员会上海监管局	2013 年、2014 年，张某作为民生银行广场支行员工，私售非本行产品，并构成非法吸收公众存款罪。内部控制严重违反审慎经营规则，张某对此负有直接责任
5	上海	2017 年 7 月 11 日	李某	沪银监罚决字〔2017〕24 号	中国银行业监督管理委员会上海监管局	2012～2013 年，李某作为江苏银行上海分行员工，参与推荐未经总行批准的私募产品，并构成非法吸收公众存款罪。该行内部控制严重违反审慎经营规则，李某对上述违规行为负有直接责任

续表

序号	地区	处罚日期	被处罚人名称（姓名）	处罚文书文号	处罚单位	主要违法违规事实（案由）
6	上海	2017年7月5日	刘某盛	沪银监罚决字〔2017〕22号	中国银行业监督管理委员会上海监管局	2012年，刘某盛作为宁波银行上海分行员工，私售非本行产品，并构成非法吸收公众存款罪。内部控制严重违反审慎经营规则，刘某盛对此负有直接责任
7	浙江	2018年6月14日	浙江建德湖商村镇银行	浙银监罚决字〔2018〕17号	中国银监会浙江监管局	利用不正当手段吸收存款
8	浙江	2015年10月9日	安吉交银村镇银行	湖银监罚〔2015〕12号	中国银监会湖州监管分局	采取不正当手段吸收存款
9	浙江	2017年5月9日	中信银行丽水分行	丽银监罚决字〔2017〕1号	中国银监会丽水监管分局	信贷资金转作定期存款用于银行承兑汇票质押
10	浙江	2019年10月15日	洞头富民村镇银行	温银保监罚决字〔2019〕26号	中国银保监会温州监管分局	以不正当手段吸收存款
11	江苏	2019年10月10日	江苏紫金农村商业银行股份有限公司城中	苏银保监罚决字〔2019〕28号	中国银行保险监督管理委员会江苏监管分局	采用不正当手段吸收存款
12	江苏	2019年10月10日	武某强	苏银保监罚决字〔2019〕23号	中国银行保险监督管理委员会江苏监管分局	对江苏紫金农村商业银行股份有限公司城中支行采用不正当手段吸收存款行为负有领导责任
13	江苏	2019年9月16日	渤海银行股份有限公司南京城北支行	苏银保监罚决字〔2019〕21号	中国银行保险监督管理委员会江苏监管分局	采用不正当手段吸收存款
14	江苏	2019年9月16日	上海银行股份有限公司南京分行	苏银保监罚决字〔2019〕20号	中国银行保险监督管理委员会江苏监管分局	采用不正当手段吸收存款

续表

序号	地区	处罚日期	被处罚人名称（姓名）	处罚文书文号	处罚单位	主要违法违规事实（案由）
15	江苏	2015 年 8 月 27 日	江苏银行股份有限公司宿迁分行	宿银监罚〔2015〕8 号	中国银行保险监督管理委员会宿迁监管分局	违反规定采用不正当手段吸收存款
16	江苏	2015 年 7 月 26 日	江苏响水农村商业银行股份有限公司	盐银监罚〔2015〕7 号	中国银行保险监督管理委员会盐城监管分局	采取不正当手段吸收存款
17	江苏	2019 年 12 月 20 日	苗某	锡银保监罚决字〔2019〕23 号	中国银行保险监督管理委员会无锡监管分局	对浙商银行股份有限公司无锡分行以不当方式吸收存款的违法行为承担管理责任
18	江苏	2019 年 12 月 20 日	缪某	锡银保监罚决字〔2019〕22 号	中国银行保险监督管理委员会无锡监管分局	对浙商银行股份有限公司无锡分行以不当方式吸收存款的违法行为承担管理责任
19	江苏	2019 年 12 月 20 日	浙商银行股份有限公司无锡分行	锡银保监罚决字〔2019〕21 号	中国银行保险监督管理委员会无锡监管分局	以不当方式吸收存款
20	江苏	2015 年 10 月 12 日	江苏银行徐州分行	徐银监发〔2015〕80 号	中国银行保险监督管理委员会徐州监管分局	违反规定采用不正当手段，吸收存款
21	广东	2018 年 5 月 23 日	惠州仲恺东盈村镇银行股份有限公司	惠银监罚决字〔2018〕1 号	中国银监会惠州监管分局	通过不正当手段吸收存款

七、房地产业务

银行的房地产融资业务一直是中国银保监会的监管重点，各级银保监局多次开展专项检查。中国银保监会及各地区银保监局对房地产业务的处罚，主要具体案由为：投向四证不齐房地产项目、房企流动资金贷款违规、土地款融资违规、同业投资违规流入房地产、个人消费贷款违规流入房市和其他贷款违规流向房地产。

该类业务处罚数量共132个，金额达到124，501.872万元。其中，处罚数量方面，其他贷款违规流向房地产类罚单最多，数量达到了49个，其次为投向四证不齐房地产项目类，有16个罚单；处罚金额方面，房企流动资金贷款违规类最多，共计75,375.0277万元，其余几类处罚金额相差较小。

根据统计数据，房地产业务中各类银行机构处罚数量在6类主要案由中的占比情况为：第一，投向四证不齐房地产项目类别中，全国性股份制银行占比最大，为68.75%，罚单数量为11张；第二，房企流动资金贷款违规类别中，国有大型银行占比最大为41.7%，罚单为5张；第三，土地款融资违规类别，全国性股份制银行占比最大，为53.85%，罚单数量为7张；第四，同业投资违规流入房地产类别，城商行和全国性股份制银行占比最大，为37.5%，罚单为3张；第五，个人消费贷款违规流入房市类别，农商行占比最大，为33.33%，罚单为8张；第六，贷款违规流向房地产类别，农商行占比最大，为26.53%，罚单为13张，国有大型银行和城商行罚单均为10张，分布较为平均。

（一）投向"四证"不全的房地产

四证是指国有土地使用证、建设用地规划许可证、建设工程规划许可证、建筑工程施工许可证。

中国银保监会出台的《关于进一步深化整治银行业市场乱象的通知》（银监发〔2018〕4号）规定严禁银行向四证不全、资本金未足额到位的商业性房地产开发项目提供融资。中国银保监会《巩固治乱象成果 促进合规建设工作的通知》（银保监发〔2019〕23号）再次强调禁止未严格审查房地产开发企业资质，违规向"四证"不全的房地产开发项目提供融资。因此房地产项目是否具备"四证"，是中国银保监会监管的重点。

根据统计数据，中国银保监会机关、上海、江苏、广东、浙江银保监局及其分局均对此类业务作出过处罚，时间主要在2017年之后。上海银保监局和北京银保监局各开出4张罚单，相对较多。典型案例见表19。

表19 投向"四证"不全的房地产典型案例

序号	部门/地区	处罚日期	被处罚人名称（姓名）	处罚文书文号	处罚单位	主要违法违规事实（案由）
1	上海	2017年7月19日	中国农业银行股份有限公司上海金桥支行	沪银监罚决字〔2017〕29号	中国银行业监督管理委员会上海监管局	2016年1～4月，该支行向借款人××公司发放项目周转贷款，投向四证不全的房地产开发项目

续表

序号	部门/地区	处罚日期	被处罚人名称（姓名）	处罚文书文号	处罚单位	主要违法违规事实（案由）
2	广东	2018 年 12 月 24 日	广发银行东莞分行/林某锋、袁某炜、黄某军	粤银保监罚决字〔2018〕1 号	中国银保监会广东监管局	广发银行东莞分行向四证不齐的房地产开发项目提供融资；林某锋负经办责任，袁某炜、黄某军负管理责任
3	中国银保监会	2018 年 4 月 19 日	兴业银行股份有限公司	银保监银罚决字〔2018〕1 号	中国银行保险监督管理委员会	向四证不全的房地产项目提供融资
4	上海	2019 年 10 月 30 日	渤海银行股份有限公司上海分行	沪银保监银罚决字〔2019〕83 号	中国银行保险监督管理委员会上海监管局	1. 2016 年 1 月至 2017 年 2 月，该分行对某同业资金违规投向“四证”不全的房地产项目合规性审查未尽职。2. 2017 年 1 月至 2018 年 11 月，该分行对某理财资金违规投向“四证”不全的房地产项目风险管理未尽职
5	上海	2018 年 3 月 16 日	南洋商业银行（中国）有限公司	沪银监罚决字〔2018〕14 号	中国银行业监督管理委员会上海监管局	2016 年 9 月，该行某同业投资资金违规投向“四证”不全的房地产项目
6	浙江	2018 年 11 月 19 日	渤海银行温州分行	温银监罚决字〔2018〕14 号	中国银监会温州监管分局	向“四证”不全的房地产开发项目发放贷款
7	江苏	2018 年 12 月 25 日	范某枫	苏州银监罚决字〔2018〕8 号	中国银行保险监督管理委员会苏州监管分局	对中信银行股份有限公司苏州分行房地产开发贷款“四证”审查环节不尽职行为负管理责任
8	江苏	2018 年 12 月 25 日	中信银行股份有限公司苏州分行	苏州银监罚决字〔2018〕7 号	中国银行保险监督管理委员会苏州监管分局	房地产开发贷款“四证”审查环节不尽职

续表

序号	部门/地区	处罚日期	被处罚人名称（姓名）	处罚文书文号	处罚单位	主要违法违规事实（案由）
9	北京	2020 年 2 月 20 日	中信银行股份有限公司	京银保监罚决字〔2020〕10 号	北京银保监局	中信银行股份有限公司违规向“四证”不全的商业性房地产开发项目提供融资
10	北京	2019 年 9 月 2 日	渤海银行北京分行	京银保监罚决字〔2019〕27 号	北京银保监局	违规投向“四证”不全的房地产项目
11	广东	2018 年 4 月 24 日	广州银行股份有限公司/广州银行股份有限公司佛山分行	粤银监罚决字〔2018〕9 号	中国银监会广东监管局	违规向“四证”不全房地产开发项目提供融资及提供融资用于归还备付土地资金的股东借款
12	北京	2019 年 3 月 25 日	大连银行北京丰台支行	京银保监罚决字〔2019〕8 号	北京银保监局	贷款转存定期存款并续作存单质押贷款、理财资金对接“四证”不全的房地产开发贷款严重违反审慎经营规则
13	北京	2019 年 3 月 25 日	大连银行北京丰台支行	京银保监罚决字〔2019〕8 号	北京银保监局	理财资金对接“四证”不全的房地产开发贷款严重违反审慎经营规则
14	上海	2018 年 3 月 19 日	上海农村商业银行股份有限公司	沪银监罚决字〔2018〕17 号	中国银行业监督管理委员会上海监管局	2016～2017 年，该行对某同业投资资金违规投向“四证”不全的房地产项目未尽合规性审查义务

（二）房企流动资金贷款违规

中国银保监会《巩固治乱象成果　促进合规建设工作的通知》（银保监发〔2019〕23 号）禁止银行直接或变相为房地产企业发放流动资金贷款，对房地产项目融资加强了监管。

根据统计数据，浙江银保监局及其分局开出 8 张罚单，数量居于首位，且基本保持逐年递增趋势。典型案例见表 20。

表 20　房企流动资金贷款违规典型案例

序号	部门/地区	处罚日期	被处罚人名称	处罚文书文号	处罚单位	主要违法违规事实（案由）
1	浙江	2019 年 12 月 23 日	中国工商银行浙江省分行	浙银保监罚决字〔2019〕63 号	中国银保监会浙江监管局	贷前调查不尽职，流动资金贷款挪用入房地产企业
2	浙江	2019 年 10 月 21 日	中国农业银行浙江省分行	浙银保监罚决字〔2019〕58 号	中国银保监会浙江监管局	流动资金贷款挪用于房地产子公司
3	浙江	2016 年 10 月 18 日	中国建设银行温州分行	温银监罚决字〔2016〕6 号	中国银监会温州监管分局	流动资金贷款被用于房地产项目建设
4	江苏	2017 年 12 月 22 日	中国邮政储蓄银行股份有限公司	镇银监罚决字〔2017〕4 号	中国银行保险监督管理委员会镇江监管分局	向资本金不到位的房地产开发项目发放贷款以及未按规定进行流动资金贷款支付导致贷款被挪用
5	中国银保监会	2019 年 7 月 3 日	中信银行股份有限公司	银保监罚决字〔2019〕12 号	中国银行保险监督管理委员会	违规为房地产开发企业发放流动资金性质融资
6	中国银保监会	2017 年 11 月 17 日	广发银行股份有限公司	银监罚决字〔2017〕26 号	中国银监会	以流动资金贷款科目向房地产开发企业发放贷款
7	浙江	2015 年 8 月 20 日	民生银行舟山分行	舟银监罚〔2015〕6 号	中国银监会舟山监管分局	流动资金贷款违规流入房地产。民生银行舟山分行于 2014 年 5 月 29 日向某混凝土公司发放流动资金贷款 3000 万元，经多次跨行流转，于 2014 年 6 月 4 日流入借款人关联企业某房地产有限公司在民生银行舟山分行开立的账户，并被该房地产公司用于支付工程款等房地产建设使用

续表

序号	部门/地区	处罚日期	被处罚人名称	处罚文书文号	处罚单位	主要违法违规事实（案由）
8	浙江	2020 年 2 月 26 日	鹿城农商银行	温银保监罚决字〔2020〕3 号	中国银保监会温州监管分局	信贷资金流入房地产市场
9	浙江	2020 年 1 月 3 日	上海银行杭州分行	浙银保监罚决字〔2020〕6 号	中国银保监会浙江监管局	贷后管理不到位，流动资金贷款挪用入房地产企业
10	浙江	2020 年 1 月 3 日	杭州银行	浙银保监罚决字〔2020〕5 号	中国银保监会浙江监管局	贷后管理不到位，流动资金贷款挪用入房地产企业

（三）土地款融资违规

实务中，银行资金常被违规用于房地产土地款融资，严重违反了监管要求。根据统计数据，中国银保监会、北京、上海、浙江、江苏及广东银保监局均对此类违规行为开出了罚单，其中，北京银保监局和上海银保监局开出的罚单数量相同，均开出 4 张罚单。典型案例见表 21。

表 21　土地款融资违规典型案例

序号	部门/地区	处罚日期	被处罚人名称（姓名）	处罚文书文号	处罚单位	主要违法违规事实（案由）
1	中国银保监会	2018 年 11 月 9 日	中国民生银行股份有限公司	银保监银罚决字〔2018〕8 号	中国银行保险监督管理委员会	同业投资、理财资金违规投资房地产，用于缴交或置换土地出让金及土地储备融资
2	江苏	2018 年 10 月 12 日	陈某然	镇银监罚决字〔2018〕14 号	中国银行保险监督管理委员会镇江监管分局	对中信银行股份有限公司镇江分行房地产开发贷款资金被挪用支付土地出让金承担直接责任
3	江苏	2018 年 10 月 12 日	中信银行股份有限公司镇江分行	镇银监罚决字〔2018〕13 号	中国银行保险监督管理委员会镇江监管分局	房地产开发贷款资金被挪用支付土地出让金

续表

序号	部门/地区	处罚日期	被处罚人名称（姓名）	处罚文书文号	处罚单位	主要违法违规事实（案由）
4	北京	2020 年 2 月 20 日	中信银行股份有限公司	京银保监罚决字〔2020〕10 号	北京银监局	中信银行股份有限公司违规发放土地储备贷款；违规为房地产企业支付土地购置费用提供融资
5	中国银保监会	2018 年 11 月 9 日	浙商银行股份有限公司	银保监银罚决字〔2018〕11 号	中国银行保险监督管理委员会	1. 为客户缴交土地出让金提供理财资金融资；2. 个人理财资金违规投资
6	北京	2019 年 10 月 8 日	上海浦东发展银行北京分行	京银保监罚决字〔2019〕40 号	北京银保监局	理财资金违规用于借款人支付土地出让金、理财资金违规通过信托通道投向批准文件不全的建设项目
7	北京	2019 年 9 月 2 日	渤海银行北京分行	京银保监罚决字〔2019〕27 号	北京银保监局	理财资金违规用于房地产开发企业缴交土地出让价款
8	上海	2018 年 1 月 4 日	上海银行股份有限公司	沪银监罚决字〔2018〕1 号	中国银行业监督管理委员会上海监管局	部分理财资金用于增资和缴交土地出让金，与合同约定用途不一致
9	上海	2018 年 1 月 4 日	上海银行股份有限公司	沪银监罚决字〔2018〕1 号	中国银行业监督管理委员会上海监管局	部分理财资金用于增资和缴交土地出让金，与合同约定用途不一致
10	上海	2016 年 12 月 22 日	江苏银行股份有限公司上海分行	沪银监罚决字〔2016〕28 号	中国银行业监督管理委员会上海监管局	2016 年 7 月，该分行给予上海 × × 置业有限公司融资，用于支付土地出让金。2016 年 4 月，该分行给予上海 × × 投资有限公司融资，用于支付拍地保证金

续表

序号	部门/地区	处罚日期	被处罚人名称（姓名）	处罚文书文号	处罚单位	主要违法违规事实（案由）
11	浙江	2019 年 12 月 30 日	浙江青田农村商业银行	丽银保监罚决字〔2019〕9 号	中国银保监会丽水监管分局	贷款资金被挪用后用于支付土地出让金
12	广东	2018 年 11 月 13 日	广州农村商业银行股份有限公司/杨某林、……	粤银保监（筹）罚决字〔2018〕11 号	广东银保监局筹备组	提供融资用于缴交土地出让金、杨某林对违规同业业务负管理责任

（四）同业投资违规流入房地产

中国银保监会发布的《关于规范金融机构同业业务的通知》（银发〔2014〕127 号）要求金融机构同业投资应严格风险审查和资金投向合规性审查，以“实质重于形式”作为原则。同业监管政策明确禁止同业投资资金流向房地产领域。

根据统计数据，各级银保监局共开出 8 张罚单，其中上海银保监局开出 3 张罚单，北京银保监局开出 2 张。典型案例见表 22。

表 22　同业投资违规流入房地产典型案例

序号	部门/地区	处罚日期	被处罚人名称	处罚文书文号	处罚单位	主要违法违规事实（案由）
1	中国银保监会	2018 年 11 月 9 日	中国民生银行股份有限公司	银保监银罚决字〔2018〕8 号	中国银行保险监督管理委员会	同业投资违规投资房地产，用于缴交或置换土地出让金及土地储备融资
2	上海	2018 年 1 月 23 日	北京银行股份有限公司上海分行	沪银监罚决字〔2018〕9 号	中国银行业监督管理委员会上海监管局	2014 年 12 月至 2017 年 7 月，某同业投资资金投向项目资本金不到位的房地产开发项目
3	北京	2019 年 9 月 3 日	北京银行	京银保监罚决字〔2019〕28 号	北京银保监局	同业投资通过信托通道违规发放土地储备贷款
4	上海	2018 年 3 月 19 日	上海农村商业银行股份有限公司	沪银监罚决字〔2018〕17 号	中国银行业监督管理委员会上海监管局	2015 年 8 月，该行对某同业资金违规投向资本金不足的房地产项目未尽合规性审查义务

续表

序号	部门/地区	处罚日期	被处罚人名称	处罚文书文号	处罚单位	主要违法违规事实（案由）
5	北京	2019 年 10 月 8 日	兴业银行北京分行	京银保监罚决字〔2019〕41 号	北京银保监局	违规向房地产开发企业提供融资、违规通过同业投资规避监管指标、违规修改理财协议文本、违规向企业权益性投资提供融资、违规向普通客户销售投向非上市公司股权的理财产品
6	上海	2018 年 10 月 18 日	上海银行股份有限公司	沪银监罚决字〔2018〕54 号	中国银行业监督管理委员会上海监管局	该行对某同业资金违规投向资本金不足的房地产项目合规性审查未尽职

（五）个人消费贷违规流入房地产

中国银保监会《巩固治乱象成果　促进合规建设工作的通知》（银保监发〔2019〕23 号）禁止将个人综合消费贷款资金挪用于购房。

根据统计数据，各级银保监局共开出 25 张罚单，其中浙江银保监局开出 13 张罚单，主要集中在 2018 ~ 2019 年，江苏银保监局开出 8 张罚单。典型案例见表 23。

表 23　个人消费贷违规流入房地产典型案例

序号	地区	处罚日期	被处罚人名称（姓名）	处罚文书文号	处罚单位	主要违法违规事实（案由）
1	浙江	2019 年 10 月 21 日	中国农业银行浙江省分行	浙银保监罚决字〔2019〕58 号	中国银保监会浙江监管局	贷款管理不审慎，个人消费贷款及经营性贷款违规流入房地产市场
2	浙江	2019 年 12 月 30 日	建设银行丽水分行	丽银保监罚决字〔2019〕10 号	中国银保监会丽水监管分局	消费贷款流入房市
3	浙江	2019 年 9 月 26 日	中信银行杭州分行	浙银保监罚决字〔2019〕22 号	中国银保监会浙江监管局	个人消费贷款管理不审慎、贷款资金被挪用于购房

续表

序号	地区	处罚日期	被处罚人名称（姓名）	处罚文书文号	处罚单位	主要违法违规事实（案由）
4	江苏	2018年12月25日	中信银行股份有限公司苏州分行	苏州银监罚决字〔2018〕7号	中国银行保险监督管理委员会苏州监管分局	个人消费贷款资金违规流入禁止性领域
5	北京	2019年9月3日	北京银行	京银保监罚决字〔2019〕28号	北京银保监局	个人消费贷款被挪用于支付购房首付款
6	浙江	2018年12月17日	张某军	舟银监罚决字〔2018〕8号	中国银监会舟山监管分局	对原岱山县农村信用合作联社（2018年2月改制为岱山农商银行）个人消费贷款违规流入房市、负有直接责任
7	浙江	2018年12月17日	岱山农商银行（原岱山县农村信用合作联社）	舟银监罚决字〔2018〕7号	中国银监会舟山监管分局	个人消费贷款违规流入房市
8	浙江	2019年12月5日	浙江嵊州农村商业银行	绍银保监罚决字〔2019〕5号	中国银保监会绍兴监管分局	个人消费贷款资金流入房市
9	浙江	2019年12月3日	江苏昆山农村商业银行股份有限公司	苏州银保监罚决字〔2019〕30号	中国银行保险监督管理委员会苏州监管分局	个人消费贷款资金流入房市
10	江苏	2019年12月17日	江苏江阴农村商业银行股份有限公司	锡银保监罚决字〔2019〕16号	中国银行保险监督管理委员会无锡监管分局	个人消费贷款资金违规流入房市
11	江苏	2019年12月17日	丁某定	锡银保监罚决字〔2019〕15号	中国银行保险监督管理委员会无锡监管分局	对江苏江阴农村商业银行股份有限公司个人消费贷款资金违规流入房市、股市的违法行为负有管理责任

（六）其他贷款违规流入房地产

此类别为兜底性案由，主要为“信贷资金违规流入房地产”“贷款资金违规流入房地产”。该类别下，中国银保监会机关及各地区银保监局共开出 49 张罚单，其中浙江银保监局开出 35 张罚单，占比最大。典型案例见表 24。

表 24　其他贷款违规流入房地产典型案例

序号	地区	处罚日期	被处罚人名称（姓名）	处罚文书文号	处罚单位	主要违法违规事实（案由）
1	浙江	2018 年 5 月 4 日	中国邮政储蓄银行丽水市分行	丽银监罚决字〔2018〕3 号	中国银监会丽水监管分局	扰乱国家宏观调控政策，违规发放房地产贷款
2	浙江	2016 年 12 月 29 日	中国工商银行丽水分行	丽银监罚决字〔2016〕3 号	中国银监会丽水监管分局	向未竣工验收的商业性房地产发放按揭贷款
3	江苏	2020 年 1 月 16 日	中国工商银行股份有限公司无锡分行	锡银保监罚决字〔2020〕2 号	中国银行保险监督管理委员会无锡监管分局	中国工商银行股份有限公司无锡分行信贷资金被挪用、房地产业务贷后管理不到位
4	江苏	2020 年 1 月 16 日	邵某红（中国工商银行股份有限公司无锡分行）	锡银保监罚决字〔2020〕1 号	中国银行保险监督管理委员会无锡监管分局	对中国工商银行股份有限公司无锡分行房地产业务贷后管理不到位负有管理责任
5	浙江	2018 年 12 月 20 日	中国邮政储蓄银行松阳县支行	丽银监罚决字〔2018〕15 号	中国银监会丽水监管分局	信贷资金违规流入房市
6	浙江	2018 年 12 月 18 日	中国农业银行松阳县支行	丽银监罚决字〔2018〕11 号	中国银监会丽水监管分局	信贷资金违规流入房市
7	浙江	2018 年 1 月 2 日	中国建设银行嘉兴分行	嘉银监罚决字〔2018〕1 号	中国银监会嘉兴监管分局	信贷资金流入房市、向未竣工验收商用房发放按揭贷款
8	上海	2017 年 7 月 19 日	花旗银行（中国）有限公司	沪银监罚决字〔2017〕27 号	中国银行业监督管理委员会上海监管局	2015 年 1～10 月，经该行审批同意，辖下部分分行在发放部分房地产贷款时，违反利率规定

续表

序号	地区	处罚日期	被处罚人名称（姓名）	处罚文书文号	处罚单位	主要违法违规事实（案由）
9	浙江	2015 年 3 月 9 日	平安银行嘉兴桐乡支行	嘉银监罚〔2015〕4 号	中国银监会嘉兴监管分局	贷款资金违规进入房地产
10	江苏	2019 年 12 月 17 日	中信银行股份有限公司无锡分行	锡银保监罚决字〔2019〕14 号	中国银行保险监督管理委员会无锡监管分局	多家企业客户规模划型错误、未将保障性安居工程贷款计入房地产贷款
11	浙江	2019 年 4 月 11 日	上海浦东发展银行嘉兴桐乡支行	嘉银保监罚决字〔2019〕3 号	中国银保监会嘉兴监管分局	信贷资金被挪用，违规流入房市
12	上海	2019 年 5 月 10 日	南京银行股份有限公司上海分行	沪银保监银罚决字〔2019〕35 号	中国银行保险监督管理委员会上海监管局	2016 年 1 月至 2018 年 3 月，该分行向某资本金不足的房地产项目发放贷款
13	上海	2018 年 10 月 18 日	上海银行股份有限公司	沪银监罚决字〔2018〕54 号	中国银行业监督管理委员会上海监管局	该行对某同业资金违规投向资本金不足的房地产项目合规性审查未尽职
14	浙江	2016 年 5 月 25 日	绍兴银行嘉兴分行	嘉银监罚决字〔2016〕1 号	中国银监会嘉兴监管分局	贷款资金进入证券市场、期货市场及房地产市场
15	浙江	2016 年 6 月 28 日	温州银行	温银监罚决字〔2016〕3 号	中国银监会温州监管分局	违规办理个人按揭贷款为房地产开发企业提供资金支持
16	江苏	2017 年 10 月 9 日	上海银行股份有限公司苏州分行	苏州银监罚决字〔2017〕5 号	中国银行保险监督管理委员会苏州监管分局	以自有资金嵌套通道向房地产企业提供融资，贷款资金回流支付土地出让价款

续表

序号	地区	处罚日期	被处罚人名称（姓名）	处罚文书文号	处罚单位	主要违法违规事实（案由）
17	江苏	2017 年 10 月 9 日	金某文	苏州银监罚决字〔2017〕4 号	中国银行保险监督管理委员会苏州监管分局	在上海银行苏州分行以自有资金嵌套通道向房地产企业提供融资，贷款资金回流支付土地出让价款的违法违规行为中负管理责任
18	浙江	2019 年 12 月 31 日	杭州银行台州分行	台银保监罚决字〔2019〕26 号	中国银保监会台州监管分局	贷后管控不到位，贷款资金流入房市
19	浙江	2018 年 12 月 20 日	浙江稠州商业银行丽水松阳支行	丽银监罚决字〔2018〕16 号	中国银监会丽水监管分局	信贷资金违规流入房市
20	浙江	2018 年 12 月 18 日	浙江泰隆商业银行丽水松阳支行	丽银监罚决字〔2018〕9 号	中国银监会丽水监管分局	信贷资金违规流入房市
21	浙江	2018 年 12 月 20 日	浙江松阳农村商业银行	丽银监罚决字〔2018〕13 号	中国银监会丽水监管分局	房地产信贷政策执行不严，首付比例执行不到位
22	浙江	2018 年 11 月 28 日	竺某鸣（浙江龙游农村商业银行）	衢银监罚决字〔2018〕17 号	中国银监会衢州监管分局	对浙江龙游农村商业银行违规发放房地产贷款负有直接责任
23	浙江	2018 年 11 月 28 日	浙江龙游农村商业银行	衢银监罚决字〔2018〕16 号	中国银监会衢州监管分局	违规发放房地产贷款
24	浙江	2018 年 11 月 13 日	湖州吴兴农村商业银行股份有限公司	湖银监罚决字〔2018〕10 号	中国银监会湖州监管分局	贷款资金违规流入房市
25	浙江	2018 年 7 月 9 日	长兴农村商业银行	湖银监罚决字〔2018〕1 号	中国银监会湖州监管分局	贷款资金违规流入房市

续表

序号	地区	处罚日期	被处罚人名称（姓名）	处罚文书文号	处罚单位	主要违法违规事实（案由）
26	浙江	2018年12月5日	浙江龙泉农村商业银行	丽银监罚决字〔2018〕7号	中国银监会丽水监管分局	信贷资金违规流入房市
27	浙江	2018年11月21日	黄某锋（浙江海盐农村商业银行）	嘉银监罚决字〔2018〕19号	中国银监会嘉兴监管分局	对浙江海盐农村商业银行信贷资金被挪用，违规流入房市负有直接责任
28	浙江	2018年11月21日	杨某祥（浙江海盐农村商业银行）	嘉银监罚决字〔2018〕18号	中国银监会嘉兴监管分局	对浙江海盐农村商业银行信贷资金被挪用，违规流入房市负有直接责任
29	浙江	2018年11月19日	浙江海盐农村商业银行	嘉银监罚决字〔2018〕14号	中国银监会嘉兴监管分局	信贷资金被挪用，违规流入房市
30	浙江	2015年12月3日	浙江嘉善农村商业银行	嘉银监罚〔2015〕19号	中国银监会嘉兴监管分局	贷款资金流入股市；贷款资金流入房市
31	浙江	2020年1月14日	浙江开化农村商业银行	衢银保监罚决字〔2020〕1号	中国银保监会衢州监管分局	信贷资金违规流入房市
32	浙江	2019年12月5日	普陀稠州村镇银行	舟银保监罚决字〔2019〕7号	中国银保监会舟山监管分局	贷款资金挪用流入房市
33	浙江	2018年12月20日	浙江松阳恒通村镇银行	丽银监罚决字〔2018〕14号	中国银监会丽水监管分局	信贷资金违规流入房市
34	浙江	2018年12月18日	浙江缙云联合村镇银行	丽银监罚决字〔2018〕10号	中国银监会丽水监管分局	信贷资金违规流入房市

续表

序号	地区	处罚日期	被处罚人名称（姓名）	处罚文书文号	处罚单位	主要违法违规事实（案由）
35	浙江	2019 年 6 月 24 日	交通银行温州分行	温银保监罚决字〔2019〕6 号	中国银保监会温州监管分局	贷款资金违规流入房地产市场
36	江苏	2019 年 12 月 31 日	中国建设银行股份有限公司苏州分行	苏州银保监罚决字〔2019〕57 号	中国银行保险监督管理委员会苏州监管分局	小微企业贷款违规流入房地产领域
37	北京	2020 年 2 月 20 日	中信银行股份有限公司	京银保监罚决字〔2020〕10 号	北京银监局	信贷资金被挪用流入房地产开发公司
38	浙江	2015 年 3 月 9 日	浙商银行嘉兴桐乡支行	嘉银监罚〔2015〕5 号	中国银监会嘉兴监管分局	贷款资金违规流入房地产
39	江苏	2017 年 10 月 23 日	江苏宝应农村商业银行股份有限公司	扬银监罚决字〔2017〕6 号	中国银行保险监督管理委员会扬州监管分局	违规发放流动资金贷款用于房地产项目开发
40	浙江	2017 年 1 月 22 日	浙江苍南农村商业银行	温银监罚决字〔2017〕8 号	中国银监会温州监管分局	贷款资金违规流入房地产市场
41	浙江	2015 年 12 月 3 日	浙江嘉善联合村镇银行	嘉银监罚〔2015〕20 号	中国银监会嘉兴监管分局	贷款资金流入房地产
42	浙江	2018 年 4 月 25 日	浙江民泰商业银行杭州分行	浙银监罚决字〔2018〕11 号	中国银监会浙江监管局	违规发放房地产开发贷款
43	浙江	2017 年 12 月 29 日	浙商银行杭州分行	浙银监罚决字〔2017〕27 号	中国银监会浙江监管局	向资本金不到位的住房项目发放房地产开发贷款
44	浙江	2019 年 9 月 27 日	中国邮政储蓄银行杭州市分行	浙银保监罚决字〔2019〕23 号	中国银保监会浙江监管局	向项目资本金比例不足的房地产开发项目发放贷款

续表

序号	地区	处罚日期	被处罚人名称（姓名）	处罚文书文号	处罚单位	主要违法违规事实（案由）
45	江苏	2019年12月31日	贝某明	苏州银保监罚决字〔2019〕61号	中国银行保险监督管理委员会苏州监管分局	对苏州银行房地产开发贷款发放不审慎负有管理责任
46	北京	2017年6月20日	华夏银行北京分行/熊某昆	京银监罚决字〔2017〕9号	北京银监局	华夏银行北京分行违规发放房地产开发贷款，严重违反审慎经营规则。熊某昆为责任人
47	浙江	2019年12月27日	招商银行杭州分行	浙银保监罚决字〔2019〕65号	中国银保监会浙江监管局	对项目资本金认定不准确，向资本金不足的房地产开发项目发放贷款

八、票据业务

票据业务作为银行的传统业务，随着承兑汇票业务的快速增长，票据业务风险隐患逐渐积累，因此各级银保监局对此类违规行为较为重视。自2015年至2020年3月中国银保监会及各地区银保监局针对此类违规行为开出的罚单数量共计264张，处罚金额达到85,167.505万元。主要案由为办理无真实贸易背景票据、票据资产非正式转让、违反审慎经营原则以及其他票据业务违规。从数量上看，其中办理无真实贸易背景票据的罚单数量最多，共计160张，金额达到22,227.53万元。其次是违反审慎经营原则，共计61张，金额达到9185.4万元。

根据统计数据，票据业务中各类银行机构处罚数量在4类主要案由中的占比情况为：全国性股份制银行在4类主要案由中受到的处罚数量占比均为最大，罚单数量共计156张。其次是城商行，罚单数量共计78张。

九、银行服务收费业务

近年来银行业服务收费问题一直处于舆论的风口浪尖，商业银行作为金融企业，对所提供服务收取合理费用，是市场经济主体的内生要求，因而各级银保监局对此类违规行为的监管关注也在逐步提高。银监会发布的《中国银监会办公厅关于商业银行服务收费有关问题的通知》（银监办发〔2008〕264号），对进一步规范商业银行服务收费行为有重要意义。各级银保监局针对银行服务收费违规的处罚案由主要分为收费质价不符、以贷收费、转嫁成本以及其他违规收费4类。

收费质价不符类的罚单数量和处罚金额均位于第一，罚单数量为50张，金额达到9139.67万元。转嫁成本类的罚单数量位于第二，有18张，金额则达到6593.92万元。

根据数据统计，银行服务收费违规中各类银行机构处罚数量在各4类主要案由中的占比情况为：国有大型银行在四类主要案由中受到的处罚数量占比最大。

（一）收费质价不符

中国银保监会发布的《中国银保监会办公厅关于开展银行违规涉企服务收费专项治理工作的通知》（银保监办发〔2019〕131号）要求各商业银行开展自查自纠工作。中国银保监会督促指导各商业银行总行，严格对照"七不准、四公开"要求（"七不准"：不得以贷转存、不得存贷挂钩、不得以贷收费、不得浮利分费、不得借贷搭售、不得一浮到顶、不得转嫁成本；"四公开"：收费项目公开、服务质价公开、效用功能公开、优惠政策公开），在全行组织自查自纠，坚决清理规范商业银行分支机构违规收费行为。"四公开"中就包含"服务质价公开"的要求。

同时，中国银监会发布的《中国银监会关于整治银行业金融机构不规范经营的通知》（银监发〔2012〕3号）规定，银行服务收费要以质定价。服务收费应合乎质价相符原则，不得对未给客户提供实质性服务、未给客户带来实质性收益、未给客户提升实质性效率的产品和服务收取费用。

根据数据统计，该案由下，共开出50张罚单，江苏银保监局及其分局对该类案由开出的罚单数量最多，达到20张。其次是浙江银保监局及其分局对该类案由开出罚单数量最多，达到18张。典型案例见表25。

表25　收费质价不符典型案例

序号	部门/地区	处罚日期	被处罚人名称（姓名）	处罚文书文号	处罚单位	主要违法违规事实（案由）
1	广东	2019年1月19日	中国农业发展银行广州市增城支行	粤银监罚决字〔2018〕4号	中国银监会广东监管局	融资顾问业务收费质价不符
2	广东	2018年1月15日	中国农业发展银行河源市分行	河银监罚决字〔2018〕1号	中国银监会河源监管分局	融资顾问业务收费质价不符

续表

序号	部门/地区	处罚日期	被处罚人名称（姓名）	处罚文书文号	处罚单位	主要违法违规事实（案由）
3	浙江	2018年12月17日	中国银行舟山市分行	舟银监罚决字〔2018〕6号	中国银监会舟山监管分局	服务收费质价不符
4	浙江	2019年5月16日	交通银行绍兴分行	绍银保监罚决字〔2019〕3号	中国银保监会绍兴监管分局	服务收费质价不符
5	浙江	2018年10月24日	中国建设银行绍兴分行	绍银监罚决字〔2018〕18号	中国银监会绍兴监管分局	服务收费质价不符
6	浙江	2018年1月17日	中国工商银行绍兴分行	绍银监罚决字〔2018〕9号	中国银监会绍兴监管分局	服务收费质价不符
7	浙江	2015年8月14日	交通银行股份有限公司嘉兴分行	嘉银监罚〔2015〕11号	中国银监会嘉兴监管分局	服务收费质价不符
8	浙江	2015年8月14日	中国银行股份有限公司嘉兴市分行	嘉银监罚〔2015〕10号	中国银监会嘉兴监管分局	服务收费质价不符
9	浙江	2017年1月22日	中国农业银行温州分行	温银监罚决字〔2017〕3号	中国银监会温州监管分局	银团贷款服务收费不合规
10	江苏	2018年12月25日	丁某军	苏州银监罚决字〔2018〕15号	中国银行保险监督管理委员会苏州监管分局	对中国工商银行股份有限公司昆山分行投融资顾问服务收费质价不符行为负管理责任
11	江苏	2018年12月25日	中国工商银行股份有限公司昆山分行	苏州银监罚决字〔2018〕14号	中国银行保险监督管理委员会苏州监管分局	投融资顾问服务收费质价不符

续表

序号	部门/地区	处罚日期	被处罚人名称（姓名）	处罚文书文号	处罚单位	主要违法违规事实（案由）
12	江苏	2019年11月13日	潘某	盐银保监罚决字〔2019〕16号	中国银行保险监督管理委员会盐城监管分局	对中国农业银行股份有限公司盐城中汇支行投融资顾问服务收费质价不相符负有直接管理责任和领导责任
13	江苏	2019年11月13日	中国农业银行股份有限公司盐城中汇支行	盐银保监罚决字〔2019〕15号	中国银行保险监督管理委员会盐城监管分局	投融资顾问服务收费质价不相符
14	江苏	2019年11月13日	陈某祥	盐银保监罚决字〔2019〕14号	中国银行保险监督管理委员会盐城监管分局	对中国农业银行股份有限公司盐城开发区科技支行投融资顾问服务收费质价不相符负有直接管理责任和领导责任
15	江苏	2019年11月13日	中国农业银行股份有限公司盐城开发区科技支行	盐银保监罚决字〔2019〕13号	中国银行保险监督管理委员会盐城监管分局	投融资顾问服务收费质价不相符
16	北京	2015年1月6日	北京大兴九银村镇银行	京银监发〔2015〕1号	北京银监局	当事人在服务收费项目公示、服务价格制定和服务收费价目表形式等方面存在违反审慎经营规则的问题：个别收费项目未在服务价目表中列示；服务价格内部管理流程执行不到位；服务收费价目表形式不规范
17	广东	2018年12月7日	中国银行股份有限公司肇庆分行	肇银监罚决字〔2018〕2号	中国银监会肇庆监管分局	服务收费质价不符

续表

序号	部门/地区	处罚日期	被处罚人名称（姓名）	处罚文书文号	处罚单位	主要违法违规事实（案由）
18	广东	2019年7月31日	中国工商银行股份有限公司潮州分行/陈某斌、陈某强、杨某开	潮银保监罚决字〔2019〕1号	中国银保监会潮州监管分局	中国工商银行潮州分行服务收费质价不符、贷款业务严重违反审慎经营规则；陈某斌对服务收费质价不符负管理责任
19	广东	2017年6月6日	中国工商银行股份有限公司云浮分行	云银监罚决字〔2016〕1号	中国银监会云浮监管分局	违规收取小微企业资金管理费、投融资顾问费以及服务收费违反质价相符原则
20	广东	2015年11月30日	中国银行股份有限公司汕尾分行	汕银监罚决字〔2015〕2号	中国银保监会汕尾监管分局	服务收费质价不符
21	上海	2018年3月19日	中国建设银行股份有限公司上海卢湾支行	沪银监罚决字〔2018〕15号	中国银行业监督管理委员会上海监管局	2016年，该支行向某公司收取服务费但未提供实质性、个性化服务，构成“质价不符”
22	浙江	2017年12月28日	中国农业银行丽水分行	丽银监罚决字〔2017〕8号	中国银监会丽水监管分局	中间业务收费质价不符、违规向已竣工的项目发放项目贷款
23	浙江	2016年12月23日	中国工商银行兰溪支行	金银监罚决字〔2016〕7号	中国银监会金华监管分局	违规保管经客户签章但关键条款空白的重要信贷资料；向客户收取质价不符的中间业务收费
24	浙江	2018年1月15日	中国银行嘉兴市分行	嘉银监罚决字〔2018〕2号	中国银监会嘉兴监管分局	提供质价不符金融咨询服务
25	中国银保监会	2018年11月9日	中国光大银行股份有限公司	银保监银罚决字〔2018〕10号	中国银行保险监督管理委员会	违规以类信贷业务收费或提供质价不符的服务

续表

序号	部门/地区	处罚日期	被处罚人名称（姓名）	处罚文书文号	处罚单位	主要违法违规事实（案由）
26	中国银保监会	2018 年 2 月 12 日	上海浦东发展银行股份有限公司	银监罚决字〔2018〕4 号	中国银行保险监督管理委员会	向客户收取服务费，但未提供实质性服务，明显质价不符
27	浙江	2015 年 11 月 26 日	中信银行杭州分行	浙银监罚〔2015〕41 号	中国银监会浙江监管局	质价不符等
28	江苏	2019 年 12 月 30 日	江苏银行股份有限公司宿迁宿城支行	宿银保监罚决字〔2019〕17 号	中国银行保险监督管理委员会宿迁监管分局	对江苏银行股份有限公司宿迁分行银团贷款承贷份额比例不合规及收取质价不符银团贷款安排费负直接管理责任
29	江苏	2019 年 12 月 27 日	江苏银行股份有限公司宿迁分行	宿银保监罚决字〔2019〕13 号	中国银行保险监督管理委员会宿迁监管分局	收取质价不符银团贷款安排费

（二）以贷收费

以贷收费是指要求客户接受不合理的中间业务或其他金融服务而收取的费用。根据中国银监会发布的《关于整治银行业金融机构不规范经营的通知》（银监发〔2012〕3 号）的规定，银行业金融机构不得借发放贷款或以其他方式提供融资之机，要求客户接受不合理中间的业务或其他金融服务而收取费用。

根据数据统计，该类案由下共开出 5 张罚单，上海银保监局对该类案由开出罚单数量最多，达到 2 张。典型案例见表 26。

表 26　以贷收费典型案例

序号	地区	处罚日期	被处罚人名称	处罚文书文号	处罚单位	主要违法违规事实（案由）
1	广东	2015 年 11 月 19 日	中国农业发展银行阳江市分行	阳银监罚决字〔2015〕5 号	中国银监会阳江监管分局	以贷收费
2	江苏	2018 年 12 月 29 日	中国工商银行股份有限公司南通分行	通银保监罚决字〔2018〕4 号	中国银行保险监督管理委员会南通监管分局	以贷收费

续表

序号	地区	处罚日期	被处罚人名称	处罚文书文号	处罚单位	主要违法违规事实（案由）
3	上海	2019年8月12日	德国商业银行股份有限公司上海分行	沪银保监银罚决字（2019）72号	中国银行保险监督管理委员会上海监管局	2017年8月至2018年9月，该分行在办理某贷款业务时，存在以贷收费的行为
4	上海	2019年3月20日	华侨永亨银行（中国）有限公司	沪银保监银罚决字（2019）2号	中国银行保险监督管理委员会上海监管局	2016～2017年，该行及部分辖属分行在办理部分贷款业务时，存在以贷收费的行为

（三）转嫁成本

银行业“七不准”中包括不得转嫁成本，中国银监会发布的《中国银监会关于整治银行业金融机构不规范经营的通知》（银监发〔2012〕3号）规定商业银行不得转嫁成本。银行业金融机构应依法承担贷款业务及其他服务中产生的尽职调查、押品评估等相关成本，不得将经营成本以费用形式转嫁给客户。

根据数据统计，该类案由下开出18张罚单，江苏银保监局以及其分局对该类案由处罚最多，达到9张。其次是浙江银保监局及其分局，罚单数量达到5张。典型案例见表27。

表27　转嫁成本典型案例

序号	部门/地区	处罚日期	被处罚人名称（姓名）	处罚文书文号	处罚单位	主要违法违规事实（案由）
1	浙江	2015年12月2日	中国工商银行浙江省分行	浙银监罚〔2015〕42号	中国银监会浙江监管局	转嫁成本
2	江苏	2016年10月31日	中国工商银行股份有限公司南通通州支行	通银监罚决字〔2016〕5号	中国银行保险监督管理委员会南通监管分局	违规向客户转嫁成本，造成客户财产损害
3	北京	2019年11月15日	中国建设银行北京中关村分行	京银保监罚决字〔2019〕49号	北京银保监局	小微企业贷款转嫁成本严重违反审慎经营原则
4	广东	2015年11月19日	中国农业银行股份有限公司阳江分行	阳银监罚决字〔2015〕2号	中国银监会阳江监管分局	以费用形式转嫁经营成本

续表

序号	部门/地区	处罚日期	被处罚人名称（姓名）	处罚文书文号	处罚单位	主要违法违规事实（案由）
5	中国银保监会	2018年2月12日	上海浦东发展银行股份有限公司	银监罚决字〔2018〕4号	中国银行保险监督管理委员会	收费超过服务价格目录，向客户转嫁成本
6	浙江	2015年11月26日	中信银行杭州分行	浙银监罚〔2015〕41号	中国银监会浙江监管局	转嫁成本
7	江苏	2018年12月27日	华夏银行股份有限公司徐州分行	徐银保监罚决字〔2018〕3号	中国银行保险监督管理委员会徐州监管分局	向借款人转嫁成本
8	浙江	2018年12月11日	温州银行丽水分行	丽银监罚决字〔2018〕8号	中国银监会丽水监管分局	违规转嫁成本
9	江苏	2018年10月17日	罗某	锡银监罚决字〔2018〕5号	中国银行保险监督管理委员会无锡监管分局	对江苏江阴农村商业银行股份有限公司向借款人转嫁成本违法行为负有管理责任
10	江苏	2018年10月17日	江苏江阴农村商业银行股份有限公司	锡银监罚决字〔2018〕4号	中国银行保险监督管理委员会无锡监管分局	向借款人转嫁成本
11	广东	2015年11月19日	广东阳东农村商业银行股份有限公司	阳银监罚决字〔2015〕4号	中国银监会阳江监管分局	以费用形式转嫁经营成本
12	江苏	2018年12月28日	蒋某海	锡银保监罚决字〔2018〕4号	中国银行保险监督管理委员会无锡监管分局	对江阴浦发村镇银行向借款客户转嫁成本负有管理责任
13	江苏	2018年12月28日	江阴浦发村镇银行股份有限公司	锡银保监罚决字〔2018〕3号	中国银行保险监督管理委员会无锡监管分局	向借款客户转嫁成本

续表

序号	部门/地区	处罚日期	被处罚人名称（姓名）	处罚文书文号	处罚单位	主要违法违规事实（案由）
14	江苏	2019年1月16日	江苏镇江农村商业银行股份有限公司	镇银保监罚决字〔2019〕2号	中国银行保险监督管理委员会镇江监管分局	违规转嫁成本

（四）其他违规收费

此类别为兜底性案由，主要行为为“违规收费”。该类别下，银保监会机关及各地区银保监局共开出14张罚单，其中浙江银保监局开出10张罚单，占比最大。典型案例见表28。

表28　其他违规收费典型案例

序号	地区	处罚日期	被处罚人名称	处罚文书文号	处罚单位	主要违法违规事实（案由）
1	浙江	2015年12月17日	交通银行浙江省分行	浙银监罚〔2015〕44号	中国银监会浙江监管局	违规收费
2	浙江	2015年12月2日	中国工商银行浙江省分行	浙银监罚〔2015〕42号	中国银监会浙江监管局	违规收费
3	浙江	2018年7月16日	工商银行舟山分行	舟银监罚决字〔2018〕4号	中国银监会舟山监管分局	违规收费
4	浙江	2015年10月19日	工商银行湖州分行	湖银监罚〔2015〕14号	中国银监会湖州监管分局	违规收费
5	浙江	2018年5月7日	中国工商银行嘉兴分行	嘉银监罚决字〔2018〕13号	中国银监会嘉兴监管分局	违规收费
6	浙江	2018年11月28日	中国工商银行龙游支行	衢银监罚决字〔2018〕14号	中国银监会衢州监管分局	违规收费
7	江苏	2019年10月12日	中国建设银行股份有限公司南通分行	通银保监罚决字〔2019〕9号	中国银行保险监督管理委员会南通监管分局	违规收费

续表

序号	地区	处罚日期	被处罚人名称	处罚文书文号	处罚单位	主要违法违规事实（案由）
8	广东	2017 年 12 月 26 日	广东阳江农村商业银行股份有限公司	阳银监罚决字〔2017〕6 号	中国银监会阳江监管分局	违规收费

十、银行高管及责任人

《银行业监督管理法》第 48 条规定："银行业金融机构违反法律、行政法规以及国家有关银行业监督管理规定的，银行业监督管理机构除依照本法第四十四条至第四十七条规定处罚外，还可以区别不同情形，采取下列措施：（一）责令银行业金融机构对直接负责的董事、高级管理人员和其他直接责任人员给予纪律处分；（二）银行业金融机构的行为尚不构成犯罪的，对直接负责的董事、高级管理人员和其他直接责任人员给予警告，处五万元以上五十万元以下罚款；（三）取消直接负责的董事、高级管理人员一定期限直至终身的任职资格，禁止直接负责的董事、高级管理人员和其他直接责任人员一定期限直至终身从事银行业工作。"

根据统计数据，中国银保监会机关以及各银保监局在 2015 年至 2020 年 12 月共开出 527 张涉及个人处罚的罚单，主要处罚内容包括单处警告、单处罚款、并处警告和罚款、取消银行业从业资格与取消高管资格。其中，单处警告占比最高，达到 46%，并处警告和罚款占比为 32%，取消银行业从业资格与取消高管资格占比为 15%，单处罚款占比为 7%。

（一）单处警告

根据统计数据，涉及个人处罚中的单处警告类，浙江银保监会开出 84 张罚单，广东仅居其次，开出 69 张罚单，江苏开出 57 张罚单，银保监会机关开出 15 张罚单，上海开出 8 张罚单。

可以看出，国有大型银行的高管、责任人受到的处罚数量最多，有 61 张罚单，其次为全国性股份制银行的高管、责任人，罚单共计 56 张，农商行仅次于全国性股份制银行，罚单有 49 张。

（二）单处罚款

根据统计数据，涉及个人处罚中的单处罚款类，江苏银保监局开出 31 张罚单，广东银保监局开出 6 张罚单。

农村商业银行高管、责任人受到的处罚最多，达到 17 张罚单，占比达到 45.95%。

（三）并处警告和罚款

根据统计数据，涉及个人处罚中的并处警告和罚款类，江苏银保监局开出58张罚单，浙江银保监局开出50张罚单，中国银保监会机关开出37张罚单。

全国性股份制银行高管、责任人受到的处罚最多，达到70张罚单，占比为42.68%，国有大型银行高管、责任人受到的处罚其次，有35张罚单，占比为21.34%，两者共计占比超过60%。

（四）禁止银行从业资格与取消高管资格

根据统计数据，涉及个人处罚中取消银行业从业资格与取消高管资格类，广东银保监局开出26张罚单，上海银保监局开出24张罚单，江苏银保监局、浙江银保监局开出18张罚单。

全国性股份制银行高管、责任人受到的处罚最多，达到39张罚单，占比为42.4%，农村商业银行高管、责任人受到的处罚其次，有17张罚单，占比为18.5%，两者共计占比超过60%。

十一、员工内部管理

员工内部管理是银行得以正常运营的重要因素。中国银保监会及各地区银保监局对于员工内部管理处罚的，主要案由为：员工行为管理不到位、有关数据报表错报或未报、员工违规保管经客户签章但关键条款空白的合同、承诺书等重要资料以及客户信息安全管理不到位。该类业务中国银保监会及各地区银保监局开出的罚单数量共有62个，金额达到8981万元。其中，有关数据报表错报或未报类处罚数量居第一，罚单数量为27个，金额达到2467万元；有关员工行为管理类处罚在数量方面位居第二位，罚单数量为24个，金额达到5855万元；员工违规保管类罚单数量为8个，金额达到609万元；客户信息管理类罚单数量为3个，金额达到50万元。

银行员工内部管理中，处罚金额最大的罚单来自北京银监局开出的针对北京银行及行内王某、谢某、杨某飞等20人的京银保监罚决字〔2020〕45号罚单，案由为员工管理行为失察，北京银监局决定对其员工管理失察的行为给予4090万元罚款的行政处罚。典型案例见表29。

表29　员工管理行为失察典型案例

序号	地区	处罚日期	被处罚人名称	处罚文书文号	处罚单位	主要违法违规事实（案由）
1	北京	2020年12月30日	北京银行	京银保监罚决字〔2020〕45号	北京银保监局	员工行为管理失察

续表

序号	地区	处罚日期	被处罚人名称	处罚文书文号	处罚单位	主要违法违规事实（案由）
2	浙江	2020 年 7 月 6 日	平安银行湖州分行	湖银保监罚决字〔2020〕13 号	湖州监管分局	员工违规保管经客户签章但关键条款空白的承诺书等重要资料
3	北京	2020 年 4 月 22 日	中国农业银行股份有限公司	银保监罚决字〔2020〕12 号	银保监会机关	农业银行监管标准化数据 （EAST）系统数据质量及数据报送存在以下违法违规行为： （1）资金交易信息漏报严重； （2）信贷资产转让业务漏报； （3）贸易融资业务漏报； （4）分户账明细记录应报未报； （5）分户账账户数据应报未报； （6）关键且应报字段漏报或填错
4	广东	2020 年 12 月 30 日	中国建设银行股份有限公司湛江市分行	湛银保监罚决字〔2020〕5 号	湛江监管分局	客户信息安全管理不到位

根据统计数据，员工内部管理中各类银行机构处罚数量在 4 类主要案由中的占比情况为：全国制股份银行在 4 类主要案由中受到的处罚数量占比均为最大。

2020 年证券业监管处罚报告

何　舟　等*

本文基于中国证监会及北京、上海、深圳、江苏、广东、福建、厦门七地区证监局在2020年作出的199个行政处罚案例以及2019年作出的203个行政处罚案例进行统计分析。

一、总体情况

截至2021年10月31日，笔者收集到中国证监会在2020年作出的行政处罚决定共计199个，处罚金额高达34亿元。2019年中国证监会以及7个地区的证监局的处罚金额高达17.9亿元。2020年，针对内幕交易作出的处罚决定数量和金额均最大，数量高达91个，处罚金额高达283,377.006万元；操纵市场居其次，处罚金额高达136,490.682万元。虚假陈述和信息披露违法违规的处罚数量和金额居其后。可见，证监会对内幕交易和操纵市场的处罚最重。

根据统计数据，中国证监会处罚的案由主要分为以下几个方面：（1）虚假陈述；（2）操纵市场；（3）内幕交易；（4）信息披露违法违规；（5）证券从业人员违法违规；（6）证券服务机构未勤勉尽责；（7）证券公司违法违规；（8）私募基金领域违法违规。

虚假陈述成为中国证监会的处罚重灾区。根据2019年新修改的《证券法》的相关规定，发行人及法律、行政法规和国务院证券监督管理机构规定的其他信息披露

---

* 参与写作的还有王福琳、张琦琪、卢杨、刘志磊、朱诗雨、张燕挺，均为华东政法大学经济法硕士研究生。

义务人，应当及时依法履行信息披露义务。信息披露义务人披露的信息，应当真实、准确、完整，简明清晰，通俗易懂，不得有虚假记载、误导性陈述或者重大遗漏。由此可见，《证券法》对义务人提出了较高的信息披露要求。实践中，相关义务人违反信息披露义务要求的主要案由表现为：虚假记载，误导性陈述，重大遗漏，编造、传播虚假信息等。证监会对虚假陈述行为作出的处罚决定共 49 个，处罚金额高达 6777 万元。其中虚假记载的数量和金额均居第一，共计 35 个，处罚金额达 5405 万元；重大遗漏的数量与金额均居第二，共计 24 个，处罚金额达 4572 万元。其他两个类型的处罚数量均在 5 个以下，证监会共作出误导性陈述处罚决定两例，处罚金额为 95 万元，作出编造、传播虚假信息处罚决定两例，处罚金额 60 万元。

二、虚假陈述

根据《证券法》第 78 条的规定，发行人及法律、行政法规和国务院证券监督管理机构规定的其他信息披露义务人，应当及时依法履行信息披露义务。信息披露义务人披露的信息，应当真实、准确、完整，简明清晰，通俗易懂，不得有虚假记载、误导性陈述或者重大遗漏。同时《证券法》第 63 条规定，通过证券交易所的证券交易，投资者持有或者通过协议、其他安排与他人共同持有一个上市公司已发行的有表决权股份达到一定比例时，应当在规定的时间内，向有关机关书面报告并予公告。《上市公司信息披露管理办法》，上市公司应当制定信息披露管理制度。相关规定表明我国遏制虚假陈述行为的决心，然而在实践中，虚假陈述行为仍然屡禁不止，在 2020 年证监会行政处罚的案例中，虚假陈述具体案由表现为：（1）不正当披露；（2）超比例持股未披露；（3）关联交易未披露。

2020 年中国证监会以及各地的监管局对于虚假陈述行为作出行政处罚决定共计 21 条，总处罚金额达 5217 万元。其中不正当披露处罚案例 10 条，总处罚金额 1127 万元；关联交易未披露处罚案例 8 条，总处罚金额 3840 万元；超比例持股未披露案例 3 条，总处罚金额 250 万元。

2020 年有关虚假陈述行政处罚的 21 个决定中，其中中国证监会占 11 个，上海监管局占 9 个，剩下的 1 个决定由江苏监管局做出。

根据统计数据可知，2020 年中国证监会对于虚假陈述行为的管制主要体现在对于不正当披露行为以及超比例持股未披露行为处罚方面。

在 2019 年中国证监会行政处罚的案例中，虚假陈述具体表现为：（1）不正当披露；（2）超比例持股未披露；（3）关联交易未披露。

2019 年中国证监会以及各地的监管局对虚假陈述行为作出行政处罚决定共计 12 条，总处罚金额达 1297 万元。其中不正当披露处罚案例 5 条，总处罚金额 498 万元；关联交易未披露处罚案例 2 条，总处罚金额 509 万元；超比例持股未披露案例 5 条，总处罚金额 290 万元。

2019 年有关虚假陈述行政处罚的 12 个决定中，其中中国证监会占据 8 个，中国证监会深圳监管局占据 3 个，剩下的 1 个决定由中国证监会北京监管局作出。

根据统计数据可知，2019 年中国证监会对于虚假陈述行为的管制主要体现在对不正当披露行为以及超比例持股未披露行为处罚方面。

根据 2020 年与 2019 年虚假陈述的行政处罚决定的对比可以看到，我国对虚假陈述行为的处罚数量及处罚金额明显提高，处罚数量由 2019 年的 12 件提高至 2020 年的 21 件，总处罚金额由 2019 年的 1297 万元提高至 2020 年的 5217 万元，其中，处罚金额提高幅度最大的是关联交易未披露行为。

2019 年《证券法》修改之后，2020 年证监会对虚假陈述的惩罚力度大幅提升，充分体现了证监会对信息披露义务的关注与重视。在我国证券市场繁荣发展的背景下，证监会的态度对于如何确定信息披露的方式、途径、范围，以及相关企业和个人如何规避由信息披露行为诱发的风险都具有借鉴和指导意义。

三、操纵市场

操纵市场行为是一种扭曲价格机制，严重损害了中小投资者的合法权益，是破坏证券市场公正性的违法行为。2019 年修订的《证券法》第 55 条规定，禁止任何人以下列手段操纵证券市场，影响或者意图影响证券交易价格或者证券交易量：（1）单独或者通过合谋，集中资金优势、持股优势或者利用信息优势联合或者连续买卖；（2）与他人串通，以事先约定的时间、价格和方式相互进行证券交易；（3）在自己实际控制的账户之间进行证券交易；（4）不以成交为目的，频繁或者大量申报并撤销申报；（5）利用虚假或者不确定的重大信息，诱导投资者进行证券交易；（6）对证券、发行人公开作出评价、预测或者投资建议，并进行反向证券交易；（7）利用在其他相关市场的活动操纵证券市场；（8）操纵证券市场的其他手段。操纵证券市场行为给投资者造成损失的，应当依法承担赔偿责任。

根据统计数据，2020 年，中国证监会及各级证监局针对操纵证券市场行为共开出 18 张罚单，金额共计 136, 490. 682 万元，主要案由为洗售、连续交易、虚假申报及其他兜底性案由。

罚单数量方面，连续交易的罚单数量最多，共计 11 张罚单，洗售位列第二，共计 5 张罚单，虚假申报和其他兜底性案由都各只有一张罚单。金额方面，连续交易、洗售的处罚金额依次递减，分别为 60, 127. 852 万元和 43, 460. 969 万元，位列第二。

（一）洗售

《证券法》第 55 条规定，禁止任何人在自己实际控制的账户之间进行证券交易。2020 年典型案例见表 1。

表 1　洗售典型案例

序号	文号	案件名称	处罚单位
1	〔2020〕30 号	中国证监会行政处罚决定书（邹某鑫、刘某）	中国证监会
2	〔2020〕52 号	中国证监会行政处罚决定书（吴某模）	中国证监会
3	〔2020〕69 号	中国证监会行政处罚决定书（章某）	中国证监会
4	〔2020〕92 号	中国证监会行政处罚决定书（刘某闽）	中国证监会
5	〔2020〕103 号	中国证监会行政处罚决定书（刘某东）	中国证监会

据统计，洗售违法行为的罚单全部由中国证监会开出，罚单数量为 5 张。

（二）连续交易

根据《证券法》第 55 条规定，禁止任何人单独或者通过合谋，集中资金优势、持股优势或者利用信息优势联合或者连续买卖。2020 年典型案例见表 2。

表 2　连续交易典型案例

序号	文号	案件名称	处罚单位
1	〔2020〕25 号	中国证监会行政处罚决定书（汪某元）	中国证监会
2	〔2020〕30 号	中国证监会行政处罚决定书（邹某鑫、刘某）	中国证监会
3	〔2020〕52 号	中国证监会行政处罚决定书（吴某模）	中国证监会
4	〔2020〕61 号	中国证监会行政处罚决定书（邵某、左某明、胡某峰）	中国证监会
5	〔2020〕69 号	中国证监会行政处罚决定书（章某）	中国证监会
6	〔2020〕81 号	中国证监会行政处罚决定书（田某军）	中国证监会
7	〔2020〕92 号	中国证监会行政处罚决定书（刘某闽）	中国证监会
8	〔2020〕103 号	中国证监会行政处罚决定书（刘某东）	中国证监会
9	〔2020〕110 号	中国证监会行政处罚决定书（福建旭诚资产管理有限公司、陈某、杜某峰、陈某、蔡某艺、林某）	中国证监会
10	〔2020〕9 号	广东监管局行政处罚决定书（陈某东）	广东证监局
11	〔2020〕18 号	广东监管局行政处罚决定书（叶某钦）	广东证监局

根据统计数据，中国证监会开出的罚单数量最多，共有 9 张，占比为 82%，仅广东省证监局针对连续交易开出两张罚单。

（三）虚假申报

《证券法》第 55 条规定，禁止任何人不以成交为目的，频繁或者大量申报并撤销申报。2020 年典型案例见表 3。

表3　虚假申报典型案例

文号	案件名称	处罚单位
〔2020〕110号	中国证监会行政处罚决定书（福建旭诚资产管理有限公司、陈某、杜某峰、陈某、蔡某艺、林某）	中国证监会

该类处罚数量较少，仅中国证监会开具1张罚单。

（四）其他操纵市场行为

此类为兜底性案由，案由表述主要为："利用在其他相关市场的活动操纵证券市场"。2020年典型案例见表4。

表4　其他操纵市场行为典型案例

文号	案件名称	处罚单位
〔2020〕93号	中国证监会行政处罚决定书（孟某山、杨某兴）	中国证监会

四、内幕交易

内幕交易是指内幕人员根据内幕消息买卖证券或者帮助他人，违反了证券市场"公开、公平、公正"的原则，严重影响证券市场功能的发挥。2019年修订的《证券法》第53条规定，证券交易内幕信息的知情人和非法获取内幕信息的人，在内幕信息公开前，不得买卖该公司的证券，或者泄露该信息，或者建议他人买卖该证券。

根据统计数据，2020年，中国证监会及各级证监局针对证券市场内幕交易行为共开出91张罚单，金额共计283, 377. 006万元，主要案由为利用内幕信息买卖证券、泄露内幕信息、利用内幕信息建议他人买卖证券、短线交易。

其中，罚单数量方面，利用内幕信息买卖证券的罚单数量最多，共计83张罚单，泄露内幕信息、利用内幕信息建议他人买卖证券、短线交易的罚单数量都较少，分别有4张、3张、1张罚单。金额方面，利用内幕信息买卖证券违法行为的处罚金额为283, 274. 006万元，占据了内幕交易罚款金额的很大比例。

（一）利用内幕信息买卖证券

根据统计数据，中国证监会开出的罚单数量最多，罚单数量为51张，上海市证监局开出11张罚单，仅居其次。2020年典型案例见表5。

表5　利用内幕信息买卖证券典型案例

序号	文号	案件名称	处罚单位
1	〔2020〕6号	中国证监会行政处罚决定书（王某方）	中国证监会

续表

序号	文号	案件名称	处罚单位
2	〔2020〕13 号	中国证监会行政处罚决定书（方某良）	中国证监会
3	〔2020〕7 号	中国证监会行政处罚决定书（卞某元）	中国证监会
4	〔2020〕10 号	中国证监会行政处罚决定书（汪某元、汪某琤）	中国证监会
5	〔2020〕14 号	中国证监会行政处罚决定书（蔡某）	中国证监会
6	〔2020〕16 号	中国证监会行政处罚决定书（张某非）	中国证监会
7	〔2020〕15 号	中国证监会行政处罚决定书（潘某娟）	中国证监会
8	〔2020〕18 号	中国证监会行政处罚决定书（杜某涛）	中国证监会
9	〔2020〕28 号	中国证监会行政处罚决定书（程某）	中国证监会
10	〔2020〕27 号	中国证监会行政处罚决定书（高某）	中国证监会
11	〔2020〕33 号	中国证监会行政处罚决定书（徐某岩）	中国证监会
12	〔2020〕34 号	中国证监会行政处罚决定书（赵某松）	中国证监会
13	〔2020〕35 号	中国证监会行政处罚决定书（殷某伟）	中国证监会
14	〔2020〕40 号	中国证监会行政处罚决定书（黄某）	中国证监会
15	〔2020〕44 号	中国证监会行政处罚决定书（孙某生）	中国证监会
16	〔2020〕45 号	中国证监会行政处罚决定书（张某明）	中国证监会
17	〔2020〕46 号	中国证监会行政处罚决定书（邱某萤）	中国证监会
18	〔2020〕47 号	中国证监会行政处罚决定书（郭某能、李某）	中国证监会
19	〔2020〕48 号	中国证监会行政处罚决定书（陆某）	中国证监会
20	〔2020〕50 号	中国证监会行政处罚决定书（戴某标）	中国证监会
21	〔2020〕51 号	中国证监会行政处罚决定书（沈某、黄某红）	中国证监会
22	〔2020〕56 号	中国证监会行政处罚决定书（徐某、童某）	中国证监会
23	〔2020〕57 号	中国证监会行政处罚决定书（谢某峰、谢某云）	中国证监会
24	〔2020〕58 号	中国证监会行政处罚决定书（何某模）	中国证监会
25	〔2020〕63 号	中国证监会行政处罚决定书（要某）	中国证监会
26	〔2020〕64 号	中国证监会行政处罚决定书（张某）	中国证监会
27	〔2020〕65 号	中国证监会行政处罚决定书（曹某洪）	中国证监会
28	〔2020〕66 号	中国证监会行政处罚决定书（赖某明）	中国证监会
29	〔2020〕67 号	中国证监会行政处罚决定书（欧某婷）	中国证监会
30	〔2020〕68 号	中国证监会行政处罚决定书（李某斌）	中国证监会
31	〔2020〕70 号	中国证监会行政处罚决定书（尹某峰、骆某群、骆某琴）	中国证监会

续表

序号	文号	案件名称	处罚单位
32	〔2020〕72号	中国证监会行政处罚决定书（陈某超、陈某林）	中国证监会
33	〔2020〕73号	中国证监会行政处罚决定书（刘某洁）	中国证监会
34	〔2020〕74号	中国证监会行政处罚决定书（刘某）	中国证监会
35	〔2020〕75号	中国证监会行政处罚决定书（买某勇）	中国证监会
36	〔2020〕76号	中国证监会行政处罚决定书（周某奋）	中国证监会
37	〔2020〕113号	中国证监会行政处罚决定书（韩某渊）	中国证监会
38	〔2020〕82号	中国证监会行政处罚决定书（方某）	中国证监会
39	〔2020〕83号	中国证监会行政处罚决定书（文某荣、文某财）	中国证监会
40	〔2020〕84号	中国证监会行政处罚决定书（耿某送）	中国证监会
41	〔2020〕86号	中国证监会行政处罚决定书（张某新）	中国证监会
42	〔2020〕88号	中国证监会行政处罚决定书（赵某）	中国证监会
43	〔2020〕90号	中国证监会行政处罚决定书（孙某良）	中国证监会
44	〔2020〕91号	中国证监会行政处罚决定书（袁某清、薛某）	中国证监会
45	〔2020〕95号	中国证监会行政处罚决定书（刘某宇）	中国证监会
46	〔2020〕96号	中国证监会行政处罚决定书（王某）	中国证监会
47	〔2020〕102号	中国证监会行政处罚决定书（蓝海某略、苏某通）	中国证监会
48	〔2020〕107号	中国证监会行政处罚决定书（李某平、李某）	中国证监会
49	〔2020〕109号	中国证监会行政处罚决定书（左某强）	中国证监会
50	〔2020〕111号	中国证监会行政处罚决定书（张某华、周某发）	中国证监会
51	〔2020〕112号	中国证监会行政处罚决定书（张某华、梁某森）	中国证监会
52	〔2020〕18号	上海监管局行政处罚决定书（张某菊）	上海证监局
53	〔2020〕19号	上海监管局行政处罚决定书（张某）	上海证监局
54	〔2020〕20号	上海监管局行政处罚决定书（方某）	上海证监局
55	〔2020〕21号	上海监管局行政处罚决定书（姐某芬）	上海证监局
56	〔2020〕22号	上海监管局行政处罚决定书（肖某梅）	上海证监局
57	〔2020〕23号	上海监管局行政处罚决定书（李某宏）	上海证监局
58	〔2020〕24号	上海监管局行政处罚决定书（李某晖）	上海证监局
59	〔2020〕25号	上海监管局行政处罚决定书（艾某）	上海证监局
60	〔2020〕26号	上海监管局行政处罚决定书（艾某）	上海证监局
61	〔2020〕31号	上海监管局行政处罚决定书（钟某江、赵某敏）	上海证监局
62	〔2020〕33号	上海监管局行政处罚决定书（朱某华）	上海证监局

（二）泄露内幕信息

根据统计数据，该类处罚较少，仅有中国证监会、上海证监局、北京证监局分别开出 1 张、2 张、1 张罚单。2020 年典型案例见表 6。

表 6　泄露内幕信息典型案例

序号	文号	案件名称	处罚单位
1	〔2020〕50 号	中国证监会行政处罚决定书（戴某标）	中国证监会
2	〔2020〕16 号	上海监管局行政处罚决定书（李某凤）	上海证监局
3	〔2020〕17 号	上海监管局行政处罚决定书（胡某）	上海证监局
4	〔2019〕7 号	中国证券监督管理委员会北京监管局行政处罚决定书（张某锐、杜某前）	北京证监局

（三）利用内幕信息建议他人买卖证券

该类处罚较少，仅有中国证监会开具的 1 张罚单。2020 年典型案例见表 7。

表 7　利用内幕信息建议他人买卖证券典型案例

文号	案件名称	处罚单位
〔2020〕38 号	中国证监会行政处罚决定书（屠某）	中国证监会

（四）短线交易

根据统计数据，该类处罚数量较少，仅有北京市证监局开具的 2 张罚单和江苏省证监局开具的 1 张罚单。2020 年典型案例见表 8。

表 8　短线交易典型案例

序号	文号	案件名称	处罚单位
1	〔2020〕2 号	中国证券监督管理委员会北京监管局行政处罚决定书［鹏起万里产融（嘉兴）投资合伙企业（有限合伙）］	北京证监局
2	〔2020〕3 号	中国证券监督管理委员会北京监管局行政处罚决定书（杨某峰）	北京证监局
3	〔2020〕7 号	中国证券监督管理委员会江苏监管局行政处罚决定书（金某华）	江苏证监局

五、证券公司违法违规

证监会对证券公司违法违规行为的处罚主要集中于证券公司违反业务规则方面。根据统计数据，该类处罚数量较少，中国证监会开出 2 张罚单，处罚金额达到 123 万元。2020 年地方证监局并未就该事由开出罚单。

（一）将客户的资金账户、证券账户提供给他人使用

国务院发布的《证券公司监督管理条例》第 28 条第 3 款规定，证券公司不得将客户的资金账户、证券账户提供给他人使用，同时根据《证券法》第 107 条第 2 款的规定，证券公司不得将投资者的账户提供给他人使用。根据数据统计，该案由下，2020 年中国证监会开出了 1 张罚单，典型案例见表 9。

表 9　将客户的资金账户、证券账户提供给他人使用典型案例

处罚日期	被处罚人单位（姓名）	处罚文书文号	处罚单位	主要违法违规事实（案由）
2020 年 8 月 4 日	恒泰证券、余某义、陈某杰、张某	〔2020〕41 号	中国证监会	证券公司非法提供客户账户

（二）证券公司为其股东或股东的关联人提供融资或担保

根据 2005 年《证券法》第 130 条第 2 款的规定，证券公司不得为其股东或者股东的关联人提供融资或者担保。根据统计数据，此类罚单数量较少。中国证监会在 2020 年开出了 1 张罚单，典型案例见表 10。

表 10　证券公司为其股东或股东的关联人提供融资或担保典型案例

处罚日期	被处罚人姓名	处罚文书文号	处罚单位	主要违法违规事实（案由）
2020 年 10 月 14 日	李某、陈某辉、陈某华	〔2020〕77 号	中国证监会	证券公司为其股东或股东的关联人提供融资或担保

（三）证券公司以证券资产管理客户的资产为股东提供融资

根据《证券公司监督管理条例》第 61 条的规定，证券公司不得以证券经纪客户或者证券资产管理客户的资产向他人提供融资或者担保。任何单位或者个人不得强令、指使、协助、接受证券公司以其证券经纪客户或者证券资产管理客户的资产提供融资或者担保。根据统计数据，此类罚单数量较少。中国证监会在 2020 年开出 1 张罚单，典型案例见表 11。

表 11　证券公司以证券资产管理客户的资产为股东提供融资典型案例

处罚日期	被处罚人姓名	处罚文书文号	处罚单位	主要违法违规事实（案由）
2020 年 10 月 14 日	李某、陈某辉、陈某华	〔2020〕77 号	中国证监会	证券公司以证券资产管理客户的资产为股东提供融资

六、私募基金违法违规

在私募基金违法违规领域，中国证监会及各地证监局开出的罚单数量总体较少，2019 年度罚单数量最多的是挪用私募基金财产，2020 年度罚单数量最多的是备案登记手续违法违规。

（一）限制交易期内买卖证券

据统计，特殊人员在限制交易期内买卖证券案件数量较多，但多为上市公司、公司董、监、高等，只有私募基金领域的情况较少，由于无参考案例，故在此不做列举。

（二）挪用私募基金财产

根据《私募投资基金监督管理暂行办法》的规定，私募基金管理人、私募基金托管人、私募基金销售机构及其他私募服务机构及其从业人员从事私募基金业务，不得有侵占、挪用基金财产的行为。

2020 年无相应案例。根据统计数据，2019 年，该类案由下共开出 4 张罚单，总数量较少（在具体实践中，尤其是在股权类、其他类等的私募基金中，基于资金流向非闭环的特点，它们日益成为监管、自律以及内控合规的难点），但子类型较多，包括挪用补资、挪用至关联公司、挪用至个人账户、为关联企业提供贷款，它们的区别主要是挪用资金的下游流动渠道不同。

表 12 中，1 号、3 号、4 号被处罚人的主体都是投资管理公司，2 号被处罚人系金融控股集团有限公司，主体类型较为集中。

其中，北京丰利案是随着私募穿透式监管的进一步加强和落实，部分私募资金运作的不规范行为逐步浮出水面的较有代表性的案例，其罚款金额也是典型案例中最高的，达到 160 万元。该案中，证监会罚款理由指出，由于“将其他产品的高风险转嫁于原投资者，增大了另外两只基金产品的风险，损害了投资者利益”，可见其行为影响了若干只基金投资者的权利，罚款金额也较高。2019 年典型案例（按总处罚金额降序排列）见表 12。

表 12　挪用私募基金财产典型案例

序号	处罚日期	被处罚人单位（姓名）	处罚文书号	处罚单位	主要违法违规事实（案由）
1	2019 年 5 月 27 日	北京丰利、毛某丽、张某辉	中国证监罚决字〔2019〕43 号	中国证监会	北京丰利挪用其发行的私募基金产品为其发行的另一私募基金产品补资

续表

序号	处罚日期	被处罚人单位（姓名）	处罚文书号	处罚单位	主要违法违规事实（案由）
2	2019年12月26日	前海汇能	深圳证监罚决字〔2019〕8号	深圳证监局	转移私募基金财产至关联公司账户
3	2019年12月26日	恒富汇通	深圳证监罚决字〔2019〕9号	深圳证监局	转移私募基金财产至个人账户
4	2019年6月11日	恒兆源投资	广东证监罚决字〔2019〕7号	广东证监局	利用基金财产为关联企业提供无息借款

（三）备案登记手续违法违规

根据《私募投资基金监督管理暂行办法》第8条的规定，各类私募基金募集完毕，私募基金管理人应当根据基金业协会的规定，办理基金备案手续，报送以下基本信息：（1）主要投资方向及根据主要投资方向注明的基金类别。（2）基金合同、公司章程或者合伙协议。资金募集过程中向投资者提供基金招募说明书的，应当报送基金招募说明书。以公司、合伙等企业形式设立的私募基金，还应当报送工商登记和营业执照正副本复印件。（3）采取委托管理方式的，应当报送委托管理协议。委托托管机构托管基金财产的，还应当报送托管协议。（4）基金业协会规定的其他信息。基金业协会应当在私募基金备案材料齐备后的20个工作日内，通过网站公告私募基金名单及其基本情况的方式，为私募基金办结备案手续。

2020年，根据统计数据，该类案件数量较少，且开罚单主体均为证监会，罚款金额18万~65万元。典型案例见表13。

表13　备案登记手续违法违规典型案例

序号	处罚日期	被处罚人单位（姓名）	处罚文书号	处罚单位	主要违法违规事实（案由）
1	2020年5月1日	点金基金	中国证监罚决字〔2020〕22号	中国证监会	未按规定办理基金备案手续
2	2020年2月24日	永某信、乔某杰	中国证监罚决字〔2020〕4号	中国证监会	未按规定办理基金备案手续，向合格投资者之外的个人募集资金且投资者数量超过法定限额
3	2020年11月12日	昊某资管、何某、郭某容	中国证监罚决字〔2020〕97号	中国证监会	未按规定办理基金备案手续，向非合格投资者募集资金

比较 2019 年，该类案件数量较少，仅北京一例，且罚款金额不大。典型案例见表 14。

表 14　备案登记手续违法违规典型案例

处罚日期	被处罚人姓名	处罚文书号	处罚单位	主要违法违规事实（案由）
2019 年 12 月 26 日	中某昊	北京证监罚决字〔2019〕5 号	北京证监局	未按规定办理基金备案手续，向合格投资者之外的个人募集资金且投资者数量超过法定限额

（四）从业人员利益输送

根据《私募投资基金监督管理暂行办法》第 23 条第 1 款的规定，私募基金管理人、私募基金托管人、私募基金销售机构及其他私募服务机构及其从业人员从事私募基金业务，不得利用基金财产或者职务之便，为本人或者投资者以外的人牟取利益，进行利益输送。

根据统计数据，该类案件数量较少。典型案例见表 15。

表 15　从业人员利益输送典型案例

处罚日期	被处罚人姓名	处罚文书号	处罚单位	主要违法违规事实（案由）
2020 年 1 月 15 日	杨某东	中国证监罚决字〔2020〕2 号	中国证监会	控制他人账户进行利益输送行为

编后记

《金融法律评论》2021 年下半年卷（第十三卷）与读者见面了。本卷继续秉持本刊应用理论的研究特色，紧密联系金融市场法制实践，回应金融法治前沿热点问题，反映一年来金融法学理论的新探索。

自 2020 年 10 月人民银行发布《中国人民银行法》和《商业银行法》修订稿征求意见以来，两部银行法的修订牵动着金融法学、法律界的关注目光，大家纷纷提供意见建议，本卷选发了其中部分稿件。

我国期货立法已进入人大审议程序，围绕《期货法（二审稿）》，各界继续畅抒己见，共同期盼一个更契合市场实际与未来的期货法律出台。本卷继续刊发部分研究者和实务工作者的方案建议或理论文章。

继 2020 年基本建成国际金融中心后，上海国际金融中心建设的“十四五”规划已出台，金融中心要迈向更高层次，法制保障有了新目标要上新高度，其中长三角一体化包括金融一体化是金融中心建设的题中之义。为此，本卷选刊了长三角金融一体化法制保障，以及上海国际金融中心立法优化方面的文章。

金融科技与绿色金融的法律问题，将会持续成为实践探索和理论研究的焦点，在完善相应制度方面也还有许多基础工作要做，本卷亦继续刊发了一组相关研究成果。本卷还继续编发了我国金融市场年度法制建设报告。

《金融法律评论》被纳入华东政法大学高水平学科建设项目后，容量有所增加，希望广大读者和作者一如既往地支持帮助我们，共同为推进金融市场及金融法制建设而努力。

编　者

2021 年 12 月 12 日